高校思想政治理论课重点教材

当代世界经济与政治

（第8版·数字教材版）

主编　李景治　罗天虹　副主编　刘丽云　蒲　俜

中国人民大学出版社
·北京·

内容提要

《当代世界经济与政治》是一本旨在培养新时代大学生国际视野与素养的教材，通过讲述第二次世界大战结束以来世界政治、经济与国际关系的演变脉络及重大问题来实现思想政治教育的目的，引导学生以马克思主义的立场、观点、方法去分析纷繁复杂、不断变化的国际社会。教材的主要内容有：美苏冷战的发端、过程与结束，冷战结束以来世界政治、经济的演变及问题，当前国际社会面临的主要问题及其发展趋势，美国、欧洲、日本、俄罗斯、发展中国家等世界主要力量的政治、经济状况与外交关系，中国在当代国际舞台上的地位、作用，等等。教材坚持以习近平新时代中国特色社会主义思想为指导，可用于高等院校本科学生的通识教育与思想政治教育。

主编简介

李景治，中国人民大学国际关系学院教授、博士生导师。曾任中国人民大学国际关系学院院长、中国国际共运史学会副会长、北京市国际共运史学会会长、中央马克思主义理论研究和建设工程首席专家、《教学与研究》主编等。主要研究和教学方向包括：当代国际共产主义运动、当代中国政治发展、当代国际政治等。多次获得国家级、教育部和北京市的教学成果奖励。发表论文200余篇，出版专著、合著20余部，其中《中国和平发展与构建和谐世界研究》一书入选国家哲学社会科学成果文库。

绪　论

一

“当代世界经济与政治”是一门马克思主义公共政治理论课。本课程具有很强的综合性、现实性和政策性，主要系统地学习和研究当代世界经济与政治的基本知识和基本观点，对学生进行马克思主义关于世界经济与政治的基本理论和毛泽东思想、邓小平理论、“三个代表”重要思想、科学发展观、习近平新时代中国特色社会主义思想关于国际问题的重要论述及中国外交政策的教育。

学习本课程有利于学生科学地运用这些理论、观点和方法观察世界，系统了解当今世界经济与政治格局演变及其发展趋势，重点把握当今世界经济与政治发展的新特点和国际斗争的主要问题；有利于学生深入分析主要国际力量在经济、政治、对外关系和对外战略方面的地位、作用、影响、发展变化及其原因；有利于学生开阔国际视野，增强国际意识，客观总结各国、各种力量兴衰存亡的经验教训；有利于学生正确认识中国国际地位的变化、对外战略的重大发展和外交政策的选择；有利于学生树立为国家富强和民族振兴、为全人类的共同繁荣与进步而奋斗的信念。

学习和研究“当代世界经济与政治”，必须坚持以马克思主义国际关系理论为理论基础，以毛泽东思想、邓小平理论、“三个代表”重要思想、科学发展观、习近平新时代中国特色社会主义思想关于国际问题的重要论述为正确认识当今世界的理论指南。具体来说，就是学习和运用马克思主义的辩证唯物主义和历史唯物主义原理，经济与政治相互关系的原理，世界发展“合力论”的思想，世界各国相互依存的思想，国家理论，帝国主义理论，社会主义革命、建设与改革理论，民族解放运动理论，战争与和平理论，独立自主的和平外交思想，阶级分析的方法等，坚持用马克思主义的立场、观点和方法分析问题、解决问题。

学习和研究“当代世界经济与政治”，必须坚持以习近平外交思想为根本遵循。习近平外交思想是习近平新时代中国特色社会主义思想的重要组成部分，是马克思主义基本原理同中国特色大国外交实践相结合的重大理论成果。党的十八大以来，以习近平同志为核心的党中央准确把握时代潮流和世界大势，带领全国人民为实现“两个一百年”奋斗目标和中华民族伟大复兴的中国梦而努力开拓。习近平总书记科学研判世界格局和中国与世界关系的历史性变化，精准辨析国际体系转型过渡期与中国发展历史交汇期相互交织的阶段性特征，为解决全球重大问题贡献中国智慧和中国方案。

习近平外交思想是新中国外交优良传统的继承发展和理论创新的重大飞跃。新中国外交走过 70 多年不平凡的历程，形成了具有鲜明特色的中国外交理论。在社会主义革命和建设时期，中国坚持独立自主，倡导和平共处五项原则，坚定捍卫国家领土完整和主权独立，在国际事务中反对帝国主义、霸权主义、殖民主义、种族主义。毛泽东同志提出“三个世界”划分的战略思想，为广大历史上受压迫的国家提供了认识国际政治变化和力量对比关系的理论依据。在改革开放和社会主义现代化建设新的历史时期，邓小平同志作出“和平和发展是当代世界的两大问题”的科学论断，实行全面对外开放；江泽民同志积极促进世界多极化和国际关系民主化，发展了推动建立公正合理的国际政治经济新秩序等主张；胡锦涛同志坚持走和平发展道路，倡导建设持久和平、共同繁荣的和谐世界。进入中国特色社会主义新时代以来，习近平外交思想统筹把握中华民族伟大复兴战略全局和世界百年未有之大变局，将继承与发展辩证统一起来，极大地拓展了中国外交理论体系，不仅对新时代中国特色大国外交具有指导意义，也开辟了当今世界国际关系理论创新的新境界。

学习和研究“当代世界经济与政治”，应当借鉴西方国际关系的理论与方法。国际关系作为一门学科形成于第一次世界大战之后，先后出现了理想主义、古典现实主义、新现实主义、新制度主义、建构主义等理论范式。其中，古典现实主义基于其“权力政治”的信条提出了“以权力限定利益”的公式，认为利益直接支配人的行动，而权力是利益得以实现的保证，一个国家能够在多大程度上实现自己的国家利益，取决于自身在世界政治中的权力地位，因此聚积权力应当成为国家的首要目标。新现实主义则认为，国家拥有的权力太小或太大都会有风险，国家最终关心的并不是权力，而是安全。新现实主义强调国际体系的结构，指出国际体系的结构为国际行为体设定了一系列限制条件，在鼓励国家某些行为的同时惩罚那些不响应鼓励的行为，因此结构的变化会使国家行为发生变化。新制度主义发现，在结构没有发生变化的情况下，国家行为也可能发生变化，变化的原因可能在于国际制度对国家行为的约束。新制度主义提出，国际制度可以减小无政府状态对国家间合作的阻碍，改变信息不对称，降低国际关系中的交易成本。而建构主义对新现实主义与新制度主义都提出了批评，认为二者都过于强调物质因素，忽略了信仰、规范、观念和认识等文化因素在国际关系中的重大作用。

此外，学习和研究“当代世界经济与政治”，还需要从国际政治经济学与比较政治经济学中汲取学术营养。政治与经济相结合的方法是马克思主义经典作家在其研究工作中所运用的主要方法之一。国际政治经济学是一门以世界范围内政治与经济的相互作用为研究对象的交叉性学科，注重世界经济与国际政治的相互影响、相互渗透及国内政治经济与国际政治经济的相互联系、相互作用。比较政治经济学则把研究重点放在国内，关注不同国家或同一国家不同时期的政治与经济的相互关系。国际政治经济学与比较政治经济学分别从国际与国内两个角度，为我们把经济与政治联结起来提供了重要的理论基础。

二

“当代世界经济与政治”的研究分为体系和行为体两个层次。在体系层次上，纵向梳理二战后世界经济与世界政治的格局变化，研究世界经济与世界政治的结构特征和变化趋向；在行为体层次上，着眼于不同的国际行为体对世界经济与政治进程的影响，不同类型的国家是重点研究的范畴，政府间国际组织、非政府国际组织和跨国公司的地位与作用同样不可忽视。上述两个研究层次体现到课程的框架安排上，呈现出多层次纵横交织的布局。第一章和第二章分别从世界政治和世界经济两个视角阐述战后国际社会的发展历程与研究的理论脉络。第三章到第七章按照不同的经济水平对世界将近 200 个国家进行分类研究，重点突出大国的政治经济特征和地位，特别是单独以一章的篇幅阐述中国的对外关系、对外政策和国际地位等，反映出本学科鲜明的中国立场。第八章重新回到体系分析的框架，既进一步探讨那些影响国际社会走向的因素，又是全书的总结。

世界经济与世界政治是“当代世界经济与政治”研究的两个组成部分。它们不是彼此割裂的研究领域，而是相互关联、相互影响的有机整体。尽管在教材的结构安排上，战后世界经济和世界政治的演变是分别加以描述分析的，但它们在内在逻辑和研究思路上是一致的。

历史唯物主义认为，经济与政治之间存在着密切的辩证关系，经济是政治的基础，“物质生活的生产方式制约着整个社会生活、政治生活和精神生活的过程”①。而政治对经济具有反作用。世界经济与世界政治之间的关系无疑也是如此。

世界经济决定世界政治的发展，世界政治的发展不能背离世界经济发展的基本趋势。“历史过程中的决定性因素**归根到底**是现实生活的生产和再生产。”② 战后 70 多年来，世界政治格局经历了由美苏两极格局向多极化趋势演变的过程，其间，世界经济的发展是最根本的推动力量，各国间的经济力量对比是塑造世界政治格局的基础。反过来，世界政治具有相对独立性，在一定时期内具有稳定性，它能够反作用于世界经济，对世界经济的总体趋势产生影响，其发展与世界经济的发展并不总是完全同步的。冷战时期，美国、苏联两个超级大国的对峙是在政治、军事、意识形态上所表现出来的势均力敌和尖锐对立，但双方在经济实力上的对比并不相称。从这个意义上讲，美苏两极格局缺乏相应的经济基础，苏联的解体在一定程度上可以看作对这种背离的某种修正。可见，世界

---

① 马克思，恩格斯．马克思恩格斯选集：第 2 卷．3 版．北京：人民出版社，2012：2.

② 马克思，恩格斯．马克思恩格斯选集：第 4 卷．3 版．北京：人民出版社，2012：604.

政治归根结底是以世界经济为基础的。经济是最活跃的因素，世界经济领域的重大变化迟早会反映到世界政治上来。

三

在学科体系建构中，“当代世界经济与政治”借用了世界政治和世界经济的一些相关概念。

国际行为体：它是指能够独立参与国际事务，独立行使国际权利，并能承担国际责任与义务的实体。在国际社会中，行为体经历了由一元到多元的发展过程。在 20 世纪以前的绝大部分时间里，民族国家被视为唯一的行为体。在 20 世纪以后，尤其是二战以后，随着科学技术的进步和国际交往的频繁，新的行为体不断涌现。按照一般的划分，国际行为体分为国家行为体和非国家行为体两大类。国家行为体是指独立的主权国家，它们是最活跃的角色，是世界政治和世界经济中的主导力量。非国家行为体是指那些具备行为体的基本特征，但不拥有确定的领土和固定的居民，不具有主权国家地位又不附属于任何主权国家的实体，包括政府间国际组织、非政府国际组织、跨国公司等主要形式。

主权国家：国家是具有固定的领土、一定的居民、一定的政权组织形式和主权的政治单位。领土和居民是国家得以生存的客观前提与物质基础，一定的政权组织是国家行使职能的需要，而主权是国家最根本的属性，国家因而被称为主权国家。主权具有双重性，包括对内主权和对外主权。对内主权是指国家对其领土范围内的一切事务拥有最高的管辖权，对外主权是指国家在国际社会中的独立权、平等权和自卫权。20 世纪以来，国际社会一直存在着限制主权与维护主权两种对立的趋势。冷战结束后，传统的至高无上的主权概念在世界政治和世界经济领域受到更加强烈的冲击，反映出主权国家地位的演变。但是，主权原则仍然是现行国际关系的基石，主权国家仍然是国际社会最重要、最基本的行为体。

国际组织：它是一种跨越国界的机构，凡是两个以上的政府、民间团体或个人基于特定的非营利目的，以一定的协议形式建立起来的跨国机构都可以称为国际组织。国际组织既包括政府间国际组织，也包括非政府国际组织。作为最重要的非国家行为体，当代世界中的国际组织体现出越来越强的独立参与国际事务的能力，活跃在国际关系的不同领域和层次。其中，联合国是最具代表性、规模最大、影响最深远的国际组织。冷战的结束为国际组织的进一步发展开辟了道路。一些重要国际组织的规模不断扩大，国际组织的内部运作机制不断完善，国际组织之间的合作关系也不断加强。

国家利益：利益是影响国际行为的根本因素，而国家利益是国家对外行为的最基本动因。概括地说，一切满足国家生存和发展需要的因素都是国家利益。国家利益的内容，可以依据不同标准加以区分。根据轻重缓急的不同，可以将其分为主要利益和次要利益；根据不同的时效性，可以将其分为短期利益和长期利益；根据不同的内容领域，可以将其分为安全利益、政治利益、经济利益、文化利益等。当今国际社会相互依存的客观现实和全球化浪潮的冲击，日益改变着传统的国家利益观念，但不会改变国家永久追求其核心国家利益这一事实。

国家实力：它是指一个国家所拥有的生存和发展的内部力量以及对外部世界发挥影响的能力的总和。它既包括一国的物质力量，也包括一国的精神力量；既包括一国已有的现实力量，也包括一国潜在的以及转化为现实力量的机制。国家实力是国家在国际舞台上发挥影响和作用的物质基础，对一国国际地位的高低起着决定性的作用。中外学者对国家实力的内涵有着不同的理解，提出过衡量国家实力构成要素的不同标准。在对国家实力的讨论中，经常交替使用的概念有“国家力量”“国家权力”“综合国力”等。

目　录

第一章
当代世界政治

一、战后世界政治格局的演变 / 001
二、当今世界政治发展的基本特点 / 010
三、当今世界政治面临的主要问题 / 019

第二章
当代世界经济

一、战后世界经济的演变 / 027
二、当代世界经济的主体及运行机制 / 034
三、当今世界经济的特点 / 041
四、当今世界经济面临的焦点问题 / 046

第三章
发达资本主义国家的经济与政治

一、发达资本主义国家经济/ 053
二、发达资本主义国家政治/ 064
三、发达资本主义国家对外关系与对外政策/ 074

第四章
发展中国家的经济与政治

一、第三世界的崛起及其在国际舞台上的作用/098

二、政治发展的不同道路与存在的问题/ 101
三、经济发展的艰难曲折与调整改革/ 107
四、对外关系的发展变化/ 114

第五章
社会主义国家的经济与政治

一、战后社会主义国家的发展壮大/ 127
二、苏联社会主义模式及其改革/ 129
三、对外关系的发展变化/ 139
四、社会主义事业的继往开来/ 143

第六章
转型国家的经济与政治

一、经济制度的转型/ 150
二、政治制度的转轨/ 155
三、外交政策的转变/ 158
四、俄罗斯的政治经济形势/ 165

第七章
当代国际舞台上的中国

一、社会主义革命和建设时期的外交政策与外交关系/ 169
二、改革开放和社会主义现代化建设时期的外交政策与外交关系/ 175
三、中国特色社会主义新时代的中国外交/ 183
四、中国外交的基本原则与行动指南/ 195

第八章
当今时代主题与建立国际新秩序

一、当今世界的时代主题/ 204
二、建构国际新秩序/ 212

后　记/ 221

第一章

当代世界政治

要论提示

● 战后雅尔塔体系确立。

● 冷战开始，资本主义阵营和社会主义阵营相对抗的形势出现，两极格局形成。

● 世界格局经过了 20 世纪 50 年代到 80 年代中期的发展与演变，到 80 年代末 90 年代初两极格局瓦解，多极化趋势不断发展。

● 当今世界，和平、发展、合作、共赢已经成为不可阻挡的时代潮流；世界多极化趋势不可逆转；国与国相互依存日益紧密；当今世界正处在大发展、大变革、大调整中。

● 当今世界依然很不安宁，世界和平与发展面临诸多难题与挑战。

关键词

两极格局　多极化　冷战思维　全球治理　新型国际关系

一、战后世界政治格局的演变

战后世界政治格局经历了从两极到多极化的形成、发展、演变过程，大体分为：第一个时期，两极格局的形成；第二个时期，两极格局的发展与演变；第三个时期，两极格局瓦解，世界政治格局的多极化趋势在曲折中发展。“当前，世界之变、时代之变、历史之变正以前所未有的方式展开。一方面，和平、发展、合作、共赢的历史潮流不可阻挡，人心所向、大势所趋决定了人类前途终归光明。另一方面，恃强凌弱、巧取豪夺、零和博弈等霸权霸道霸凌行径危害深重，和平赤字、发展赤字、安全赤字、治理赤字加重，人类社会面临前所未有的挑战。”①

① 习近平．高举中国特色社会主义伟大旗帜　为全面建设社会主义现代化国家而团结奋斗：在中国共产党第二十次全国代表大会上的报告．北京：人民出版社，2022：60.

（一）战后世界政治格局的形成

> 格局，就是各种力量对比与组合的结构。
>
> 世界政治格局，就是国际政治舞台上各种力量（主要是主权国家和国家集团）相互联系、相互作用，在一定历史时期形成的一种结构，是一定历史时期内国际关系比较集中而概括的表现形式。决定世界政治格局构成与变化的主要因素是：国际关系利益和资源的分配与再分配；国际关系行为体力量对比变化，特别是旧霸权衰落、新霸权崛起；大国特别是霸权国的国际战略；国家关系尤其是大国关系的调整、重新组合，以及由此构建的地区乃至国际体系、国际秩序；具有全球影响的重大国际事件的发生和国际形势的重大演变。

随着第二次世界大战结局的明朗，新的世界政治格局也在酝酿之中，苏、美、英三国在新的世界政治格局的形成中起着决定性的作用。

1945 年 2 月 4—11 日，苏、美、英三国领导人斯大林、罗斯福和丘吉尔在苏联克里米亚半岛的雅尔塔举行战时的第二次首脑会议。会议的宗旨是划分势力范围，商讨战后大国合作和维护世界秩序问题。会议的主要内容是：（1）确立了由苏、美、英、法四国分区占领德国的原则；（2）确立各国联合对日作战的方针；（3）决定组建联合国；（4）讨论了波兰边界的划分等问题。会议通过了《关于被解放的欧洲的宣言》。会议对于加速反法西斯战争的胜利、维护战后和平、协调大国关系发挥了积极作用。然而，会议的中心内容是苏联、美国和英国划分势力范围。在欧洲，德国东部及东欧被确定为苏联的势力范围，西欧被确定为美英的势力范围。在亚洲，苏联承认美国对中日的单独控制及其在亚太的利益，承认英法等国继续保持其在远东的殖民地；美英承认苏联对蒙古、库页岛南部、千岛群岛及中国旅顺及大连的军事占领和利益。正是这次“三巨头”会议，形成了雅尔塔体系。

美英的大国霸权主义和强权政治是由其帝国主义本性决定的。那么，又该如何评价苏联的做法和作用呢？其做法和作用具有二重性：一方面，它有助于巩固社会主义阵地，扩大社会主义的影响；另一方面，它通过“雅尔塔秘密协定”谋取不合理的利益，侵犯了中国以及其他一些国家的主权和合法权益，其对外政策中同样有大国主义、强权政治的因素，这无疑有损社会主义的声誉。

> 所谓雅尔塔体系（或称雅尔塔体制），就是苏、美、英三大国首脑主要通过 1943 年德黑兰会议，1945 年雅尔塔会议、波茨坦会议所确定的战后世界秩序和政治格局的基本蓝图，其实质是大国划分势力范围。战后的两极格局基本是在雅尔塔体系的基础上形成的。雅尔塔体系具有一定的积极意义，它加速了反法西斯战争的胜利，表明不同社会制度的国家可以实现合作、和平相处。但它明显具有大国霸权主义和强权政治色彩，对战后世界政治的发展产生了深远的消极影响。

联合国的建立既是雅尔塔协议的一项重要内容，也是各国合作的一个重要标志。1945 年 4 月 25 日至 6 月 26 日，联合国制宪会议在旧金山举行，来自美、苏、英、中等 50 个国家的代表出席会议。6 月 25 日晚，会议讨论并一致通过了《联合国宪章》，6 月 26 日举行签字仪式。10 月 24 日，宪章经各国批准后生效，联合国正式成立。后来这一天被定为“联合国日”。与会代表国，再加上后来在宪章上签字的波兰共 51 国，被称为联合国的创始会员国。联合国包括 6 个主要机关：大会、安全理事会（简称“安理会”）、经济及社会理事会、托管理事会、国际法院和秘书处。联合国总部设在纽约，在日内瓦设立欧洲办事处。

<<<

1946 年 3 月 5 日，丘吉尔应杜鲁门邀请，在美国富尔顿发表反苏演说。他攻击苏联威胁欧洲和世界和平，鼓吹西方国家“联合起来”，英美“建立特殊关系”，共同对付苏联。这就是著名的“铁幕演说”，它揭开了冷战的序幕。同年 9 月，杜鲁门的助理克利福德起草了名为《美国与苏联关系》的报告，提出对苏实行冷战的纲领。1947 年 3 月 12 日，杜鲁门向国会提出咨文，公开攻击苏联是“极权国家”，是美国的主要敌人，宣称美国要“遏制”苏联的“扩张”，同苏联展开全面对抗。后来人们把这一政策称作“杜鲁门主义”。它的提出标志着冷战的正式开始。

>>>

安理会是联合国负责维护国际和平与安全的主要机关。它由美、苏、英、法、中 5 个拥有否决权的常任理事国和 10 个非常任理事国组成。后者由联合国大会选举产生，任期两年。安理会行动以“五大国一致”为基础，非常任理事国拥有“集体否决权”。

战后，美国的经济和军事实力上升到历史最高水平，其称霸世界的政治野心也随之急剧膨胀。苏联不仅自身力量更加强大，而且在其支持、影响下，东欧各国也建立了人民民主政权，形成了以苏联为首的强大的社会主义阵营，在重大国际问题上与美国分庭抗礼。因此，美国把苏联视为其称霸世界的唯一障碍。再加上美苏经济合作的基础薄弱，缺少利益相关的经济联系，所以两国在经历了短暂的合作后，很快便转向对抗。

为达到称霸世界的目的，美国首先进行舆论准备。1945 年 4 月 12 日，罗斯福病逝，杜鲁门继任美国总统。杜鲁门反复强调“美国在世界上处于领导地位”，并大大加快了谋取世界霸权的战略部署，不断强化反苏政策。与此相适应，美国驻苏代办乔治·凯南于 1946 年 2 月 22 日提出了一整套“遏制”苏联的理论和政策。他认为，由于政治制度和意识形态的对立，苏联是美国政治上的“敌手”，美苏不可能建立“合作”关系而成为“伙伴”，应以武力为后盾，用“消除非共产主义世界中所存在的大片软弱地区的方法，来遏制苏联”。他的主张为美国推行遏制苏联的冷战战略提供了理论依据。

1947 年 6 月 5 日，美国国务卿马歇尔在哈佛大学发表演说，提出“欧洲复兴计划”，即“马歇尔计划”。1948 年 4 月，美国国会通过援外法案，开始实施这一计划。其目的是通过援助西欧振兴经济，从而在政治和军事上控制西欧，进一步实现同西欧结盟、遏制苏联、称霸全球。

<<<

1949 年 1 月，杜鲁门在其第二任总统就职演说中提出美国外交方面的四点行动计划。其中第四点内容是利用技术和资本输出对不发达国家进行经济和政治渗透。这就是所谓的“第四点计划”。其实质是利用援助的方式来控制不发达国家，是一种新的殖民主义政策。

>>>

1949 年 4 月 4 日，美、加、英、法、比、荷、卢、丹、挪、冰、葡、意 12 国在华盛顿签订《北大西洋公约》。同年 8 月 24 日，公约正式生效。北大西洋公约组织（简称北约），是一个打着集体防御和维护北大西洋区域安全与和平的旗号、实际上旨在遏制苏联的军事集团。它的成立加剧了欧洲乃至全球的冷战局面。

面对美国及其他西方国家政治上的孤立与敌视、意识形态上的攻击与诬蔑、经济上的制裁与封锁、军事上的包围与威胁，苏联和人民民主国家不得不奋起自卫。1947年7—8月，苏联先后同保、捷、匈、波、罗5国签订了贸易协定，以帮助它们恢复和发展经济，加强彼此之间的经济关系。这就是被西方称作与“马歇尔计划”相对抗的“莫洛托夫计划”。同年9月，苏、南、波、罗、保、匈、捷和法、意的共产党和工人党，成立了欧洲九国共产党和工人党情报局，以加强彼此之间的政治关系。到1949年，苏联与东欧国家共签订了16个双边友好合作互助条约。同年，苏、保、匈、波、罗、捷在莫斯科成立经济互助委员会。后来，阿尔巴尼亚和德意志民主共和国（简称民主德国）加入。1949年10月1日，中华人民共和国成立，随后相继与苏联东欧各国建交。1950年2月，中苏签订《中苏友好同盟互助条约》，两国结成政治、军事同盟。同时，中国和苏联东欧国家同朝、越也加强了政治、经济和军事联系。这样，欧亚社会主义国家和人民民主国家就连成了一片，形成了同帝国主义阵营相对抗的强大的社会主义阵营。

> 两极格局，是以美苏为中心，以两大集团、两大阵营全面对抗为特点的格局。它形成的根本原因是：西方国家害怕、敌视并千方百计扼杀社会主义国家和蓬勃兴起的世界革命运动，而美国又借此机会谋求世界霸权；苏联及其他人民民主国家奋起反抗西方国家的包围、封锁，同时苏联也同美国争夺世界霸权。

1950—1953年的朝鲜战争，1950年美军进驻中国台湾、封锁台湾海峡，以及1954年取得胜利的越南人民抗法战争，实际上都是战后两大阵营间的军事较量，虽然未引发两大阵营间的全面热战和世界大战，但明显加剧了它们之间的军事对抗。1950—1954年，美国先后同泰、菲、澳、新、日、韩及中国台湾当局签订军事同盟条约，从而在亚洲建立了一个针对社会主义国家的军事体系。1955年5月5日，德意志联邦共和国（简称联邦德国）正式加入北约。这样，帝国主义军事同盟就在欧洲和亚洲分别形成了对社会主义国家的包围圈，并包括了德、日两个原法西斯国家。在这种情况下，苏、波、捷、匈、保、罗、阿和民主德国于1955年5月14日签订《华沙条约》，正式结成政治、军事同盟，即华沙条约组织（简称华约）。至此，在欧洲就形成了北约与华约两大军事集团的对立，在全球就出现了帝国主义阵营和社会主义阵营全面对抗的局面，世界政治形成两极格局。

（二）20世纪五六十年代世界政治格局的变化

20世纪50年代中期至60年代末期，世界政治在两极格局的大框架下出现动荡、分化和改组。这一时期，影响世界政治发展的重大事件有：1956年苏共二十大召开和波匈事件；60年代中苏论战、国际共运分裂、社会主义阵营瓦解；1961年民主德国筑起柏林墙；1962年古巴导弹危机爆发；1964年中法建交；1965年美国扩大对越战争，局部战争开始；1966年法国退出北约的军事一体化机构；1956年和1967年第二次、第三次中东战争爆发。此外，1955年亚非会议举行，1961年不结盟国家第一次首脑会议召开，1964年七十七国集团成立等。从这些事件我们可以看出，世界政治格局的动荡、分化和改组主要反映在以下几个方面：

1. 对抗中出现一定缓和，局部的危机、热战与和平解决争端相互交错

在1956年2月召开的苏共二十大上，赫鲁晓夫强调要同美国“和平共处”“和平竞赛”，缓和美苏关系以及苏联同西方各国的关系，以便集中物力、财力进行国内建设，从经济和综合国力上赶超美国。而美国看到“遏制”苏联的战略并不成功，也想改变策略，利用“遏制”与“和平演变”两种方式来对付苏联。在这种大背景下，美苏关系出现缓和，先后签署了部分禁止核试验、防止核扩散等一系列核军控和裁军协议，通过谈判的方式和平解决了1961年的柏林危机和1962年的古巴导弹危机，实现了两国首脑互访，并多次举行两国首脑双边会谈和苏美英法四国首脑会谈。随着美苏关系的改善，苏联同联邦德国建交，并恢复同日本的邦交。世界政治局势趋于缓和。

但是缓和中有对抗、争夺，美苏军备竞赛从未停止。双方军费大幅增加，核试验次数越来越多、规模越来越大，常规武器也在不断改进。全世界范围内，冲突、危机甚至局部热战接连不断。1956年，第二次中东战争爆发；1961年，民主德国筑起柏林墙，险些引发北约和华约的直接军事冲突；1962年，出现中印边界武装冲突和古巴导弹危机；1965年，美国扩大对越战争，局部战争开始；1967年，第三次中东战争爆发。世界并不太平。

2. 社会主义阵营分裂

苏联作为一个社会主义大国，一方面，在支持欧亚社会主义国家建设、推动各国革命运动的发展和维护世界和平等方面发挥了重要作用；另一方面，早在确立雅尔塔体系时它就已显露出来的大国主义倾向，不仅没有得到克服，反而不断膨胀、越来越严重。欧亚社会主义国家建立后，这种大国主义又表现为对其他社会主义国家的干涉、指挥与控制，因而破坏了它与这些国家的关系，并最终导致了社会主义阵营的分裂。1948年的苏南冲突，主要是由苏联干涉南斯拉夫内政引起的。1956年的波兹南事件和匈牙利事件的导因之一，也是苏联大国、大党主义的做法。20世纪60年代初，苏联的大国、大党主义又导致了苏阿关系破裂、中苏关系恶化、中苏两党关系中断，社会主义阵营随之解体。1968年，苏联出兵捷克斯洛伐克。1969年，苏联侵犯中国主权和领土引发中苏边界武装冲突，两国关系几乎中断。这说明苏联的大国、大党主义进一步发展为霸权主义。

3. 资本主义阵营分化

随着法国、联邦德国等西欧国家经济的恢复和发展，其对美国的独立和离心倾向也日益明显。1957年，法、联邦德国、意、荷、比、卢签订《罗马条约》，建立欧洲经济共同体（1967年，六国进一步把该组织同欧洲原子能共同体和欧洲煤钢共同体三个机构合并为欧洲共同体）。欧洲联合的启动曾得到美国的支持，但客观上也向美国提出了挑战，同时欧洲经济共同体的经济成就引发英国的政策调整。英国于1960年联合瑞典、挪威、丹麦、瑞士、奥地利、葡萄牙组成欧洲自由贸易联盟，试图取得与欧洲经济共同体一样的成果，但未如人意。在美国的支持下，英国开始酝酿加入欧洲统一市场。但英国在1961年和1967年的两次申请都遭到法国的否决，英美两国与法国的矛盾激化。1959年，戴高乐就任法国总统，主张以法德为轴心实现西欧联合，提出“欧洲人的欧洲”的口号。1963年，《法德合作条约》签订。1960年，法国原子弹试验成功，对美国态度更趋强硬。美国企图通过“多边核力量”计划将法国的核武器纳入美国控制的北约体系，但遭到法国的拒绝，由此矛盾越来越尖锐。1966年，法国完全退出北约军事一体化机构，北约理事会和驻法美军撤离法国。至此，法美关系出现巨大裂痕。同时，日美在贸易、投资、安全和政治方面的摩擦与矛盾也时断时续。

4. 第三世界崛起

战后，亚非拉殖民地半殖民地国家的民族独立运动不断高涨，到20世纪60年代末，已有104个国家获得独立，成为世界政治中不可忽视的力量。整个60年代，亚非拉地区的反帝尤其是反美斗争一浪高过一浪，其中以拉美的反美风暴和印度支那人民的抗美救国战争最为突出。为了在反帝、争取民族独立和国家繁荣富强的共同事业中互相支持、团结斗争并协调彼此的关系，广大亚非拉国家纷纷建立地区性和全球性国际组织。1955年亚非会议在印度尼西亚万隆举行，1961年不结盟国家第一次首脑会议召开，1964年七十七国集团成立，这些都标志着第三世界的崛起。世界政治舞台上出现了一支独立于两大阵营之外的新兴力量。

（三）20世纪七八十年代两极格局的松动与瓦解

1. 美苏争夺世界霸权

20世纪60年代末70年代初，信息技术革命先是在美国，接着在日本、西欧兴起，之后逐渐席卷全球。它不仅推动了生产力的发展，而且导致了全球范围内产业结构的调整以及一些国家的兴衰，从而使世界政治格局发生变化。70年代初至80年代末期，世界政治格局的突出变化就是从两极逐步向多极化转变。

从70年代到80年代中期，两个超级大国激烈争夺世界霸权，攻守的态势互有转换。70年代，苏联咄咄逼人，美国处于守势；80年代，美国采取了攻势，苏联则处于守势。1973—1975年，美国发生了战后最严重的经济危机，经济增长速度放慢，进入“滞胀”时期。同时，国内矛盾激化，社会动荡不安。为了摆脱困境，美国不得不调整对外政策，实行战略收缩，奉行“尼克松主义”。

1973年，美国从越南撤军，同时撤走了驻日、韩、泰、菲及中国台湾的部分军队，使其在亚洲的总兵力从90万减少至24万。1974年，美国与北约成员国及欧共体部分国家签署《北大西洋关系宣言》，努力改善与盟国的关系。同时，它通过谈判同苏联达成几十个协议，以维持战略均衡。

与美国相反，70年代苏联的经济发展较快，与美国的差距大大缩小。随着经济实力的增强，苏联积极扩军备战，同美国展开军备竞赛。结果，苏联陆军常规武器数量超过美国，海军由一支近海舰队发展为一支具有远洋作战能力的武装力量，整个常规武装力量已同美国势均力敌。苏联的核武器发展也很快，到70年代中期就同美国不相上下。苏联正是凭借急剧增强的经济、军事实力，利用美国的困境和收缩海外军事力量的机会，采取进攻战略，迅速向海外扩张，以便同美国争霸世界。

<<<

“尼克松主义”主张：对“盟国和朋友”要建立“伙伴关系”，让它们“分摊负担和责任”；对苏联实行以实力为基础的“现实威慑战略”，以此代替“对抗”，即“从实力地位出发，明智地进行谈判”，同时推行美中合作的“三角战略”来牵制苏联；收缩亚洲的兵力，以集中力量同苏联在欧洲进行争夺。

>>>

广阔的“中间地带”成为美苏争夺的焦点。美国早就觊觎英法等国的大片殖民地，战后迫不及待地填补英法等国留下的“真空”，取代它们的殖民统治地位。美国先后把势力范围扩展到原由法国控制的印度支那及原由英国控制的南亚和中东地区。苏联经济、军事实力增强后也不甘示弱，大肆向亚非地区扩张。于是，亚非拉“中间地带”就成为美苏争夺的焦点。1973 年美军从越南撤退后，苏联乘虚而入，支持越南入侵柬埔寨，控制越南金兰湾、岘港等海空基地，以进一步向东南亚扩张。1975 年苏联介入安哥拉内战；1977 年和 1978 年两次策动雇佣军入侵扎伊尔，控制埃塞俄比亚；1979 年底出兵阿富汗。其战略意图就是从亚、非两个侧翼包抄美苏争夺的重点——欧洲。

双方争夺的重点领域是核优势地位。美国在日本投下的两颗原子弹，不仅加速了战争的终结，而且让所有的战略家、军事家都看到了原子弹的威力，意识到了发展核武器的重要性。面对美国的核威慑，苏联全力以赴地研制自己的核武器，并于 1949 年试制成功原子弹，1953 年爆炸了氢弹，打破了美国的核垄断，也增强了其同美国对抗的实力。1957 年，苏联发射了世界上第一枚洲际导弹，此后苏美核差距日益缩小，竞争越来越激烈。到 70 年代中期，双方战略核力量大体平衡。

进入 80 年代，苏联经济恶化、科技滞后、军备包袱沉重，处境困难。美国趁机转守为攻，力图打破“核僵持”局面，夺取核优势地位。为此，里根总统于 1983 年 3 月提出“星球大战计划”，它以反弹道导弹作为防守的“盾”，以核进攻武器作为出击的“剑”，对苏联构成了巨大威胁。此外，美国想通过新一轮的大规模核竞赛，从经济上拖垮苏联，最终从政治上瓦解苏联。此时的苏联已无力进行新一轮核竞赛，于是在 1985 年主动提出与美国进行谈判，美国立即表示同意。从此，美苏关系出现缓和趋势。

2. 多种力量快速发展

伴随着实力的增强，西欧进一步走向联合。1967 年，欧洲共同体正式成立。1973 年，欧共体吸收英国、丹麦和爱尔兰加入，其成员国从 6 国扩大到 9 国。欧共体实行了关税同盟、共同农业政策，建立了欧洲货币体系以及科技共同体，有力地推动了欧洲经济一体化进程。在政治联合方面，欧共体加强了机构和政治合作的建设。1974 年，欧共体决定定期召开成员国首脑会议，并将其命名为欧洲理事会，这是共同体最高决策机构。从 1979 年起，成员国公民直接选举欧洲议会议员。1986 年，欧共体扩大为包括希腊、西班牙、葡萄牙在内的 12 国。通过联合，西欧经济实力大大增强。同时，西欧的对外政策也日益协调一致，对美更具有独立性。它在欧安会、中东、安哥拉、南非、阿富汗等许多重大国际问题上，都提出了自己的主张。

日本经济实力迅速增强，提出“多边自主外交”，谋求“国际国家”地位。20 世纪 70 年代以来，日本在新科技革命的许多领域中处于领先地位，经济发展迅速，实力不断增强，在资本主义世界成为仅次于美国的经济大国。随着经济实力的增强，日本外交的对美独立倾向日趋明显。1972 年 7 月，田中角荣出任日本首相，改变了以往对美“一边倒”的外交政策，奉行“多边自主外交”。1974 年，三木武夫内阁提出以日美关系为基础、对中苏两国采取“不偏不倚”的“等距离外交”政策。此后，日本政府又提出“全方位外交”“多边均衡外交”。1983 年 7 月，中曾根首相明确表示日本要从“经济大国”走向“政治大国”。尽管后来迫于国际压力，他把“政治大国”改称“国际国家”，但力图在国际上发挥重大作用的用心仍十分明显。这样，资本主义世界就形成以美国为主导，美国、西欧、日本三强并立的局面。

中国在国际舞台上发挥着独特的、越来越大的作用。1971年，中国恢复在联合国的合法席位。1972年，美国总统尼克松访华，中美关系改善。1979年，中美建交。1972年，中日邦交正常化。中国同发展中国家的关系进一步发展，同更多的西方国家建立了外交关系。到1985年12月，中国已同133个国家建立外交关系。这一时期，无论从中美苏的战略关系看，还是从整个国际关系的角度分析，中国都发挥着独特的作用。改革开放以来，中国的综合国力不断增强，中国的国际地位进一步提高，在国际事务中发挥的作用越来越大。

发展中国家成为世界政治中的一支重要力量。发展中国家为维护自身权益，同霸权主义和强权政治进行了长期的斗争。1973年，埃及等阿拉伯国家在第四次中东战争中，同美国支持的以色列占领军进行了英勇战斗。1980年，埃以签订和平条约，埃及收回西奈半岛大部分领土。拉美各国维护国家主权、反对美国控制和掠夺的斗争进一步发展。1977年，巴拿马与美国签署新的运河条约，开始逐步收回运河管理权。20世纪70年代，一些拉美国家把美国资本控制的企业收归国有；柬埔寨人民同苏联支持的越南侵略者进行了艰苦的斗争，得到中国、东南亚各国的支持。

与此同时，发展中国家争取建立国际经济新秩序的斗争也日趋激烈。1973年，在第四次中东战争中，阿拉伯石油输出国联合行动，自主决定提高石油价格，控制石油产量，沉重打击了发达资本主义国家。1974年，发展中国家推动联合国召开研究原料和发展问题的第六届特别会议，通过了七十七国集团起草的《建立新的国际经济秩序宣言》和《行动纲领》。这两个文件提出了建立国际经济新秩序的一系列重要原则。从1975年起，19个发展中国家同7个发达国家以及欧洲共同体举行国际经济合作会议，即第一次南北对话，这标志着发展中国家的国际地位进一步提高。1979年，石油价格第二次大幅上涨，再次打击了发达资本主义国家。1982年，发展中国家召开南南会议，把南南合作推向新阶段。

在斗争中，发展中国家加强了联合，成立了不少区域性和地区性的国际组织。1975年，拉丁美洲经济体系成立。1976年，成立于1967年的东南亚国家联盟（ASEAN，简称东盟）举行第一次首脑会议。1985年，南亚区域合作联盟成立。发展中国家在联合国及其他国际组织中主持正义，反对霸权主义、强权政治，其作用不断加强。1971年，正是在发展中国家的坚决支持下，中国冲破美国等西方国家的阻挠恢复了在联合国的合法席位。

3. 两极格局瓦解

进入20世纪80年代，苏联东欧各国经济发展遇到困难，同西方国家差距拉大。为了克服困难、振兴经济，它们都在不同程度上进行了改革或调整。1985年3月，戈尔巴乔夫担任苏共中央总书记。上台初期，他对内主张经济改革，对外推行缓和战略，希望同美国对话。由于美国也不堪军备竞赛的重负，所以很快就做出积极回应，国际局势进一步走向缓和。同年11月，美苏首脑会晤。1987年，两国签署《美苏消除两国中程和中短程导弹条约》，决定消除全部中程导弹。从此，两国关系得到较大改善。但同时，苏联国内经济改革却阻力重重。戈尔巴乔夫把改革引向政治体制，奉行民主社会主义，照搬西方民主模式，搞政治多元化。结果不仅搞乱了苏联，也引起东欧的动荡。

80 年代末 90 年代初，东欧各国先后发生剧变。1991 年 12 月，苏联解体。到 1991 年 12 月底，持续近 50 年的雅尔塔体系终结，两极格局瓦解，其标志有四点：第一，苏联解体、东欧剧变，世界范围内已不存在社会主义国家与西方国家之间的整体性对抗。第二，华沙条约组织和经互会已经宣告解散，欧洲两大军事和经济集团的对立不复存在。第三，两德统一，苏军宣布从德国东部撤军。雅尔塔体系的原始宗旨之一就是确定对法西斯德国的分区占领。德国既然统一，雅尔塔体系自然宣告终结。第四，俄罗斯尽管继承了苏联的主要财富和其在联合国的地位，但实力今非昔比，已不能作为一个超级大国同美国争夺世界霸权了。

综上所述，战后形成的世界两极格局具有以下几个特点：

（1）政治上两大力量（两种不同社会制度的国家）势不两立。帝国主义阵营始终坚持反苏、反共、反革命的政策，对社会主义国家进行攻击、诬蔑，推行“和平演变”战略，妄图瓦解社会主义制度。它借口防止共产主义渗入，迫害本国的共产党人和进步力量，镇压民族民主运动，到处扶持反共独裁政权。社会主义阵营以及该阵营解体后的社会主义国家则高举反帝大旗，维护世界和平，积极支持民族民主运动和各国的革命斗争。

（2）军事上两大集团强烈对抗。北约和华约两大军事集团相互为敌，扩军备战（见表 1-1）。双方军备竞赛特别是核武器竞赛不断升级，针对对方的军事演习规模越来越大。双方互派间谍刺探对方的军事情报。美、苏两大国分别在西欧和东欧驻扎几十万大军。冷战碰撞出的火花有可能导致直接军事冲突和热战。与两大集团有关的局部战争时有发生。

表 1-1　美苏拥有战略武器对照表

年份 / 国家 / 项目	1960 年		1967 年		1970 年		1980 年		1984 年	
	苏	美	苏	美	苏	美	苏	美	苏	美
洲际弹道导弹（枚）	12	50	1 054	460	1 054	1 300	1 054	1 393	1 030	1 398
潜射弹道导弹（枚）	48	48	656	130	656	280	656	933	592	946
远程战略轰炸机（架）	540	160	600	210	550	150	316	145	241	173

（3）两种类型的经济并行发展，交往较少。西方各国经济往来密切，对社会主义国家则实行封锁、“禁运”。苏联东欧各国以经互会为核心，经济上自成一体，并同亚洲一些社会主义国家保持着牢固的经济关系。

（4）两大阵营内部基本是一元结构、一个中心。在帝国主义阵营中，美国的经济和军事实力占绝对优势，实际处于领导和中心地位。尽管英国未必甘心丧失战前的霸权地位，其他西方国家未必喜欢扮演“小伙伴”的角色，尽管它们之间充满各种矛盾，但面对苏联的强大军事压力，它们不得不以美国为靠山，默认美国的领导和中心地位。因为苏联是世界上第一个社会主义国家，而且实力最强大，所以社会主义阵营自然以它为首。华约始终以苏联为首。因此，美、苏作为世界政治格局中的两极，地位非常突出，也相对稳固。

（5）两极格局长期相对稳定。战后形成的两极格局，从某种意义上说也是一种以地域为基础、以地缘政治为核心所形成的板块式的政治、经济和军事格局。苏联东欧社会主义国家和中、朝、越等亚洲社会主义国家连成一片，全球被分割为两大政治板块、东西方两个世界。板块以条约和政治、经济、军事集团等形式固定化，几十年来虽有这样或那样的变化，但总体上相对稳定，一直延续到20世纪80年代末90年代初。

概言之，两极格局长期相对稳定，以“冷战思维”为特征的保守世界观也得以大行其道。实际上，大量变革因素在20世纪80年代初期喷薄欲出，美苏全面对抗模式越来越难以维持，来自国内外的巨大压力迫使这两个超级大国大幅调整内外政策，图谋变局。不幸的是，苏联东欧集团由于内部矛盾积重难返，改革又出现重大失误，最终被西方集团压垮。剧变发生得异常迅疾，在人们还没有充分意识到的情况下，地表上所有地标，已经倾颓；旧日地图，尽已废去①。一个新的历史时期开始了。

二、当今世界政治发展的基本特点

两极格局雪崩式解体，对整个世界以及各个地区都产生了巨大冲击，其意义之重大、影响之深远，不仅在于给自第一次世界大战到苏联解体这段70多年的历史画上了一个句号，更在于开启了一个被称为“当今世界”的新阶段。世界的总体面貌、驱动因素、基本特点、重大挑战和发展趋势迅速为之大变。在这个新时期，敏锐地辨识宏观历史发展中的延续与变革，适时地规划未来发展方略，抢占先机，进而去影响世界的未来，显然有着重大的战略意义。

在国际政治、经济等各个领域里有重大影响力的国家或国际行为体都积极地做出了回应，推动世界新秩序重构。迄今，30多年过去了，人们可以清楚地看到，影响世界的因素从未像当今这样复杂、多元，变革之活跃程度也远远超过两极格局时期；同时，世界的发展充满矛盾和不确定性，各种突发事件令人应接不暇。从世界政治的角度观察，一些新的特点逐渐从纷杂多变的进程中凸显出来，体现了基本的长期的意义。

（一）和平、发展、合作、共赢已经成为不可阻挡的时代潮流

党的十九大报告指出：“世界正处于大发展大变革大调整时期，和平与发展仍然是时代主题。世界多极化、经济全球化、社会信息化、文化多样化深入发展，全球治理体系和国际秩序变革加速推进，各国相互联系和依存日益加深，国际力量对比更趋平衡，和平发展大势不可逆转。”②

1. 国际力量对比朝着有利于维护世界和平的方向发展

世界大战给人类带来巨大的灾难，使各国人民的生命财产遭到空前破坏，也使世界

---

① 霍布斯鲍姆．极端的年代：上．南京：江苏人民出版社，1998：382.

② 习近平．决胜全面建成小康社会 夺取新时代中国特色社会主义伟大胜利：在中国共产党第十九次全国代表大会上的报告．北京：人民出版社，2017：58.

文明遭到空前浩劫。而冷战也极大地影响了世界的和平与稳定，阻碍了各国的发展。因此，世界人民渴望和平，厌恶战争。总结历史的经验教训，反对战争、避免战争，维护和平、维护全人类的共同利益，已成为不可抗拒的历史潮流。冷战结束后，全球范围内两大军事集团的对抗局面已不复存在，军备竞赛特别是核竞赛已大大降温。随着国际形势由紧张趋向缓和，各国相应调整战略，把发展本国经济、推进新科技革命、改善民生放在首要地位。为此，各国不仅将外交的立足点转向维护国际（特别是周边地区）的和平环境，而且广结善交，积极扩大对外合作与交流。在关涉人类生存和发展的全球性问题上，在治理污染、保护资源、防止气候变暖等领域，各国都进行了广泛的合作。

冷战结束后，和平解决争端的模式已成为各国的共识和一般做法，联合国及地区性的国际组织在“维和”方面起着越来越重要的作用，反对和制止战争的力量不断增强。

世界多极化趋势对霸权主义和强权政治是一种有力制约，对地区和全球性的危机、冲突起着缓解作用，对战争力量能够进行有效的牵制。

2. 促进发展已经成为各国人民的共同心愿和各国政府发展战略的首要任务

冷战结束后，以科技为先导、经济为核心的综合国力竞争日趋激烈。人们普遍认识到，要提升本国的国际地位、扩大本国的国际影响，关键的因素是要提高自身的核心竞争力和综合国力。各国之间尤其是大国之间的竞争，已由冷战时期的军备竞赛转变为综合国力的竞争。同时，社会的进步、民生的改善，也都有赖于经济及社会各方面的发展。因此，努力促进本国的发展和世界各国的共同繁荣，已经成为各国人民的共同心愿和各国政府发展战略的首要任务。对于广大发展中国家而言，只有加速经济发展，才能改善民生，摆脱贫困与落后，实现社会的稳定、国民素质的提高以及国家的强盛。因此，发展对于这些国家具有重要的意义。

3. 全球和区域合作方兴未艾

在经济全球化时代，各国和地区合作不断加强，各种地区性、洲际合作组织空前活跃。新科技革命的迅猛发展，既加剧了各国之间的竞争，又密切了各国之间的联系。各国都清醒地意识到，本国经济的发展离不开国际的资金、技术和市场，离不开国际合作。各国之间联系日益密切，利益日益结合在一起，相互依存关系不断加强。国际合作进一步深化。世界贸易组织不断扩大、作用逐步增强，欧洲一体化进程加快，上合组织合作机制日趋完善，东盟等次区域性组织也空前活跃，“一带一路”建设以新的形式推动了地区经济合作。这些合作的加强有利于各国间加强沟通、增进了解、增加信任，从而使整个国际形势在竞争与合作中趋向缓和。这无疑是防止冲突、促进和平的重要保障。

（二）世界多极化深入发展

分析世界政治与经济，权势格局始终是基本要素之一。20 世纪 90 年代以来，多极化是世界政治领域里最为显著的变化之一，这不仅表现为被称为“极”的力量从数量上来看显著增加，更重要的是其性质和相互关系发生了深刻变化。

当今世界政治格局多极化中的“极”，主要是指全球或地区中具有广泛而强大的吸引力、影响力、作用力和协调功能的中心，即重要的国际关系行为体。世界政治格局由两极转向多极，不仅是“极”的数量的增加，更重要的是格局的特点和“极”的内涵出现如下变化：吸引力、影响力、作用力和协调功能，取代两“极”的控制力和支配力成为多极化中的“极”的主要内涵。我们主张世界政治格局朝多极化方向发展，并不是要形成多个类似美、苏那样的超级军事强国和北约、华约那样的新的军事政治集团。同时，多极化与美国力图建立的单极世界，在内涵上也有本质区别，多极化是要建立反对霸权主义的公正合理的国际政治新秩序。

1. 霸权主义与强权政治受到多方面挑战

当今世界政治格局发展的基本趋势是：多极化趋势和单极化趋势仍在继续发展和斗争；美国的单边主义、霸权主义和强权政治更加明显，并有新的表现，但是反对单边主义的力量也在增强，也有新的表现。我们可以从两个方面来认识这一基本趋势：一方面，我们应当承认美国“一超”地位突出；另一方面，我们也应当看到美国的单边主义和霸权主义受到多方面的挑战，多极化的发展趋势仍在继续。

西方世界的控制和反控制较量时起时伏。苏联解体、东欧剧变，华约解散，日本和西欧各国对苏联的恐惧感和对美国的依赖性也随之减弱。所以，美国对它们的控制力、支配力不是在增强，而是在逐步减弱。结果，法国、统一后的德国、加快一体化进程的欧洲，都对美国的单边主义和其妄图单独主宰世界的做法越来越不满，在不少问题上同美国分庭抗礼，至少独立意识和离心倾向越来越强烈。

2003 年 3 月，美国未经联合国授权，发动伊拉克战争。中、俄反对，法、德也不赞成，这都对美国形成了很大牵制。法、俄甚至扬言不惜使用否决权。最终，美国也未能如愿以偿地打着联合国的旗号出兵。

2011 年，以美国为首的北约，积极推动“阿拉伯之春”，并出动战机轰炸利比亚政府军，支持反对派武装。对此，中、俄反对，德国拒绝参加。美国总统特朗普上台后宣布退出伊朗核协议，并单方面制裁伊朗，中、俄、英、法、德一致坚持执行该协议，并公开反对制裁。2018 年底，美国宣布从叙利亚撤军，英、法反对并表示继续在叙驻军。为了改善同盟国特别是西方大国的关系，摆脱孤立地位，拜登政府上台后，开始推行“单极多边主义”外交，加强同西方大国的沟通，但实际上仍然大权独揽。多边主义是虚、单极霸权主义是实，俄乌冲突爆发后，美国带头制裁俄罗斯、军援乌克兰，破坏“北溪”管道，发战争横财，就是有力证明。

2. 新兴市场国家和发展中国家整体实力增强

当今多极化趋势中最值得关注的就是新兴力量的崛起，其经济实力不断增强，国际地位不断提升，对未来将产生真正革命性的影响，原因在于：（1）它们的发展有别于传统西方强国，历史文化传统、现有制度各具特色，而且发展道路也完全不同于西方的原始资本积累模式，真正体现了非传统的多元化模式。（2）它们的国际诉求体现出公平正义的要求，从争取建立国际新秩序到深入推进国际合作，从捍卫主权到要求国际关系民主化，在性质上与恃强凌弱的旧传统有根本区别。（3）它们正在成为变革国际机制的重要力量，联合国、世界银行、国际货币基金组织等既有机构的改革离不开这些新兴力量，建立新国际机制更是如此，二十国集团的出现就是一个突出的事例。

众所周知，20 世纪 70 年代西方金融危机催生出由七个最发达的国家组成的七国首脑会议，后来吸收俄罗斯，成为八国集团。1999 年 6 月，美国等国的财政部长提议，在增加一批新兴国家的基础上，组成二十国集团会议，由各国财政部长或中央银行行长参加，就国际经济、货币政策举行非正式对话，旨在防止类似亚洲金融危机的金融风暴重演，谋求国际金融和货币体系的稳定。2008 年美国引发全球金融危机之后，开始举行二十国集团首脑会议，扩大发展中国家的发言权。二十国集团成员的构成体现了较为全面的代表性，有原八国集团的美国、日本、德国、法国、英国、意大利、加拿大、俄罗斯；也有发展中国家代表，如中国、南非、阿根廷、巴西、印度、印度尼西亚、墨西哥、沙特阿拉伯；此外还有澳大利亚、韩国、土耳其以及作为一个独立成员的欧盟。这些国家的国内生产总值约占世界总量的 85%，人口约占世界总人口的 2/3。在这个平台上，不同类型的国家能够开展富有建设性和开放性的对话，共商国际金融体制的改革。中国、俄罗斯、印度、巴西、南非等新兴大国组成的“金砖国家”，在国际事务中发挥的作用越来越大。

3. 世界各种力量出现新的分化组合

冷战结束后，欧洲一体化进程加快。“联合图强”、加速实现一体化，成了欧洲各国的共识。它们在经济上加强了合作，积极推进欧洲单一货币体系、统一市场的建立，政治、军事一体化也稳步发展。东欧各国积极向西欧靠拢，争取加入欧盟。特朗普上台后，美欧矛盾加剧，美国大大提高欧盟输美商品关税，欧盟以牙还牙进行反击。2018 年，法国总统马克龙扬言要建立欧洲军队，当时的德国总理默克尔公开支持。欧洲联合对抗美国的趋势更加明显。2019 年 2 月，美国主导在华沙召开中东和平会议，矛头直指伊朗，欧盟和法、德等国领导人未出席，暴露美欧分歧加大。相反，欧洲各国间的军事合作不断加强。2023 年 2 月，德荷军队开始进行师旅级整合，迈出历史性一步。在同月召开的“慕安会”上，马克龙再次呼吁，欧洲国家“武装自己”。独联体各国在经历了大分化之后由于经济、政治上的需要又趋向联合，俄罗斯除了重视并不断加强同独联体各国的合作外也调整了外交战略，实行更加务实的多元化的外交，加强了同亚太国家的合作。东盟的地位显著提高，在解决地区冲突、促进经济技术合作方面发挥着越来越重要的作用。上海合作组织作为冷战后建立的新型区域性合作组织，在加强各国之间的友好合作、维护地区的和平与稳定方面发挥了巨大作用，成为国际合作的典范。2018 年，美国宣布从叙利亚撤军。俄罗斯、土耳其、伊朗影响力扩大，开始主导该地区政局。沙特、伊朗同为中东大国，但由于美国的作用，两国关系一直不好，直至停止外交关系。2023 年 3 月，在中国的斡旋促进下，双方恢复外交关系。这是和平的胜利，标志着“新中东”初露头角，美国的影响力将进一步衰退。

4. 多极化是新“合力”驱动的结果

多极化是国际力量对比变化的一种表现，然而，要特别注意的是，当今多极化发展有着不同于以往的新的时代内涵和驱动力，是与多种新的变革趋势结合在一起的，具体可以概括为当今世界并列的“四化”，即世界多极化、经济全球化、文化多样化、社会信息化。从政治角度出发，其他“三化”可以看作世界多极化的基础，实际上，这些趋势都对世界政治有着极其深远的影响，本身都包含着深刻的政治意义。

经济全球化是推动世界经济发展的强大动力，尽管迄今为止仍为发达国家所主导，给发达国家带来了最大的利益，但同时也为发展中国家实现经济发展和社会进步提供了良好机遇。经济全球化仍在深入发展，对世界经济的推动和影响也将进一步扩大，各国都紧抓经济全球化的机遇，努力克服其带来的不利影响，加速自身的发展。

新科技革命日新月异。新科技革命不仅直接产生了巨大的经济效益和社会效益，而且广泛带动了经济和社会各个领域的进步与发展，因此，加速推进新科技革命已经成为各国的重要任务和战略。

世界发展模式多样化是世界多极化趋势的重要基础和前提条件。世界是丰富多彩的，发展模式也是多种多样的。从政治制度来说，有社会主义国家、资本主义国家，还有前资本主义国家。从经济和社会发展程度来说，有发达国家、发展中国家，还有新兴工业化国家。从宗教来说，有佛教、伊斯兰教、基督教三大宗教，还有更多的其他宗教。从民族来说，既存在单民族国家，又存在多民族国家。民族无论大小、国家无论强弱，都有自己的文化传统、民族特色和文明，都形成了自己的政治信仰、价值观念、意识形态，都选择了适合自己国情和民族特点的发展道路。即使同一种社会制度的国家，发展模式也不会完全一样。例如，中国特色社会主义，就同苏联的社会主义模式不一样。又如，同样是资本主义国家，美国、日本和德国的发展模式也有所差别。

> 文明相处需要和而不同的精神。只有在多样中相互尊重、彼此借鉴、和谐共存，这个世界才能丰富多彩、欣欣向荣。不同文明凝聚着不同民族的智慧和贡献，没有高低之别，更无优劣之分。文明之间要对话，不要排斥；要交流，不要取代。人类历史就是一幅不同文明相互交流、互鉴、融合的宏伟画卷。我们要尊重各种文明，平等相待，互学互鉴，兼收并蓄，推动人类文明实现创造性发展。
>
> 资料来源：习近平．携手构建合作共赢新伙伴 同心打造人类命运共同体：在第七十届联合国大会一般性辩论时的讲话．人民日报，2015-09-29.

世界上的各种文明、不同的社会制度和发展道路之间应彼此尊重，在竞争比较中取长补短，在求同存异中共同发展。世界的多样性既是历史发展之必然，也是客观存在的。冷战结束后，各国应当在竞争比较中相互借鉴、取长补短，避免相互敌视、相互排斥、相互冲突。多样性本身就包含差异性，各种文明、不同的社会制度和发展道路之间存在这样或那样的差异是很自然的，它们可以求同存异、和平共处，实现共同发展。各种文明之间的冲突，不同社会制度国家之间的战争，不同发展道路之间的敌视、排斥，并非不可避免。

信息技术已经渗透人类生活所有领域，正在推动经济、社会、军事、管理这些宏观系统进行巨大转变，其结果不亚于过去任何一次工业革命所带来的变迁。在国际政治领域，信息化推动权势分散化，大众传播便捷、透明化，所有这些，都会对多极化发展产生深刻影响。

（三）构建新型国际关系取得进展

中国主张，当今世界各国相互依存、休戚与共，要继承与弘扬《联合国宪章》的宗旨和原则，构建以合作共赢为核心的新型国际关系，打造人类命运共同体。为此，要建立平等相待、互商互谅的伙伴关系；要坚持多边主义，不搞单边主义；要奉行双赢、多赢、共赢的新理念，扔掉我赢你输、赢者通吃的旧思维；要营造公道正义、共建共享的安全格局；要摒弃一切形式的冷战思维，树立共同、综合、合作、可持续安全的新观念；要谋求开放创新、包容互惠的发展前景；要促进和而不同、兼收并蓄的文明交流；要构筑尊崇自然、绿色发展的生态体系。

中俄关系是新型国际关系的典范。《中俄睦邻友好合作条约》将两国和两国人民“世代友好，永不为敌”和“不结盟、不对抗、不针对第三国”等符合时代潮流的理念以法律的形式固定下来，确立了两国新型国家关系基础。该条约以及两国根据该条约精神和时代发展新要求签署发表的一系列重要文件确保了未来中俄关系将在一条稳定、健康、正确的轨道上不断向前。

在大国关系中，中美关系非常重要。由于美国坚持霸权主义、单边主义和冷战思维，不断挑战中国的核心利益，致使中美关系充满曲折。中国领导人历来高度重视、努力改善中美关系。2022 年 11 月，习近平主席在印度尼西亚巴厘岛出席二十国集团领导人峰会期间，会见美国总统拜登。他强调，“共同确保中美关系沿着正确航向前行，不偏航、不失速，更不能相撞”，要“采取切实行动，推动中美关系重返稳定发展轨道”，竞争不是你输我赢、你死我活，“反对把经贸科技交流政治化、武器化”，“对双方存在的具体分歧，可以进行探讨，前提是平等交流”。

此外，发展中国家同发达国家之间、发展中国家之间在建立新型国际关系方面都进行了各种尝试，取得了可喜的成就。

（四）全球治理深入发展

当今世界各国之间的联系日益密切，相互依存的趋势越来越强，全球化进程使人们越来越切实地意识到，人类从未像今天这样成为一个命运共同体。各国在分享经济全球化、信息化带来的便利的同时，也面临着粮食安全、能源资源安全、网络安全等各种全球性问题带来的共同挑战。零和博弈根本无法解决这些问题，只有在追求本国利益时照顾他国合理关切，在谋求本国发展中惠及各国共同发展，才能真正实现世界的长治久安。解决全球性问题，必须树立全球治理观、建立健全全球治理体系。为此，“中国秉持共商共建共享的全球治理观”，“积极参与全球治理体系改革和建设，不断贡献中国智慧和力量”①。

“合作共赢”符合这个时代的要求。这种认识通过各种国际力量的努力，已经切实地转化为各个领域、各个层面的机制安排。

联合国的地位是大国合作意愿和程度的一个风向标。联合国在维护世界和平与稳定、促进世界发展中的权威地位和作用，进一步得到各国的认可和多数国家的尊重。即便是美国，在处理重大国际事务时，也力求得到联合国的授权，希望打着联合国的旗号行动。

---

① 习近平．决胜全面建成小康社会　夺取新时代中国特色社会主义伟大胜利：在中国共产党第十九次全国代表大会上的报告．北京：人民出版社，2017：60.

此外，地区合作、跨地区合作、国家间合作都在拓展，并且不断深化。

安全合作也有重大突破，其中一个典范是上海合作组织。在文化领域，各个国家都意识到了软权力的重要性。近年来国际文化交流非常活跃，形式多种多样，并且走向机制化，像中国的孔子学院就覆盖了全球多个国家和地区，成为各国之间文化交流的重要桥梁。生态和气候变化成为国际合作的又一突破性领域。2015 年，巴黎气候变化大会成功召开，取得巨大实质性成果。经济的快速增长、人类物质生活水平的迅速提高，造成了严重的资源短缺、全球气候变暖、大气和水资源污染等一系列问题。这些问题的解决，需要各国通力合作，各国不仅要加大治理的力度，增加相关的投资，而且要践行科学发展观，大力节能减排，这无疑直接影响到各国经济的发展和国民的生活。因此，相关的谈判、合作也面临着不少困难。然而，从世界发展的大局和人类生存的长远利益考虑，各国还是克服了重重困难，在维护和改善人类生存发展环境方面，达成了诸多共识，进行了多方面的富有成效的合作。

（五）当今世界在深刻复杂变化中变革、调整

当今世界的大变革、大调整集中体现在以下几个方面：

1. 世界政治的两极格局已经瓦解，出现了多极化的发展趋势，但新的格局尚未形成，仍然处在变革与调整之中

2015 年 9 月，习近平主席在联合国大会上强调，“世界格局正处在一个加快演变的历史性进程之中”，“世界多极化进一步发展”[①]。但多极化是什么样的，以多极化为基础的新的世界政治格局究竟是怎样的，还存在不确定因素。“一超多强”是大家所公认的一种力量对比状况。美国的相对实力在逐步下降，但无论如何，它作为当今世界唯一的超级大国和世界政治格局中的重要一极，短期内是不会发生变化的。世界政治格局的发展将面临“多强”与“一超”之间的力量对比变化及其相互关系的不断调整。

我们应当怎样理解当前世界政治格局多极化的趋势呢？概括起来有如下四点：

第一，世界多极化趋势不可逆转。多极化正朝着牵制、反对霸权主义和强权政治的方向发展。冷战后世界多极化趋势的发展大体可分为两个阶段。其一是“9·11”事件前。美国单边主义、冷战思维比较突出，战略矛头集中于中、俄。其二是“9·11”事件后。美国本土遭到严重恐怖袭击，“反恐”成为头号任务，美国与中、俄关系相对缓和。但随着美国“亚太再平衡”战略的推行、俄乌关系的紧张和“伊斯兰国”（IS）的猖獗，世界各种力量对比和多极化趋势出现复杂局面。中国正在迅速发展，实力和国际地位持续上升。俄罗斯强硬面对西方，合并克里米亚，出兵叙利亚打击“伊斯兰国”，支持叙利亚政府，密切了同伊朗、土耳其、伊拉克、黎巴嫩真主党的关系，重构中东地缘政治版图，对美国构成巨大挑战。

第二，多极化是世界政治格局发展的趋势而非定势。两极格局中的“极”具有确定性，就是指美苏。而多极化仅仅是一种发展趋势，目前还很难确定哪些世界政治行为体

---

① 习近平．携手构建合作共赢新伙伴　同心打造人类命运共同体：在第七十届联合国大会一般性辩论时的讲话．人民日报，2015－09－29．

是一“极”以及当今世界共有几“极”。从目前力量的分布来看，大体可以说是“一超多强”，但是世界政治行为体的合力作用和不平衡发展规律会使力量对比发生变化，从而引起世界政治格局的走向变化。

第三，多极化趋势错综复杂，发展进程不会一帆风顺。在多极化趋势中，既有美国这样具有全球和国际意义的强大中心，以及实力不如美国的次强中心，也有类似南亚印度、中东以色列等的地区中心。人们已注意到，一些“中等强国”正重塑地缘政治，在多极化世界中发挥更大的作用。它们的吸引力、影响力、作用力和协调功能犹如长短不一的辐射线，纵横交叉，错综复杂。从今后的发展趋势来看，由于新科技革命深入发展及经济发展的不平衡规律，构成“极”的大小中心都不会固定不变。伴随着实力的升降，原有的强大的全球中心可能衰退，降为次强中心，乃至地区中心，而次强中心也可能上升为强大中心，地区中心经过长期发展有可能上升为全球中心。当然，在世界政治格局的发展变化中，也不能排除在一个历史时期内、在某些地区和领域、在某些问题上，单边主义占主导地位。

第四，当前的世界政治格局也可以概括为“一超多强，多边竞争”。“一超多强”是各国力量对比，尤其是大国力量对比的一种现状，它是当前世界政治格局的重要表现形式和主要特征。世界政治格局既是一种国际力量对比，但更重要的是一种国际力量相互关系的概念，即国际政治力量相互组合的结构。因此，仅用“一超多强”不能完全概括当今世界政治格局的现状和特征，应该对影响世界政治格局的主要国际力量之间的相互关系进行概括。从总体上来说，它们之间的相互关系是“多边竞争”。“多边竞争”指多边之间是一种平等独立、相互依存、相互制约、相互合作、共同发展的关系。这样，当今世界政治格局就可以概括为“一超多强，多边竞争”。

2. 国际机制和秩序正处在大变革、大调整之中

当今的国际政治经济秩序是第二次世界大战后期和战后初期伴随着雅尔塔体系的形成而建立起来的。冷战结束以后，这一秩序经历了巨大的变革和调整，但仍以美国等西方发达国家为主导。这一国际政治经济秩序存在诸多不公正、不合理之处，它主要维护发达国家的权益，忽略甚至损害了广大发展中国家和欠发达国家的权益，也没有反映出当今国际力量对比的巨大变化和世界多极化的发展趋势，不能适应新科技革命以及世界经济和政治发展的新要求。因此，不少国家尤其是广大发展中国家强烈要求改革现存的国际政治经济秩序。这些改革将深刻地触及各方利益，势必会出现反复的较量。

3. 大国关系处在深刻的调整中

大国关系的调整具有以下几个方面的特点：

（1）大国关系紧紧围绕国家利益进行调整。国家利益包括经济利益、安全利益、政治利益，是国家对外政策的出发点和归宿，也是处理国与国之间关系的根本原则。各国利益之间既有交叉和共同点，也有矛盾和冲突，因而随着形势的变化，大国关系也在不断分化组合。2022 年 2 月，俄乌爆发军事冲突。随着冲突的扩大，俄美以及俄罗斯与西方主要大国的关系急剧恶化。而美西方内部则尽力缓和矛盾、克服分歧、加强了“团结”。北约摆脱松散状态，发挥更大的作用。在这里，大国关系出现新的变化。

（2）大国关系紧紧围绕其国际战略进行调整。大国的国际战略具有相对稳定性、连贯性、可持续性，但也会随着国内形势和国际环境的变化进行调整。以美国为例，它在冷战时期已经形成一套根深蒂固的冷战国际战略模式，在冷战结束后，其国际战略由于失去最主要的“敌人”而陷入战略目标模糊、混乱的尴尬境地。这一时期，美国依然延续冷战思维，把仍然拥有强大核武器和军事力量的俄罗斯，以及正在迅速发展的世界上最大的社会主义国家——中国，当作最主要的战略竞争对手和进行遏制的主要目标。它通过发动波黑战争、科索沃战争，推进“北约东扩”，支持“颜色革命”，不断挤压俄罗斯的国际战略空间，侵害其国家利益，威胁其国家安全，恶化其周边环境，使俄罗斯同西方大国的关系尤其同美国的关系处于不稳定的状态。中美关系在冷战后期曾得到较明显的改善，形成中美苏大三角关系和中美携手抗苏的战略态势。冷战结束后，中国在美国国际战略中的地位大大下降，由伙伴转变为主要的竞争对手。到 1999 年发生美国轰炸中国驻南斯拉夫大使馆和 2001 年 4 月中美撞机事件，中美关系陷入低谷。“9·11”事件的发生，使美国清醒地认识到，对美国最直接的威胁并不来自中、俄，而是国际恐怖主义，因此，美国把全面加强本土防卫、打击国际恐怖主义作为最重要的国际战略目标。国际反恐任务艰巨、复杂，需要建立和加强国际反恐联盟，尤其要得到各大国的支持和各种国际力量的密切配合，因此美国开始调整同各大国的关系。中美关系得以恢复并不断发展，美俄关系迅速改善，美国同西方大国的关系也出现新的变化。然而，美国发动伊拉克战争，把国际反恐斗争的重点转向伊斯兰和阿拉伯世界中的反美政府，打击反美势力，从而加剧了国际紧张局势。对此，多数大国包括中、俄、法、德都持反对态度。

（3）大国关系因力量对比的变化而进行调整。一个大国实力的增强、国际地位的提升必然使之受到其他大国的重视，相反，其实力的削弱、国际地位的下降必然使之受到其他大国的轻视。冷战时期，不管苏联存在什么问题，其强大的综合国力和超级大国的国际地位，使得没有任何一个大国可以轻视它，甚至美国的全部战略都是以与苏联对抗为核心的。苏联解体、东欧剧变后，俄罗斯的综合国力急剧下降，国内生产总值排名一度跌出世界前十位。因此，美欧等大国对俄罗斯的重视程度大大下降，尽管俄罗斯对美国发动波黑战争、科索沃战争，推进战略反导计划、“北约东扩”，支持格鲁吉亚、乌克兰的“颜色革命”极为不满，多次进行严厉警告，但美欧等国仍然我行我素，不理会俄罗斯的威胁。其根本原因就是俄罗斯实际上无力同西方特别是美国进行全面对抗。印度的崛起引起了美日欧的高度重视，它们纷纷加强同印度的联系，一方面希望通过这种联系，从印度的快速发展中寻找有利机遇，谋取自身的利益；另一方面也希望通过加强同印度的政治军事同盟来遏制中国，以便从南亚形成对中国的战略包围圈。为此，美日澳印频繁进行联合军事演习。美国针对印度进行核试验的制裁也草草收兵、有名无实，实际上是容忍印度成为新的核国家。随着实力的增强、国际地位的提高、国际影响的扩大，中国在大国对外战略中的地位越来越重要。尤其是西方大国都陷入严重的金融危机和经济衰退的时候，中国的经济仍然保持平稳、较快的发展，外汇储备充足，使各国经济的振兴都在不同程度上寄希望于中国的带动作用。中国在国际事务中的地位进一步凸显，大国关系相应进行调整，这是无法回避的。

（4）大国关系因国内政治的变化而进行调整。大国关系的调整在不同程度上受国内政治变化的影响。长期以来，在美国总统大选中，对华政策都是一个重要因素，为迎合部分选民的情绪，某些候选人往往打出“反华牌”。每届新总统执政之初，也往往在对华关系方面采取一些所谓的强硬措施，致使中美关系出现这样或那样的曲折。而经过一段时间，出于国家利益和现实国际政治的考虑，他们不得不采取务实的对华政策，使中美关系回归常态，甚至有所改善和发展。在希拉克担任法国总统、施罗德担任德国总理期间，中法、中德关系的合作与交流非常密切。但随着德、法国内政治的变化，2005 年默克尔担任德国总理、2007 年萨科齐接任法国总统后，中德、中法关系就出现了不少问题。先是默克尔发表有关中国“民主”“人权”的不友好谈话，并会见达赖喇嘛，致使中德关系急剧恶化。不久，萨科齐公开支持“藏独”，公然会见达赖喇嘛，拒绝出席 2008 年北京奥运会开幕式，严重恶化了法国同中国的关系，引起中国的强烈不满。为此，中国停止了法国担任欧盟轮值国主席时期的中欧战略对话，后来经过双方的反复协商，中法关系才出现缓和。

大国关系在国际事务中历来占有特殊地位，尤其是新兴大国和既有霸权国、强国的关系如何处理，一直是国际政治中最大的难题之一。冷战结束后，以中国为代表的大国致力于建立新型大国关系。中国主张，新型大国关系应以相互尊重、互利共赢的合作伙伴关系为核心特征，坚持不冲突、不对抗。大国与小国相处，要平等相待，践行正确义利观，义利相兼，义重于利。

三、当今世界政治面临的主要问题

迄今为止，不公正、不合理的国际政治旧秩序并没有根本改变。世界还很不安宁，人类面临着许多严峻挑战，当今世界政治面临诸多问题。

（一）霸权主义、强权政治和新干涉主义有所上升

1. 新干涉主义盛行

霸权主义和强权政治的突出表现是任意干涉别国内政，其借口从国家利益、国家安全、“人权”到民族问题无所不包，其手段更是从经济制裁到直接出兵干涉，无所不用其极。干涉的范围包含政治、经济、文化等多个领域。以美国为代表的西方大国鼓吹“人权高于主权”，利用它们所控制的军事集团或政治军事同盟，绕开联合国，任意干涉他国内政，直至对一个主权国家进行直接军事打击，推翻该国的合法政府，公开捉拿该国政府领导人。伊拉克战争是新干涉主义的重要表现。伊拉克政府是民主的还是专制的，是否得到人民的支持，要不要改变、怎样改变，这是该国的内政问题，不能通过国际干涉的办法来解决。这是《联合国宪章》的规定以及国际社会所公认的国际法基本准则，应当得到尊重和遵守。然而，美国以伊拉克拥有大规模杀伤性武器和支持国际恐怖活动为借口，发动了伊拉克战争，推翻了萨达姆政权，甚至将萨达姆推上了断头台。

美国还利用“人权”“民主”等问题干涉他国内政。“人权外交”早在 20 世纪 70 年代卡特总统时期就已确立。正如美国前任国务卿奥尔布赖特所宣称的：“人权问题现在

是、将来仍然是我们对外政策的重要组成部分。”美国鼓吹“人权高于主权”，多次利用“人权报告”干涉中国及其他发展中国家的内政。所谓“民主化”，就是通过种种方式（经济援助、经济制裁、外交施压等）迫使或诱使“非民主”国家实行西方式的议会民主与多党制。在2004年西方七国首脑会议上，美国散布推动中东国家“民主化”的言论并在此后实施“大中东民主计划”，试图用西方的理念塑造中东。美国还就“民主”“人权”等问题指责包括中国、俄罗斯在内的一系列国家，向这些国家施加压力，为国家间关系的稳定发展制造障碍。中日之间以及中国与西欧各国之间也存在类似问题。日本首相安倍晋三公开提出“价值观外交”，即进一步加强同价值观相同的国家特别是印度的友好合作关系，以便从战略和外交上孤立与其价值观不同的中国。法国总统萨科齐和德国总理默克尔也曾利用“民主”和“人权”问题指责中国，甚至不顾中方的强烈反对，会见达赖喇嘛，破坏双边关系。“阿拉伯之春”不仅引起中东局势的动荡，而且使恐怖主义更加猖獗，激化了相关国家之间的矛盾，造成了严重的难民危机。

2011—2012年，以美国为首的西方大国积极推动“阿拉伯之春”，赤裸裸地干涉突尼斯、埃及、利比亚、叙利亚内政。新干涉主义更加猖狂，其集中表现是，武装支持反对派推翻一个国家的合法政权。当前，策动“代理人”战争，已成为美国新干涉主义的重要特点。俄乌冲突就是这种“代理人”战争。

2. “遏制”中国的战略冷战思维依然存在

在两极格局下，美国的政策带有明显的反共色彩。现在，这一思维模式并未根本改变，而是将重点由苏联移向了现存的社会主义国家，首先是中国。不管是“遏制”还是“接触”，其根本目的都是促使中国发生苏联和东欧那样的演变。正如日本时事社的文章所说：“只要中国继续保持共产党的体制，美国便不会消除对中国的戒心。”事实上，冷战结束后，美国在亚洲的军事力量不仅没有减弱，反而通过美日双边协定得到了加强，同时它又极力促使日本扩充军备，向海外派兵。1997年9月23日签署的新一轮《日美防卫合作指针》，大大扩展了日本防卫的范围和方式，并且把中国台湾也列入了相关军事干预区域。美国还要把日本、韩国、中国台湾拉入“战区导弹防御计划”。近年来，不论是奥巴马时期的“亚太再平衡”战略，还是特朗普政府与拜登政府的印太战略，针对中国的意味很明显。这些不能不引起包括中国在内的周边国家的严重不安和强烈反应，亚太的和平与稳定因此受到极大影响。此外，美国加紧构建孤立、封锁、制裁朝鲜的包围网，加剧了东北亚的紧张局势。

3. 美国的对外战略更具进攻性

“9·11”事件后，美国进行了战略调整。首先，美国调整了国家核战略，其标志是美国国防部于2002年1月8日向国会提交《核态势评估报告》。该报告提出新威慑战略，即从旧的“三位一体”战略转向攻防兼备、能力全面的“新三位一体”战略。据分析，该报告显示出美国实现核武器的实战化并在一定条件下首先使用核武器的战略意图：首次界定了使用核武器的条件，即针对能够阻止美国非核武器打击的目标；报复敌方动用核武器、生化武器对美国发起的攻击；应对敌方或恐怖组织利用无法以常规武器加以抵御的新型武器对美国发动突然袭击。报告第一次列出有可能需要使用核武器的国家，其中既包括有核武器的国家，也包括没有核武器的国家。报告被媒体曝光后，尽管美国政要表示这仅是概念性计划和战略声明，并不是付诸实施的计划，但仍引起世界各国的极大震惊和忧虑，就连美国的盟国也担心会由此引发新一轮的核竞赛，增加核战争的危险性。同年12月，美国总统小布什向国会提交了一份名为《对抗大规模杀伤性武器的国家战略》的文件。该文件是小布什总统于2002年5月签署的一份绝密文件的部分摘要。文件宣称，一旦美国本土、海外驻军或盟友遭到大规模杀伤性武器的攻击，美国“将保留动用包括任何手段在内的压倒性的武力来做出回应的权利”。据分析，“任何手段”中包括使用核武器。2018年，美国特朗普政府宣布将退出《中导条约》，从而加剧了核竞赛的危机。

其次，美国提出“先发制人”的战略。2002年6月，小布什在一次演讲中首次明确强调美国的安全战略将转向“预防性干预”，“能随时采取先发制人的行动”。所谓“先发制人”的军事战略，就是对国际恐怖组织、窝藏恐怖分子或支持恐怖活动的国家，以及拥有核武器和生化武器的“敌对国家”“无赖国家”，实行“先发制人”的打击。“先发制人”战略是美国加强本土防卫整体战略的重要组成部分，意在铲除威胁美国国家安全的隐患。但国际恐怖主义是一个十分复杂的问题，仅靠美国单边军事打击恐怕难以解决。至于单凭美国提出的理由对一个主权国家进行“先发制人”的军事打击的做法，无疑违反了国际法准则和《联合国宪章》精神，也威胁到了世界的和平与稳定。

美国哈佛大学教授亨廷顿访谈录

问：伊拉克战争已明显表明美国是世界上最强势的国家，世界政治由它主宰。美国人的世界新秩序是什么样子的？

答：美国是一个要在全世界传播其价值的全球性强国。欧盟（我指的是德国和法国）、俄罗斯、中国、印度和巴西都是地区性大国，它们都想在各自所属的地区起主导作用。这就注定了将发生利益冲突。当前的世界格局已发生变化：我们已不处在冷战时期的两极世界中，而是在一个结构发生变化的、由一个全球性超级大国和多个地区性大国构建的世界中。

问：这个世界由超级大国定调吗？

答：不是，未来国际问题的解决取决于超级大国与地区性大国的合作。

问：美国的强势地位建立在军事优势上，它能在平等的基础上与其他国家合作吗？

答：军事优势是一项实力，其他国家再也清楚不过地懂得它们依靠常规武器根本无法与美国抗衡。但是，没有一种强势能永远持续。

问：美欧将怎样相处呢？

答：眼下格局是一个强大的美国和一个虚弱的欧洲，尽管力量对比不平等，但它们也必须无条件合作，必须无条件地避免冲突。欧洲和美国在许多方面是一致的。

资料来源：邦泽．没有一种强势能永远持续．参考消息，2003-06-17.

（二）局部动荡频繁发生

当今世界因民族、宗教、领土等因素而引发的局部冲突时起时伏。世界上不少国家都是由多民族、多部落组成的，由于历史的纠葛、现实利益的冲突、政治上的分歧、文化传统的差异，特别是殖民主义的后遗症，一些部族之间经常发生冲突，这些冲突又常常升级为内战。前宗主国或一些大国为各自的利益纷纷插手内战，从中渔利，致使内战一打就是几年甚至十几年，既害国害民，又破坏了地区的稳定。民族冲突仍相当严重，并导致战乱。民族问题往往同政治、宗教、经济、社会等一系列问题纠缠在一起，更增加了局势的复杂性和解决的难度。

最近几年，西方大国加紧在发展中国家及原苏联东欧国家中推行西方式民主和多党制，更加给不稳定的局势增添了动荡。西方国家在东欧国家推行的“颜色革命”不仅会导致东欧国家国内的动乱，还有可能引发邻国间的冲突与战争。乌克兰东部冲突演化为内战，克里米亚被归并于俄罗斯、俄乌关系恶化、美欧对俄实行制裁，激化了欧洲乃至全球的紧张局势。

俄乌冲突不断升级，造成大量人员伤亡和财产损失。冲突不仅使当事国遭受巨大灾难和人道主义危机，而且使欧洲和更多国家面临战争风险。俄乌冲突表明，国家间、地区间的矛盾只能通过和平方式解决，不能通过战争或诉诸武力。中国致力于和平解决俄乌冲突，积极“劝和促谈”。

（三）传统安全威胁和非传统安全威胁相互交织

恐怖主义是对世界和平与发展以及各国安全的直接威胁。恐怖主义由来已久，冷战结束后袭击数量呈上升趋势，直到“9·11”事件发生后才引起世界的广泛关注和高度重视。

恐怖主义的主要特点是，使用爆炸、袭击、投毒、暗杀、劫机、绑架人质等暴力手段或以暴力相威胁以达到某种政治目的，这是它与一般以经济利益为目标的绑匪、劫匪的区别；采取密谋的方式，其袭击目标既对准政府也对准平民，这是它与把推翻政府作为主要目的、公开进行武装斗争的反政府游击队不同的地方。近年来，“伊斯兰国”迅速崛起，其规模、破坏性、危害性及手段之残忍引起世界强烈关注，在伊拉克、叙利亚占领大片土地，制造了震惊世界的巴黎及非洲、东南亚恐怖袭击。打击“伊斯兰国”已成为各国的共同目标。

中国也是恐怖主义的受害者，坚决反对各种形式的恐怖主义。中国也曾遭到“藏独”、新疆分裂势力等民族分裂主义和极端势力的恐怖袭击。民族分裂势力和其他极端势力同国际恐怖主义势力、国际敌对势力相互勾结，严重威胁到我国的国家安全和社会稳定。因此，无论出于国际义务和责任，还是出于维护自身国家利益考虑，我们都坚决反对恐怖主义。在这个问题上，我们历来立场坚定，旗帜鲜明。我们主张反对一切形式的恐怖主义：既反对国际恐怖主义，也反对国家恐怖主义；既反对针对美国和发达国家的恐怖主义，也反对针对其他国家的恐怖主义；既反对针对军事、安全目标的恐怖主义，也反对针对平民的恐怖主义；既反对恐怖袭击，也反对用恐怖袭击进行报复，伤及无辜平民。

恐怖主义往往是跨国犯罪，涉及的范围又特别广泛，所以打击恐怖主义活动必须加强国际合作。但其中一个前提条件是，对待恐怖主义问题不能搞双重标准，不能说袭击美国和西方发达国家就是恐怖主义，而俄罗斯车臣非法武装、中国“东突”的袭击活动就不是恐怖主义。各国只有在反对恐怖主义问题上达成共识，才能进行合作。合作可以

<<<

"伊斯兰国"

2003 年，约旦逊尼派激进分子扎卡维率"穆斯林圣战者组织"参与伊拉克的教派冲突，大搞恐怖袭击。2006 年，伊拉克国内的教派冲突演变为大规模内战。"基地组织伊拉克分支"在内战中继续壮大，合并其他一些组织，改名为"伊拉克伊斯兰国"（ISI）。2011 年底，随着美军撤离伊拉克，"伊拉克伊斯兰国"得以迅速扩张。在巴格达迪的领导下，极端组织的活动形式从零星的恐怖主义袭击转向有组织的军事叛乱和夺取政权。2011 年，叙利亚内战爆发，成为"圣战"狂热分子的温床。2013 年初，巴格达迪抽调部分主力挺进叙利亚，并于 4 月 9 日宣布成立"伊拉克和黎凡特伊斯兰国"（ISIL），阿拉伯语为"伊拉克和沙姆伊斯兰国"（ISIS）（"黎凡特"是英语地理概念，"沙姆"是阿拉伯语地理概念，均指包括约旦、巴勒斯坦、以色列、黎巴嫩、叙利亚在内的东地中海地区）。ISIS 在叙利亚内战中积累了实力之后继续以武装斗争掠取地盘。2013 年底到 2014 年 6 月，巴格达迪逐渐打通伊拉克和叙利亚两大战场，攻克摩苏尔、提克里特、费卢杰等重镇，控制尼尼微、萨拉赫丁等省的大部分地区，逼近库尔德自治区首府埃尔比勒，并控制伊叙、伊约边界的全部过境点。2014 年 6 月 29 日，巴格达迪宣布将"伊拉克和沙姆"字样去除，"伊拉克和沙姆伊斯兰国"更名为"伊斯兰国"（IS）。巴格达迪自称哈里发。2019 年 10 月，美国宣布巴格达迪在一次美军行动中自杀身亡。尽管不断受到打击，"伊斯兰国"极端组织远未被剿灭。

>>>

采取交流情报、信息共享、相互支持、联合行动等方式。反恐要坚持防范和打击的相互结合。防范是根本和基础，打击是重要的手段。一味强调打击，疏于防范，必然给恐怖分子以可乘之机。

要努力消除产生恐怖主义的根源。恐怖主义产生的根源包括：南北差距扩大、贫困国家和地区社会动荡，引发矛盾冲突和恐怖活动；冷战结束后，原来被掩盖的民族、宗教、领土矛盾和冲突凸显，没有得到及时解决，民族分裂主义和宗教极端势力鼓动、利用乃至直接进行恐怖袭击；对霸权主义和强权政治以及其在巴以冲突中偏袒以色列一方的做法强烈不满，刺激了恐怖主义的恶性膨胀；西方的一些做法激化了极端民族主义和宗教势力的反西方情绪，使某些恐怖袭击直接指向西方国家。显然，只有在打击恐怖主义的同时逐步解决这些问题，才能铲除恐怖主义。

随着社会信息化的持续推进，网络安全问题更加突出。其中既有西方大国利用网络向全世界，尤其是发展中国家推行其政治制度、"民主"和"人权"观念，也有一些"黑客"无端攻击合法运营网站。不管是哪种情况，都影响了一个国家政府、人民和社会的稳定，影响了人们的正常生活。对此，我们应提高警惕，及时采取应对措施。

（四）影响和平与发展的不确定因素增加

不确定因素包括两个方面：一方面指确定因素的变化及其相互交织、相互作用出现的新的难以预测的情况；另一方面指确定因素之外的新情况、新现象、新问题和难以预测的因素。其中包括"9・11"事件后恐怖主义活动在世界各地以难以预测、难以防备的方式继续蔓延；美国单边主义上升引发一系列新的矛盾；西亚北非局势持续动荡，伊朗和朝鲜核武器危机等国际焦点将会导致难以预料的后果，造成新的动荡，使大国关系复杂化和矛盾尖锐化；世界经济面临通货紧缩、结构调整、金融危机、公司丑闻、诚信危机以及能源紧缺等问题的影响，世界政治前景令人担忧。

面对上述不确定因素，中国要增强危机意识，尤其要警惕和防止以下几个方面的不确定因素：

首先，要防止周边环境的恶化。由于历史遗留下来的中国与印度、日本、越南、菲律宾、印度尼西亚、马来西亚等国的领土、领海争端尚未解决，而且短期内难以找到有效的解决途径和办法，因此随时可能引发新的矛盾和冲突。根据联合国的有关规定，所有缔约国必须在2009年5月13日前向联合国提交大陆架划界方案，这加剧了相关国家间的对抗。越南、马来西亚两国率先提出方案，侵犯了中国主权，使中国领海主权的维护面临空前挑战。2009年以来，越南、马来西亚等国加紧在南海一些岛屿修建军用设施，印度尼西亚扣留我国在专属经济区内进行正常作业的渔船，日本驻军与那国岛。中印关系原本总体上平稳，但印度以应对中国的威胁为借口，加速扩军备战，制造航母，进行核武器试验和生产。2009年7月下旬，印度的第一艘国产核潜艇下水，由此，印度的陆海空三军都装备了可用于实战的核武器。同时，印度在靠近中印边境的争议地区加强了军事部署，并在近年不断制造事端。2017年6月挑起“洞朗对峙”事件，2020年6月在加勒万河谷引发两国军人的肢体冲突和伤亡事件，2020年8月在班公湖地区越线占控和挑衅。由于朝鲜拒绝继续参加朝核六方会谈，重新进行核武器研制和导弹的发射，而美日韩相应加强了军事戒备和部署，使朝鲜半岛局势骤然紧张，从一定意义上说，朝鲜核危机具有潜在的爆发性，值得高度警惕。阿富汗的反恐战争已扩展到巴基斯坦，直接威胁巴基斯坦的和平与稳定，与此相关的自杀式恐怖袭击活动急剧上升，令人忧虑。我们应高度关注这些影响我国及周边地区和平与发展的不确定因素，并制定相应的对策。

2010年以来，美国推行“重返亚太”和“亚太平衡”战略，不断扩大在我国周边地区的军事存在，加剧了地区紧张局势。在其支持下，围绕我国钓鱼岛、南海一些岛屿的争端在2012年迅速加剧。这无疑恶化了我国的周边环境。

其次，警惕全球不确定因素的增加。经济的全球化、资本扩张的国际化和信息技术的普遍化，使得变相侵犯相对落后国家主权的现象时有发生，引起严重后果。以美国为基地的国际大“炒家”、国际“游资”经常在当今国际市场上兴风作浪。它们可以调动数百亿乃至上千亿美元的资金向其他国家的金融市场发动袭击，从中谋取高额利润。它们只顾自己的利益，不管受袭击国家的死活和给国际金融市场带来的混乱。值得注意的是，这种损人利己行为的背后往往掩藏着不可告人的政治目的，即迫使其他国家接受西方的经济体制、价值观念和政治民主观念。毫无疑问，这是新的历史条件下的一种经济侵略行为。东南亚金融危机、韩国和俄罗斯的金融危机都与它们的活动有关。金融危机导致了这些国家和相关地区的政治动荡，已引起强烈不满，使国际关系进一步复杂化。

再次，美国等西方国家在遭受经济危机和金融危机的时候，往往采取转嫁危机的方式渡过难关。当代资本主义的任何一次经济危机，尤其是像2008年爆发的全球金融危机，随时可能对世界经济和各国的发展产生巨大冲击。这可以说是涉及世界发展的最重要的不确定因素之一。特朗普上台后，大肆宣扬“美国优先”，激化美欧、美日贸易冲突，挑起中美贸易战，严重破坏中美经济合作，也影响了世界经济的发展。美国坚持单边主义、保护主义，对贸易自由化、多边体制构成严重威胁。

最后，随着新科技的发展和信息手段的进步，发达国家对其他国家的经济、军事情报的刺探，以及政治文化、生活方式和价值观念的渗透也日益加剧。这无疑是一种新的政治文化侵略。它向国际关系和世界政治的发展提出新的挑战，也使国家的信息安全受到极大冲击。如何迎接这种挑战、保卫国家主权和政治利益不受侵犯、保障国家的安全与稳定，成为各国特别是发展中国家应当研究的新课题。近年，网络“黑客”攻击现象频发，中国也是受害者。但美国无端指责中国，致使网络攻击和管控成为中美关系新议题。此外，美国利用新技术监听其他国家政要电话，其中包括英、法、德等国，引起各国强烈不满，加剧了西方国家间的不信任。

综上所述，国际力量对比继续朝着有利于维护世界和平的方向发展，国际形势总体稳定。然而，霸权主义、强权政治和新干涉主义的存在和发展，以及局部冲突和热点问题此起彼伏，传统安全威胁和非传统安全威胁相互交织，导致国际形势动荡不安，不可避免地对中国的整体环境产生了不利影响。从长远来看，单边主义和新干涉主义的不断强化、扩大，无疑会对我国台湾问题的解决，乃至一些内政问题的处理形成巨大的压力、阻力和障碍。不能排除国际势力利用这些问题进行国际干涉的可能性。

阅读书目

1. 中共中央宣传部，中华人民共和国外交部．习近平外交思想学习纲要．北京：人民出版社，2021

2. 刘金质．冷战史（上、中、下）．北京：世界知识出版社，2003

3. 布兰顿，凯格利．世界政治：趋势与变革（第 16 版）．北京：北京大学出版社，2019

思考题

1. 战后世界政治格局是怎样发展演变的?
2. 战后世界政治两极格局的主要特点是什么?
3. 当今世界政治发展的基本特点是什么?
4. 当今世界政治面临哪些主要问题?
5. 怎样理解当前世界政治格局多极化趋势?

第二章

当代世界经济

要论提示

● 第二次世界大战后，世界各大国或大国集团之间的经济实力此消彼长，由此构成的支配世界经济的权力分配状况也相应变动，经历了从一国独霸到多种力量并存竞争的演变过程。

● 主权国家和由跨国公司、国际组织、国家集团等组成的非国家主体通过国际分工、国际贸易、金融往来等建立起来的各种经济关系，构成了当代世界经济体系的主要内容，推动着世界经济的运行。

● 世界经济正以前所未有的速度朝着全球化、区域化、市场化方向推进，在经济关系、经济体制、经济结构方面出现了许多新情况和新特点，深刻影响着世界经济和国际社会的未来发展方向。

● 进入21世纪，世界经济迎来了发展的新高潮，同时也面临着一些矛盾与问题，贫富分化、金融动荡、环境恶化、资源枯竭等问题是世界上所有国家共同面对的，它们不仅妨碍了世界经济的正常运转，而且会长期制约未来世界经济的走向，因而需要世界各国通力合作加以解决。

关键词

世界经济多极化　经济全球化　逆全球化　区域集团化　可持续发展　金融危机

世界经济，是社会生产力发展到一定历史阶段的产物。它是世界各国和地区在经济相互联系中所形成的一定的国际生产关系的统一体。各国、各地区的国民经济是世界经济的基础，反过来，世界经济状况会对各国、各地区的经济发展产生巨大影响。但世界经济并不是各个国家和地区经济的简单总和，而是通过国际分工、国际贸易、金融往来、技术和劳动力流动等经济活动而形成的一个既互相依赖又矛盾斗争的有机整体。资本主义生产方式产生之前，生产力水平低下，不存在国际分工和世界市场，也就不可能形成世界经济。随着资本主义生产方式的确立，以国际分工为基础的各国间的商品交换和世界市场随之出现。19世纪末20世纪初，经济活动进一步国际化，国际分工和世界市场向纵深发展，世界经济由此形成。第二次世界大战后，世界经济进入了一个迅猛发展的崭新阶段，特别是在新科技革命的推动下，无论是生产力的发展，还是经济体制的改革和国际经济关系的变化，都有重大突破。冷战结束后，振兴经济、发展经济成为时代的主旋律，经济在国际社会中的地位和作用更加突出，世界经济体系的基本结构决定了世界主要力量的构成和变化。因此，研究当代世界经济的演变及其规律性，有助于从深层次上把握当前世界的走向。

一、战后世界经济的演变

我们生活在一个相互依赖的时代[①]。第二次世界大战后，世界经济发生了前所未有的变化，日益由纵向的垂直依附向横向的相互依存发展，形成一个你中有我、我中有你，一荣俱荣、一损俱损的密切联系的大系统。世界各大国或大国集团之间的经济实力此消彼长，由此构成的支配世界经济的权力分配状况也相应变动，经历了从一国独霸到多种力量并存竞争的演变过程。

（一）战后初期美国独霸世界经济领域

战后初期美国的经济霸权是在第二次世界大战中逐步确立的。战前，欧洲国家凭借先进的工业、技术和雄厚的经济实力，以殖民统治和海外贸易为手段，建立了以欧洲为中心、世界其他地区为外围的世界经济体系。第一次世界大战以后，欧洲的中心地位受到挑战，但直至第二次世界大战爆发，其经济中心地位仍未改变。第二次世界大战不仅中断了世界经济的正常发展，而且造成了巨大的破坏，冲击了欧洲的世界中心地位，使原有的世界经济体系发生了深刻的变化。战争结束时，德国、意大利、日本这些战败国几乎成了一片废墟，战胜国中的英国、法国也是遍体鳞伤。唯独美国在战争中大大膨胀起来，远离战场使它没有像其他国家那样遭受战火的破坏，《战时租借法案》的实施为它的军火生产和过剩的农产品打开了销路。战时，美国的工业生产能力提高了1.2倍，实物出口量增加了2倍，进口增加了20%，资本输出增加了34.1%。到1945年，美国独占资本主义世界工业产量的60%，占对外贸易的32.5%以及黄金储备总量的59%[②]。

这种一枝独秀的压倒性优势，为美国夺取世界经济霸权提供了物质基础，使美国得以按照自己的设想构筑战后世界经济体系。在国际金融领域，美国通过“布雷顿森林协定”建立起了以美元为中心的国际货币体系。1945年底，在华盛顿成立了国际货币基金组织（IMF）和国际复兴开发银行［IBRD，即世界银行（WB)］。由于这两个组织内部均实行按缴纳资金的份额多少来决定各国投票权力大小的原则，美国凭借资金优势掌握了相当的投票权，从而保证了对这两个金融机构的控制。

---

① 基欧汉，奈．权力与相互依赖．3版．北京：北京大学出版社，2002：3.

② 王绳祖．国际关系史：第7卷．北京：世界知识出版社，1995：27.

“布雷顿森林协定”

1944年7月，在美国的新罕布什尔州布雷顿森林召开了有44个国家参加的“联合国货币金融会议”，通过了《联合国货币金融会议最后决议书》及《国际货币基金组织协定》《国际复兴开发银行协定》两个附件（总称“布雷顿森林协定”）。简单地说，“布雷顿森林协定”建立的以美元为中心的货币体系，实际上是一种国际金汇兑本位制，包含两个基本要素：一个是美元与黄金的挂钩，各国政府或中央银行可以用美元按官定价格向美国兑换黄金；另一个是美元及其他货币的固定汇率制。这就意味着美元成了主要的国际储备货币，可以替代黄金作为国际支付手段，确立了美元在战后资本主义世界金融领域的中心地位。“布雷顿森林协定”虽然损害了一些老牌帝国主义国家的利益，但对战后经济的稳定和贸易的迅速增长起到了促进作用。

在国际贸易领域，美国积极推动贸易自由化。1947年，美国筹组了一个多边性的“关税及贸易总协定”（GATT，简称关贸总协定），主张大幅削减关税及其他贸易障碍，取消国际贸易中的歧视待遇，目的是大量输出本国商品，趁在国际上没有竞争对手之时抢占国际市场。关贸总协定为战后美国经济的对外扩张提供了便利，客观上为推动国际贸易和世界经济的发展也起到了一定的作用。它作为布雷顿森林会议的补充，连同“布雷顿森林协定”，被统称为“布雷顿森林体系”，即以外汇自由化、资本自由化和贸易自由化为主要内容的多边经济体制，是美国制定的实现其经济霸权的体制。

对西欧和日本等资本主义国家，美国采取了扶植的政策。1947年6月5日，美国国务卿马歇尔在哈佛大学发表了援助欧洲演说，提出了“欧洲复兴计划”，该计划后来被人们称为“马歇尔计划”。到1952年6月，美国通过“马歇尔计划”共向西欧拨款131.5亿美元，其中贷款约占1/10①，其余部分为赠予，这对西欧经济恢复的促进作用是显著的。1949年，美国为日本制定了经济复兴的“道奇路线”，在占领地区救济基金和占领地区经济复兴基金的名义下，向日本提供了大量贷款和援助，同时迫使日本在经济上对美国开放，为美国控制日本打下了基础。

对亚非拉民族独立国家，美国则采取新殖民主义的政策。1949年1月20日，杜鲁门在其第二任总统就职演说中提出了援助和开发落后地区的“第四点计划”，通过对亚非拉的经济政治渗透，抑制共产主义的影响，扩展美国的势力范围，奠定了战后美国处理同民族独立国家关系的基调。

对社会主义国家，美国则实行经济、技术封锁，遏制社会主义国家的发展。第二次世界大战后，社会主义从一国发展到多国，形成了一个以苏联为首的社会主义阵营。受战后初期美苏两国国家利益和意识形态对立的影响，苏联等社会主义国家没有参加国际货币基金组织、国际复兴开发银行和关贸总协定，拒绝了美国的贷款和“马歇尔计划”。它们采取了针锋相对的措施，在社会主义国家内部签订贸易协定和双边条约，并在1949年初成立了经济互助委员会（简称经互会）。而美国早在1947年就宣布对社会主义国家实行战略物资禁运，1949年11月，又操纵英、法、意等西方国家成立了巴黎统筹委员会（简称巴统），严格控制向社会主义国家的出口，导致了东西方经济关系的隔绝。

就整个世界经济范畴而言，以苏联为首的社会主义经济集团的形成打破了以往世界

① 王绳祖．国际关系史：第7卷．北京：世界知识出版社，1995：139.

经济为资本主义国家一统天下的局面，社会主义经济成为区别于资本主义经济的另一体系。由于社会主义革命的胜利解放了生产力，苏联、东欧和亚洲的社会主义国家的经济在20世纪五六十年代都经历了一段时间的高速增长。但从长期发展来看，社会主义经济没有构成能影响世界经济的重要力量，客观上形成了隔绝于世界经济整体之外的局面。这不仅给社会主义各国经济造成了很大损失，而且给社会主义事业的发展带来了很大的负面影响。

在相对稳定的国际经济环境中，科技革命的发展进一步加快了劳动生产率的提高，各国经济迎来了20世纪五六十年代高速增长的黄金时代，其持续时间之长、范围之广、增长速度之快都是世界经济史上前所未有的。世界各类国家尽管各自的条件和状况不同，但国民经济都得到了较快的增长。根据世界银行的统计，1955—1970年，全世界年平均国民生产总值的增长率高达5.1%。

（二）20世纪70年代世界经济向多极化方向转变

进入20世纪70年代，世界经济的发展发生了巨大的转折，进入了一个低速发展和激烈动荡的新阶段。造成这种变化的原因之一是国际金融体系在70年代初受到了巨大冲击。美国的国际收支状况从50年代后期开始不断恶化，多次引起抛售美元、抢购黄金的浪潮，爆发美元危机。尼克松政府于1971年12月和1973年3月两次宣布美元贬值，各西方国家货币对美元的关系由固定汇率制转为浮动汇率制。布雷顿森林体系瓦解了。这是一个动荡和混乱的过程，货币汇率剧烈动荡，国际贸易和国际收支严重不平衡，国际经济环境趋于恶化。

原因之二在于发展中国家石油斗争引发的能源危机。1973年10月，在第四次中东战争期间，阿拉伯石油输出国以石油为武器，打击以色列和支持以色列的国家。它们不仅减少石油生产，对一些国家实行禁运，而且大幅提高油价，短时间内油价从原来的每桶3.01美元提高到每桶11.65美元，对各国经济，特别是发达资本主义国家的经济造成了巨大冲击，同时带动了一系列原料生产国组织的建立，从而打乱了国际贸易旧有的价格体系，影响了国际贸易的实际增长速度。

原因之三在于发达资本主义国家的国内经济条件发生了很大变化。战后长期推行的凯恩斯主义经济政策使资本主义国家连年出现庞大的财政赤字，刺激经济增长的各种国家垄断资本主义的措施开始带来日益增大的消极影响。发达国家逐渐陷入了滞胀的困境。1973年爆发了战后最严重的一次经济危机，美国的工业生产持续下降16个月，降幅达15.1%；日本的工业生产也持续下降16个月，降幅达19.3%；西欧国家中以英国的危机持续时间

凯恩斯主义

1936年，凯恩斯出版了《就业、利息和货币通论》一书，建立了“有效需求”的理论，对“福利国家”型的国家干预主义做了最为系统而有力的论证，对缓和与摆脱20世纪30年代大危机具有一定的作用。第二次世界大战结束后，各资本主义国家都不同程度地利用凯恩斯主义加强国家对经济生活的干预和调节，国家垄断资本主义得到空前的发展，促使战后各主要资本主义国家进入了发展的黄金时代，使私人垄断发展到国家垄断资本主义阶段。但凯恩斯主义并没有找到经济危机爆发的根本原因——资本主义的基本矛盾，因此也就不可能从根本上找到一个消除危机的有效办法。

最长，达27个月；这次危机对其他国家经济的影响也都比战后的历次危机严重。正是在上述因素的共同作用下，战后经济高速增长的黄金时代结束了。与此同时，西欧和日本经济实力大大增强，美国的经济霸权逐渐丧失。美国、欧共体、日本三足鼎立的局面日益明显，世界经济开始向多极化方向演变。

> **滞胀**
>
> 滞胀即停滞和膨胀，是20世纪70年代资本主义经济的通病，表现为生产停滞和通货膨胀交织并发，贯穿于经济危机的各个阶段。发生滞胀的根本原因是在国家垄断资本主义高度发展的条件下，资本主义基本矛盾不断积累、不断激化。

美国战后初期的绝对优势是战时经济的一种不正常反映。为了维持其霸权地位和冷战的需要，美国除了向西欧、日本提供大量经济援助，还不得不给它的盟国提供强有力的军事保护伞。1950年，美国军事开支是世界军事开支总额的50%。1955—1970年，美国军费累计达90 220亿美元，是联邦德国的14.8倍、日本的84.3倍①。20世纪六七十年代，美国的经济增长率一直低于大多数西方国家，这些西方国家的经济实力对比发生了不利于美国的变化。此外，按贸易量计算，60年代，美国的出口年均增长速度为5.9%，远远落后于日本的17.3%和联邦德国的8.8%。1960年，美国、欧共体和日本的出口额各占世界出口总额的16.2%、23.6%和3.2%。到1970年，美国的比重下降到13.8%，欧共体、日本则上升为28.6%和6.2%②。正是美国的扶植为自己造就了竞争对手，造成美日欧三方经济发展水平均衡化，一国独霸的局面开始向三足鼎立的局面过渡。20世纪70年代后，美日欧在贸易、金融、投资领域的矛盾和斗争日益尖锐，美国处于被动地位。面对西欧、日本的强劲挑战，1971年，美国首次出现贸易逆差，此后除个别年份，赤字一直居高不下。1985年，外国拥有的美国资产超过了美国拥有的外国资产，美国从最大的债权国变成了最大的债务国。

由于发展中国家与发达国家有着密切的经济联系，发达国家20世纪70年代的经济停滞也对发展中国家产生了不利影响。大多数发展中国家都面临严重的通货膨胀、沉重的债务负担和日益恶化的国际经济环境，加之有的国家经济政策的失误，经济发展十分艰难。只有东亚地区少数成功者崛起，成为引人注目的新兴工业化国家和地区，它们是促进世界经济朝着多极化方向发展的新生力量，在战后世界经济的演变进程中发挥着重要作用。

苏联东欧各社会主义国家经济经历了20年的快速增长，到20世纪70年代，苏联已成为实力雄厚的经济大国，同时，苏联经济模式的弊端也日益凸显，经济结构不合理，管理体制高度集权。对此，苏联东欧各国都进行了不同程度的改革，但是未能从根本上触动传统的计划经济体制的深层次问题，没有对本国的政治经济全局产生明显效果。到70年代末，苏联东欧各社会主义国家经济相继出现停滞甚至下滑。

在世界经济不稳定、增长速度减缓的大背景下，各种不同类型的国家普遍进行了带根本性、转折性的经济调整与改革，构成20世纪80年代世界经济的主旋律。发达国家

---

① 肯尼迪．大国的兴衰．北京：中国经济出版社，1989：411.

② 王绳祖．国际关系史：第9卷．北京：世界知识出版社，1995：16－17.

进行了产业结构调整并使之高级化。发展中国家在调整宏观经济政策的同时，更着眼于对经济体制和经济发展战略的调整。中国从70年代末开始实行对外开放的经济政策，开创了社会主义国家发展市场经济的探索。苏联东欧国家则由于操之过急，指导思想发生偏离，导致对社会主义经济的改革演化成为由社会主义向资本主义私有化的全面过渡，造成剧变悲剧的发生。上述调整的不同结果，促使世界经济格局进一步发生变化。

（三）20世纪90年代区域经济组织加强竞争

随着两极格局的解体，经济因素在国际关系中的作用空前突出，以经济和科技为主要内容的综合国力的竞争成为国际关系的焦点。各国一方面从内部进行经济调整，另一方面积极加强同周边国家的合作与交流，通过联合取得集团优势来增强自身实力。尽管出现了诸如东南亚金融危机等突发事件，但总的来说，经济运行比较平稳，各种不同类型的国家和地区都实现了不同程度的经济增长，出现了前所未有的全球化趋势。世界范围内的区域性经济组织和区域贸易协定数量众多、形式各异。其中，西欧、北美、亚太三个地区的区域经济组织发展趋势最引人注目。

欧洲联盟（EU，简称欧盟）是最有成效、一体化程度最高的一个区域性集团。它的前身欧共体执行的一体化经济政策对成员国的经济以及世界经济都产生了巨大影响，是区域集团化获得显著成功的典范。1991年12月，欧共体十二国首脑在荷兰小镇马斯特里赫特召开的欧共体首脑会议上，签署了《欧洲联盟条约》，提出了建立经济货币联盟、实行共同外交和安全政策的宗旨。1993年1月1日，欧洲统一大市场启动，实施商品、劳务、人员和资本四大自由流通，实现了当今区域集团化的最高层次。1999年1月1日，欧洲单一货币——欧元启动；2002年1月1日，欧元进入流通领域；到2023年，欧盟成员国中的20个国家将欧元作为唯一法定货币。这是布雷顿森林体系崩溃以来国际货币体系中最重大的变革，国际储备体系出现了新的竞争格局，对国际金融和世界经济产生了重大影响。2009年，《里斯本条约》生效后，欧盟的一体化程度进一步强化，以其整体优势在国际舞台上发挥举足轻重的作用。然而，欧盟的加速发展和扩大也带来了成员国经济实力、社会福利、价值观念等差异的加剧。欧盟在推进一体化过程中无法有效应对金融危机、难民危机等难题。2020年1月31日，英国正式退出欧盟，在一定程度上冲击了欧盟的全球影响力。

在北美，1992年，美加墨三国首脑签署了《北美自由贸易协定》（NAFTA），经三国国会批准后于1994年1月1日正式生效，规定三国在15年内逐步取消货物与服务的进出口关税及投资障碍，实现商品、劳务、资本的自由流通和更高等级的知识产权保护。按照美国20世纪90年代初提出的“美洲倡议”的设想，最终目的是要把北美洲和南美洲连在一起，建成一个美洲自由贸易区，而北美自由贸易区是实现其“美洲倡议”的第一步。然而，由于美洲各国之间的贸易争端短期内难以解决，在敏感领域还存在激烈纷争，美洲自由贸易区未能启动。2020年7月1日，《美国-墨西哥-加拿大协定》（USMCA）正式生效，取代了此前的《北美自由贸易协定》，体现了美国在区域一体化进程中强化“美国优先”立场的趋势。

亚太地区的集团化较欧美起步晚。建立“太平洋共同体”的倡议在20世纪60年代就由日本提出，但由于受不同的社会制度、不同的经济体制、悬殊的经济发展水平以及强烈的民族意识等因素的影响，这一地区的区域集团化迟迟未能建立起来。冷战结束后，在世界经济总体表现比较黯淡的情况下，东亚经济活动非常活跃，保持了高增长率。经澳大利亚提议，1989 年 11 月，在堪培拉举行了首届亚太经济合作部长会议，亚太地区有组织的经济合作正式起步。1993 年 6 月，正式启用“亚洲太平洋经济合作组织”（APEC，简称亚太经合组织）的名称，每年举行一次非正式首脑会晤。亚太经合组织的成立不仅便于协调亚太地区经济关系，而且形成了独具特色的“亚太经合组织方式”。

在亚太经合组织的 21 个成员中，除了美国、日本、加拿大、澳大利亚、新西兰等，其他都是发展中国家和地区。从严格意义上讲，亚太经合组织不是欧盟那样体制完备的经济集团，而是建立在相互尊重、平等互利、自愿、灵活、开放基础上的新型经济合作论坛。但它对协调成员利益、促进全球和地区经济发展发挥了积极作用，自身也得到了壮大，开创了区域经济合作的新模式。当然，亚太经合组织的多样性和差异性也导致利益分歧和矛盾冲突的广泛存在，在可预见的未来难以形成紧密的区域集团。各国因此另辟蹊径，寻求新的路径推动亚太区域一体化进程。2009 年美国发起了《跨太平洋伙伴关系协定》（TPP）的谈判。2015 年 10 月，囊括美国、日本、加拿大等 12 个亚太国家的《跨太平洋伙伴关系协定》签署。2017 年 1 月美国退出之后，剩下的 11 个国家继续推进谈判进程，于 2018 年 3 月签署了《全面与进步跨太平洋伙伴关系协定》（CPTPP），并于 2018 年 12 月 30 日正式生效。而东盟国家等则于 2012 年启动谈判，意在打造以东盟为核心的更大范围的自由贸易区。2020 年 11 月 15 日，东盟国家与中国、日本、韩国、澳大利亚和新西兰等 15 国签署《区域全面经济伙伴关系协定》（RCEP）。2022 年 1 月 1 日，该协定正式生效，该自由贸易区超越欧盟成为世界上最大的区域贸易体系。

除了以上区域经济组织，还有众多的经济组织遍及世界各个角落，有的国家甚至参加了多个经济集团，区域经济组织之间的联系也更为密切。

东南亚国家联盟成立于 1967 年，20 世纪 90 年代发展成为囊括东南亚 10 国的集团，在推动东盟自由贸易区发展的同时迅速成为亚太地区的一支重要力量，2015 年底，以安全共同体、经济共同体和社会文化共同体三大支柱为基础的东盟共同体正式建立。南美洲国家联盟（UNASUR）成立于 2007 年，其前身是 2004 年成立的南美洲国家共同体（CSN），目的是整合已有的两个南美洲地区的自由贸易组织——南方共同市场（MERCOSUR）和安第斯共同体（CAN）——构建南美洲的一体化组织。2011 年 12 月，拉美和加勒比国家共同体（CELAC）成立，深化了拉美发展中国家的团结合作。2012 年 6 月，墨西哥、哥伦比亚、秘鲁和智利四国组建了太平洋联盟（PA），代表了拉美一体化的最高水平。在非洲、原苏东地区，建立新的或改组现存的区域经济组织也成为各国基于地缘经济现实和自身经济状况的理性选择。

（四）21 世纪以来世界经济的调整与新兴国家的迅速崛起

进入 21 世纪后，世界经济总体上保持着强劲增长，经历了一场从格局、结构到增长方式等各个领域的深刻变化。世界各主要经济力量既相互竞争又相互协调，推动着经济秩序的演变。2008 年全球金融危机的爆发客观上加速了世界经济多极化趋势的发展。

世界经济是在衰退中迈入新世纪的。2001 年，以美国为首的全球互联网泡沫破灭，世界经济经历了突然的、短暂的衰退后又逐渐回升。2003—2006 年，全球国内生产总值的平均增幅达到 4.8%，是 20 世纪 70 年代后世界经济增长最强劲的 4 年。但是，世界经济失衡状况的危险此时已经开始显现，油价高涨、房地产泡沫、美元汇率波动，使世界经济面临的风险加大。2007 年 4 月，美国第二大次级抵押贷款机构——新世纪金融公司宣布破产，美国次级房贷危机爆发。次级房贷市场针对美国最贫穷、信用最差的借款人，其数额并不是很大，但由于金融市场投机盛行，在金融创新的旗号下，金融衍生产品泛滥。债务链某个环节的中断就引发了多米诺骨牌式的连锁效应，进而引发了金融市场的全面恐慌。2008 年 3 月，有近百年历史的著名投资银行贝尔斯登破产。到了 9 月，美林证券、雷曼兄弟、摩根士丹利、高盛相继倒下或被改组。在经济全球化和金融自由化的背景下，美国一打“喷嚏”，全世界都跟着“感冒”，美国的次贷危机迅速演化为全球金融海啸，欧洲、日本、新兴经济体国家都出现了程度不同的经济危机。这次危机具有冲击力强、涉及范围广、救援成本高的特点，是 1929—1933 年大萧条后的第一次社会经济大震荡。2008 年，世界经济增长明显减速，金融市场动荡剧烈，贸易市场低迷不振，就业形势急剧恶化。面对世界经济的严重衰退，任何国家都无力独自应对，世界各国政府纷纷出台各种经济刺激政策促进复苏。

此次全球性的金融危机和经济危机对战后形成的世界经济秩序与治理结构提出了尖锐挑战。第二次世界大战后，美国凭借其超级经济实力和美元作为国际货币的霸权地位，主导了整个世界经济。这次危机中，美国经济的制度漏洞和结构失衡暴露无遗。从深层次讲，危机是此前美国经济扩张期积聚的经济隐患和风险大释放的结果，是世界经济结构严重失衡的表现。在经济全球化浪潮的推动下，制造业向发展中国家转移，以美国为首的发达国家普遍出现了产业空心化状况。为了保持经济增长，美国一直采用信用扩张、鼓励消费的政策，为形形色色的金融创新提供良好的环境，使 20 世纪 90 年代后以金融业为核心的虚拟经济快速膨胀。由此带来的金融资本数量激增，的确在客观上对工业、农业、交通运输业、商业等实体经济产生了促进作用。然而，虚拟经济的过度发展不可避免会带来金融投机和风险，一旦金融行业出现问题，就会导致实体经济的正常运行秩序和信用基础遭到动摇，而全球化背景下的危机传导机制将把整个世界经济拖入危机之中。因此，改革国际金融体制、构建新的国际经济秩序，避免类似危机的再次发生，迅速成为世界各国的共识。法国、德国等欧洲国家主张建立国际金融市场的跨国监管机构。日本、俄罗斯、各新兴工业国、石油输出国家都在积极活动，以谋求在新的国际经济体系中获得更大的影响力。当然，美国不会轻易放弃经济霸主的地位，国际金融和世界经济秩序也不可能在短时间内得到彻底的改变，但是，秩序的改革与重建是大势所趋，美国在世界经济秩序中的强势地位面临着越来越多的挑战。

在危机后的调整与复苏中，新兴国家迅速崛起，世界经济的多极化趋势得到加强。自 20 世纪 90 年代后，在中、俄、印、巴“金砖四国”快速发展的带动之下，发展中国家成为世界经济发展的重要推动力量，平均经济增长速度超过发达国家，涌现出了一批新的经济增长点，成为推动经济多极化趋势的重要力量。中国自改革开放后一直保持快速稳定增长的势头，经济规模扩张迅速。由于中国经济的外贸依存度很高，金融危机对中国经济的冲击是显而易见的。但是，从长远看，中国经济的竞争优势仍然明显。俄罗斯地大物博，自然资源丰富，劳动力素质较高，拥有较好的工业基础和科技潜力，国家实力不容低估。印度经济虽然受基础设施落后、自然资源贫乏等制约，但在劳动力结构和素质方面具备明显优势。巴西也拥有劳动力和资源方面的优势。除了“金砖四国”，南非、墨西哥、印度尼西亚、土耳其、越南等国家也有不俗的经济表现。

2009年6月，“金砖四国”领导人举行了首次峰会。2011年4月，在中国举行的第三次峰会上，南非正式成为“金砖国家”的一员，形成了作为发展中国家合作平台的金砖国家机制（BRICS）。2015年7月，金砖国家新开发银行正式开业，主要资助金砖国家及其他发展中国家的基础设施建设，显示出新兴国家重塑国际金融体系的努力。2021年，孟加拉国、阿拉伯联合酋长国、乌拉圭和埃及加入了新开发银行。着眼于长期走向，这些发展中国家中的新兴经济体对世界经济的贡献会越来越大，在世界经济未来秩序构建中的发言权将得到加强。

伴随着新兴国家的崛起，世界经济的权力结构发生了相应的调整。2009年9月，在美国匹兹堡召开的二十国集团（G20）领导人第三次金融峰会决定提升二十国集团的地位，使之成为重建世界经济的核心力量。二十国集团的成员除了美欧日等西方大国外，有一半是新兴经济体和发展中国家，这表明发达国家已经不得不正视新兴国家崛起的事实。2010年中国经济总量超日本，成为世界第二大经济体，2022年印度经济总量超英国，成为世界第五大经济体。2023年，在南非举行的金砖国家峰会上，阿根廷、埃及、埃塞俄比亚、伊朗、沙特和阿联酋6国获接纳为金砖国家成员。新兴经济体和发展中国家的快速发展和整体实力上升，为世界经济多极化进程注入了强劲动力。

世界经济秩序的转变尚处于初级阶段，各种因素交错重叠，各种力量相互碰撞。2020年初暴发的新冠疫情在短时间内席卷世界上所有国家和地区，严重损害人类健康水平，重创世界经济，成为百年来最大规模的流行性疾病，同时导致世界经济陷入战后最严重的衰退。后疫情时代的经济复苏面临多重挑战，全球产业链条重组和经济合作格局重构存在许多不确定因素。尽管还无法勾画出未来世界经济秩序的整体面貌，但经济全球化条件下利益和观念的转变已经为新秩序的发展趋向奠定了坚实的基础。

二、当代世界经济的主体及运行机制

世界经济是一个由各个国家、各区域性经济集团、各企业单位、商业与金融机构等相互联系、相互制约而形成的统一体。正是主权国家和由跨国公司、国际组织、国家集团等组成的非国家主体通过国际分工、国际贸易、金融往来等纽带建立起来的各种经济关系，构成了当代世界经济体系的主要内容，推动着世界经济的运行。

（一）主权国家是世界经济的基本主体

世界经济的发展总是力图冲破民族国家的疆界，把各国经济融合为一个有机整体，但这并不意味着世界经济的各个组成部分将变成性质单一、结构相同的无差别经济体。实际上，迄今为止，主权国家依然是当代世界经济的基本主体。世界上有近200个主权国家，按社会制度划分，大体可以分为社会主义国家和资本主义国家；按经济发展水平划分，大体可以分为发达国家和发展中国家，其中，发展中国家经过战后几十年的演化又可以划分为多种类型。当今世界范围的经济联系和竞争，就是在这两种制度、多种类型的国家之间展开的。

整个冷战时期，政治和安全因素始终是资本主义和社会主义两大阵营关系中压倒一切的方面。双方的经济竞争在意识形态强烈对立和美苏争霸的大背景之下进行，经济往来十分有限，处于近乎相互隔绝的状态。以苏联为首的社会主义国家均实行以生产资料公有制为基础的计划经济体制，实力在战后有了很大增强，经济结构发生变化，工业比重上升，人民生活水平有了一定程度的改善。社会主义的整体经济实力显著增加，国际地位有所提高。但是，由于社会主义国家长期没有融入世界市场，在国际贸易和国际资本流动方面所占比重较小，没有参加国际货币基金组织、世界银行、关贸总协定等国际经济机制的活动，因此对世界经济事务影响不大，失去了利用国际分工和相互依存发展自身的良机。这对各社会主义国家经济产生了不利影响，也是苏联解体、东欧剧变的深层次原因之一。当前两种社会制度在经济领域的斗争依然存在。面对社会主义与资本主义的共存竞争，邓小平曾经反复强调“发展才是硬道理”①，明确提出社会主义的巩固、发展与最终战胜资本主义，关键在于解放和发展生产力，加快经济增长速度。习近平总书记指出：“发展是党执政兴国的第一要务。没有坚实的物质技术基础，就不可能全面建成社会主义现代化强国。”② 社会主义与资本主义之间的经济竞争将是长期的。

发达国家的经济规模已经达到相当高的水平，在当今世界经济中占据优势地位。发展中国家作为一个整体经过不懈努力，战后经济取得了可喜的成就，成为当代世界经济中的一支不可忽视的力量。据统计，1950—1980年，发展中国家在世界国民生产总值中的比重从9.1%提高到16.5%。20世纪80年代，发展中国家普遍陷入严重困难和危机中，这一时期被人们称作“失去的十年”。这种状况迫使发展中国家进行调整与改革，亚非拉不同地区和国家开始走上不同的道路。被誉为亚洲“四小龙”的新加坡、韩国、中国香港和中国台湾抓住了发达国家经济结构调整的时机，积极引进发达国家的资金、技术和先进的经验，大力发展外向型经济，推进出口贸易，促进了经济的迅速发展，它们被称作新兴工业化国家和地区。与此相对应，主要分布在撒哈拉沙漠以南地区和中亚、南亚地区的将近50个国家经济长期停滞，贫困状况进一步恶化，与其他国家的差距进一步拉大，它们被称作最不发达国家。因此，就经济发展水平而言，发展中国家内部已经分化为不同类型。冷战结束后，发展中国家总结经验教训，各类国家均迎来了经济的回

---

① 邓小平．邓小平文选：第3卷．北京：人民出版社，1993：377.

② 习近平．高举中国特色社会主义伟大旗帜　为全面建设社会主义现代化国家而团结奋斗：在中国共产党第二十次全国代表大会上的报告．北京：人民出版社，2022：28.

升，亚非拉各国均涌现出新的增长点。根据国际货币基金组织的数据，当前发展中国家的国内生产总值在全球的比重已超过四成。

上述不同制度、不同水平的多种经济类型都是世界经济中的主体。从长期发展来看，新兴经济体和发展中国家的整体实力呈上升趋势，但发达国家的优势地位在一段时间内不会发生动摇。

（二）跨国公司是世界经济重要的非国家主体

跨国公司，是指在两个或两个以上国家同时进行经营活动的公司或企业，它包括母公司及其在国外设立的分公司，是世界经济舞台上集投资、贸易、金融、服务等经济功能于一身的特殊主体。

跨国公司在国际经济活动中的主体地位十分显著，原因在于跨国公司参与经济活动的优势非常明显。它资本雄厚，科技开发水平先进，生产和销售网络遍及世界各地，并且拥有良好的信誉。设立在海外的分公司，在经济上具有两重性，一方面接受母公司的管理，隶属本公司内部的分工体系；另一方面又是东道国经济的重要组成部分，在一定程度上与当地经济结合。正是由于这种两重性，跨国公司在母国政府与东道国的共同管理下，成为跨国的资源配置者，打破了经济发展的民族国家界限，把国外市场变成国内市场的自然延伸，从而把各国经济直接联系起来。有人据此把跨国公司形象地比喻为一条章鱼，利益的触角伸展到世界各个角落。

就其实质来看，跨国公司是高度国际化的垄断资本组织，其经营目标是最大限度地追逐国际高额垄断利润。就其影响来看，它推动了国际分工的深化，促进了产业结构的调整，弥补了资金的不足，加速了先进技术的转移和传播，客观上发挥了合理的资源配置者的功能，有利于各国经济和世界经济的发展，尤其是它在加强各国联系、增进世界和平方面的作用不可低估。因此，不论是发达国家还是发展中国家都对跨国公司持扶植和欢迎的态度。许多新兴经济体和发展中国家也相继建立了自己的跨国公司，改变了跨国公司是发达国家专利的历史。当前，全世界规模最大的 100 个经济体中，有一半是主权国家或地区经济体，而另一半则为跨国公司。

跨国公司的产生最早可以追溯到 16、17 世纪。1600 年成立的英国东印度公司，作为殖民主义侵略扩张的工具，已具有跨国公司的雏形。19 世纪末 20 世纪初，出现了真正具备现代跨国公司组织形式的工业垄断企业，如杜邦公司、壳牌石油公司、西门子公司等，主要集中在制造业、采矿业和石油生产部门，相对于整个经济活动来说比例很小。第二次世界大战后，由于新科技革命的推动，跨国公司才迎来了蓬勃发展的黄金时代。进入 21 世纪后，传统产业地位相对下降，以信息技术为代表的高科技互联网跨国公司成为世界经济最重要的角色。

值得注意的是，跨国公司在国际经济关系中也有一定的消极作用。控制在西方国家手中的跨国公司所体现出来的强大的经济渗透力强化了发达国家的资本优势和技术优势，以利润和红利的形式从发展中国家带走大量资金，加深了南北矛盾。特别是在国际经济政治化和国际政治经济化的趋势之下，一些跨国公司凭借其强大的实力操纵弱小国家的经济命脉，插手他国内政的情况也时有发生。部分西方发达国家跨国公司还利用自身在大宗商品定价、评级标准制定、技术创新引导等领域的优势地位，对发展中国家和地区形成控制。这正是现存的不平等的国际经济秩序的真实写照。

作为重要的非国家行为体，跨国公司在很大程度上改变了世界经济的生产和交换模式，改变了财富的来源和分配结构，对国际政治权力的构成和运行过程产生了重大影响。进入 21 世纪后，跨国公司国际化生产规模日益扩大，以母国利益为重点的经营战略逐渐向当地化战略转变。企业兼并收购成为跨国公司投资的主要手段。同时，为了适应市场需要，跨国公司纷纷加快技术创新步伐，利用技术优势实现跨越式发展。以互联网和信息技术为工具带来的商业模式创新正在成为跨国公司不断扩大的动力和价值快速增长的源泉。当前世界范围内的保护主义愈演愈烈，单边主义卷土重来，跨国公司的经营不可避免地受到来自主权国家的更为严格的监管，其发展前景仍受制于主权国家的合作与竞争。

（三）世界贸易是世界经济增长的动力

“贸易是各国之间最古老、最重要的经济联系。”[①] 世界贸易是世界经济活动中一项十分重要的内容，也是世界经济运行状况的一大标志，它是指国际间商品、劳务、技术、管理及其他知识所有权方面的交换关系的总和，由世界各国的对外贸易构成。按照商品形态与内容的不同，贸易可以分为货物贸易和服务贸易。其中，货物贸易又被称为有形贸易，是各国国际收支的主要部分。

第二次世界大战后，各国经济生活日益国际化，商品和劳务等越来越多地靠世界市场来提供，参与的国家和交换的种类急剧增加。世界贸易的广度、深度和规模都达到了前所未有的水平，其增长速度不仅超过了世界贸易史上任何一个时期，而且快于整个世界经济的增长速度，成为世界经济增长的强大推动力。20 世纪 90 年代后，世界贸易的政治障碍逐渐消除，世界范围的信息革命促成了贸易手段的革命，电子化、数字化、网络化技术已成为当今世界贸易常用的手段和方式，贸易规模不断扩大，各国经济对世界市场的依存度不断提高，融合型经济快速发展。

与此同时，世界贸易结构也发生了重大变化，货物贸易比重下降，服务贸易比重增加。由于产业结构的调整，服务业在各国经济中的重要性日益突出。信息技术和交通技术的发展使许多跨国服务成为可能，服务贸易的发展出现了全新的势头，内容覆盖劳务、运输、通信、技术、专利、咨询、旅游、银行、保险、教育、知识产权、管理诸多行业和领域。由于世界经济结构不断向服务经济转型，服务贸易也加快了发展和转型。发达国家在金融、技术、广告、咨询等知识密集型服务业方面保持着明显优势，新兴国家作为全球服务贸易发展的新生力量，正在打破原有的服务贸易利益格局。

世界贸易是衡量一个国家经济发展水平和经济实力的重要指标之一，是各国经济优先发展的领域。无论是发达国家，还是发展中国家，无一例外都在全力发展本国的对外贸易，抢占国际市场。为了规范日益扩大的世界贸易体系，战后 70 多年来，逐渐形成了以关贸总协定及其继任者世界贸易组织（WTO，简称世贸组织）为核心的多边贸易体

---

① 吉尔平．国际关系政治经济学．上海：上海人民出版社，2011：159.

制。它们在世界贸易自由化的进程中扮演着重要的角色。

关贸总协定确定的战后多边贸易体制的基本原则包括非歧视原则、互惠和减让关税原则、取消数量限制原则、透明度原则、磋商调解原则等，它们已经成为各成员方普遍接受的权威准则。在关贸总协定主持下进行了八轮多边贸易谈判，来拆除各成员方间的关税和非关税壁垒。前六轮谈判主要集中在降低成员方的关税率问题上，达成协议降低关税率的范围包括6万多个项目，涉及的商品占世界贸易的一半以上。在1973—1979年的第七轮谈判（东京回合）中，减税幅度为25%～30%，非关税壁垒问题占重要地位。但是，20世纪70年代后出现的货币危机、石油危机、世界性的经济衰退使得贸易保护主义重新抬头。日本及新兴工业化国家和地区在贸易方面获得的巨大成就，迫使老牌工业国家采取新保护主义的措施来维护自己的既得利益。1986年开始的乌拉圭回合谈判是在多边贸易体制处于十字路口的背景下召开的。经过8年艰难曲折的历程，1994年4月15日，《乌拉圭回合多边贸易谈判结果最后文件》签署，在规范世界贸易竞争规则和加快贸易自由化方面取得了新的进展，并宣布成立世界贸易组织取代关贸总协定，于1995年1月1日正式运行。

世界贸易组织是关贸总协定的继续和发展，以建立没有贸易壁垒的世界单一市场为宗旨，构成了新的世界多边贸易体制得以运转的基础。截至2023年底，世贸组织共有164个成员，并有20多个国家和地区要求加入。它将多边贸易体制管理的领域和范畴大大拓宽，从商品、服务扩展至环境保护、知识产权以及各成员方内部与贸易有关的宏观调控、财政、立法等政策。成立以来，世贸组织通过定期审议各方贸易政策的机制，确保这些成员方的贸易政策与世贸组织的规定相一致，促使乌拉圭回合的条款得到全面而迅速的履行，并且通过争端解决机制受理了大量贸易诉讼，富有成效地处理了贸易争端，树立了良好的威信。世贸组织的成立及运作，已经体现了其推动世界贸易增长的显著作用，在一定程度上抑制了保护主义的重新抬头，对全球贸易自由化的纵深发展具有重要意义。2001年11月，在卡塔尔首都多哈举行的世贸组织第四届部长级会议上，正式启动了第九轮多边贸易谈判，这也是世贸组织成立以来的首轮谈判，又被称作“多哈回合”。但是，在2008年全球金融危机和全球经济衰退的阴霾下，国际市场需求大幅萎缩，世界贸易形势恶化，贸易保护主义上升，多哈回合也陷于停滞，并被认为因分歧严重而无法继续推进。世界贸易组织迫切需要进行必要改革，以增强其权威性和有效性。

（四）国际金融是世界经济运行的核心

金融业由银行、保险公司、财务公司、投资公司、证券公司等金融机构组成。所谓国际金融，就是资金在国际范围内融通，即金融机构通过债券、股票和外汇等金融工具经营货币资金，实现巨额货币资金的转移运动，支持各国发展中的资金需求，提高全球资金的利用效率。从表现上看，国际金融过程就是国际资本的流动。遍布全球的国际金融网，像神经系统一样维系着世界经济的运转，金融因此被称作现代市场经济运行的核心。国际货币基金组织和世界银行是国际金融领域最权威的机构，在稳定国际金融秩序、监督各成员国货币金融政策、推动国际金融合作、协调金融矛盾等方面发挥着不可替代的作用。

金融在世界经济中的重要地位

传统的经济增长理论将土地、资本、劳动力作为最重要的经济资源，而当代的经济增长理论则将金融作为一种稀缺的社会性资源和一种战略性资源。金融除了能够促进要素投入和其他资源的利用，它本身作为一个行业也直接对经济发展起着举足轻重的作用。在当代世界经济中，世界各国的经济关系越来越表现为债权与债务、股权与股利等金融关系。正因为如此，金融政策日益成为各国制定经济发展战略、提高国际经济地位的经济政策核心。

战后的国际金融格局经历了从单极转向多极的深刻变化。初期，各国忙于解决国内经济问题，只有美国以低息贷款为其盟国提供援助，以营利为目的的国际资本流动数量比较少。国际金融活动的整体水平很低，美元基本上是唯一的国际货币，占据了国际金融霸主的地位。到 20 世纪 50 年代末 60 年代初，随着战后经济复兴的完成，西方主要资本主义国家先后取消了外汇管制，实行多边支付，金融市场的开放程度大大提高。各国利率水平的差异使私人资本在国际金融市场上为套汇套利而大规模流动，不可避免地加剧了各国政府之间为争夺黄金储备、限制资本流动而展开的货币竞争，并最终导致以固定汇率制度为核心的布雷顿森林体系的崩溃。受此影响，国际货币关系动荡，汇率波动剧烈，全球国际收支失衡现象严重，改革世界货币体系成了国际金融领域的中心问题。

1976 年，国际货币基金组织理事会在牙买加举行会议，讨论修改了《国际货币基金协定》的条款，会议结束时达成了《牙买加协定》。此后逐渐形成了一种新的国际货币体系，被称作“牙买加体系”或“后布雷顿森林体系”，其特征是浮动汇率合法化，各国政府因此拥有了解决国际收支不平衡的重要手段，即汇率变动的手段。一方面，这在一定程度上加强了对国际收支的调节，有利于世界经济的正常运转；另一方面，这也使得国际货币体系变得更加复杂而难以控制，日元、马克加入了国际货币的行列，传统的英镑区、法郎区加强了自己的活动和联系，国际货币格局多元化。伦敦、东京成为与纽约并立的金融中心，新加坡、中国香港等在 20 世纪 80 年代成长为新兴的金融市场，金融格局多极化的趋势得以巩固。1999 年欧元启动，成为美元第一个真正的竞争对手。启动欧元后的欧盟不再总是被动地承受美元利率和汇率波动的影响，反之，欧元能够降低和减缓美元波动对国际金融的冲击，其作为国际储备和结算支付手段的地位也会上升，对金融关系的稳定产生了积极作用。2008 年金融危机暴露出国际货币体系的诸多弊端，但危机后美元的主导地位并未发生根本性改变，欧元保持第二大国际货币的地位。人民币的地位有显著提升，在国际货币基金组织特别提款权货币篮子中权重居于第三位。

迄今为止，国际金融是世界经济中一体化程度最高的领域。科技的进步、生产的社会化和国际化程度的提高，使发达国家出现了生产过剩和资本过剩，它们迫切需要寻找国外市场和投资机会，需要一个完善的金融市场为自己提供筹资和投资服务，从而带动国际金融市场的活跃。发展中国家通过资本输入获得了经济发展所需要的资金、先进技术和管理经验。世界通信技术和电子网络技术的发展，为金融一体化提供了物质技术基础。世界各个金融机构和金融市场通过电脑、电话、电报、电传等方式连成一体，国际间的资金结算和划拨程序简化，成本也大大降低，一个没有国界的全时区、全方位的一体化国际金融市场已经形成。在此背景下，各国、各地区的金融政策、金融业务也逐渐超越国家界限，变成一种国际性的政策行动，各中央银行往往在货币政策、汇率政策、国际收支的调节政策等管理方面采取一致行动。总体上看，一方面，金融一体化促进了生产国际化和资本国际化，推动了国际投资的发展，使一国的经济规模不完全受制于本国的国内储蓄和资金积累，为新兴工业化国家和地区实现经济起飞创造了有利条件。另一方面，市场的多变使国际金融业务的风险不断加大，如不及时有效地防范和化解就会爆发极具破坏性的金融危机。

（五）世界经济的协调机制是当今世界经济运行的重要内容

世界经济协调，是指两个以上的国家，为了解决涉及当事国各方利益的世界经济领域的问题与矛盾，通过某种形式的协商，采取共同干预行动的行为。战后，国际贸易日趋频繁，国际金融联系日益密切，资本、劳务大规模跨国流动，使世界经济越来越成为一个统一的有机整体。然而，在主权国家仍然是国际社会主要行为体的今天，国家利益依旧是国际关系行为的基本动因。各国的目标、要求和利益大不相同，不同的国家利益必然导致国与国之间的经济摩擦和矛盾。各国经济联系越密切，彼此间发生矛盾和冲突的概率就越大。为了避免这种矛盾发展到激烈对抗的地步，避免由于一国经济危机或政策失误对别国造成不利影响，就产生了加强协调与合作的共同要求。有关国家或国际机构为实现世界经济的稳定对国际经济活动联合进行磋商和调节，由此逐步建立并完善的国际组织和国际会议以及大量国际规则、国际惯例，一起构成了当今世界经济的协调机制。

国际货币基金组织、世界银行、关贸总协定是战后初期世界经济秩序的维护者，是美国对资本主义世界经济进行全球性协调的最初尝试。由于这一阶段美国在世界经济中的独霸地位，这时期的协调活动在很大程度上受美国的操纵。随着西欧、日本的复兴，各国经济实力的对比发生了深刻变化。在经历了 20 世纪 70 年代的全面动荡之后，各国对经济协调的认识更为一致。1975 年，六个主要发达国家（美、英、法、日、联邦德国、意）的首脑共同商讨经济对策。第二年，又吸收了加拿大参加。此后，一年一度的西方七国首脑会议（G7）成了制度化的大国协调机制。但直至 80 年代中期，七国首脑会议并未实施任何有重大影响的实际行动。1985 年 9 月召开的西方五国（美、英、法、日、联邦德国）财长会议是一个转折点，五大国讨论了美元对其他主要货币的汇率问题，决定美元贬值。从此，多边经济协调在全球范围内迅速得到加强。到 90 年代，俄罗斯正式参加七国峰会后，西方七国首脑会议升级为八国集团（G8），继续发挥其大国协调作用。到 2008 年，为了应对全球金融危机，起步于 1999 年的二十国集团财长会议被迅速提升为首脑会议，在新兴发展中国家占据一半成员的基础上进行多边协调，取代了此前八国集团的部分职能。

在全球层次，有各种专业性的国际经济组织，包括联合国下属的各有关机构、会议以及世贸组织等。这些全球性组织作为各国共同利益的代表，就全球性经济问题展开讨论，制定共同遵守的行为准则，是多边协调的最高层次，其成果具有全球适用性。在地区层次，区域经济集团化进展加快，不仅区域内开展了广泛的合作与交流，而且区域集团之间的协调也有所加强，用以弥补国与国之间协调的不足。在国别层次，两国或多国之间不定期的贸易谈判或定期的协商制度，仍然是各国经常采用的协调方式，能够有效解决一些涉及各方的具体问题。综合上述三个层次，现阶段几乎所有的全球性、地区性以及双边的国际经济活动都被纳入世界经济的协调机制当中。

从理论上讲，世界经济的协调机制可使各国政策互相接近，使各国经济行为互相配合，起到防止危机、促进增长的作用。在战后世界经济的实践中，尽管这种作用打了折扣，但成效还是明显的。正是全方位、多层次的经济协调机制使世界经济保持了总体稳定，经济危机程度减弱、周期拉长，减缓了危机在国际间的传递，在解决国际经济突发性危机中扮演了重要的角色。尤其是在缓和滞胀、调节贸易失衡、调整和稳定汇率方面，协调机制作用的范围越来越大，这充分说明多边协调已成为处理世界经济主要矛盾的有力工具。但是，在发达资本主义占主导地位的世界经济中，现行世界经济协调机制也有很大的局限性。

世界经济发展的不平衡性根深蒂固，各国经济实力不同，开放程度不同，在世界经济体系中的地位不同，世界经济协调过程中不可避免地充满了种种矛盾和斗争。国际货币基金组织、世界银行等在国际协调中发挥主导作用的国际经济组织，建立之初是受大国意志支配的，现存的国际经济规则和惯例绝大部分是发达国家在其经济实践中逐步制定的，大国协调一直居于协调机制的核心地位。因此，当今世界经济协调机制在其运作中必然较多地向发达国家的利益倾斜，少数发达国家甚至借机推行霸权主义和保护主义，对发展中国家实行约束和限制。这些做法遭到广大发展中国家的反对，说明现行协调机制在实践中存在缺陷。但是，在一个相互依赖的世界经济体系中，唯有协调才是解决利益冲突的正确选择。随着经济全球化的深入，世界经济的协调机制必将进一步完善。

三、当今世界经济的特点

当今世界经济正以前所未有的规模向全球化、自由化、市场化方向推进，在经济关系、经济体制、经济结构方面出现了许多新情况和新特点，深刻影响着世界经济和国际社会的未来发展方向。

（一）经济全球化在曲折中发展

20 世纪 90 年代，经济全球化加速发展，成为世界经济和国际关系不可逆转的客观趋势。所谓经济全球化，是指在不断发展的科技革命和生产国际化的推动下，各国经济相互依赖、相互渗透日益加深，连成牵一发而动全身的有机整体，所有国家、地区和国家集团的所有经济部门与经济环节都成为这个整体不可分割的组成部分。

经济全球化是经济生活国际化的一个新阶段。经济生活国际化的历史可以追溯到 18、19 世纪，它是产业革命的直接后果，正如马克思、恩格斯所指出的那样：“资产阶级，由于开拓了世界市场，使一切国家的生产和消费都成为世界性的了。……过去那种地方的和民族的自给自足和闭关自守状态，被各民族的各方面的互相往来和各方面的互相依赖所代替了。物质的生产是如此，精神的生产也是如此。”① 从那以后，经济生活国际化的进程不断加快。但只有到了第二次世界大战后，特别是20世纪90年代初，数以万计的跨国公司才编织成全球性的网络，各国经济成为世界经济整体的组成部分；苏联解体、东欧剧变导致了真正意义上的统一的世界市场的形成，各国经济体制和主要经济政策趋于一致；新科技革命更是提供了基本手段和物质条件；日益严重的全球性问题客观上要求加强全球范围的合作。经济生活国际化由此进入了一个新的更高的阶段，即全球化的阶段。

“反全球化”与“逆全球化”

经济全球化在一定程度上加大了世界经济发展的不平衡性，加大了世界经济发展的波动性和矛盾性。随着经济全球化的加速，“反全球化”运动相伴而生。笼统而言，“反全球化”是指对全球化的否定，主要包括：对全球化片面性的批评，对全球化的担心，对全球资本主义的回击，对全球化加剧贫富鸿沟、社会分裂、环境灾难的不满，等等。在行动方面，“反全球化”运动本身已经全球化，一些重要的国际会议接连不断成为“反全球化”的舞台。它一方面揭露了全球性问题的严重性，另一方面又简单地把危机、矛盾、冲突都归结到全球化的头上。或者说，全球化成了全球性问题的替罪羊。2008年金融危机后，“反全球化”逐渐发展为“逆全球化”，即全球化导致的相互依赖倒退的趋势。一些西方大国经济复苏乏力，社会矛盾尖锐，保护主义、民粹主义、排外主义等逆全球化措施成为政党行为和政府行为。

从根本上说，经济全球化是生产力和国际分工高度发展的产物，它和经济生活国际化既有联系又有区别。如果说国际化是与工业经济相适应的，那么全球化则是与信息经济相适应的；如果说国际化主要表现在流通领域，与之相适应的国际分工主要是工业国和农业国之间的垂直型分工，那么，到了全球化时代，不仅商品交换和资本输出空前扩大，而且直接生产过程也跨出国界，与之相适应的国际分工是以水平型分工为主的生产部门与企业内部的世界分工；如果说在国际化条件下，世界经济的联系主体是国家，那么，在全球化条件下，跨国公司及其对外投资才是世界经济的主要“发动机”。可见，经济全球化的确是从国际化基础上发展而来的，它的形成是一个客观过程。不管意愿如何，世界各国都被深深卷入了这一进程。经济全球化正在改变着世界。

经济全球化必将进一步加强各国经济间的相互依存，为世界经济的发展带来新的历史机遇。在经济全球化的背景下，世界各国的经济资源得以在全球范围内有效配置，发达国家的资金、技术、管理经验和发展中国家的资源、廉价劳动力、广阔市场能够实现最佳组合，使各国有可能在世界经济中实现优势互补，促进各国和世界经济的发展与经济效益的提高。发达国家在全球化中处于主导地位，但随着经济全球化进程的深入，发达国家的优势地位出现了相对弱化的趋势，内部的贫富差距持续扩大，社会阶层分裂日益严重。对于发展中国家来说，经济全球化是一把双刃剑。一方面，经济全球化将发达国家与发展中国家更紧密地联系在一起，一些具有潜力的发展中国家由此获得后发优势，能够在经济实力上赶上甚至超过某些发达国家；另一方面，经济全球化加剧了发展中国家的竞争压力和经济风险。面对矛盾和问题，世界各国应当携手加强全球经济治理，更

---

① 马克思，恩格斯．马克思恩格斯选集：第1卷．3版．北京：人民出版社，2012：404.

好地适应和引导经济全球化，推动开放、包容、普惠、平衡、共赢的新型经济全球化，实现共同发展、共同繁荣、共同富裕。

（二）区域集团化趋势迅速加强

区域集团化，是指地理位置相邻近的国家（或地区）之间，在经济联系愈益密切的基础上，为了促使商品、资本、技术、劳动力、信息等在一定区域内更加自由地流动和有效配置，相互之间采取比对区域外国家（或地区）更为优惠、开放、自由的政策，并在机制上结成联合体乃至国家集团。

区域集团化是第二次世界大战后，尤其是冷战结束以后世界经济和政治发展的产物。经济全球化的浪潮客观上要求跨越国界更为合理地配置生产要素，使各国经济间的联系与合作加强，世界经济的贸易、金融、生产乃至经济政策领域的一体化程度日益加深。但是，在相当长的一段时间内，全球范围内的经济一体化不可能实现。这是因为世界上200多个国家和地区经济水平各异，利益上存在矛盾和冲突的状况在相当长的时间内不会彻底改变。于是，国家间需要经济联合的客观需求不可避免地在那些条件成熟的地方首先得以实现。那些地理上接近，经济水平、经济体制、经济政策趋同的国家在平等的基础上通过协商，制定共同的行为准则，甚至让渡部分国家经济主权，建立超国家机构，实现经济上的联合。中外经济学家按水平高低将区域集团化分为6个阶段，即特惠关税区、自由贸易区、关税同盟、共同市场、经济同盟和完全的政治经济一体化。从低级阶段发展到高级阶段是一个长时间的过程。

目前，世界上的区域集团组织有100多个，成员囊括了世界上大多数国家，分别体现了不同层次的区域集团化趋势。以区域经济组织为依托展开竞争已经成为世界各国的普遍选择，以往的国家间竞争也上升为地区之间的竞争。不可否认，众多区域经济组织的活跃将对世界经济一体化的某些制度性安排构成挑战，不同的区域集团之间在联系与合作的同时也进行着激烈的竞争，势必对世界经济一体化发展产生一定的消极影响。但从长远发展来看，现存的区域组织的成功能够产生示范效应，带动一体化在更多地方、更高层次开展，即先在区域范围内制定共同的规则和程序，再向世界经济一体化转变。因此，区域集团化是世界经济一体化的具体形式，是最终走向世界经济一体化的阶梯。

区域集团化与经济全球化是世界经济中两种不同的趋势，二者并不矛盾，而是相互促进、并行不悖的。虽然区域经济组织多多少少具有排他性，但所有的区域组织都不是绝对封闭的，而是实行合作、开放、互利的区域主义，都努力把地区经济和全球经济衔接起来。可以说，区域集团化是经济全球化发展到一定程度的产物，而区域集团化的高潮反过来又推动了经济全球化的深化。

（三）市场经济体制的普及和多种模式的共存竞争

作为一种资源配置方式，市场经济在当前世界经济秩序中取得了全面的支配地位。资本主义国家发展市场经济已有几百年的历史，追求利润的内在动力和市场竞争的外部压力促使资源配置不断优化，极大地推动了生产力的发展。第二次世界大战后，各主要资本主义国家各具特色的市场经济模式日臻完善，使战后经济得到较长时期的稳定增长。

相比之下，苏联和东欧国家一直将市场经济看作资本主义的同义语，把市场经济和私有制联系在一起加以抵制，它们所奉行的计划经济体制不仅没有起到提高经济效益、促进经济结构合理化的作用，反而使经济状况日益恶化，陷入危机，使中央集权的计划经济模式丧失吸引力。苏联解体、东欧剧变后，这些国家全部走上了市场经济的道路。

与此同时，第二次世界大战后选择非资本主义道路的一些亚洲、拉美和非洲国家为摆脱长期经济困难、政局不稳、人民生活得不到改善的困境，也相继宣布向西方靠拢，走私有化和市场经济的道路。而以中国为代表的社会主义国家在改革过程中逐渐认识到市场经济是人类在经济运行方面所取得的成果，要冲破把计划经济与市场经济作为两种制度进行区别的传统思想，开始构筑社会主义市场经济体制。

这样，20 世纪 80 年代末 90 年代初，一场大规模的市场化浪潮席卷全球，实行市场经济的国家由发达资本主义国家以及一批新兴工业化国家和地区扩展到全球几乎所有国家和地区。这一趋势深刻影响了 21 世纪世界经济的面貌。

不同的国家和地区在实施市场经济过程中，根据自身的国内外社会、自然条件和经济水平，选择、创新的市场经济模式也不尽相同。从所有制结构、国家干预经济的程度与方式、社会保障政策等方面的差异来看，基本上可以划分为自由市场经济模式和社会市场经济模式。从经济发展的水平来看，可以划分为先进发达型市场经济模式和后起赶超型市场经济模式。从经济体制的渊源来看，可以划分为原生型的市场经济模式和转轨型的市场经济模式。即使同是发达资本主义国家，采用的市场经济模式也不完全相同，比较典型的有美国的自由市场经济模式、日本的政府主导型市场经济模式、德国的社会市场经济模式、法国的混合型市场经济模式和瑞典的福利计划型市场经济模式等。

多种模式并存的现实说明世界上并不存在放之四海而皆准的市场经济模式。任何一种模式的形成，都是市场经济的一般规律在一国独特条件下演化的结果。任何一种模式都带有本国本民族自身的特色，都不是完美无缺的，而是存在不同程度的弊端。比如，美国的财富分配严重不公；日本政企之间的紧密关系造成钱权交易盛行；瑞典的福利制度不堪重负，经济动力不足；拉美模式在 20 世纪 80 年代的债务危机中曾付出高昂代价；1997 年席卷东亚的金融风暴推动了东亚模式的反思和调整；2008 年金融危机对以美国为首的发达国家的经济增长方式提出了质疑。

从本质上讲，无论其形态有多少差异，市场经济都具有根本的共同点，就是市场在资源配置中起基础性作用，市场机制与国家宏观调控相结合，形成统一有机体，即“看不见的手”与“看得见的手”二者结合，实现社会资源的合理分配。市场经济是迄今为止人类发展经济的最成熟、最有效的手段，这一点已经被产业革命以来的世界经济历史反复证明。现代市场经济不是 18、19 世纪的市场经济，而是政府宏观调控下的市场经济，这一点也已成为人们的共识。市场经济体制在全球普及，成为一种国际性的经济体制，使世界经济获得了通行的规则和共同的语言。当今世界经济体系是一个多种模式共存竞争的体系，各国之间的经济竞争在很大程度上就是一场经济模式的较量。进入 21 世纪后，各国面对的外部环境和内部条件均发生了变化，它们都在不断总结和完善各自的发展模式，以便在竞争中赢得主动权。

（四）新科技革命产生深远影响

> **人类历史上的科技革命**
>
> 科学革命，是人类对客观自然界认识上的飞跃和科学理论上的突破。技术革命，则是指在材料、生产工具和生产工艺方面的重大变革。科学革命和技术革命是相互依赖和相互促进的。
>
> 一般认为，人类社会自资本主义时期以来，已发生了三次重大的科技革命。第一次科技革命发生于 18 世纪下半叶，以蒸汽机的发明和广泛应用为主要标志，它导致了近代机器制造业的蓬勃兴起，使工场手工业进化为机器大工业，引起了社会生产力的飞跃发展。19 世纪下半叶发生了第二次科技革命，以电力的广泛应用为主要标志，使生产社会化程度大大提高，国际经济联系迅速扩大。第二次世界大战后，原子能技术、电子计算机、合成材料、宇航技术相继出现，人类社会迎来了第三次科技革命，它在深度和广度上都超过了前两次，成为推动半个世纪世界经济增长的基本因素，科学技术第一生产力的作用表现得格外突出。进入 20 世纪 80 年代，第三次科技革命掀起了新的高潮，它以信息技术、生物工程、新能源、新材料为主要内容，大规模地向多层次的应用领域推进，对世界经济乃至国际关系产生了深刻的影响。

科学技术进步是世界经济发展的主要动力。历史表明，科技进步不仅为人类认识自然、利用自然、改造自然提供了有力的手段，而且改变了各国实力对比，推动国际关系乃至人类历史的变动和演化。

历次科技革命都促使社会生产力的飞跃，推动世界经济的迅速发展。新科技革命持续到今天仍方兴未艾，在它的推动下，各国经济增长方式由外延式向内涵式转化，追求数量和速度的增长方式将让位于追求质量和效益的增长方式。对自然资源的依赖程度相对减少，而对科学技术、信息和人的素质的依赖大大加强。新科技革命还引发了世界范围内的产业结构调整，产业因技术水平高低不同，从高科技的知识和信息密集型产业，到资本密集型产业，再到劳动密集型产业，依次从发达国家向新兴工业化国家和地区以及发展中国家转移，形成新的国际分工格局。在新科技革命的推动下，各国的经济联系和协作关系更加紧密，为国际交往提供了前所未有的高效率信息载体，为全球性世界市场的形成提供了技术手段，经济全球化趋势进一步加强。与此同时，新科技革命加剧了国际经济竞争。各国均认识到科技进步在整个经济发展中的关键地位，发达国家、新兴工业化国家和地区以及部分发展中国家都把未来寄托在科技上，增加对科技教育的投入，制订雄心勃勃的发展高科技的计划，力争在围绕高科技的新一轮角逐中占据领先地位。科学技术成为国家间综合国力较量的核心。

由于信息技术和信息产业在这次新科技革命中的“火车头”作用，新科技革命也被称为信息革命。信息技术是一种基础技术，它不仅可以应用于经济的各个领域，而且可以应用于企业经营的各个环节。它在对其他产业的生产和销售产生革命性影响的同时，又源源不断地推出各种各样的新产品。信息技术是一种知识产品，它消耗的自然资源少，可以反复使用，而且使用的次数越多获利越多。信息技术还是一门年轻的技术，待开发的潜力巨大，在信息时代所要着重开发的是对知识理解和运用的能力，而这一点是没有止境的。因此，有人评价说，电子计算机的问世同蒸汽机的发明一样，对人类来说具有划时代的意义。20 世纪 90 年代中期以来，信息技术革命的最新进展是全球互联网的迅速普及。据统计，1996 年全球互联网用户为 3 000 万，2000 年就突破了 3 亿，2002 年超过了 6 亿，到 2022 年，全球互联网用户总数接近 50 亿。随着网络技术的日益丰富和发展，全新的信息网络产业异军突起。电子商务的迅速蔓延使世界经济的运行模式发生深刻变革，成为世界经济新的增长点。而移动互联网、大数据、人工智能等新一代信息技术正在推动着社会的加速转型和深刻变革。

生物工程技术的突破性进展同样引人注目。早在1953年，DNA分子双螺旋结构的发现就标志着生物经济的开始。1996年，克隆羊多莉诞生，在全球范围内引发了有关克隆技术的激烈争论。2000年6月，人类基因组序列的工作框架图绘制完毕；2003年4月，人类基因组序列的完成图正式发表。这是生物工程技术发展的里程碑。生物工程技术因此被视为将在21世纪取代信息技术、主导世界经济的又一力量。但是，生物技术的突飞猛进也引起围绕转基因产品和基因资源的激烈争论与冲突，由此可能导致的伦理问题、道德问题和法律难题也给国际社会提出了挑战。

四、当今世界经济面临的焦点问题

当今世界经济的发展仍然面临着一系列挑战，主要的焦点问题包括：世界经济发展不平衡加剧，国际金融市场动荡频繁，可持续发展任重而道远。这些问题是世界上所有国家共有的，它们不仅妨碍了世界经济的正常运转，而且会长期制约未来世界经济的走向，需要各个国家合作与协调，采取有效措施加以解决。

（一）世界经济发展不平衡加剧

发展不平衡是世界经济的基本规律。不平衡既指发展速度上的差距，又指发展水平和经济实力的差距。不平衡规律的重要表现是，最先进的国家发展迟缓，而后进国家可以利用后发优势赶上甚至超过先进国家，打破原有的均势。当前世界经济不平衡规律作用的范围更广，也更为复杂，主要表现在以下几个方面：

1. 发达资本主义国家之间的经济不平衡

从战后初期到20世纪80年代，资本主义内部发展不平衡造成美日欧实力对比趋向均衡化，其总体趋势是：美国的经济实力不断相对削弱，西欧、日本的经济实力不断相对增强，三者之间的差距逐渐缩小，形成了三足鼎立的世界经济体制。伴随着西方国家经济增长方式从单纯追求经济规模和数量向提高效益和质量转变，不平衡发展有了新的变化。美国科技基础雄厚，高科技占有优势，率先从工业经济走向信息经济。90年代初，美国最先走出西方周期性经济危机，经济增长率同欧日相比居于领先地位，产业结构优于欧日，失业率低，重新夺回国际竞争力宝座，世界排名第一，总体实力转向增强。日本和欧盟国家则因内部困难较多，经济调整进展相对缓慢。这表明资本主义国家的经济不平衡问题更为复杂化。

2. 发展中国家与发达国家之间的经济不平衡

第二次世界大战后的大部分时间里，发展不平衡突出反映为南北贫富差距的进一步拉大。20世纪80年代以前，作为整体的发展中国家的经济平均增长率高于发达国家，但因其人口增长率太高，按人均产值衡量，差距并未缩小。80年代，许多发展中国家陷入危机，南北差距明显扩大。据统计，1960 年，发达国家的人均收入是发展中国家的 30 倍；1990 年，这一差距扩大到 60 倍。进入 90 年代，世界经济的增长有七成是由发展中国家促成的。东亚、拉美国家总体保持较快增长，非洲部分国家自 1994 年后持续好转，这一系列变化引起全世界的关注。西方国家为此积极调整对发展中国家的政策，以开拓新的贸易和投资机会。虽然南北总体差距依然很大，但发展中国家中那些在经济政治改革和社会进步方面取得了显著进展的佼佼者的后发优势一旦得到发挥，将会对西方的优势地位产生强有力的挑战。这是不平衡规律带来的一个有着重大意义的变化趋势。

3. 发展中国家之间的经济不平衡

不平衡规律最引人注目的表现是各发展中国家和地区之间增长差距悬殊。尤其是 20 世纪 80 年代，既是整个发展中国家“失去的十年”，也是南南差距明显扩大的十年。亚洲特别是东亚遥遥领先，而其他地区的经济增长则仅相当于或赶不上人口的增长。世界银行认为，按人均国民生产总值计算，拉美倒退了 10 年，非洲倒退了 20 年。即使在同一个地区，那些政局稳定、经济政策符合实际的，脱颖而出成为新兴工业化国家和地区；而那些国内政治不稳定、经济措施混乱、自然灾害频繁的，经济发展则非常缓慢甚至停滞不前，沦为最不发达国家。进入 21 世纪，各发展中国家和地区经济增长差距虽在缩小，但发展中国家内部因不平衡而造成的两极分化的基本趋势不会改变。

正是在上述三方面不平衡的作用下，各国实力对比发生了变化，其结果是大国力量逐步均衡化，世界经济格局向多极化转变。与此同时，世界经济形势也由于不平衡规律的作用而更加错综复杂和动荡不安。美日欧为争夺世界市场掀起新贸易保护主义，发展中国家分化，对南南合作产生不利影响。新兴国家在成功地缩小与先进国家的差距的同时，面临着更加激烈的市场竞争和规则之争。最不发达国家和地区的长期贫困化，阻碍了世界经济的整体繁荣，消除贫困是国际社会面临的艰巨而迫切的任务。由此可见，地区之间和国家之间不平衡的加剧是 21 世纪世界经济发展中所必须重视的问题。

（二）国际金融市场动荡频繁

布雷顿森林体系崩溃后，各国纷纷以浮动汇率制取代固定汇率制，此后国际金融市场动荡时有发生。1978 年 10 月，美元对其他主要西方货币汇价暴跌，引起整个西方货币金融市场的混乱。1987 年 10 月，“黑色星期一”的股市狂泻再次显示金融市场的脆弱性。

20 世纪 90 年代后，国际金融市场动荡更加频繁，且破坏性日益扩大。1994 年 12 月，墨西哥金融危机爆发，墨西哥中央银行的外汇储备几乎在一夜间骤减为零，而其外债高达 1 830 亿美元，国家濒临破产，殃及其他拉美国家，并引发全球美元危机。1995 年 2 月，英国著名的巴林银行因一名交易员的投机失败而倒闭，并引起欧洲、日本金融市场的恐慌。同年上半年，欧洲货币体系因意大利里拉、西班牙比索、瑞典克朗的急剧贬值几近崩溃，美元对日元和马克的汇率降到历史最低点。1997 年 7 月，泰国爆发金融危机，并很快席卷东亚，波及全球。世界第 11 大经济实体韩国在货币贬值中损失了一半的国民生产总值，日本接二连三地倒闭资产数十亿美元的巨型银行和证券公司。金融风暴同样席卷了东亚政坛，泰国差瓦立政府、印度尼西亚苏哈托政府、日本桥本龙太郎政府先后倒台。到 1998 年，东亚金融风暴的余波仍在全球股市、汇市肆虐横行。2002 年 12 月，阿根廷持续 3 年的经济衰退终于酿成金融危机，并引发全国性骚乱，短短十几天换了 5 位总统。相比之下，2008 年的全球金融海啸波及范围之广、影响程度之深，更是前所未有。这场危机从号称拥有最完善金融体系的美国发源，由于美国长期以来在国际金融领域中一国独大，世界其他国家的金融体系通过各种金融衍生品与美国牢牢捆绑在一起，当美国发生金融危机时，其他国家也在劫难逃。金融动荡已经成为世界性危机，触目惊心的损失使之备受瞩目，被看作“和平时期的头号杀手”。

金融全球化及其风险

金融全球化，是指世界各国、各地区在金融业务、金融政策等方面相互协调、相互渗透和扩张、相互竞争和制约已发展到相当水平，进而使全球金融形成一个联系密切、不可分割的整体。

随着金融全球化的推进，金融创新不断涌现，各国纷纷进行金融改革，放松金融管制，加快了金融自由化的进程。金融工具多样化、金融资产证券化、金融领域电子化，这些新特征对传统金融监管体制和方法提出了挑战，金融风险呈增大趋势，导致金融危机不断。

为什么会发生金融危机呢？在一个经济全球化的时代，各国间的经济合作、市场开拓、贸易往来、技术开发等，都依赖于国际资本流通、国际资金融通和国际金融服务的支持与保障。国际金融市场的重要性即在于此。但金融市场的运作已脱离了物质生产和国际贸易活动而独立存在。正如马克思和恩格斯所说：“资本输往国外……并不是因为它在国内已经绝对不能使用。这种情况之所以发生，是因为它在国外能够按更高的利润率来使用。”① 资本的本性就是追逐利润。当大量国际资本投向金融市场时，必然带来金融业的极度膨胀，对东道国的货币政策、银行系统和金融监督机制乃至宏观经济调控能力形成巨大压力。一旦东道国经济体系存在漏洞且处理不当，就会造成金融风险，短期投机资本的推波助澜则会加剧这种风险。短期资本投资的时间短、流动性强，容易受各种因素的影响而突然大量迅速外流，非常不利于金融稳定。当今国际资本市场数额庞大的短期资本具有很强的破坏性，投机的趋利性会使潜在的金融风险在短时间内酿成金融危机。加之金融市场的透明度和迅捷的传播速度，金融风险的多米诺骨牌效应与日俱增，一国的金融危机可能引发其他国家甚至全球的金融动荡。因此，可以认为，金融危机是现代经济中资本过分追逐利润的必然结果。

金融市场是宏观经济状况的晴雨表，金融动荡往往是经济出现问题的征兆。但是，尽管金融业风险很大，金融自由化仍然是世界经济的重要内容。大量研究表明，鼓励金融业发展将促进整个经济的良性循环。美国金融学家雷蒙德 · 戈德史密斯建立了一种叫金融相关率的分析工具，得出结论认为：金融相关率与经济发展水平有着正相关关系。也就是说，金融活动总量占经济活动总量的比重越大，经济发展水平就越高。在经济全球化的大背景下，金融稳定不仅影响着世界经济的发展，而且关系到世界政治的安全与稳定。2008 年金融危机爆发后，世界各国密切协作，通过二十国集团峰会机制共同防范金融危机的扩散，为国际社会推动国际货币基金组织改革提供了重要契机。

（三）可持续发展任重而道远

可持续发展作为一种全新的发展观已成为国际潮流，它是针对片面追求经济高速增

① 马克思，恩格斯．马克思恩格斯全集：第 46 卷．2 版．北京：人民出版社，2003：285.

长带来一系列的社会问题而提出来的。从英国工业革命至今，数百年的工业化过程创造了大量财富，也以惊人的速度消耗了并仍在大规模地消耗着地球上的自然资源，严重破坏了生态平衡和人类的生存环境。要彻底改变这种局面，就需要探索出一条经济、社会与环境协调发展的道路。

1987 年 4 月，联合国世界环境与发展委员会在《我们共同的未来》的研究报告中，第一次正式使用了“可持续发展”的概念，并将其定义为：既满足当代人的需求，又不损害后代人满足其需求能力的发展。1992 年，在巴西里约热内卢举行的联合国环境与发展大会上，通过了《里约环境与发展宣言》以及《21 世纪议程》等关于可持续发展的纲领性文件，为解决全球性环境与发展问题揭开了新的一页。可持续发展成为世界各国共同奋斗的目标。1997 年第 51 届联合国大会通过了《发展纲领》，提出要努力确保以人为中心的综合发展并实现可持续发展。2012 年 6 月，联合国可持续发展大会在里约热内卢举行（简称“里约+20”峰会），达成了题为《我们憧憬的未来》的成果文件，开启了可持续发展的新里程。2015 年 9 月，联合国可持续发展峰会举行，通过了具有重大意义的《2030 年可持续发展议程》，系统规划了从 2016 年到 2030 年的世界可持续发展蓝图，设立了 17 项大目标、169 项子目标，延续联合国千年发展目标，涵盖消除贫困、健康、教育、气候变化等，引导世界走向可持续发展。

就可持续发展对世界经济的影响来看，它强调保持经济的适度增长。在此前提下，首先，要求改变传统的生产方式。在资源使用方面，提高自然资源价格，压缩对自然资源的需求，开发新技术和替代产品，节约自然资源。在产业结构的调整方面，那些过多使用稀缺原料或在生产过程中排放有害物质过多的产业将逐步被淘汰。在技术创新方面，投入更多的人力和财力从事防治污染的新技术的研究，在生产过程中做到“边建设，边治理”，改变以往“先建设，后治理”的方式。其次，可持续发展要求改变传统的生活方式。随着人类素质的提高和环保意识深入人心，人们更加崇尚人与自然的协调发展，注重在与自然界的融洽相处中享受健康而丰富的生活。观念的改变带动了消费结构的变化，这从另一个侧面促进了经济增长方式的转变。最后，可持续发展还要求改变南北经济关系不平等的现状。人类只有一个地球，发达国家和发展中国家在可持续发展问题上有共同利益，这就需要各国采取协调合作的行动，约束跨国公司的生产活动。发达国家在其工业化过程中无限制地开采自然资源，造成生态环境的严重恶化，理应担负起更大的责任，从根本上改善南北关系，实现人类作为整体的共同繁荣。

为了实现可持续发展，首先提上各国议事日程的是气候变化问题。在 1992 年联合国环境与发展大会上，160 多个国家签署了《联合国气候变化框架公约》，为采取行动延缓气候变暖制定了议事日程。1997 年 12 月在日本京都召开了《联合国气候变化框架公约》第 3 次缔约方会

《联合国气候变化框架公约》缔约方会议

《联合国气候变化框架公约》于 1992 年 5 月 9 日由联合国政府间谈判委员会达成，1992 年 6 月 4 日在巴西里约热内卢举行的联合国环境与发展大会上通过，目的是将大气中温室气体的浓度稳定在防止气候系统受到危险的人为干扰的水平上。1994 年 3 月公约生效，成为国际社会应对全球气候变化问题进行国际合作的基本框架。公约缔约方自 1995 年起每年召开缔约方会议，以评估应对气候变化的进展。到目前为止，公约有 198 个缔约方。

议，以控制温室气体排放量为突破口通过了《京都议定书》。这是人类历史上首次以国际公约的形式对特定国家的特定污染物排放量做出定量限制，确定了发达国家减少温室气体排放量的具体指标，区分了发达国家和发展中国家的不同义务。《京都议定书》规定，到2010年，所有发达国家二氧化碳等6种温室气体的排放量要比1990年减少5.2%，其中日本削减6%，美国削减7%，欧盟削减8%，加拿大削减6%。这是里约热内卢会议后的第一次重大突破，开始了世界各国共同探索可持续发展道路的第一步。在经历了因美国退出带来的波折后，2005年2月，《京都议定书》正式生效，这是国际社会推进可持续发展的重大成果，对促进建立全球环境管理体系和机制具有里程碑式的意义。

2015年12月12日，《联合国气候变化框架公约》第21次缔约方会议在巴黎达成了新的全球气候协议。根据《巴黎协定》的规定，各国应着眼于尽快达到"温室气体排放量的全球峰值"，并在21世纪下半叶实现人类活动排放与自然吸收之间的平衡。各缔约方将以"自主贡献"的方式参与全球应对气候变化行动。各方应根据不同的国情，逐步增加当前的自主贡献，并尽其可能大的力度，同时负有共同但有区别的责任。发达国家将继续带头减排，并加强对发展中国家的资金、技术和能力建设支持，帮助后者减缓和适应气候变化。《巴黎协定》还就此建立起一个盘点机制，即从2023年开始，每5年对全球行动总体进展进行一次盘点，以帮助各国提高力度、加强国际合作，实现全球应对气候变化的长期目标（气候变化谈判进程见图2-1）。

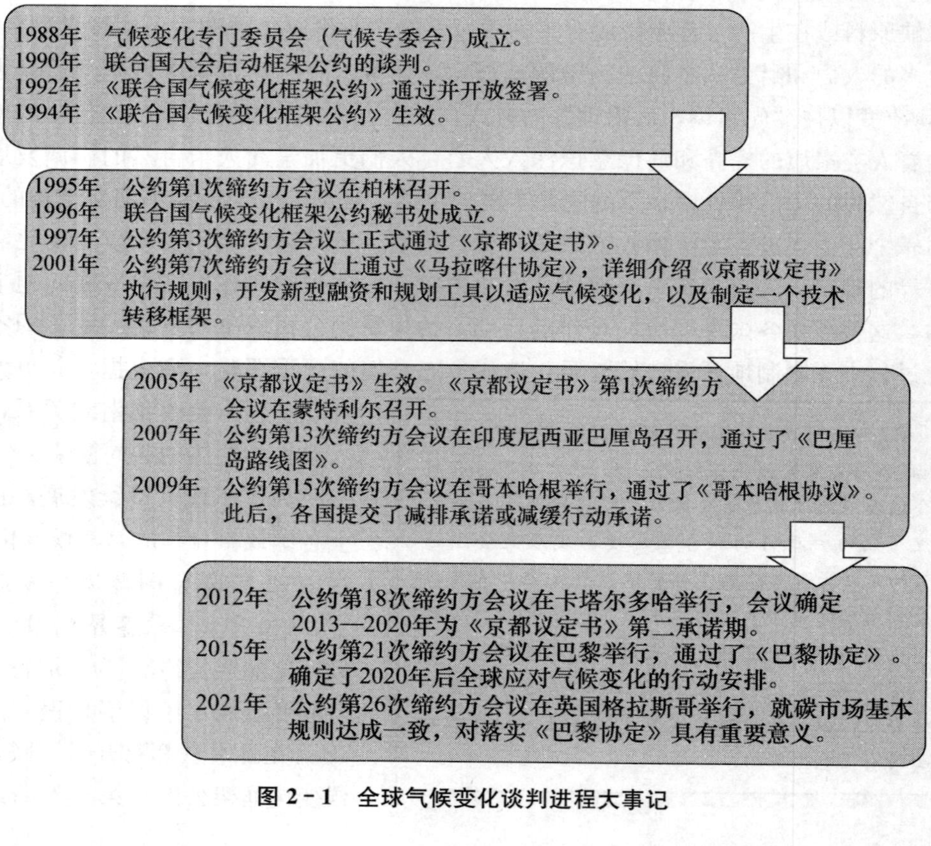

图2-1 全球气候变化谈判进程大事记

作为一种新的人类生存与发展模式，可持续发展的观点目前已经被世界上绝大多数国家和地区的政府接受，走可持续发展之路是人类文明发展的一个新阶段。但是，世界各国要实现真正的环境、经济和社会的协调发展，还有很长的路要走。

阅读书目

1. 本书编写组．世界经济概论（第二版）．北京：高等教育出版社，2020
2. 图兹．崩盘：全球金融危机如何重塑世界．上海：上海三联书店，2021
3. 科利尔．最底层的十亿人：贫穷国家为何失败？．上海：上海三联书店，2022

思考题

1. 如何认识当前世界经济的主要特点?
2. 怎样看待经济全球化与区域集团化的关系?
3. 如何看待经济全球化带来的矛盾与问题?

第三章

发达资本主义国家的经济与政治

要论提示

● 战后发达资本主义国家经济发展较快的主要原因在于：科技革命的推动、经济体制与经济社会政策的调整和改革、利用长期和平的国际环境以及廉价的能源和原料供应。

● 战后发达资本主义国家进行了大幅度的经济体制与政策调整，经济社会发生深刻变化。国家垄断资本主义和垄断资本主义的国际化是当代垄断资本主义最为重要的特征。

● 资产阶级民主制是发达资本主义国家运行的政治模式。西方民主制度体现了多重的两面性，从形式来看相当完备，但它以私有制为基础，具有深刻的内在矛盾。

● 战后发达资本主义国家政治出现重大变化，阶级矛盾、社会矛盾较为和缓。但 2008 年全球金融危机以来，社会分裂加剧。

● 以美国为代表，发达资本主义国家的对外政策表现出西方中心主义、霸权主义和强权政治的特点与实质。冷战结束以后，美国全球战略的重点发生转变，其目标仍然是维护和实现所谓的美国“领导”。

关键词

宏观调控机制　社会福利制度　西方民主　霸权主义　制度霸权

发达资本主义国家是指资本主义经济发达的国家。目前国内外使用更广泛的称谓是“发达国家”或“工业化国家”。在历史文化和与冷战相联系的政治和意识形态的意义上，发达资本主义国家也被称作“西方国家”。在将全球地理分布与经济发达和富裕程度相联系的意义上，发达国家为“北方国家”。最主要的发达国家有美国、日本、德国、法国、英国、意大利和加拿大，统称为西方七国。经济合作与发展组织（OECD，简称经合组织）囊括了重要发达国家。不过，经合组织实际上也吸收了一些新兴的工业化国家，如墨西哥、智利、土耳其。发达资本主义国家战后普遍进行了一系列重大的体制和政策调整，社会发展呈现出新的面貌与特点。与战前的历史相比，发达资本主义国家没有出现大的危机，发展较为平稳。在国际事务中，它们在国际舞台上发挥着举足轻重的作用。

一、发达资本主义国家经济

当代发达资本主义国家在经济科技方面继续保持世界领先地位，而且其经济总体上的快速发展和繁荣富裕与20世纪上半叶深陷危机的局面形成对照。与此同时，发达资本主义国家的经济社会也受到结构性矛盾的困扰。

<<<

经合组织成员国

经合组织于1961年成立时有20个成员国，现有38个成员国，包括：美国、加拿大、奥地利、比利时、法国、德国、希腊、冰岛、丹麦、爱尔兰、意大利、卢森堡、荷兰、挪威、葡萄牙、西班牙、瑞典、瑞士、英国、土耳其、日本（1964）、芬兰（1969）、澳大利亚（1971）、新西兰（1973）、墨西哥（1994）、捷克（1995）、匈牙利（1996）、波兰（1996）、韩国（1996）、斯洛伐克（2000）、智利（2010）、斯洛文尼亚（2010）、以色列（2010）、爱沙尼亚（2010）、拉脱维亚（2016）、立陶宛（2018）、哥伦比亚（2020）及哥斯达黎加（2021）。

资料来源：http：//www.oecd.org.

>>>

（一）战后经济发展概况

1. 经济发展阶段

从增长速度、政策变动等重大表象上看，第二次世界大战后，发达资本主义国家的经济发展大致可分为五个时期。

（1）战后恢复时期（1945—1950年）。

战后初期，西欧国家和日本的经济极度困难，但是经过大力的调整与重建，在美国的扶持下，得到迅速恢复。整个西欧到1950年已完全恢复到战前水平。日本到1955年除对外贸易一项，其他主要经济指标全面恢复或超过了战前最高水平。与此同时，美国、加拿大等国也顺利地将战时经济转轨为平时经济，并实现了较快增长。

（2）快速增长时期（1950—1973年）。

这一时期，发达资本主义国家国内生产总值年平均增长率接近5%，其中工业生产和对外贸易的增长更快，均创下了历史最高纪录。在经济保持高增长率的同时，保持了较低的通货膨胀率、基本稳定的物价水平及较低的失业率，因此这一时期被称为资本主义历史上的“黄金时期”“大繁荣时期”。

（3）滞胀时期（1973—1982年）。

这一时期的特点是生产停滞、失业剧增、物价飞涨、工资下降，停滞与通货膨胀的奇怪结合——滞胀持续了近十年之久。造成这种状况的原因是：第一，长期奉行凯恩斯主义刺激经济的扩大财政支出政策，导致政府赤字增加，通货膨胀抬头。第二，石油输出国组织大幅提高石油价格，造成西方国家生产成本提高，物价全面上涨。第三，布雷顿森林体系瓦解，世界货币和金融体系不稳定。第四，科技革命对经济的推动效用随着时间的推移而递减，到20世纪70年代初，在第三次科技革命中形成的新兴部门和新产品的市场已基本接近饱和，有待新科技新产品的问世。值得注意的是，这一时期的经济停滞是一种“增长性衰退”，而不是绝对的止步不前；同时，在1973—1975年和1980—1982年这两次战后严重的经济危机中，企业、交易所和银行倒闭以及工人失业等问题与战前的资本主义经济危机相比，程度较轻。

（4）调整时期（1982—1989年）。

为了克服滞胀，发达国家普遍以货币主义和供给经济学的理论为指导，开始实行一套新的政策，包括紧缩货币、削减福利、减税、对国有企业实行私营化、放松对经济的管制、限制工资增长等。到20世纪80年代末，物价的年均增长率已下降到3%左右。但西方国家的经济增长仍然缓慢，国内生产总值的年均增长率不超过2.9%，与70年代相差无几，而且失业率仍居高不下，财政赤字仍然连年扩大，国家债务日益沉重，贫富差距进一步扩大，国际金融动荡，国际贸易失衡严重。

（5）20世纪90年代以来的转变时期。

这一时期出现了一系列新现象：以信息和通信技术为中心的高科技迅猛发展，科技革命出现新的高潮；产业结构变革和升级，劳动密集型产业和资本密集型产业越来越让位于知识密集型产业；生产力水平进一步提高；企业利润率增加，社会贫富差距扩大；企业组织形式和生产经营方式发生新的变革，越来越多的企业从过去大批量、标准化的生产形式向小批量、多品种的生产形式转化，企业经营管理方式更加多样、灵活；金融市场、金融参与者和金融机构等在国内及国际经济运行中的地位不断上升，使用新金融工具进行的金融交易量呈爆炸性增长，形成了经济金融化的趋势；经济全球化和地区一体化发展迅速，国家垄断资本主义国际调节的必要性和复杂性显著加强。2007—2008年，美国爆发次贷危机，随后欧洲、日本等世界主要金融市场也出现危机，并酿成更广泛的全球经济恐慌与衰退。总的来看，这次危机是发达国家"病"，与其高度发达的金融市场缺陷有关，与其不负责任的举债支出有关。这次危机的影响比较深远。以反危机、稳经济为目的的量化宽松政策不断加码，在取得一定成效的同时也带来流动性过剩、高通胀问题；而加息措施则对经济活动带来抵制作用。发达国家经济面临衰退风险，但也展现出一定的韧性与更新能力。

总的来看，发达资本主义国家经济在战后70多年中，经历了曲折发展的过程，周期性波动仍然存在，但总体上实现了长足的发展。尽管受到新兴经济体的挑战，但发达国家还是保持了其在生产和科技方面的领先水平，产业结构先进，成为实现高度现代化和不断向信息化迈进的国家，是在世界上占据优势地位的经济力量（见表3-1）。同时，战后发达国家的资本主义生产关系显现出阶段性变化的特征，经历了国家垄断资本主义从强化到黯淡、国际垄断资本主义伴随着新自由主义得势逐渐占上风的过程。

表3-1 西方七国近年宏观经济状况

	2019年国内生产总值（按当前价格与购买力平价计算，单位：万亿美元）	2019年国内生产总值年增长率	2019年人均国内生产总值（按当前价格与购买力平价计算，单位：美元）	2019年政府债务（总负债与国内生产总值的比率）	基尼系数
加拿大	1.873	1.9%	49 832	111.88%	0.325（2018年）
法国	3.403	1.8%	50 222	123.05%	0.307（2020年）
德国	4.769	1.1%	57 397	67.03%	0.317（2019年）
意大利	2.736	0.5%	45 800	146.88%	0.352（2020年）

续表

	2019 年国内生产总值（按当前价格与购买力平价计算，单位：万亿美元）	2019 年国内生产总值年增长率	2019 年人均国内生产总值（按当前价格与购买力平价计算，单位：美元）	2019 年政府债务（总负债与国内生产总值的比率）	基尼系数
日本	5.353	－0.4%	42 427	234.19%	0.329（2013 年）
英国	3.294	1.6%	49 318	116.00%	0.326（2020 年）
美国	21.381	2.3%	64 690	137.32%	0.397（2020 年）

资料来源：https：//data. worldbank. org/，https：//stats. oecd. org/.

2. 战后发达资本主义国家经济较快发展的背景与原因

经济学家通常从人口、资源、技术与制度几个方面考察经济发展的条件与原因。以上因素在战后发达国家经济发展中的作用主要表现为：

（1）科技革命的推动作用。

资产阶级除非对生产工具，从而对生产关系，从而对全部社会关系不断地进行革命，否则就不能生存下去。

资料来源：马克思、恩格斯.马克思恩格斯选集：第1卷. 3版. 北京：人民出版社，2012：403.

战后科学技术革命对资本主义的积极意义是主导的，它的消极影响是次要的。它大大加强了资本主义的地位和力量，而没有产生真正削弱资本主义地位和力量的消极后果。

资料来源：黄素庵，甄炳禧．重评当代资本主义经济：科学技术进步与资本主义经济的变化．北京：世界知识出版社，1996：75.

发达资本主义国家经济在战后较为平稳而快速的增长是在科技革命的条件下实现的。科技进步带来新的产业，提高了生产效率，促使社会生产规模扩大和质量提高，为经济的增长提供了强有力的推动力量。

（2）经济体制与经济社会政策的调整和改革。

经济体制与经济社会政策的调整和改革主要可以归结为国内与国际两个方面。这些措施的意义相当重大，不仅带来了经济的较快增长，而且使资本主义社会的面貌极大改观。这种调整和改革的动因也值得注意。它并非由于西方国家的统治者天生比较明智，而要归功于西方社会批判的传统与监督制衡的机制，这些使得对社会弊端进行反省和对危机做出反应的需要得以通过社会改良的方式实现，避免了资本主义制度的崩溃和社会革命。

（3）利用有利的国际条件。

利用有利的国际条件主要指以下两个方面：第一，战后长期和平的国际环境，特别是西方大国间的矛盾极大地缓和，在美国的保护和支持下，西欧和日本获得了发展经济的良好条件。

> 资本主义内部的重组，再加上经济事务的国际化，形成黄金时代的核心。至于科技革命带来的冲击，其例虽多，但是否能解释黄金时代的缘由，却不及前面两项显著。
>
> 资料来源：霍布斯鲍姆．极端的年代：上．南京：江苏人民出版社，1998：405.

第二，战后以美国为首的发达资本主义国家所构建的国际经济机制，使发达国家能够以低廉的价格掠夺性地购买和利用第三世界的原材料，从而为资本主义经济的繁荣提供了有利的国际制度环境与重要的物质基础。在美国主导下构建的国际经济机制的突出特点是：在形式上更加自由开放，在实质上继续维护发达国家的利益，以实质上并非公平、合理的市场手段继续盘剥第三世界，以保证发达国家产品的低成本。特别是在20世纪70年代以前，发达国家持续20年的经济繁荣正是以廉价的能源和原料为前提的。

另外，战后社会主义国家的存在和发展固然对西方资本主义世界提出了严峻挑战，但同社会主义国家的竞争也成为资本主义社会本身进行改造、想方设法确保其生存与发展的重要外部压力和动力，而且社会主义思想与实践中的一些内容为这种改造和发展提供了某种启示。

（二）经济体制与经济社会政策调整的内容

垄断资本主义生产关系在发达资本主义国家经济生活中占据统治地位。战后的国家垄断资本主义以及垄断资本主义的国际化或者称国际垄断资本主义，成为垄断资本主义在当代两种重要的表现形态。其中国家垄断资本主义对于我们认识当代资本主义新发展是一个重要的参照点。国家垄断资本主义的形成可以追溯到罗斯福新政。二战后资本主义进入国家垄断阶段，其基本标志是国家经济职能大大加强，表现为资本主义宏观经济调控机制的普遍建立与国家对经济生活进行全面干预和调节，从而使经济运行机制、所有制形式、分配制度、国际经济关系等各方面发生深刻变化。在经济体制做出重大改变的同时，发达国家的经济社会政策也不断进行了调整。

> **宏观调控机制**
>
> 宏观调控机制是政府发挥干预经济职能的一整套方法与制度，它以市场调节为基础，并与其相互充实、相互促进。发达国家经常将行政、法律和经济手段综合起来对宏观经济进行调控，最主要和最经常使用的手段是货币政策与财税政策，此外还通过指导性经济计划、产业政策、对外贸易政策、行业规章、社会福利政策、就业政策、收入政策、农业政策、交通政策、能源政策、教育政策、地区政策和制定法律等发挥宏观调控作用。

1. 普遍建立与发展宏观经济调控机制

国家对经济的干预早已出现，但总体来看，在战后时期以前，资本主义国家社会经济运行机制在宏观层次上是自由放任的。战后，资本主义国家政府对经济的干预由一种临时性的应急措施变为一种长期性的工作，国家开始对经济生活进行大规模、持续不断的干预。从政府经济职能强化的内容来看，它是指政府谋求夺取和占领经济的关键部门，而不是对经济生活的直接管理。

<<<

新保守主义与新自由主义

新保守主义与新自由主义的基本内涵相同，但不同国家、地区使用不同的术语。美国称之为“新保守主义”。20 世纪 30 年代中期，罗斯福为避免被指责为左翼，将自己的政策主张称为“自由主义”，因此在美国，“自由主义”是指支持扩大政府在经济中作用的思潮。由于英国保守党和美国共和党一样，在传统上也信奉保守主义，因此以“撒切尔夫人的革命”和“里根革命”为代表的这股自由化浪潮往往被称为“新保守主义”革命。但在欧洲大陆，习惯将这场运动称为“新自由主义”。新保守主义与新自由主义在理论方向和政策主张上存在广泛的一致性，强调要弥补市场局限性，就要重新创造市场，放松政府管制，大大限制政府的干预范围，并改变干预的形式。

>>>

国家干预经济的指导思想、干预范围与形式在战后出现了两次变化。第一次是在战后初期到 20 世纪 70 年代，凯恩斯主义的经济政策盛行，政府主要通过运用预算政策刺激需求，实现经济增长和“充分就业”（失业率为 3%以下）的经济目标。70 年代初的经济状况暴露出凯恩斯主义经济政策的问题，新保守主义/新自由主义宏观经济学包括货币主义和供应学派的经济理论大行其道，并在西方发达国家政府的政策中得到明显反映，强调货币政策手段、对供应的管理和投资。其共同点是主张加强市场调节，削弱政府作用。20 世纪 90 年代，政府与市场之间的关系再次出现微妙的调整，经济政策显示出向政府干预方向的某种回摆。新保守主义的领头羊英国与美国的经济政策呈现出一定的“中间”色彩，“第三条道路”一度成为非常走俏的政治术语与政策导向。不过总的来看，放松管制的新自由主义继续得到发展，突出地表现为西方金融资本在缺乏公共部门有力监管的情况下实现强劲的扩张。可以说，新自由主义改革已经再次重塑了资本主义，资本主义由此进入以新一代跨国公司为典型企业形态、私人金融垄断资本空前膨胀和全球扩张的国际垄断资本主义阶段。

不过总的来看，当代发达国家经济基本上都是一种混合经济，政府对宏观经济的干预已经成为经济生活中不可或缺的组成部分，这是西方现代市场经济区别于古典市场经济的基本标志。具体来说，20 世纪 70 年代之前，主要发达国家宏观经济调控的首要目标是实现“充分就业”的经济增长；80 年代以来，政府调控的主要目标转变为实现低通货膨胀的经济增长。而随着美国 2007 年 8 月开始的次贷危机演化为全球金融危机、经济危机乃至世界性经济问题，如何实现对金融行业和全球金融体系的有效宏观调控，已成为西方国家亟待解决的重大课题。国家宏观调控缓和了经济危机进程，对资本主义产业升级、社会矛盾的缓和以及国际经济关系调整发挥了正面作用。政府与市场之间对立统一关系的调适折射出在资本主义的根本制度下效率与公平、自由与秩序、发展与稳定的内在矛盾的演化。这些矛盾不可能消失，它们之间保持适度的平衡是资本主义体系维持稳定和发展所必需的。一旦平衡无法实现，资本主义体系就会陷入危机甚至崩溃。

2. 不断调整所有制形式，大大提高资本的社会化程度

战后，由于生产的高度社会化，当代资本主义的所有制形式也随之发生变化，股权分散的“人民资本主义”、联合控股的垄断资本集体所有制、国家所有制、中小资本主义所有制以及合作制等各种经济形式都有了不同程度的发展，资本的社会化程度得到很大提高，但是这并不意味着资本主义私有制的根本性质发生了变化。当代资本主义的经济

<<<

"人民资本主义"

第二次世界大战后，随着股份公司的发展，尤其是职工持股计划和大量小面额股票的发行，小面额股票广泛地分散在社会各阶层居民中。一些西方经济学家认为，股票分散使"人人都成为企业的所有者"，现代资本主义已具有人民性，是资本家和工人利益融为一体的社会制度，二者共有资本、共享民主，社会全体成员在经济上是自由平等的。

在现代西方社会中，股票分散化与股权集中化并行不悖。"人民资本主义"理论抹杀了事物量变与质变的差别，故意混淆小额股票持有者与资本家之间的本质区别，把资本主义经济运行中的形式变化等同于生产关系的本质变化，把法律所有权等同于实际经济所有权。"人民资本主义"对改善工人生活状况、缓和阶级矛盾起到了一定作用；作为资本主义生产方式在其本身范围内的扬弃，它也应当被看作资本主义生产方式转化为联合生产方式的过渡形式。

>>>

形式与所有制形式往往是根据经济形势和经济病征的需要而进行具体的调整，使得资本主义私有制的实现形式更加灵活、多样。

战后发达资本主义国家的国有经济发展很不平衡，同时国有化与私有化进程在一些国家多次交替。大体上看，国有经济在从战后初期到20世纪70年代这一时期呈上升发展趋势，其中以英、法、意为代表的西欧国家的发展最为突出。美、日、联邦德国等虽没有进行企业国有化，但也拥有和新建了一定数量的国有企业与国家参股的合营企业。到70年代，国有经济在发达国家经济中已占有重要地位。20世纪80年代以来，资本主义国有制的发展出现逆转。为了摆脱滞胀的压力，发达国家将国有企业私有化和私营化（由政府出资，私人生产和经营）。其中英国撒切尔政府起了先锋和示范作用，截至1992年，英国已使2/3的国有企业实现私有化。其他国家也赶上私有化浪潮，都程度不同地出售了一些国有企业，但是都没有完全取消国家所有制。

国有化曾被称为"社会主义实验"，但是国有经济的性质只能取决于国家的性质，西方国家国有制的真实内容只能是全体资产阶级的公共所有制，而其真正的意义在于作为国家调节经济的物质手段而发挥作用。这说明，为了实现资本发展的总体利益，当代发达资本主义对其所有制形式的调整是灵活的。同时，私有化浪潮也说明，当今资本主义生产资料所有制的基础主要并不在于国家所有制，而在于私人资本所有制，特别是私人垄断资本主义所有制，国家垄断资本的存在是为了促进私人垄断资本主义的发展。发达国家资本社会化程度的提高并未触及私有制这一根本制度的性质。

3. 以社会福利的形式对国民收入进行再分配

带有临时救济性质的社会福利，在资本主义的历史上早已产生。战后，社会福利制度成为由多种社会福利计划组合而成、由政府统一组织管理的国民收入再分配制度。它由国家以税收的形式取得一部分国民收入，然后以社会福利开支的形式用于广大居民，在一定程度上改变由最初的市场分配而形成的收入状况。战后初期，福利国家的构架已基本建成。1948年，英国工党政府首先宣布英国建成了"福利国家"。20世纪50—70年代，社会福利制度在发达国家不断扩展，社会福利水平也得到很大提高。日本起步最晚，1972年被称为日本"福利时代的第一年"。

发达国家的福利制度一般建立在四大支柱之上：一是混合经济，即私人垄断资本与国家垄断资本并存；二是充分就业，即把失业率控制在3%以下作为宏观经济的主要目标；三是国民收入再分配，主要指税收；四是社会保障。其中社会保障构成了福利国家的核心内容，其基本形式又包括以下三种：第一，社会保险，主要由有固定职业的人参加，费用由政府、雇主和受益人共同负担，例如养老保险、健康保险；第二，社会扶助或社会救济，主要向无法维持最低生活水平的人提供，费用由政府承担，如残疾人年金；第三，社会福利，包括家庭补助、公共教育政策、住房补助政策。

发达国家的福利计划各有特色。社会福利水平，包括社会福利覆盖的范围和达到的规模存在很大差别。瑞典、丹麦、德国、比利时和荷兰等国的社会福利水平较高，美国、日本、澳大利亚和瑞士等国的社会福利水平则较低。

福利制度的不同类型

针对各国福利制度的不同特点，一种普遍使用的分类方法将福利国家区分为三类，它们与党派政治密切相关。在英国、美国以及自由党主导政坛的福利国家，国有福利机构仅局限于提供低水平的基本保险，对失业者和老年人也如此，而这些国家的中高收入者的保险原则上由私人保险机构承担。欧洲基督教民主党主政的国家如德国，社会保险体制和开支更为庞大，在工人失业、受工伤及退休时，能为其提供与他们此前的收入相接近的保险金。社会民主党执政的国家，特别是斯堪的纳维亚国家，除上述保障外，还为多子女家庭、病人、残疾人以及老年人提供专门的社会服务，福利水平最高。

发达国家普遍建立起福利制度有其深刻的政治和经济背景。首先，以苏联为代表的社会主义国家建立起的福利制度为资本主义福利的发展起到了示范和施压作用。其次，它是发达资本主义国家力图缓和阶级矛盾与社会矛盾的产物。尤其是西欧各国社会民主党执掌政权，对福利国家的建立和发展起到重要的推动作用。最后，凯恩斯主义的经济政策与发展社会福利制度相一致。在凯恩斯主义经济学中，福利国家不仅具有社会改良的意义，更重要的，它是资本主义有机增长的重要部分，是保障资本主义经济顺利发展的一项必要手段。福利国家的理论和政策后来得到统治阶级的支持，关键就在于此。另外，战后 20 多年经济的繁荣发展是发达国家福利制度迅速扩大、福利水平不断提高的物质前提。

20 世纪 70 年代，西方经济陷入滞胀，福利制度也面临着危机。一是经济停滞导致财政状况恶化，福利国家难以为继。二是国际竞争、就业竞争加剧，福利制度的公平原则与经济发展的效益原则之间的矛盾更加突出。随着主张新保守主义的保守党相继取得执政地位，福利制度的改革在 20 世纪 80 年代提上日程，改革的主要内容和方向是将一些原由国家负责的社会福利计划改由其他社会组织分担，实现社会福利计划多元化、私人化和市场化。2007—2008 年西方国家纷纷陷入金融危机与经济危机之后，福利收缩的经济压力显著加大，然而福利制度的基本框架并未被拆解。在奥巴马政府的坚持和努力下，旨在增加美国医疗保险覆盖率与降低医疗费用的医保法案冲破重重阻力，于 2010 年 3 月在众议院获得通过。

福利制度不仅是发达资本主义国家推行的一项基本的社会政策，而且是一项重大的经济政策。战后资本主义的所谓“全然改观”，很大程度上就是福利制度普遍确立的功效，从而使资本主义不像以往那样显得面目狰狞。它使广大劳动群众，特别是社会上弱者的生活得到了基本保证，并享有更为广泛的经济和社会权益，从而在较大程度上消除了绝对贫困，并在一定程度上改善了社会分配的不均衡性。在此基础上，社会福利制度缓和了社会矛盾，成为战后发达资本主义国家政治相对稳定、经济不断发展的一个重要因素。20 世纪 70 年代，虽然爆发了两次严重的经济危机，失业率居高不下，但发达国家仍保持社会稳定，这与福利国家制度的作用是密切相关的。当然，福利国家不能从根本上消除由资本主义生产方式决定的国民收入初次分配（市场分配）中的两极分化。正如马克思所指出的，通过工厂法改善工人的工作条件是可能的，但这只能产生边缘的效果。

4. 逐步实现企业管理体制的社会化、民主化与现代化

企业是经济发展的微观基础。企业管理体制作为企业制度的重要内容，是资本主义经济制度历史发展的一个重要方面。战后，发达资本主义国家企业管理体制主要有以下变化：

（1）企业管理社会化的趋势。

企业管理日益超出个别企业的范围而与各种形式的社会化管理相结合，其主要标志为：一是企业生产管理的协作化，如波音巨型客机的协作研制和生产；二是形成了社会化的专业管理机构网络，为改善企业经营管理提供各种服务，如会计师事务所、各种信息公司等。

（2）企业管理民主化。

企业管理民主化的主要表现：一是经理阶层的形成与管理革命。战后，随着资本主义生产社会化和股份公司的发展，企业的所有权和管理职能进一步分离，现代企业的经营管理日益依靠职业的管理人员承担，形成了所谓的“专家集团”“经理阶层”，西方学者称之为“权力转移”“经理革命”“管理革命”。二是“民主管理”与“劳资合作”。20世纪60年代以后，发达资本主义国家普遍吸收职工参与企业的部分决策和管理，如公司董事会中的工人代表制、工厂委员会中的工人代表制、公司职工建议制度等。西方学者认为，这种“民主管理”是资本主义管理的一次社会变革，其结果是管理人员和工人统治着企业和社会，劳资对立将转化为“劳资合作”与“劳资和谐”。

（3）管理因素的开拓与管理关系的转换。

20世纪五六十年代，发达国家企业管理的核心是提高企业内部效率，重点是对人、财、物的管理，并形成了以泰勒的科学管理、行为科学的劳动人事管理和以微观经济学为基础的市场财务管理为主要内容的一整套管理体系。70年代，在市场条件发生巨大变化的情况下，西方企业管理开始同时强调实行适应外部环境的战略管理。80年代以来，西方企业又兴起了企业文化热，即以价值观为核心对全体职工进行企业意识教育。

（4）企业内部管理体制的改革。

企业内部管理体制改革的核心问题是解决权力如何配置的问题，它由企业规模、经营内容与范围、技术发展水平、企业外部环境等因素决定。西方企业内部管理体制改革表现出两个明显的趋势：一是从集中管理走向分权管理，二是管理层次趋于减少。它一方面意味着社会生产力的优化与提高；另一方面也意味着资本生产剩余价值的能力的提高、资本剥削劳动力的功能的强化，即资本主义生产关系效能的优化与提高。

5. 建立国际经济协调机制

七国集团（G7）的形成与演变

1975 年 11 月，为共同研究世界经济形势、协调各国政策、重振西方经济，在法国的倡议下，法、美、德、日、英、意六国领导人在法国举行了第一次首脑会议。1976 年，加拿大加入，G7 的形式固定下来，1977 年起，欧共体委员会主席也应邀参加。1991 年，苏联应邀与会和 G7 首脑进行对话，形成"7+1"体制；1994 年，G7 与俄罗斯举行八国首脑政治会议，形成政治八国；一般认为，1997 年，俄罗斯成为会议的完全参加者，从而标志着八国集团（G8）的诞生。2014 年 6 月，由欧盟主持的七国集团领导人会晤在布鲁塞尔举行，俄罗斯因乌克兰问题被排除在外。自此峰会回归到七国模式。2017 年 1 月俄罗斯宣布永久性退出八国集团。

G7 不是一个国际组织，而是大国之间协商和讨论的非正式俱乐部，是一种国际会议制度。尽管不能采取任何强制性的措施，但通过定期的会晤与磋商、协调各国的看法和立场、发表公报表明团结一致的决心以及愿意做出的政治或金融承诺，G7 发挥着重要的协调功能，在世界事务中，尤其在世界经济事务中发挥着举足轻重的引领作用。

第二次世界大战以后，形成了主要发达资本主义国家对资本主义世界经济进行干预和调节的机制以及部分发达国家之间的经济一体化。前者主要包括国际货币金融体制和国际贸易体制，后者主要指西欧国家间的经济一体化。布雷顿森林体系瓦解以后，国际货币金融秩序严重恶化，但是发达国家间通过西方七国首脑会议在很大程度上进行了相互协调。从贸易体制方面来看，关贸总协定演进为世贸组织，体现了自由开放的原则。国际经济协调机制并不仅仅意味着合作，它也是国际竞争的延续，是经济利益的再分配与平衡。1985 年促使日元升值的"广场协议"，就是一个典型的例子。近年来保护主义、排他性多边主义在西方国家已经抬头，经济问题政治化、安全化的苗头愈发明显，全球供应链、投资贸易格局面临新一轮调整。美国发起和主导的"印太经济框架""芯片四方联盟"等机制的进展与成效需要密切关注。

"广场协议"

1985 年 9 月 22 日，美、日、德、法、英财政部长和中央银行行长举行会议，达成五国政府联合干预外汇市场，诱导美元对主要货币的汇率有秩序地贬值，以解决美国巨额贸易赤字问题的协议。因协议在纽约广场饭店签署，故该协议又被称为"广场协议"（Plaza Accord）。之后，上述五国开始联合干预外汇市场，在国际外汇市场大量抛售美元，导致美元持续大幅贬值。1985 年 9 月至 1987 年底，美元兑日元从 1∶250 下跌到 1∶121，贬值达 50%。也就是说，日元对美元升值了一倍。

日元升值的影响是多方面的。就国际贸易来看，迄今为止，日元升值并没有影响日本贸易顺差的扩大，但还是削弱了日本出口商品的价格竞争力。日元升值对于日本经济的影响则较为复杂，日元升值与日本"泡沫经济"之间的关联尤其引起了人们的关注和讨论。在日本金融资产膨胀的过程中，伴随着日本政府的金融自由化改革和响应美国的倡议协调降低利率，日本国内大量过剩资本涌向房地产市场和股票市场，最终酿成了"泡沫经济"。不过，日元大幅升值也为日本企业走向世界、在海外进行大规模扩张提供了良机，并促进了日本产业结构的调整。

（三）不同的经济模式与面临的共同问题

1. 发达资本主义国家的经济模式

微观层次上的企业制度与国民经济的宏观管理这两种机制相结合，就构成了不同的经济模式。经济模式是国情和国际环境的产物，此外，社会思潮、政府的战略目标和方针政策等对一国经济模式的形成也有十分重大的影响。对发达资本主义国家经济模式进行划分有多种方法，但最受关注的不外乎以下几种有典型意义的经济模式：

第一，美国模式。也称自由市场经济模式，即政府调节市场、市场引导企业的模式。这种模式强调市场机制的充分调节始终是促进经济发展的基本动因，政府作用被限定在较小的范围内，市场功能得到充分展现和发挥，该模式比较注重个人主义与市场竞争。

第二，德国模式。或称社会市场经济模式，即政府保障市场、市场引导企业，同时以社会因素保障市场的运行。它的特点是将市场竞争和社会平衡结合起来，在保证个性自由、讲求效率的同时，争取社会公平和平等。它强调个人自由与社会义务相结合，在鼓励竞争的同时，注重各利益集团之间的协商；在追求利润的同时，向工人提供较普遍的社会保障；在企业管理方面，建立起共同决策制度等。

第三，瑞典模式。其特点是推行经济民主、自由和社会平等。为此，让工会代表参加董事会，允许职工将资金集中用于投资，实行工资一致原则和集体谈判制度，特别是实行高度发达的社会福利制度，把国民收入的很大一部分用于涵盖几乎全体国民的福利支出。

第四，日本模式。也称政府主导型市场经济模式，即政府不但调节市场，同时直接引导企业，并把重点放在对企业的引导上。在这种模式中，政治权力是最大的资源，拥有权力的人可以在很大程度上支配经济利益。它具有以下特点：企业内部形成了独特的“命运共同体”，对企业员工实行“终身雇佣制”“年功序列制”“企业工会制”；政府采用行政手段保护扶植企业，所以日本模式又被称为“行政导向型市场经济”；积极从其他西方国家引进科技和管理经验，同时积极促进出口，扩大对外投资，但对国内市场则严加保护等。总的来看，日本模式有浓厚的东方文化色彩。

如果将以上几种模式进一步加以归类，可以划分为两种：美国模式与莱茵模式。各种模式的优势与弱点具有相对性。20世纪90年代以来，企业至上的政府观念、对金融市场和股东价值的强调使美国经济显示出更大的活力，而日、德等国却面临诸多困难和问题。但美国模式驱使企业急功近利，因此造成投机盛行、贫富悬殊、过度消费和超前消费。近几十年来，各国普遍对各自的经济体制进行程度不同的改革，人们试图在美国模式与莱茵模式之间找到一条能将提高效率与实现公平、经济活力与市场监管更好地结合在一起的新路径。作为各国国情的产物，各种经济模式还是保持了相对稳定。

2. 发达资本主义国家经济的深层矛盾

当代发达资本主义国家经济仍面临着一系列现实难题。

（1）周期性经济危机的困扰。

20世纪60年代，在西方国家中尤其充溢着一种乐观的情绪，认为“有组织的资本主义”的时代已经到来，制服经济危机的良方已经找到。但是70年代的危机很快打破了这种预见，而且70年代以来，各国的经济周期基本上是同步的，各发达国家无一能摆脱经济周期性收缩的痼疾。战后，资本主义经济危机的严重程度虽有所减弱，但后遗症有加重的趋势。

（2）结构性失衡。

当今资本主义经济的疾患大量地表现为结构性失衡。几种最为典型的表现形式是：

第一，各发达国家政府的财政赤字连年扩大，政府的债务负担不断加重。政府债务规模的扩大实为信用的膨胀，信用是促进经济增长的重要杠杆，但信用的无限膨胀却积累着爆发金融危机的潜在危险。这反映了国家干预经济的需要与干预手段不足的矛盾。

第二，就业增长缓慢，结构性失业持续存在。总的来看，战后发达国家就业的增长大大低于生产的增长，因为科技进步使得劳动生产率不断提高，资本家在不增加甚至减少雇工人数的情况下也能扩大生产、提高利润。这一问题在战后到 20 世纪 70 年代经济发展繁荣的时期还不是很突出，但是随着西方经济进入低速增长阶段，科技进步带来的产业技术革新和产业结构调整对劳动就业的消极效应就变得十分突出。

第三，收入分配不平等现象加重，贫富差距扩大。自 20 世纪 70 年代初，随着西方经济陷入滞胀和低速增长，一方面，发达国家的政府和企业采取了各种措施限制工资增长甚至削减工资；另一方面，发达国家资本的收入趋于扩大。两相比较，战后发达国家的收入差别在经历过一段收窄后又重新扩大，财富分配再次趋于集中。另外，发达国家之间的经济关系中也存在着结构性的问题，如贸易收支失衡问题。而且，当今资本主义经济中还存在着体制性问题，最明显的是福利制度的危机和货币金融体制不健全所蕴含的危机。

第四，生态失衡问题日益显现，消费主义原则之下的增长方式的弊病暴露无遗。西方发达国家作为世界上最早实现工业化的国家，其经济增长与发达程度长期以来是通过对自身以及全球自然资源的掠夺性开发和生态环境的严重损害实现的。尽管经济增长的生态环境极限问题于 20 世纪 60 年代末 70 年代初开始被人们越来越清楚地认识到，并采取了一些相关举措，但其后果却是长期性和全局性的，特别是当这种转变影响到人们自身优越的物质生活享受以及被要求为改善全球生态环境做出应有贡献时，更是遇到巨大的障碍。

战后发达资本主义经济中存在的上述问题不是以大规模严重的社会危机的形式表现出来的。但是，这些问题不仅是资本主义基本矛盾在表现形态上的变化与数量意义上的积累，而且是这一基本矛盾由于国家垄断资本主义的实行而进一步向结构性矛盾或危机的方向发展，是基本矛盾的对抗性质在继续演进且有了新的深化。特别是在苏联以及东欧社会主义国家已不复存在的背景下，这不仅使推动资本主义反省与改造的力量大大衰减，而且胜利感还助长了其得意和自负，西方的有识之士指出：资本主义已经在失去势均力敌的对手的同时，“变得很危险”①。国家对资本主义经济的宏观调控在克服市场弊端的同时，又以财政赤字和国债的增长以及滞胀的方式给社会生产力的发展带来新的矛盾与障碍；科学技术在推动社会生产力大发展的同时，其在资本主义社会的应用又使它本身与劳动相对立，带来了结构性失业；科学技术创造了生产不断扩大的可能性，然而这种可能性要变成现实性却越来越受到居民消费能力有限的束缚；在利润率驱动下发达起来的经济生活，不仅伴随着社会经济关系的失衡，也伴随着人与自然关

① 阿尔贝尔．资本主义反对资本主义．北京：社会科学文献出版社，1999：231.

系的失衡，资本主义大工业的发展与发达国家消费主义的生活方式，直接导致了其对自然资源的掠夺性开发和奢侈的消耗，并且已经在世界范围内造成了严重的生态问题；发达资本主义各国经济相互依存、联系紧密的同时，相互矛盾也在不断发展；资本主义经济的进一步社会化与国际化、全球化，一方面极大地扩展了经济发展空间，另一方面又造成经济失控的现象；全球资本积累空前加剧的同时，造成了南北的分裂、失衡和世界经济的内在矛盾。"反全球化"运动的蓬勃兴起，以及以"9·11"事件为代表的恐怖主义的泛滥，固然不是我们所熟悉的反抗资本主义运动的传统形式，但当我们追溯其经济社会根源时，不能不说它们在相当程度上也是全球资本主义所积累的深刻矛盾的一种爆发和一种间接的、扭曲的反映。

二、发达资本主义国家政治

（一）政治状况的变化

战后发达资本主义国家政治发生了一系列意义深远的重大变化。这些变化可以归纳为两个方面：一是阶级、政党、利益集团、社会舆论和公民等影响和制约国家政治、社会生活的几种主要社会力量，它们的自身地位、状况、相互关系的变化以及由此带来的社会政治形势的变化；二是政治体制方面的调整与改革。

1. 社会阶级结构复杂化、多层次化

总体上看，发达国家中工人阶级和资产阶级这两大阶级对立的基本格局未变，但是各阶级内部的构成发生了较大变化，阶级内部明显分化成不同的阶层、利益群体和利益集团。

首先，工人阶级的队伍扩大，内部构成多元化。产业结构的变化和科技革命使雇佣劳动者队伍的规模扩大，工人阶级的人数增加。根据国际劳工组织的统计，工薪劳动者的绝对数量在各发达国家都有所上升。非农业工人占劳动力的比重从战前的1/2上升到20世纪70年代初的3/4，现在则更高，如美国这一比重已超过4/5。传统的产业工人数量急剧下降，新兴产业、第三产业工人数量迅速增加。另外，从事各种脑力劳动的办公室工作人员，即"白领工人"，包括专业人员、技术人员、行政和管理人员等，数量明显增加，成为工人阶级的多数。

其次，资产阶级数量在社会中的比重下降，但百万富翁、亿万富翁数量有较大增长，同时资产阶级的成分复杂化。战后，大垄断资产阶级随着生产集中程度的提高而扩大。美国福布斯富豪榜中，美国财产超过10亿美元的超级富豪在1984年有25名，在1993年有108名，到2006年则增至325名。同时，作为高级管理人员出现的经理资本家异军突起，成为资本家阶级日益重要的组成部分，他们主要包括公司的董事长、董事、总经理以及主管技术和财务等方面的高级专业人员，他们多数拥有股票，并可获得很高的个人收入。

最后，战后发达资本主义国家阶级结构最大的变化是新中间阶层的兴起和中产阶级的扩大。传统的中间阶层是指拥有少量生产资料、处于两大阶级之间过渡状态的阶层，主要是小手工业者、小商人、小食利者等。新中间阶层是随着新兴科技革命、产业革命和国家职能的变化而发展起来的技术-管理阶层，包括被雇用的企业中层管理人员和工程技术人员以及国家中级公务人员和自由职业者。新中间阶层的特点在于，从对生产资料占有关系和收入来源方式，即从社会本质属性上看，他们基本上属于无产阶级；从生活水平、社会地位、控制和支配一定的生产管理与行政过程来看，他们接近于中等资产阶级；就其单个成员来说，其社会地位不甚稳定，但是作为科技革命和现代化大生产的产物，其从业人员的数量呈上升趋势。值得注意的是，在后冷战的 30 多年中，新自由主义理念深刻影响下的经济政策带来贫富分化加大，产业转移和科技进步对受教育程度较低者的生计产生更大冲击，西方中下层中产阶级的处境恶化。

2. 阶级矛盾和斗争趋向缓和，各种社会运动不断发展

二战结束至今，工人运动在战后初期和 20 世纪 70 年代曾掀起过高潮，主要目标是争取社会民主和社会公正。不过从总体上看，以工人为主体的阶级斗争呈缓和、下降趋势。这是因为：

第一，战后资本主义经济的较快增长使工人的经济收入大幅增加，再加上福利制度的实施，工人的生活水平得到极大提高。福利制度的实施使以工人为代表的中下层阶级日益相信，在现有体制内他们同样可以改善自身物质生活的状况，因此他们对革命主张反应较为冷淡。

第二，战后资本主义生产关系的调整，尤其是资本所有权的社会化与企业管理民主化的加强，有利于劳资双方矛盾的缓和。这些虽未改变所有制性质，却把工人与企业利益紧密结合起来，并提高了工人在企业中的地位，从而使劳资合作代替了劳资对抗。

第三，技术革命的高速发展对工人阶级的斗争也有一定的副作用。结构性失业的大量存在和就业市场的激烈竞争，迫使工会不得不自我约束。这样就出现了工人斗争不仅在经济繁荣期减弱，在经济萧条期甚至更加困难的局面。

与此形成对照的是，20 世纪 60 年代以来，以批判资本主义异化为宗旨的各种社会运动却发展得很快。60 年代的学生运动，美国黑人反对种族歧视、要求社会权利平等的运动，反对性别歧视、要求妇女权利平等的女权运动，反对战争的和平运动，反对资本主义掠夺式生产、主张环境保护的绿色运动，“反全球化”运动，“占领华尔街”运动等，都产生了巨大的社会影响。它们是反对资本主义制度弊端的新形式。

3. 政治思潮呈现多样化和相互交融的趋势，在传统政党的纲领和政策趋向中庸的同时，民粹主义和民族主义政治力量壮大引人注目

国内中产阶级的兴起，社会政治多元化的长期发展，国际化与全球化的现实，解决当代社会发展中的矛盾和问题的需要，使西方国家政治思潮和政党政治的发展呈现出新特点。政坛上的分野与政策制定中的争论繁复多变，各种思潮、流派与意识形态之间的相互影响、渗透与容纳，政治原则在实践中的灵活性，服从现实需要的实用主义，在各种主张和需要之间寻求平衡的折中倾向，极端模式的淡化，政党政治的中间化，在相当长一段时期内成为十分突出的现象。

大致来说，第二次世界大战以后在西方国家占据主流地位、轮流执政的是自由主义、保守主义和民主社会主义政党。20 世纪 50 年代和 60 年代，自由派和左翼的民主社会主义政党主导政坛；1979 年以后，保守主义力量先后主宰了西方主要国家的政治舞台；90

年代初期以来，逐渐转向中间路线的自由派和左派又重新取得了主导地位。这些政党和政治派别的思想与政策主张，既有明显的分野，又有不容忽视的趋同之处，它们都从竞争对手的政见中吸收和借鉴一些内容。

自由主义是当代西方社会最重要的政治观念，是典型的资本主义意识形态，深刻影响着西方的政治实践。自由主义的根本立场是坚持个人主义、维护资本主义秩序。进入20世纪，传统自由主义发展为现代自由主义，也被称为“镶嵌自由主义”。在政治上力求把个人自由与社会发展相统一，摒弃了国家应当消极无为的观点，主张扩大国家的积极作用、为个人的自由发展扫清障碍以及建设福利国家。20世纪80年代盛极一时的保守主义运动中的主流派别——新保守主义，在很大程度上实际上是新自由主义的同义语，是一种将自由保守主义的自由市场和自由民主主张与传统保守主义捍卫传统道德的要求结合起来的带有调和特点的主张，而自由保守主义在经济学界被称为新自由主义，是批评现代自由主义的凯恩斯主义、承袭古典自由主义传统、力图恢复传统市场经济的自由主义主张。自20世纪80年代中期，自由主义在继续强调自由优先性和否定国家作用的自由放任观点的同时，对国家干预的观念做了一定修正，主张在自由放任的政府和全面干预的政府之间寻找一条新的道路，认为通过国家干预重新进行利益分配一定要有一个限度，加大社会经济生活中的“自由程度”是十分必要的。迄今，尽管欧美金融危机的发生已经充分暴露出新自由主义的局限性，但新自由主义的某种意识形态霸权地位并未在根本上被动摇。

如果说自由主义和保守主义作为西方国家传统上的两种主流政治思潮与党派，它们之间的相互靠拢并不奇怪，那么值得注意的是，来自左翼的民主社会主义同自由主义之间也有着密切的关联，而且这成为民主社会主义能够在战后跻身于政治主流行列的重要原因。民主社会主义通过对自由主义的靠拢与和解，在依然保持社会主义价值追求的同时，磨蚀了革命性和激进性，所以其社会改良主张迎合了西方社会广大公众要求社会变革又求稳怕乱的心理。20世纪90年代中期以来，民主社会主义的实用主义、折中主义和改良主义突出反映在“第三条道路”的理论和实践中。

“第三条道路”

“第三条道路”的概念在历史上曾多次出现，但其含义各不相同。例如，早在20世纪50年代，社会党国际就曾提出在东方社会主义和西方资本主义之间走“第三条道路”。20世纪90年代中后期，随着新保守主义、新自由主义政策弊端的暴露，以英国工党首相托尼·布莱尔、美国民主党总统比尔·克林顿为代表的新一代欧美中左翼政党所提出和实行的“第三条道路”是一种“新中派”的“新中间道路”，指在传统的社会民主主义与自由资本主义之间、在凯恩斯主义国家——社会福利国家与新自由主义的竞争资本主义之间的“第三条道路”。在实践中，克林顿和布莱尔的新自由主义加凯恩斯主义的混合政策取得了一定成效，克林顿当政期间美国经济的表现尤其抢眼。随着信奉新保守主义的小布什当选美国总统和布莱尔积极追随美国加入反恐战争，“第三条道路”的声音趋于沉寂。批评者认为，对于有着深厚社会民主主义传统的欧洲来说，“第三条道路”实际上是对资本主义、新自由主义的靠拢和投诚。

民粹主义、本土主义和民族主义近年迅猛发展的典型表现是2016年英国脱欧公投获得通过和特朗普当选美国总统，其他相关现象还包括民粹主义政党在多个欧洲国家取得惊人的选举进展，反精英、反建制、反欧盟、反移民的主张风行，针对特定政策的抗议活动难以平息，演化为没有固定诉求和领导者的社会政治运动乃至暴动和骚乱，如法国的“黄背心运动”等。

民粹主义也被译为“平民主义”，其内涵是有争议的，一般泛指将人民作为道义上善的力量，抨击精英腐败、自私的理念模式。所谓精英，在民粹人士看来，除了政治上的建制派，还包括经济精英、文化精英和媒体精英。关于人民的范围，不同流派有不同认识，可以依据民族、肤色、阶级等不同标准对其进行划分。相较于其他意识形态，民粹主义不能对社会变迁提供系统完整的蓝图，是一种“稀薄”的意识形态，但民粹主义却能够与其他思想意识结合，并因其站在人民一边而具有极大号召力。

民粹主义是民主政治的伴生物，是大众政治参与必然的副产品。民粹主义将人民与精英截然善恶对立的二分法和对抗性思维是一种朴素、粗糙的理念，表明了社会分裂、矛盾尖锐的程度。其大背景是全球化、一体化经济的收益分布越来越失衡，特别是在2008年全球金融危机以来经济社会发展长期陷于困顿和进入重大转型期的进程中，上流阶层保住并扩大了自己的利益，破产的中产阶级则成了底层民众，中下阶层与上层之间矛盾加剧。生活状况恶化的中下层民众的不满不断积聚，终于爆发为与现存政策体制针锋相对的主张，并走向极端化。

民粹主义主张的提出，有现实缘由，具备部分合理性，但其逻辑容易导向偏执、简单化的解决方案，而且会诉诸暴力手段，这显然是令人担忧的。民粹主义作为一种政治操控的策略，其后果更为严重，因为它能够焕发出巨大的动员能力。正因如此，在当下的政治分析中，民粹主义的负面含义非常显著，成为煽动蛊惑者与讨好选民的机会主义者的同义词，指政治人物以高度情绪化的姿态对复杂问题给出过于简单化答案的煽动，或政治人物并不以理性思考面对选民，而是奉行一味讨好选民的机会主义行动策略。从民主政治的逻辑出发，广大中下层民众对公正缺失、贫富分化表达强烈不满，追求平等理想，完全是正当的，并蕴含着促进变革的社会进步和解放潜能，但在特定条件下，原本是解放性的社会力量，也会演变为失去建设性的极端权利诉求与破坏性的族群对立和社会骚乱。如何避免这种蜕变与扭曲，是西方政治的难题。

4. 利益集团和大众媒体的作用加强

利益集团是由以某种特定利益、政治主张、价值目标所维系的人们所组成的集团。它对议会和政府施加影响，使其制定出符合自己集团利益和要求的决策。利益集团在战前已经出现，但战后随着阶级内部结构分化加剧，新的阶层、集团兴起，政府决策与各集团人们的利益密切相关，政党意识低落，利益集团的发展异常迅猛，有人认为西方国家已由多党政治变为“利益集团政治”。它们以游说、捐款、提供情报、抗议、示威游行、罢工甚至暴动等各种手段，特别是发动大规模的舆论宣传，对议会和政府施加影响。利益集团的活动一方面是对现有选举、议会、政党制度的有益补充，是非国家权力对国家权力的制约；另一方面也有诱发贪污腐败以及大的权势集团左右政策和决策片面化的消极作用。

<<<

“水门事件”

1972年6月17日夜，美国共和党尼克松竞选班子5名成员为了刺探民主党的竞选政策，在民主党全国总部水门大厦安装窃听设备，因行踪被发现而遭到逮捕。在《华盛顿邮报》记者鲍勃·伍德沃德和卡尔·伯恩斯坦等新闻媒体的不断追踪报道和民众的强烈抗议下，包括尼克松总统的特别助理在内的数名高级官员相继被捕判刑。1974年8月8日，尼克松总统在被查出对此案负重要责任而面临弹劾危险后被迫宣布辞职，成为美国历史上第一位面临弹劾而辞职的总统。2005年5月，美国联邦调查局（FBI）前副局长马克·费尔特承认他就是“水门事件”中的秘密线人，也就是所谓的“深喉”（deep throat）。

>>>

另外，随着新闻出版自由的权利得到保障以及新闻传播媒体的高度发达，新闻舆论力量已成为一种强大的直接民主因素，为大众参与国家和社会政治生活提供了广泛的机会，并加强了社会对政府的监督与制约，被称为制约立法、行政、司法三种权力甚至凌驾于它们之上的“第四种权力”。导致尼克松总统下台的“水门事件”就是由媒体揭发的。

5. 公民权利进一步扩大

公民权利扩大是战后西方民主政治发展的一个重要体现。有些国家的宪法和法律对某些传统的公民权利的内容做出了新的注释，规定了一些新的公民权利，并就那些容易受到侵犯的公民权利制定了专门的民权立法，以排除来自官方的干扰。它们主要包括：

第一，公民自由权利扩大，取消或放松了长期以来对公民言论、结社、集会自由等权利的限制和附加条件。例如，西方国家普遍取消书报出版前须经当局检查、删改和准许的“预防制”，代之以“追惩制”；对“诽谤罪”做出严格的限定等。

第二，公民平等权利扩大，取消或大大降低了对公民选举权的限制，并强调社会公益的重要地位，形成了“环境权”“空气权”“日照权”等新的基本权利。例如，美国18世纪末就确认了普选原则，但直到1974年选举法修正案通过后才在各州废除了对黑人选民进行“文化考试”和对新移民“优良品行”的测试制度，扩大了黑人和新移民的选举权。

公民投票与公民复决

公民投票是通过全国公民直接投票的方式来批准宪法和法律，决定对内对外政策、政治制度、国家领土变更、国家独立以及决定名称等国家大事。

公民复决，亦称“公民倡议”，指对立法机关已通过的法律或决议，由于公民提出异议而提交公民表决。

第三，公民决策参与权利扩大，出现了若干种直接民主、半直接民主的政治参与形式，主要有公民投票、公民复决等，这在一定程度上弥补了代议制的间接民主将多数民众排斥在议会活动之外的不足。由于特殊传统和地理环境，瑞士较常采用这些形式。法国是公民投票实行较多的国家。其他国家也在不同程度上使用这些直接和半直接民主的形式。

6. 分权制衡机制发生变化

国家权力的重心由议会转到了政府，而且社会中的各方面力量——利益集团、新闻舆论、非政府组织等成为制约国家立法、行政、司法权力的重要方面。随着国家对社会全面干预的不断加强，立法机关越来越难以控制政府，议会地位下降和权力弱化成为西方国家普遍的政治现象。在很多情况下，行政首脑可以绕过议会发号施令，以行政协定

法兰西第五共和国

1958 年，法国政局动荡飘摇，法属阿尔及利亚爆发起义，军队开始干预政治，有爆发内战的危险。戴高乐东山再起，当选法国总统，并向法国人民提出了另一部新宪法，经过全民投票，10 月 4 日新宪法生效，法兰西第五共和国建立。宪法规定议会由直接选举的国民议会和间接选举的参议院组成，但议会不再拥有在第四共和国时期那样的权力；统治的权力明确授予总统。起初，总统按规定由议会议员及各行政区、海外领地和地方议会的代表组成的选举团选出；1962 年修改后的宪法规定直接选举总统，任期七年。总统有通常的行政职能，被授予广泛的任命权。此外，宪法还规定设立一个由九人组成的宪法委员会，监督总统的选举，并执行有关公民投票事宜。从第四共和国向第五共和国的转变，使法国的民主政治进一步成熟。

或行政命令来处理国内外事务，政府实际上已夺去了议会的部分立法权，同时国家职能本身不断扩大，各国都建立了强大的行政体系。这突出地表现在政府首脑权力的扩大上，1933 年罗斯福总统权力的扩大和 1958 年戴高乐第五共和国宪法的颁布，标志着“议会至上”的时代向“行政专横”的时代转变。造成这种现象的原因在于：国家干预的范围不断扩大、国家管理专业化和技术化的要求不断提高、立法的增多导致执法任务的日益繁重等。但是，20 世纪 70 年代以后，行政权力扩大导致政府机构膨胀和官僚主义盛行，因此公众的民主政治要求高涨起来，社会因素对于国家权力的制衡和监督大大加强。

（二）政治体制的特点和实质

政治体制是指国家政权的组织和管理形式以及有关国家政治活动的制度。首先，它是指国家政权的形式，包括国家的政体形式（如君主立宪制、议会共和制、总统共和制及委员会制）、结构形式（如单一制、联邦制与邦联制）以及国家政权机构的组织与活动原则（如三权分立原则）；其次，它还包括与国家政权相联系的其他组织和政治行为的制度（如政党制度、选举制度）。从西方国家的发展历史来看，曾出现过多种政治体制，但现代西方政治体制的典型形式是资产阶级民主制。尤其在第二次世界大战以后，资产阶级民主政治取得了对法西斯政治的决定性胜利，联邦德国、意大利等国相继恢复民主政体。20 世纪 70 年代中期，西班牙、葡萄牙和希腊的非民主政权也先后垮台。资产阶级民主制终于成为各主要资本主义国家通行的政治模式。

分权学说简史

公元前 2 世纪，希腊史学家、政治活动家和思想家波里比阿在亚里士多德平衡政体思想的基础上，明确提出分权与制衡的思想，开创了西方分权学说的先河，为以后提出分权制衡的理论奠定了基石。近代最先提出分权制衡理论的当属英国资产阶级思想家洛克，他提出立法权和执行权（行政权）的分立，并指出立法权应该高于执行权。法国启蒙思想家孟德斯鸠在 1748 年出版的《论法的精神》一书中，完整确立了三权分立的分权制衡学说。他认为要防止滥用权力，就要以权力制约权力，应该按照立法、行政、司法三权分立的原则来组织国家。1776 年起草《独立宣言》的托马斯·杰斐逊是分权理论的集大成者和实践者。至今美国联邦政府的三权分立，是众多民主政体中最典型的。但美国在处理三个部门之间的关系时也遇到诸多障碍。

1. 资产阶级民主制的主要原则和基本制度

发达资本主义各国的政治体制在设置上各具特色，并在战后不断调整，但是总的来看，西方民主制度体现了共同的原则，不仅构成了西方民主理论的核心内容，并长期指导着资产阶级的政治实践，而且至今仍然被奉为民主政治的普遍规则。它们主要包括：第一，保障公民的个人权利，实行少数服从多数并兼听少数人意见的原则；第二，主权在民（人民主权）原则，即国家的最高权力属于人民；第三，代议制原则，即人民通过经选举产生的代表组成代议机关来行使最高权力；第四，分权制衡原则，即行使国家权力过程中的合理分工与权力的相互制衡，强调不受制约的权力必然走向腐败；第五，法治原则，即国家的政治生活、国家机器的运转以及对各种社会问题的处理均以法律为指导。

为贯彻这些原则，西方民主政治一般实行以下几种基本制度：

（1）议会制度。

议会制度是民主的象征和资产阶级民主制的核心。议会一般拥有立法权、财政权和监督权。议会的结构有两院制和一院制之分。资本主义发展较早的国家多采用两院制，以利于相互制衡，使立法和决策更为缜密。下院（众议院、国民议会、联邦议院）议员通常按人口比例由各选区普选产生，一般权力较大；上院（贵族院、参议院、联盟院）议员一般当选资格较高，且不一定由直接选举产生。议会制度使资产阶级的各个阶层都有了参与国家政治生活的机会，并使统治阶级内部的权力分配得以实现。但上院的设置也被指责为陈腐和不公。

（2）选举制度。

选举制度是民主制度的基石，其基本内容是公民享有平等的选举权，议员和政府官员经合乎法律程序的直接或间接选举产生。普选制为公共权力机构的产生以及和平有序地转让权力提供了制度上的保障，确立了“民意政治”和“责任政治”。

（3）政党制度。

政党制度是西方民主政治的轴心，是资产阶级政治体制运转的推动器。其基本点是：第一，公民享有组织政党的权利，但是对成立政党和政党活动，在法律上或事实上都存在着种种限制。第二，竞选是政党的重要职能。选举结果决定执政党及议席的分配，在野党仍可通过议会等形式影响政府。第三，执政党依法执政，实施竞选纲领。第四，新一轮大选结果决定执政党的去留。西方民主制下的政党制度是多元化的，即多党并存，但竞选结果可能形成一党制、两党制或多党制的执政体制。

（4）行政制度。

行政制度是民主制度的重要组成部分。政府机构行使国家行政权力，执行宪法和法律，依法治理国家。西方各国政府的组织形式、政府首脑及其内阁的地位和权限各有特点，但总的来说，与立法机构、司法机构相比，各国的政府机构在国家权力机构中事实上已占有优势。另外，各国都建立了公务员制度，它成为政府实行统治的重要支柱。近年来在民粹主义盛行的环境中，行政当局的权力相对被弱化，议会和政治人物个体拥有更多话语权。

（5）司法制度。

司法制度为民主制度提供合法依据和法律保障。西方国家一般在立法、行政权力之外设置独立的司法检察系统，通过审理和裁决各种诉讼来实施法律，并在司法实践中贯彻司法民主原则、辩护原则、陪审原则等。

2. 主要资本主义国家政治体制的特色

英国是最早进行资产阶级革命和确立议会主权的国家，它以议会内阁制为核心，同时保留了君主立宪制的形式，因此其政体也可以称为议会君主制。英国议会由上院（贵族院）和下院（平民院）组成，下院掌握实际立法权，下院多数党领袖出任首相并负责组阁。战后英国一直由保守党和工党两大党轮流执政。英国的君主立宪制，是历史上资产阶级和封建势力妥协的产物，但是迄今其实质内容已发生重大变化，英王只是象征国家的虚位元首，其一切政务活动完全服从内阁的控制和安排。不过，英王仍是英国政治体制中不可缺少的重要组成部分。这种政体形式在欧洲大陆产生了较大影响，西欧还有多个国家也继续保留着君主立宪制的形式，而且像瑞典等国的国王还具有较大的政治权力。

美国是美洲第一个资产阶级共和国，它的政体代表着资产阶级民主制的另一种典型——实行总统制并贯彻分权与制衡原则。美国总统是国家元首、政府首脑和武装部队总司令，由经预选产生的选举人团正式投票选举而定，任期四年，可连任两届。总统在名义上对选民而不是对国会负责，除非发生违宪或渎职，否则国会不能迫使总统辞职，总统也无权解散国会。另外，宪法规定总统领导的行政机关与立法机关、司法机关分立、平等、互相制衡，不过，实际上总统是权力机构的核心。美国的政党格局属两党制，民主党和共和党交替当政。

从历史上看，法国的政治体制以多变和不稳定著称。1958 年戴高乐建立法兰西第五共和国以后，法国开创了民主制的一种新模式——半总统半议会制。现在，法国总统由全体公民直接选举产生，拥有任免总理和组织政府、解散国民议会、举行公民投票和行使非常权力四大权力，任期七年。与此同时，议会的权力与第四共和国时期（1946—1958 年）相比被大大削弱，但仍具有受到种种限制的倒阁权（不信任投票）。法国党派林立，往往需要采取多党联合的办法才能形成议会多数。

战后，日本新宪法将天皇专权的君主立宪制改为以世袭天皇为象征的议会内阁制，实行三权分立，从而确立了资产阶级民主政体。日本政治体制中独具特色的是其政党制度。自 1955 年起，由自由党和民主党合并而成的保守派政党——自民党一直占议会多数党地位，独掌政权，而以社会党为代表的革新派政党则长期在野，这种现象被称为“1955 年体制”。直到 1993 年，自民党分裂导致它下台，这一体制才被打破。

3. 准确把握当今西方资本主义国家民主政治的实质

我们应当怎样看待发达资本主义国家实行的政治体制呢？要准确把握当今西方资本主义国家民主政治的实质，必须对西方民主的历史与现状、成就与局限做较为全面深入的分析。

第一，资产阶级共和国取代中世纪的专制统治、民权代替君权、分权代替集权，无疑是历史的进步，是人类文明史上国家制度方面的重要创新。我们不应将民主制度仅仅看作资本主义时代的产物和西方资产阶级的专利品。毕竟政治体制有独特的运转规律，决定政治体制的因素是丰富多样的，其中包含了人类对自身和社会尤其是对政治规律的认识。所以，它理应被视为人类制度文明的共同财富，并具有世界意义。

第二，资产阶级积累了管理国家的经验。在不断探寻有效合理的统治方法的过程中，在解决使政府发挥管理被统治者职能的同时又能管理好自身，使社会政治生活在民主与权威、自由与秩序之间保持平衡等难题上，资产阶级积累了颇有价值的经验。例如，选举制、轮换制、罢免制以及舆论开放的实行，使民主政治具有一种纠错机制。因此，国内政治决策可能出现的失误及其持续的时间要比在专制统治下少得多和短得多。多党制的实行使各种社会集团的利益要求得以表达，使利益冲突与阶级冲突得到缓和。保护罢工罢市、游行示威、抨击政府等一系列批评性行为权利的体制，成为社会压力的释放机制，有利于社会政治的正常运转。战后以来，发达资本主义国家的政治体制显示出较好的稳定性和较强的承受危机、混乱的能力。

第三，资产阶级民主制具有很大的局限性和固有的内在矛盾。法西斯政权的出现表明，在民主政治体制下的人们也会运用民主权利去选择不民主；西方大国做出侵略决策的过程告诉我们，民主与公正并不必然相联系；西方民主的现实还告诉我们，其民主的名与实往往不相符，民主的结果并未反映民主的原则。人民主权原则虽然赋予了每个公民平等参与政治的权利，但结果总是资产者享有更多的权利，垄断资产阶级的某些集团在政治决策中居主导地位；选举法为经济地位低下的公民担任国家总统提供了可能性，但是没有哪一个在资本集团中毫无根基的人可以把这种可能性变成现实性。这些现象和问题背后的原因可能是多方面的，但是它们都反映了资产阶级政治体制内在的矛盾，即形式上的民主，平等与事实上的不民主、不平等，这是建立在资本主义所有制基础上的民主制势必面临的矛盾。资产阶级革命虽然彻底消灭了封建的政治特权，倡导公民在政治上的平等，但并没有摧毁经济领域的不平等关系。虽然在表面上，政治权力凌驾于金钱势力之上，但其实前者却是后者的奴隶。金钱政治成为西方民主制的基本特性。

可见，西方民主制度具有多重的两面性。资产阶级政治体制既是阶级斗争的产物，也是政治、经济、文化和其他方面因素综合作用的结果；既主要是一个阶级意志的体现，也反映了一种社会选择；既是垄断资产阶级维护其统治的工具，也体现出国家权力的公共性和在社会化大生产的经济条件下政治体制所承担的广泛的社会职能。从它无法实现真正完全的平等这个意义上看，它是虚伪的，但是就选举制度、司法制度等的具体运作来看，这些制度、机制在很大程度上有效地发挥着作用，保障了整个资本主义制度的正常运转以及政治的稳定与社会的安定。

（三）发达资本主义国家面临的政治问题、社会问题

1. 民主的危机与讽刺

西方民主政治在二战后得到进一步发展的同时也面临着种种挑战，出现了所谓的“民主的危机”与“民主的讽刺”。这一方面是指由于民主的实行强调平等和个人的权利，冲击了社会的共同目标，导致了政府权威的削弱和其统治能力的疲软；另一方面是指民主制度在运行过程中实际上往往表现为权力的独占性，即国家独占、政府独占以及个别党派集团独占，导致民主蜕变为特殊利益的附庸。它们最典型的表现形式是过度追逐党派私利与金权政治的不断发展。近年来，美国民主政治运行过程中暴露出的问题引人注目。其一，国内政治分化与极化现象。“为了反对而反对”的党争政治不断上演，社会分

裂随之加深，甚至爆发了 2021 年 1 月 6 日的国会山骚乱事件，彰显了党争与民粹主义之间的相互加剧与恶性循环。其二，司法部门与党派政治的瓜葛。2022 年 6 月 24 日，美国联邦最高法院裁定，取消宪法规定的堕胎权，将堕胎合法性问题留给各州应对，这意味着女性堕胎权将不再受美国宪法保护。此举引发美国多个城市的示威与抗议。该判决由终身任职的最高法院大法官做出，显示出美国最高法院右倾化、保守化的倾向，说明党派意识形态明显压倒了司法正义的必要性。其三，选举人团制度受到诟病。选举人团使小布什和特朗普在输掉普选的情况下当选总统，他们二人被观察家批评为美国历史上最具灾难性的总统。一些西方学者指出，西方文明内部本身已经产生了不可调和的矛盾，即市场与民主的矛盾。资本主义市场把社会分裂成一些相互对立的群体，而民主却要求把它们看作一个整体。这说明资本主义市场经济和资本主义民主制度之间的矛盾暴露得越来越充分。

2. 种族歧视、种族矛盾与极端民族主义

种族歧视、种族矛盾与极端民族主义是发达资本主义国家最严重、最突出并具有普遍性的社会矛盾与社会问题。西方国家都存在程度不同的种族主义和极端民族主义的情绪与势力，其中美国的种族歧视已表现为一种长期存在的、顽固的、难以消除的思想、心理和无形的社会制度。1995 年对黑人球星辛普森案判决以后，黑人欢呼雀跃，白人愤愤不平，随后有多座黑人教堂被烧毁。2020 年由警察暴力执法所引发的“黑人的命也是命”的抗议活动席卷全美。这些表明美国的种族分裂非常严重。最近几年，在法国、德国、奥地利、比利时、澳大利亚等多个国家的议会选举中，极右排外的政党都取得了出人意料的进展。种族主义、民族至上主义甚至反映在欧美一些主流派学者和普通民众思想中，他们担心西方世界的非欧裔种群的人数超过欧裔种群的人数会导致西方文明的丧失。这种现象的出现不是偶然的，它与冷战结束后世界上各种矛盾趋于表面化、民族主义和种族主义普遍抬头的动向是一致的。同时，它更是一些深层社会矛盾的反映，是世界范围的南北贫富差距的矛盾、地区动荡冲突的矛盾以及国内贫富悬殊的矛盾通过移民问题、种族问题的折射。在发达国家中，日本由于地理位置和国情的特殊性，在这方面的问题与上述国家有所不同。它表现为嫁接在传统国家主义和权威主义之上，在完全忠心与奉献于国家的精神下，否认侵略、不做反省、唯我独尊的狭隘民族意识，以及由于侵略历史对日本在今天成为政治大国形成障碍而进一步诱发和滋养的偏执的民族情绪。

种族主义与极端民族主义无疑是极具煽动力的剧毒品，会给国内社会的统一和谐与国际社会的和平安宁带来严重威胁。

3. 精神和信仰危机

个人主义和相对主义价值观念的过度膨胀与泛滥是精神和信仰危机的重要根源。崇尚通过奋斗实现个人成功与幸福的价值取向在促进经济发展的同时，也因个人主义不受拘束的过度膨胀对社会造成极大的负面影响。物欲横流，追求个人任何欲望的满足，认为一切价值是相对的，从而更为推崇个人的自由选择，使社会失去道德判断标准，造成个人精神和信仰的空虚，带来一系列社会问题——精神疾病发病率不断上升，家庭危机、酗酒、吸毒、犯罪等。布热津斯基将西方社会的道德状况概括为“丰饶中的纵欲无度”，站在保守主义的立场上深刻揭示了西方社会精神和信仰危机的状况及原因。相对主义的价值观拒斥理性，将人们引向虚无主义。一种极端的表现是脱离社会的邪教组织活动猖獗，一些人特别是一些受过良好教育的人因无法在现实社会中找到精神寄托而醉心于寻求某种超凡的信念，并把死亡视为超凡的途径。还有一种更为极端的表现是反社会思想和组织的蔓延，例如美国各地的一些民兵组织主张公民绝对自由，反对一切形式的政府机构，宣称要拿起枪来对付美国政府，甚至直接持枪对当地官员进行威胁、绑架和审讯，1995年发生的俄克拉何马城联邦政府机构爆炸案就是美右翼民兵组织的外国成员所为。可见，资本主义物质的富裕也会滋养出精神的贫困，从而破坏社会健康。同时，个人中心主义的精神信仰与私有制是高度一致的，因此这类问题很难被根除。此外，还有老人问题、妇女问题、城市暴力问题、黑社会问题等。这些问题都是发达国家特殊社会环境的产物，都在不同程度上反映了社会基本矛盾，并影响着社会的稳定与发展。

三、发达资本主义国家对外关系与对外政策

（一）美国的全球战略

要理解和认识美国的对外政策，有必要追溯其历史和传统。历史上，美国曾长期奉行孤立主义，避免卷入欧洲国家的争斗。美国确立和推行称霸世界的政策，与其实力地位的变化有关，同时也是美国独特的思想文化背景和制度背景的产物。其中值得注意的是“美国例外论”在美国政治文化中的重要地位，以及“理想主义与现实主义”外交思想传统的作用。

> **“美国例外论”**
>
> “美国例外论”（American exceptionalism）坚信美国是特殊的国家，美国代表着进步和未来世界最好的社会模式，美国优于他国，应该成为他国的楷模；美国人是具有特殊使命的特殊人民，具有拯救其他受苦受难的人民的神圣使命。这种自认为与众不同的心理使美国总是为自己的外交抹上某种符合伦理、人道与正义的理想化色彩。同时，它使美国人具有强烈的使命感、拯救世界的救世主情结。从建国后至今，美国外交政策始终与使命感紧密相连，美国始终以民主、自由、人权作为其政策依据。
>
> 资料来源：刘丽云，张惟英，李庆四．美国政治经济与外交概论．北京：中国人民大学出版社，2004：330-331.

第二次世界大战以后，美国把确立和维护其在世界上的霸权作为首要的目标。在各个时期，随着国际形势和自身实力的变化，美国的全球战略也做出了相应的调整。

1. 美国全球扩张时期的“遏制战略”和“和平战略”

从战后初期到20世纪60年代末，美国的经济、军事力量称霸于整个世界，其全球战略具有鲜明的扩张性、进攻性和侵略性。

杜鲁门时期（1945—1953年），面对社会主义力量不断壮大和民族解放运动蓬勃兴起的局面，很快修改了罗斯福设想的大国合作政策，制定了以反苏、反共为中心的“遏制战略”。其基本内容是：第一，以原子弹和美元为坚实后盾，同苏联全面对抗，对东欧进行颠覆，在中国支持蒋介石打内战，进而对新中国实行政治上的孤立、经济上的封锁和军事上的包围。第二，建立资本主义阵营，实行“马歇尔计划”，推出“占领地区救济

资金”和“经济复兴资金”，在经济上扶植西欧、日本；通过分裂德国、重新武装联邦德国、建立北约和缔结《日美安全保障条约》，形成西方军事联盟。第三，在亚非拉广大地区，通过签订《西半球防务条约》和建立“美洲国家组织”来巩固它在“后院”的统治，通过所谓“技术援助和开发落后地区”的“第四点计划”支持亲美政权，推行新殖民主义，派兵建立了大量军事基地，妄图取代老牌殖民主义者在这些地区的统治地位。整个冷战时期，美国各届政府的对外政策基本没有离开“遏制”苏联这一基础。

美国的外交思想传统——理想主义与现实主义

理想主义源于早期的启蒙思想。早期的理想主义者认为，理性和良知不仅是美国立国的道义基础，而且也应该是全人类共同遵守的准则。他们厌恶欧洲的尔虞我诈和弱肉强食，强调外交的主要目标是维护正义、全世界的民主化和社会进步。随着美国的逐渐强大，理想主义者认为一个更安全、更繁荣、更合理的世界秩序不仅是必要的，而且是可能的，因而主张美国积极参与以促进和平与民主为目的的世界组织，支持国际法、裁军、自由贸易，提倡人权和民主制度。

美国的开国元勋们早在建国初期就开创了现实主义传统。现实主义外交理念认为，国家在国际事务中追求利益和权力是正当的，美国外交的出发点应是具体的国家安全和经济利益，而不是抽象的道义原则。

在美国历来的对外政策中，现实主义和理想主义得到了不同程度的统一和结合。美国对外政策的决策者在高喊民主、自由、人权口号的同时，实际举措常常包含着对国家利益的实用主义追求；在美国追求现实国家利益的背后，总是存在着一系列的潜在的价值观和信仰承诺。

艾森豪威尔政府（1953—1961 年）在朝鲜战场失败以后，力图用战争以外的一切手段对付社会主义国家，先后提出了“解放战略”“和平取胜战略”；在军事上提出了“大规模报复战略”和“战争边缘政策”，进行核讹诈和战争威胁；针对东南亚和中东局势，先后提出了多米诺骨牌理论和“填补力量真空主义”，大肆镇压民族解放运动，加紧向印度支那、中东和拉美地区渗透。

肯尼迪-约翰逊时期（1961—1969 年），美国霸权地位受到挑战。肯尼迪政府确立了“一手拿箭，一手拿橄榄枝”的“和平战略”，把对抗与缓和两手结合起来，在柏林危机和古巴导弹危机期间与苏联激烈对抗，同时，注重对苏联、东欧进行经济、文化渗透，同苏联一起攻击中国。军事上，美国以“灵活反应战略”取代了“大规模报复战略”，并针对苏联和中国提出了“两个半战争战略”。对亚非拉国家，一方面，通过带有附加条件的援助进行控制；另一方面，又对古巴大搞武装颠覆，在巴拿马、多米尼加进行军事干涉，在越南发动了“特种战争”。约翰逊政府进一步扩大了越南战争，把“特种战争”发展为“局部战争”。

2. 美国全球战略调整时期的尼克松主义和“人权外交”

20 世纪 70 年代，世界上多种力量迅速发展，美国经过长期海外扩张，尤其是陷入越南战争泥潭不得抽身，经济实力大为衰减，霸权地位严重动摇。美国政府不得不对全球战略做出重大调整，突出表现为尼克松主义的出台。

1969 年 7 月 25 日，尼克松就任美国总统不久即在关岛发表谈话，表示美国要从亚洲实行战略收缩。1970年2月，尼克松在向国会提出的长篇咨文中，提出以伙伴关系为核心、以实力为后盾、以谈判为手段，并将其作为美国全球外交三原则，从而形成了所谓的“尼克松主义”。其具体内容是：第一，在相对平等的基础上建立与同盟国的“伙伴关系”，以此作为美国对外政策的基石，要求盟国在政策上协调一致，共同对付苏联；在经济上相互让步，帮助美国渡过难关；在军事上共同分担军费和防务责任。第二，承认美苏战略核武器达到一定平衡的现实，以谈判牵制苏联，保持苏美之间的均势。第三，改变敌视中国的政策，实施对华关系正常化，利用中国制约苏联。第四，在第三世界缩短战线，加强重点。在亚洲实行亚洲人打亚洲人的“新亚洲政策”，在中东和波斯湾地区增强军事存在，阻止苏联的渗透和扩张。尼克松主义是美国霸权地位衰落的产物和表现，是美国统治集团为了保住美国在全球的霸权地位而采取的一种政策。其实质是在绝对霸权失灵的情况下，采用“均势”政策来维护美国的利益。

1974年8月，尼克松因“水门事件”辞职。福特政府基本延续了尼克松的对外政策。

卡特时期（1977—1981年），美国试图通过宣扬人权、自由等观念，恢复美国对第三世界的政治号召力，以便改善美国的处境。卡特政府提出了“世界秩序战略”。主要举措有：一是加强美、日、欧三边合作。二是发展南北关系，减少第三世界对美国的敌视，削弱苏联的影响。三是进一步同苏联、东欧缓和关系。四是把美中关系作为美国“全球政策的一个中心环节”，实现双方关系正常化，谋求同中国建立战略性合作关系。1979年1月1日，美中两国正式建交。五是提出“人权外交”，为美国在国际社会里的形象增添道义色彩，扩大美国的影响力。1979年2月，伊朗宗教领袖霍梅尼接管了伊朗政权，在对外关系上，把美国视为头号敌人。1979年12月，苏联军队出兵阿富汗并实行占领。这一系列事件被认为严重地损害了美国的战略利益，导致卡特政府的对苏政策趋于强硬。1980年1月23日，“卡特主义”出台，其要点是建立地区性安全结构，把西欧、中东和远东三个战略地区联结起来，抵御苏联在波斯湾、西南亚的扩张。

3. 美国对苏“转守为攻”时期的“以实力求和平战略”和“超越遏制战略”

里根政府（1981—1989年）面对苏联咄咄逼人的攻势，决心打破均势，以增强实力为核心，企图压倒苏联。为此采取了以下措施：第一，打出“扩军抗苏、重振国威”的旗号。从1982年下半年起，美国政府开始推行扩大联邦预算赤字政策，刺激经济回升。1983年和1984年，美国国民经济分别增长了3.5%和6.5%，在此基础上全面扩充军备，仅在里根第一届任期内，就花掉了近1万亿美元。1983年，里根总统提出了“战略防御倡议”，即“星球大战计划”。其要点是凭借美国空间技术优势，建立一个从地面到空间的多层次的太空综合性防御体系，用于有效拦截敌方发射的核导弹，赢得给予回击的时间。这标志着美国同苏联的核军备竞赛发展到一个新阶段，实质是以高科技为基础的综合国力竞争，此举给苏联造成极大的压力。第二，对苏软硬兼施。1986年，所谓的“里根主义”出台，其核心是综合运用军事、外交、经济和宣传等手段，把苏联在第三世界战略地区取得的政治、军事进展“推回去”。戈尔巴乔夫上台后，美国根据苏联政策的变化，遏制与谈判双管齐下。从1985年到里根第二届任期结束，美苏两国首脑共举行了五次会晤，美苏关系从严重对抗进入了缓和和对话的阶段。第三，借助中国，牵制苏联。

出于战略考虑，里根政府放弃了要与中国台湾地区恢复“官方关系”的打算，在 1982 年与中国签署了《八一七公报》，并减少了在技术转让方面的限制，扩大了两国在经贸、技术和文化交流领域的交往。

老布什政府（1989—1993 年）针对苏联解体、东欧剧变和两极格局瓦解的形势，提出了不同于以往的新的全球战略，主要内容包括：第一，“超越遏制战略”。1989 年 5 月 12 日，老布什在得克萨斯州农业和机械大学发表题为《苏联的变化》的演讲，第一次阐述了这一战略，即在不放弃遏制苏联的同时，抓住苏联、东欧改革时机，采取多种手段，尤其是以经济援助为诱饵，促使这些国家演变，融入西方政治、经济体系。“超越遏制战略”同“遏制战略”相比，首先是目标更高。“遏制”是围剿堵截共产主义，使其不能进一步发展；而“超越遏制”却是改变、战胜共产主义，实现资本主义的一统天下。其次是空间更广。“遏制战略”实施的空间主要包括苏联、东欧周边地区以及苏联在第三世界活动的战略地区；“超越遏制战略”则深入苏联、东欧国家的内部。最后是手段更多。“遏制战略”主要运用军事力量；而“超越遏制战略”在前者的基础上，把“和平演变”提高到首要地位，强调政治、经济、意识形态等多种手段的综合运用。第二，“新大西洋主义”。1989 年 12 月 4 日，老布什在向北约盟国首脑通报美苏马耳他会谈情况时提出了“新大西洋主义”，即在北约、欧共体、欧安会等现有体制基础上，对这些组织分别赋予新的内容和新的职能，建立适应欧洲新形势的政治军事结构，以便保证东欧转轨顺利发展，并确保美国在欧洲的领导地位和利益不受影响。第三，对中国，在不严重破坏美中关系基本框架的同时诱压中国进行“和平变革”。第四，对第三世界，根据美国战略需要，采取了更加灵活务实的做法，加强防范地区危机和地区强国的崛起。在中东，借伊拉克悍然入侵科威特之机，美国率领多国部队从 1991 年 1 月至 2 月成功地实施了打击伊拉克的“沙漠风暴”行动，加强了美国在波斯湾地区的存在。在拉美，提出“开创美洲事业倡议”，建立一个美洲自由贸易区。第五，建立“世界新秩序”，描绘了体现美国理想的世界蓝图，其要点是在美国的领导下用美国的价值观来改造整个世界。

4. 冷战后美国的“参与和扩展战略”和“先发制人战略”

冷战结束以后，美国领导世界的全球战略目标始终是明确的，但在政策上有所调整。冷战结束之初，鉴于美国综合国力遥遥领先，并在胜利主义心态的作用下，一方面美国的霸权主义气势极大地膨胀，另一方面美国也在一段时期内奉行了维持国际协调与战略合作的路线。

克林顿政府（1993—2001 年）提出美国外交将建立在“三个支柱”的基础上，即把经济安全作为美国冷战后对外政策的主要目标；改编美国武装力量，用以对付美国安全和国际和平受到的新威胁；以民主原则和民主制度为根基。1994 年，克林顿政府正式提出“参与和扩展战略”。其实质是在国际事务中谋取和维护美国的国家利益，确立并发挥美国在世界的“领导作用”，并在各领域保持美国的优势，确保 21 世纪仍然是“美国的世纪”。其内容和主要做法有：

第一，构建“美国主导下的大国合作”的世界秩序。美国强调同西欧、日本等西方国家合作与集体行动的重要性，同时，通过建立各种战略性伙伴关系，拉住中国、俄罗斯等大国，注重发挥联合国等国际组织的作用，以便减少“领导的风险和代价”。

第二，调整地区战略部署，不惜使用武力来维护美国的战略利益。美国防范的主要对象是对美国不利的地区性大国。美国全球战略的重点仍然在欧洲，巩固北约和推动北约东扩是其核心性政策。在亚太，美国一方面通过重新制定《日美防卫合作指针》，加强美澳、美新和美韩双边安全同盟，对中国和朝鲜等国家实行预防性遏制，谋求“建立强大和稳定的亚太共同体”的目标；另一方面奉行对华接触战略，试图分享中国经济快速发展的好处，使中国变为一个西方认为的“负责任”的国家。在拉美，进一步推动与拉美国家的合作，建立以自由贸易为基础、以美国为主导的泛美政治经济联盟。在中东，支持以色列与推动中东和平进程并举，控制中东局势。

第三，提升经济安全的战略地位，甚至一度将其置于全球战略的首位。为此，美国加强了经济外交，积极开拓海外新兴市场；推动全球经济自由化，把更多的国家纳入以美国为中心建立起来的国际经济秩序框架之中；加强七国集团特别是美、日、德三大经济中心之间的政策协调，强调发挥国际货币基金组织、世贸组织和世界银行等多边组织的作用。

第四，在政治上以扩大西方民主、普及西方价值观为重要的战略出发点，并突出美国外交中的“软因素”。在1999年科索沃战争中，一方面，以反对种族清洗、制止人道主义灾难为名实施轰炸，宣扬“人权高于主权”的新干涉主义，达到了博取欧美公众甚至世界范围内大批公众默认甚至支持的效果，发挥了“软因素”的功效；另一方面，在长达78天的轰炸背后，包含了消除北约东扩的障碍、将西方势力扩展到整个巴尔干的地缘战略意图。

第五，在军事上，提出“塑造”“反应”“准备”三位一体的军事安全战略，即帮助塑造有利于美国利益的国际安全环境、随时对危机做出反应和为应付未来挑战做好准备。具体要求在对美国至关重要的地区，保持美国海外军事存在，加强与盟国的军事合作关系，努力削减并防止大规模杀伤性武器扩散，通过展示武力、干预行动等手段来遏制侵略，保持强大的防务能力，以便能够“同时打赢两场大规模地区性”战争。此外，还在“质量建军”上下功夫，通过配备现代化设备和改进作战手段来提高军队的作战能力。

2001年，共和党人小布什成为白宫的主人。小布什政府的全球战略可以归纳为以下几个方面：

首先，将维护美国的军事安全置于对外战略的首位，将恐怖主义作为首要威胁，确定所谓的“邪恶轴心”，追求军事绝对优势和国家绝对安全。在“9·11”事件以后，美国将国土安全作为维护国家安全的首要任务，但采取的多种军事安全战略部署极具进攻性。为了开发和部署导弹防御体系，美国退出了1972年与苏联签订的《反弹道导弹条约》。2002年1月完成的《核态势评估报告》修改了其核政策，由以核武器应对核战争发展到用核武器作为辅助和威慑手段支持其常规作战，确定了包括中国在内的七个有威胁的潜在对手。2002年1月，小布什在国情咨文中抛出“邪恶轴心论”，将伊拉克、伊朗与朝鲜称为“邪恶轴心”，声称这些国家开发和拥有大规模杀伤性武器，威胁美国和世界和平，扬言美国要尽快解除这些国家的武装。2002年9月，小布什政府向国会提交《美国国家安全战略报告》，正式将“先发制人”作为国家安全战略的基石，拟对谋求大规模杀伤性武器的敌对国家和恐怖组织实施“先发制人”的打击。这意味着美国安全战略和军事战略更富有扩张性、侵略性和冒险性，其对外军事干涉将更加肆无忌惮。“先发制人”战略也被称为“布什主义”。

其次，采取“点菜式的多边主义”，一方面利用多边主义达到目的，另一方面坚决摆脱多边机制与多边合作对其权势和行动的限制，经常采取单边主义政策。在打击恐怖主义的斗争中，美国积极利用多边机制，并与欧盟、俄罗斯、中国等进行协调合作。但对于国际军控机制和国际环境机制，小布什政府的态度则相当冷淡，拒绝批准《京都议定书》《全面禁止核试验条约》，反对国际社会为推动《禁止生物武器公约》生效的议定书。尽管美国在其国家安全战略报告中仍强调要注重发挥联盟作用，但强烈的单边主义倾向确实冲击了美国与其传统的西方盟友的关系。

最后，调整全球地缘战略，构建国际安全新框架。阿富汗战争以后，美国全球地缘战略经过了重新权衡和调整，重视增强与亚洲的联系以应对未来挑战；大幅提升中东和西南亚地区的战略地位；维护拉美和非洲的稳定。经过 2003 年的伊拉克战争，美国在中东地区实现了战略存在，并挟伊拉克战争胜利之余威，迫使利比亚屈服于美国，同时借伊朗核问题对伊朗保持高压态势，力图使其就范。在南亚，不顾印度没有签署《核不扩散条约》的事实，寻求加强美印在核技术方面的合作，并宣布在航天等领域对印度予以支持，希望借此和印度建立更加紧密的战略关系。在东亚，美国以打击恐怖主义为契机，加强美日同盟关系，加速美日军事一体化，提高联合作战能力，建立涵盖日本和中国台湾地区的战区导弹防御体系。美国同时提升关岛的战略地位，使它在西太平洋的军事存在以关岛为中心向外辐射，大大加强了美国的军事遏制能力。在东南亚，借口开辟反恐第二战线而加大在这一地区的军事影响。亚洲安全体系的天平已经向有利于美国的一方倾斜。

2009 年 1 月 20 日，美国历史上首位非洲裔总统贝拉克·奥巴马正式宣誓就职。在对外政策方面，奥巴马政府同小布什政府的“切割”在于，修改单边主义倾向和各种咄咄逼人的进攻性做法，实行“巧实力”外交，风格较为稳健，重新注重谈判、对话以及合作、协调。面对因次贷危机所引发的国内国际严峻的经济形势，重振经济安全和经济竞争力以及继续保持美国的优势成为奥巴马政府外交事务的核心课题。面对小布什政府时期遗留下来的伊拉克和阿富汗问题，奥巴马政府试图通过一方面局部性地强化军事手段，另一方面在总体上采取更加多样灵活和多边合作的方式来推进解决。2011 年 12 月 18 日，最后一批美国军队撤出伊拉克。随后伊拉克国内暴力升级，“伊拉克和大叙利亚伊斯兰国”乘机崛起。2014 年 5 月，奥巴马宣布了撤军阿富汗的时间表，但随后又宣布放缓撤军。奥巴马重视能源和气候问题，重塑美国在气候、环保、核裁军以及改革国际金融体制等全球议题上的主导地位。他实行“亚太再平衡”战略，利用地缘政治的紧张趋势强化与传统盟国的关系，建立或修复与非传统盟国的伙伴关系，利用中国周边个别国家对中国的疑虑，加固美国战略地位。奥巴马政府还推出“一体两翼”的《跨太平洋伙伴关系协定》(TPP) 与《跨大西洋贸易与投资伙伴协定》(TTIP)，以主导重塑全球贸易秩序。

5. 特朗普上台以来美国全球战略的大调整

2017 年 1 月 20 日，商人出身且从来没有任何政府或军队任职经验的唐纳德·特朗普宣誓就任第 45 任美国总统。特朗普总统上任以来对美国的内政外交政策进行了大幅度调整，而且可以说特朗普政府带来的改变是方向性的，核心是“让美国再次强大”，为此肆意加剧对抗性国际竞争，恶化大国关系。

特朗普施政风格不羁善变，突破常规的重大举措不断出台。其对外政策的要点是：第一，以“美国优先”为根本原则，为确保美国国内的发展与利益，全方位出击。特朗普抨击现存的多边国际框架损害了美国利益，采取多项“退群”行动，正式退出了《跨太平洋伙伴关系协定》、关于气候变化的《巴黎协定》、《伊朗核问题协议》、联合国教科文组织、联合国人权理事会、万国邮联以及《中导条约》，还威胁要退出世贸组织，并使世贸组织的争端解决机制瘫痪。对于美国经营多年的北约，特朗普颇为冷淡，在北约峰会上与盟国争吵不休，要求盟国承担更多防务开支。特朗普对英国脱欧表示支持，但公开批评英国脱欧政策实施不力。更令人惊诧的是，特朗普在一次接受采访时称欧盟为美国的“敌人”。第二，崇尚经济军事实力，传统大国政治中的“长期战略竞争”重新成为美国国家安全的核心关切，反恐、气候变化等非传统安全议题的分量大大下降。2017 年发布的《美国国家安全战略》，称中国和俄罗斯为“修正主义国家”，尤其将中国-美国关系称为“战略竞争对手”，采取多种措施遏制中国。上任不久，特朗普就宣布实施印太战略，构建由美、日、澳、印为核心的安全体系，针对中国的意味明显。第三，强调经济安全即美国的国家安全，美国要与各国打造公平、互惠的经济关系。为了维护美国经济利益，特朗普政府大肆开展贸易战，波及面甚广，即便盟国也未能幸免。由于美国与墨西哥、加拿大对外贸易存在较大贸易逆差，特朗普认定北美自贸协定限制了美国本土经济的发展。在特朗普政府的坚持和主导下，北美自由贸易协定重启谈判，2018 年 11 月签署了更名为《美国-墨西哥-加拿大协定》的新协议。第四，实施强硬的移民政策，颁布难民禁令和针对特定国家人员的入境禁令。特朗普政府对外政策中的孤立主义与保护主义倾向，被观察家称作特朗普主义，其内核是反全球化的民粹主义叠加反共、反社会主义的右翼保守主义，对外表现是经济民族主义与外交单边主义。特朗普主义的出现，既由特朗普强烈的个人偏好所致，也具有一定的社会基础，反映了美国内部对其全球主导地位受到挑战的焦虑、对当前国际体系的极大不满。特朗普政府的施政极具争议性，一方面吸引了部分选民，深刻影响了共和党乃至国家的政策导向，另一方面引起巨大的反作用力，在国内尤其招致民主党人的激烈批评与反击，在国际上美国形象急剧恶化。

2021 年 1 月民主党人拜登接任美国总统。拜登政府纠正了特朗普时期的一系列颠覆性做法，表面上是完全回归美国外交的传统套路，如迅速重返特朗普时期退出的绝大部分国际组织与国际条约，但实际上在相当程度上延续了特朗普时期的内顾倾向，蓄意加剧大国竞争，只是意识形态色彩浓厚，并注重长远性布局。其具体内容是：第一，宣布将实施“服务于中产阶级的对外政策”。突出内政与外交的联系，要通过维护经济安全和重振经济，解决产业空心化问题和就业问题，强调有利于跨国公司的经济方案和外交安排不一定有利于中产阶级福祉，要努力改善中产阶级处境。该着眼点与特朗普时期的民粹主义经贸政策是基本一致的。与此相联系，在政策实施上也有明显的民族主义、保护主义成分，而从民主党人传统的自由国际主义立场上后退，如继续对现存的多边自由贸易秩序态度冷漠，仍然维持惩罚性关税等胁迫性经济外交的做法，国内经济刺激计划和《降低通货膨胀法》完全不顾及对盟友的负面影响等。第二，高举民主大旗，改善美国形象和领导地位，修复与传统盟友的关系，构建新的排斥性伙伴集团，将印太地区作为经略全球的重点区域。2021年12月，美国牵头举办“世界领导人民主峰会”（Summit for Democracy），全球100多个国家线上参会，但中国和俄罗斯不在受邀之列，其在国际关系中挑起价值观之争，试图以民主为标杆和大旗区分亲疏与号令全世界的意图明显。在巩固大西洋同盟以及与亚洲盟友日本、韩国关系的基础上，美国在印太地区着力构建围堵中国的集团网络。美、日、印、澳四方安全对话升级为定期的首脑峰会，形成四国集团（Quad），并通过召开扩大会议（Quad Plus Meeting）纳入更多国家。2021年3月，四国集团发表联合宣言，宣布致力于建设“自由开放的印太”与“基于规则的东海与南海秩序”，矛头直指中国。2021年9月，美、澳、英达成三边军事安全合作伙伴关系，形成奥库斯集团（AUKUS），美英将帮助澳大利亚获得核潜艇。2022年5月，拜登宣布正式启动印太经济框架，中国被排斥在外。第三，全面深化对华战略性竞争与遏制。拜登政府认定中国在安全、经济、价值观三个层面上构成了对美国的严重威胁，因此其国家军事安全战略的主要矛头明确指向中国，将中美之间的分歧矛盾扭曲地阐发为所谓“民主对抗专制”的叙事，并在长期作为中美关系压舱石的经贸领域打压中国，特别是在高科技领域试图全面阻遏中国的发展。尤其值得警惕的是，美国加强了对台湾当局的支持，一再触碰“一个中国”的底线。拜登几次在公开场合表示，一旦台海爆发军事冲突，美国将进行干预。这导致中美在台湾问题上的对峙加剧。第四，在将印太和中国作为重点区域和主要对手的同时，美国没有放弃对传统势力范围尤其是欧洲的干预控制。自2022年2月俄乌冲突爆发后，美国在联合和拉拢一批欧洲国家援助乌克兰对抗俄罗斯方面发挥了关键作用。

统而观之，战后美国的全球战略思想与决策不断进行着调整，但其称霸世界的战略目标从未改变，谋求主导性优势的战略一以贯之。冷战结束后，美国的霸权野心不断膨胀，并不时大肆动用武力和采取单边主义行动以贯彻自己的战略意志。对此，人们往往将其概括为“霸权主义”，而美国人则在多数情况下使用“领导”“领袖”这样的字眼说明美国在战后国际事务中的作用以及其战略规划的定位。霸权战略并非为美国所独有，但战后美国的霸权战略与历史上列强争夺或征服世界的模式相比，具有鲜明的时代特点和美国特色。

其一，联盟战略在美国的全球战略中处于关键地位。美国联盟战略的持续和推进集中体现在作为冷战产物的北约在后冷战时代不断扩张。联盟体系作为美国霸权的得力工具，恰恰也是美国霸权体系的核心圈，联盟内部权力关系的本质是霸权而不是平等。美国建立和维持联盟体系的方式总的来看具有较为开明和灵活的特点，但随着美国相对实力优势的收窄，其罔顾盟友利益的“霸道”做法一再上演，从而引发不满。这种不满与离心倾向的增长尤其成为大西洋同盟关系的一个重要方面。

其二，美国竭力赋予其霸权以某种道义的或国际法意义上的合法性，同时注意将霸权目标与国家的实力统一起来。战后美国的霸权战略兼具道义与实力两个着眼点，具有道貌岸然与恶狠狠的强力两副面孔。尤其是在冷战结束以后，道义的旗号与标准从具有防范意味的反苏反共转变为更加自信、自傲和更具进攻性地在全世界推广民主、人权和市场经济，甚至不惜动用武力为其价值标准开道。美国霸权的另一个途径与合法性工具是多边国际制度。但是自特朗普政府开始，美国全球战略的思路已经发生重大偏转，从开放性多边主义立场后退，转向排斥性多边主义与保护主义，升级大国竞争对抗，美国已经开始成为裂解全球政治经济的势力。对于那些仍希望致力于和平发展、并不情愿选边站的国家来说，美国的号召力、吸引力大打折扣。美国霸权战略的一个关键性课题仍是实现其全球“义务”与有限能力之间的平衡。而高调的价值观外交、雄心勃勃的大国对抗，都是要付出代价的。

其三，文化战略是美国霸权战略的重要组成部分。美国的经济、军事强势不仅将其消费文化、娱乐文化与个人主义、自由主义的价值观念远播世界各地，而且美国政府将对外文化宣传置于全球战略的高度。这项工作之规模宏大、历史悠久以及受到的重视程度都远超其他国家，这既是冷战中为两种制度、两种意识形态斗争服务的需要以及“和平演变”战略的重要内容，也是出于美国人根深蒂固地认为美国优越的普世主义信念以及美国应该拯救世界的救世主义传统。美国的文化战略攻势以及凭经济科技优势而形成的文化强势，使得美国霸权也表现在文化领域，形成所谓的“文化帝国主义”与“文化霸权”。

后冷战时代北约扩大

1990 年 7 月，北约第 11 届首脑会议宣布冷战结束。1991 年 12 月，北约决定与部分中东欧国家成立北大西洋合作委员会。1994 年 1 月，北约首脑会议通过与中东欧国家以及俄罗斯建立“和平伙伴关系”计划。1996 年 9 月，北约公布《东扩计划研究报告》。1999 年 3 月，北约在冷战后实现首轮扩大，正式接纳波兰、匈牙利、捷克。2004 年 3 月，北约决定接纳爱沙尼亚、拉脱维亚、立陶宛、斯洛伐克、斯洛文尼亚、罗马尼亚和保加利亚七国正式递交加入北约的法律文本，北约成员国扩大到 26 个。这是北约自 1949 年成立以来规模最大的一次扩大。2009 年 4 月，克罗地亚和阿尔巴尼亚正式加入北约。2017 年 6 月，黑山成为北约第 29 个成员国。2020 年 3 月，北马其顿成为北约的第 30 个成员国。2022 年 7 月，30 国驻北约大使签署瑞典和芬兰加入北约协议。2023 年 4 月，芬兰正式加入北约。

美国霸权战略内容和形式上的特点，既使我们看到美国霸权得以建立和保持的原因，同时也让我们看到美国霸权所蕴含的内在矛盾。不管霸权的样式多么文明、巧妙，它所蕴含的统治与控制的根本内核都是无法长久和不可接受的。

（二）欧洲一体化与西欧对外关系

1. 欧洲一体化

第二次世界大战后，“西欧”成为一个与东欧相对应的政治地理概念，指欧洲实行资本主义制度的国家。欧洲一体化以西欧一体化为发端，冷战后逐步向东欧扩展，由经济领域的联合逐步扩展到政治领域。1951 年，为了摆脱经济困境、抵消苏联威胁，法国、联邦德国、意大利、比利时、荷兰、卢森堡六国以“舒曼计划”为蓝本，签订了《欧洲煤钢共同体条约》，决定建立煤钢共同体。1957 年，上述六国签订《罗马条约》，决定建立欧洲原子能共同体和欧洲经济共同体。1965 年，六国签订《布鲁塞尔条约》，将上述三个机构合并，成立欧洲共同体。1967 年，欧共体诞生。1987 年，对欧洲一体化具有重要历史意义

<<<

欧共体/欧盟的扩大

1973年，英国、爱尔兰、丹麦加入。

1981—1986年，希腊、西班牙、葡萄牙相继加入。

1995年，瑞典、芬兰、奥地利加入。

2004年，波兰、捷克、匈牙利、斯洛伐克、斯洛文尼亚、爱沙尼亚、塞浦路斯、立陶宛、拉脱维亚和马耳他加入。

2007年，罗马尼亚、保加利亚加入。

2013年，克罗地亚加入。

2020年1月31日，英国正式脱离欧盟。目前欧盟有27个成员国。

>>>

的文件《单一欧洲文件》生效，决定在1992年之前，在欧共体12国内建立商品、劳务、人员、资本自由流通的统一大市场，并将货币、科技和环保纳入共同体的行动范围。冷战期间，欧共体经济一体化取得长足进展，主要包括建立关税同盟、共同农业政策、地区政策、建立欧洲货币体系、加强科技合作。政治一体化也有一定进展。1970年起逐渐形成欧洲政治合作机制，主要形式是成员国外长间磋商与共同立场宣示。1979年，首次举行欧洲议会议员直选。

<<<

欧元区成员国

根据欧盟《稳定与增长公约》，加入欧元区的成员国必须达到的趋同标准主要包括：第一，每一个成员国的政府财政赤字不超过国内生产总值的3%；第二，国债保持在国内生产总值的60%以下或正在快速接近这一水平；第三，通货膨胀率不超过三个最佳成员国上年通货膨胀率的1.5%。1999年1月1日，奥地利、比利时、芬兰、法国、德国、爱尔兰、意大利、卢森堡、荷兰、葡萄牙、西班牙11个国家成为首批欧元区国家，此后希腊（2001年1月1日）、斯洛文尼亚（2007年1月1日）、塞浦路斯（2008年1月1日）、马耳他（2008年1月1日）、斯洛伐克（2009年1月1日）和爱沙尼亚（2011年1月1日）、拉脱维亚（2014年1月1日）、立陶宛（2015年1月1日）、克罗地亚（2023年1月1日）也加入欧元区。目前欧元区共有20个成员国和超过3.46亿的人口。此外有六个国家和地区并非欧盟成员国但采纳欧元作为官方货币，包括安道尔、摩纳哥、圣马利诺、梵蒂冈、黑山和科索沃，但它们在欧元机构中没有代表。

>>>

1991年12月9—10日，第46届欧共体首脑会议在荷兰通过了《欧洲经济与货币联盟条约》和《政治联盟条约》（统称为《马斯特里赫特条约》），确立了经济与货币联盟、共同外交与安全政策、司法与警务合作三大支柱，使欧洲一体化跃上一个新台阶。1993年11月1日，《马斯特里赫特条约》正式生效，欧洲共同体发展成为欧洲联盟。1999年1月1日欧元如期启动，2002年1月1日欧元正式进入流通领域。欧元区一直以来都被视为世界上区域货币合作最成功的案例，但2008年美国次贷危机引起2009年底部分欧洲国家爆发主权债务危机，这使欧元区的缺陷凸显出来。解决单一货币下不同国家竞争力差距拉大的问题，以及货币制度与财政制度不一致带来的协调成本过高、行动迟缓问题，是欧元区面临的重大课题。2012年10月，欧元区财长会议终于决定正式启动5 000亿欧元的欧洲永久性援助基金欧洲稳定机制（ESM），以增强欧元区应对主权债务危机的防卫能力。2020年新冠疫情在全球暴发后，为应对新冠疫情冲击，2020年7月欧盟峰会通过欧盟历史上最大规模的经济刺激方案，可动用的财政手段总额达到两万亿欧元。其中包括设立7 500亿欧元的“恢复基金”，首次以欧盟名义在金融市场大规模借债，这是恢复经济的一项大胆举措，更标志着欧盟可以不必完全依赖成员国而独立筹款，是对欧盟财政政策的一个突破。欧洲政治联盟的建设相对于经济联盟的建设较为滞后，但仍进一步发展。1997年，欧盟15国签署的《阿姆斯特丹条约》加强了欧盟委员会的权力，并决定设立共同外交与安全政策高级代表。1999年6月欧盟科隆首脑会议发表宣言，正式启动欧洲安全与防务政策。2001年，欧盟成员国签署《尼斯条约》，在机构体制上为欧盟扩大做准备。2005年经过3年谈判完成的《欧盟宪法条约》在法国和荷兰的全民公决中被否决。为继续推动欧盟制宪进程，欧盟首脑会议决定制定一部重要性有所下降但实质内容仍然保留的新条约。2009年12月1日，《里斯本条约》生效。

《里斯本条约》

《里斯本条约》将欧盟的现存条约归并为《欧盟条约》与《欧盟运行条约》，旨在进一步改革欧盟机构，提高一体化的对外代表性和集体行动能力。主要内容包括：（1）将三大支柱体系融合为单一的法人实体，赋予欧盟法人地位；（2）欧盟理事会设常任主席，俗称“欧盟总统”，以代替每半年轮换一次的欧盟主席国轮替机制；（3）欧盟外交与安全政策高级代表，同时兼任欧盟委员会副主席，俗称“欧盟外长”；（4）将更多政策领域划归到“有效多数表决制”决策的范围，并逐渐以“双重多数表决制”（55%的成员国和65%的欧盟人口的赞同，为通过）取而代之；（5）欧盟委员会的委员人数将减少，欧洲议会的权力将增强，成员国议会将在欧盟决策过程中发挥更大作用；（6）欧洲安全与防务政策（ESDP）更名为共同安全与防务政策（CSDP），明确规定它是欧盟共同外交与安全政策的组成部分，提升安全防务在欧盟事务中的地位。

然而，欧洲一体化进程也面临新的问题与挑战。2016年6月23日英国举行“脱欧”公投，最终支持脱欧选民票数占总投票数的52%。2020年1月31日，英国正式脱离欧盟。2020年12月24日，经过多轮激烈谈判，欧盟与英国达成历史性的脱欧协议。脱欧后英欧关系的新安排主要包括：（1）英国与欧盟之间的贸易依旧不受关税和配额的限制，同时英国将与其他国家分别谈判贸易协定。这意味着英国与欧盟将形成两个独立的市场。（2）关于重点分歧所在的渔业问题，英国同意提供五年半的过渡期，之后欧盟在英国水域捕鱼量削减25%。这被认为是英国的重大让步。（3）关于移民体系问题，欧盟与英国之间的人员自由流动将结束。（4）关于北爱问题，英国脱欧后，北爱尔兰将留在欧盟单一商品市场并遵守欧盟法规。这意味着，北爱尔兰和英国之间形成贸易边界。2023年3月，英国与欧盟就北爱尔兰贸易问题进一步达成“温莎框架”协议，简化从英国到北爱尔兰地区的货物运输流程，以保护欧盟单一市场的完整性和北爱尔兰在英国国内市场的地位。至此，英国脱欧所涉及的几个重大难题基本得到解决。英国脱欧是疑欧主义倾向大爆发的典型事例，展现了欧洲联合逆向发展的现实性，堪称欧洲一体化启动以来最重大的挫折。在后冷战时代欧洲一体化深化和扩大的背景下，伴随着欧洲经济社会发展遭遇困难和停滞，社会分化加剧，人们对欧盟的不满程度空前上升，右翼民粹主义、民族主义的主张展现出吸引力。目前欧盟其他成员国脱欧的声音已经大大衰减，但疑欧主义思潮和力量的不断发展和产生影响已经是常在现象。

欧洲一体化有力地推动了西欧经济的发展，增强了西欧作为一个整体的经济实力，同时改善了西欧各国的关系，保证了西欧内部长期的和平与稳定。2012年，欧盟获得诺贝尔和平奖。从世界范围来看，欧洲一体化增强了欧洲的国际地位，使其成为多极世界中不可忽视的一“极”，并且作为战后成立最早、最有成效、一体化程度最高的区域组织，为其他谋求建立区域性合作与联合的地区提供了可以借鉴的经验。

2. 西欧对外关系

西欧国家对外政策发展的主要阶段大致如下：

20 世纪 50 年代追随美国反苏反共。西欧出于经济上和军事上对美国的依赖，在外交上亦步亦趋，追随美国。如在对日和约的签订、中国台湾问题、朝鲜战争等一系列重大事务上，英法等国完全站在美国一边。

“新东方政策”

“新东方政策”是指联邦德国勃兰特政府采取的针对苏联和东欧国家以接近求转变的政策。1961 年柏林危机后此政策开始酝酿，1969 年勃兰特出任总理后开始全面实施。它的主要内容是：放弃主张东西方对立的哈尔斯坦主义，在加强与西方合作的基础上，达成和东方的谅解；承认战后欧洲的边界现状，改善与苏联、东欧的关系；正视存在两个德国的现实，力图实现两个德国的关系正常化，并表示希望以和平方式实现两个德国的统一。

“新东方政策”的实施实现了民主德国和联邦德国的相互承认及联邦德国与苏联、东欧国家的关系正常化，结束了联邦德国同东方的隔绝与敌对状态，有利于欧洲的稳定与和平。它也表明了西欧国家开始摆脱对美国的外交依附状态，寻求独立发展的政治倾向。

20 世纪六七十年代寻求独立自主，联合自强。随着经济实力的增强以及国际形势的变化，西欧各国要求外交独立自主的倾向日益明显，欧洲联合、法国戴高乐主义和联邦德国的“新东方政策”是最突出的表现。70 年代初，欧洲建立起“政治合作机制”，寻求在国际舞台上“用一个声音说话”，其国际影响不断扩大。戴高乐时期的法国提出“欧洲人的欧洲”的口号；1966 年宣布退出北约军事一体化体系，对北约实行“空椅子”政策；改善同苏联、东欧国家的关系，提出“缓和、谅解、合作”的原则；1964 年 1 月主动同中国建立了外交关系。联邦德国一方面是接受美国保护的忠实盟国，另一方面在东西方关系中也采取了有个性的政策。勃兰特政府于 1969 年提出了“新东方政策”。1972 年 11 月，民主德国和联邦德国签订了两国关系基础条约，彼此承认是主权国家并于 1973 年 9 月分别加入了联合国。总体上看，西欧国家的外交特性还表现在以下两个方面：一是在东西方关系中积极主张和推动美苏缓和、欧洲缓和。1973 年 7 月至 1975 年 8 月举行的欧安会，经过 35 个国家（除阿尔巴尼亚以外所有的欧洲国家，以及美国和加拿大）代表两年的谈判，达成了《欧洲安全和合作会议最后文件》（简称《赫尔辛基最后文件》），东西欧缓和取得较大进展。二是在南北关系上开始采取有别于美国的较为积极的政策。70 年代，西欧国家提出了通过“对话与合作”同发展中国家建立“平等伙伴关系”的主张。其典型表现是 1975 年 2 月 28 日，欧共体同非洲、加勒比地区和太平洋地区 46 个发展中国家签订《洛美协定》，作为改善与发展中国家经济关系的重要步骤。同时，西欧国家在中东、南部非洲和中美洲等问题上，也违背美国的旨意，支持第三世界的立场。

20 世纪 80 年代中期以来，特别是随着冷战的结束，西欧一体化不断深化和扩大，西欧外交主动性不断加强。

西欧国家在欧盟框架内进行自身一体化建设的过程中，对地区事务和国际事务也采取了一系列举措，以争取使西欧和欧盟在后冷战时代成为世界重要一“极”。

其一，谋求在欧洲事务中发挥积极的、主导性的作用。在实现东扩的过程中，欧盟尤其力图在解决巴尔干问题上发挥主导作用，但其在争取和平解决波黑问题和科索沃问题上却遭到失败，在后来的军事行动中也不得不由美国充当主角。这从反面激发了欧盟增强处理欧洲安全问题的能力、发展独立防务力量的决心。2022年2月俄乌冲突爆发，标志着后冷战欧洲安全体系的根本性破裂，欧洲国家对安全战略做出重大调整，从致力于融合俄罗斯的"大欧洲"建设转变为抑俄、弱俄的战略，从对自身作为"规范性力量"的自信转变为对自身的价值体系与制度模式已受到严重威胁的认知。欧洲曾突破冷战思维寻求共同安全与合作安全，积极倡导和奉行多边主义，现在则认为强权政治已经回归，开始强调维护自身安全，重归集团政治的思路。这是暂时的现象，还是会长期化，需要进一步观察。

《洛美协定》与《科托努协定》

《洛美协定》是欧共体/欧盟与非加太国家进行发展合作、开展贸易和援助的基本框架。《洛美协定》的主要内容是欧共体/欧盟国家向非加太国家提供优惠的关税待遇而不要求对方给予同等待遇，以及前者对后者提供发展援助。《洛美协定》是迄今为止最重要的南北合作协议。《科托努协定》与《洛美协定》一脉相承，于2003年4月正式生效，有效期为20年，旨在建立双方之间的全面伙伴关系，核心目标是缓解和消除非加太国家的贫困，主要内容包括双方进行全面政治对话，扩大经贸合作，实现贸易自由化，完成与世贸组织规则接轨，以及欧盟将继续向非加太国家提供援助。民主、人权、法治和良政是执行该协定的基本原则。

其二，重视与发展中国家的合作。欧盟继续重视加强与非加太地区的传统联系。第四个《洛美协定》期满以后，2000年欧盟15个成员国与非加太地区的77个国家签署《科托努协定》。2020年12月，欧盟与非加太79国就新的伙伴关系达成政治协议，新伙伴关系所确定的合作领域更为广泛。后冷战时代欧盟在国际发展问题上所关注的区域更为广泛，与拉美、非洲、东亚、南亚等地的各种地区性组织或机制建立伙伴关系，开展对话合作，尤其对周边地区加大投入。总的来看，在后冷战时代，欧盟及其成员国的国际发展政策越来越向"华盛顿共识"的轨道靠拢，对发展中国家提供市场准入优惠的做法逐渐被贸易自由化、互惠原则的应用所取代，同时越来越把发展政策、对外援助同贸易、农业、安全、移民等问题结合起来考虑，并嵌入民主化、人权等附加条件和规范性标准。一方面，欧盟及其成员国仍是国际发展重要的倡议者、发展援助的贡献者以及在某些问题上发展中国家利益的支持者，另一方面其原先认真回应发展中国家需求和要求的积极开明的形象有不小折损，被批评为傲慢和不愿意进行真正的对话。

其三，加强与调整对华关系。在经历了冷战终结的震荡之后，欧中关系逐渐走上正常轨道，其中经贸关系的发展尤其显著，政治关系不断深化。1995年，欧盟委员会首次发表对华政策文件，开始从战略高度确立长期发展对华关系的架构。自1998年，在欧盟的倡议下，欧中首脑定期会晤机制开始运作。2003年，欧中双方确认建立"全面战略伙伴关系"，并签署《伽利略卫星导航合作协定》，合作共建一个全新的全球卫星定位导航系统。与此同时，武器解禁、市场经济地位、人权等问题上的矛盾长期存在。随着中国国力增强与中美关系恶化，欧洲对华政策经历重大调整，欧洲国家虽没有完全追随美国，但竞争、批评、疑虑、防范中国的一面得到加强，并与美国协调立场。2019年欧盟出台的战略文件《欧盟-中国：战略展望》将中国界定为经济技术的竞争者、气候变化等全球事务上的合作者与治理模式上的制度性对手。欧盟并不认为中国是现实威胁，但把中国视为长期性、系统性挑战。在愿意同中国维持经贸关系、在全球治理问题上加强合作的同时，欧盟不时拿涉港问题、涉疆问题、市场准入政策等做文章。2021 年 3 月，欧盟宣布以所谓新疆人权问题为由对中国实施制裁。这是欧盟 30 年来首次对中国实行制裁，对此中国进行了反击。中欧关系面临规范性价值上的差异分歧进一步激化、供应链安全化进一步强化的挑战，中欧关系更加复杂化。

其四，维持与美国联盟关系的同时，谋求自主性。冷战结束以后，欧美关系出现一定的疏远，但双方之间仍然存在广泛的共同利益与价值观共识，西欧在安全防务上仍然有求于美国。总的来看，美欧之间的经济关系具有更强的连续性，在军事安全政策上以及全球治理问题上则显示出较大差异，欧洲国家偏好以非军事手段解决安全问题的思路，强调经济发展的安全意义，强调多边谈判、全球规范与国际制度在国际关系中的作用。尽管以欧盟为代表的欧洲已经将加强军事防务能力建设提上议程，但是它试图与动辄单边使用武力的立场划清界限，强调军事力量的作用应限制在与联合国规范保持一致的前提下。2003 年爆发的美国干预伊拉克的战争是欧美政策分歧的典型事例，小布什政府的单边主义倾向与好战姿态引起部分欧洲盟国的不安，导致欧洲国家在伊拉克政策问题上形成“老欧洲”与“新欧洲”的分裂。另外在全球治理方面，尤其在气候变化问题上，与美国相比，欧洲国家采取了更为积极的立场，并具有较强的行动能力与国际影响力。欧洲追求自主性的抱负由来已久。鉴于自身军事实力有限，在安全环境恶化的背景下欧洲国家首要的关切是巩固大西洋联盟，欧洲追求战略自主的努力受到根本制约。

其五，长期对俄罗斯奉行“既合作又防范”的政策，2022 年 2 月俄乌冲突爆发后，将俄罗斯视为欧洲安全的威胁。20 世纪 90 年代中期，西欧逐渐确立了与俄合作的政策。这既是维护欧洲安全保障的需要，也是促进和确保俄罗斯彻底“转轨”的需要。1999 年，欧盟在科隆首脑会议上通过了《欧盟对俄罗斯共同战略》的文件，强调与俄罗斯进行多个领域的合作。欧盟是俄罗斯的第一大贸易伙伴，对俄罗斯加入世贸组织也持积极态度。但西欧在推进与俄合作的同时，还伴以追随美国抑制和削弱俄罗斯的方针。自 2013 年 11 月起不断发酵的乌克兰危机，特别是最终导致克里米亚于 2014 年独立和并入俄罗斯的克里米亚危机，大大恶化了欧盟与俄罗斯的关系。2022 年 2 月俄乌冲突爆发后，俄罗斯被明确界定为欧洲安全的威胁，欧洲国家急剧升级了对俄制裁，欧俄之间的能源依赖关系在短时间内被斩断，与此同时开展对乌克兰的支持援助。欧盟首次动用“欧洲和平基金”（European Peace Facility）向乌克兰提供致命性武器和其他援助。乌克兰加入欧盟也提上日程。不过欧洲国家对俄政策偏好有所不同，法国、德国、意大利等国主张“谨慎外交”，波兰、波罗的海国家等主张更加严厉的政策。

目前欧盟的国际地位具有以下特点：欧盟已经成为世界上重要的经济力量中心，并发挥出独立的影响力；在欧洲的国际关系格局中，欧盟已经成为最重要的板块力量；在国际政治舞台上，欧盟的地位明显上升，但多数情况下还是作为美国最重要的伙伴行事。欧盟要成为一个在国际舞台上发挥独立作用的力量中心，主要受到两个因素的制约，一是欧盟内部的一致性与集体行动能力，二是欧美关系的走向。对西欧国家对外关系和对外政策的认识，除了关注和分析西欧国家之间的共性因素外，还必须考虑各个国家的个性，特别是西欧几个大国的特殊地位与作用。

（三）日本的对外政策

当代日本外交的第一阶段是第二次世界大战结束至20世纪50年代中期的“追随外交”。1952年4月，《旧金山对日和约》《日美安全保障条约》《日美行政协定》生效，从此日本结束了被占领时期。但日本是作为美国的一个并不平等的同盟国而恢复主权国家的地位并重返世界外交舞台的。

这一时期日本外交的目标是尽快重返国际社会，为此它采取了以下措施：第一，全盘接受了美国在日本进行的一系列改革政策。第二，配合美国的“遏制战略”，参加对社会主义国家的物资禁运，并且积极支持朝鲜战争。第三，在1951年和1954年分别同美国签订了《日美安全保障条约》和《日美共同防御援助条约》，使驻日美军合法化。第四，对新中国采取敌对政策。日本政府和台湾当局于1952年4月28日签订了“和约”。8月5日，“和约”生效。同时日本加入巴黎统筹委员会，参与对华封锁。第五，与有关国家就战争赔偿问题达成协议，积极谋求恢复同东南亚国家的贸易关系，为经济复兴创造条件。1952年，日本加入了国际货币基金组织；1955年，参加了关贸总协定。在朝鲜战争结束以后，日本为加入联合国，展开对苏外交。1956年10月19日，日本同苏联签署了《日苏联合宣言》，实现了两国关系正常化。1956年12月18日，日本实现了加入联合国的目标。

“经济外交”及日本的“经济外交”

“经济外交”是指主权国家围绕国际经济问题开展的双边或多边的活动，既包括国家为实现经济目标而进行的外交活动，也包括国家为实现政治的或军事的目的而以经济为手段所进行的活动。

日本的“经济外交”是在日本政治、军事尚不能离开美国的情况下，以所谓的“和平的经济力量”作为主要手段向外发展，达到发展经济、增强国力的目的。日本“经济外交”的重点是在东南亚，主要手段是战争赔偿。通过“经济外交”，日本对东南亚和南亚国家的出口和投资不断扩大，连接彼此的经济纽带日益牢固，日本与东南亚、南亚国家的关系进入全面发展的时期。另外，日本还积极开拓美、欧市场。

日本外交的第二个阶段是20世纪50年代中期至60年代的“经济外交”。为了确保日本经济发展有稳定的资源，1957年，岸信介政府发表了战后首份外交蓝皮书，提出了“经济外交”的口号。

日本外交的第三个阶段是“多边自主外交”。20世纪70年代初，若干重大国际事件使日本受到很大震动。一是中美关系开始走向正常化；二是石油危机和美元危机的冲击；三是美国实行战略收缩，对亚洲政策有所调整。在这种情况下，日本采取了“多边自主外交”。按当时刚刚上台的首相田中角荣的话说，就是“日本跟着美国走的时代已经过去了”。

“多边自主外交”的基本内容是：第一，以日美安全保障体制为基轴，谋求同美国建立“富有成果的伙伴关系”。第二，借助中国，抗衡苏联。日本“多边自主外交”的首要目标是恢复同中国的邦交。虽然日本政府追随美国对新中国采取了敌视的态度，但是日中民间贸易往来开展得很活跃，1960—1970年，日中贸易总额从2 340万美元增加到

8.23亿美元，猛增34倍。1972年9月，田中首相访问了中国，双方签署了《中日联合声明》，恢复了两国的正式外交关系。1978年8月，两国又签署了《中日和平友好条约》。在中苏之间，1974年，三木内阁提出了“不偏不倚”的“等距离外交”，但是，由于北方领土问题长期悬而未决，日苏之间关系进展缓慢。第三，加强同第三世界国家的经济联系。20世纪70年代，石油危机暴露了日本经济的脆弱性，日本政府认识到发展同中东等第三世界国家关系的重要性，因而改变了过去一味追随美国的中东政策的做法，制定了新中东政策，同阿拉伯国家进行对话，承认巴勒斯坦人民的民族权利。在东南亚，1976年，福田首相提出了“福田主义”三原则，即保证“不做军事大国”、同东盟国家建立“心心相印”的信任关系、“为东南亚的和平与繁荣做出贡献”。日本还加强了同非洲国家的经贸关系。这一时期的种种做法是日本开展积极外交、向政治大国迈进的前奏。

日本外交的第四个阶段是“争做政治大国”。20世纪80年代，随着日本经济实力的增强，日本“大国意识”强烈抬头，各届政府都把改变“经济一流，政治三流”的现状、争做政治大国当作主要目标。1981年，铃木善幸首相访问美国时宣布，日本正开始第三个新的起点，即要从被动的受益者变为积极的创造者。这个讲话被认为是日本“第三次远航”（又称“第三次开国”）的标志。紧接着，中曾根内阁公开举起“要做政治大国”的旗帜。以后各届政府在提法上略有不同，但目标都是一致的，其基本战略框架是：第一，以日美同盟为轴心，加强美、欧、日关系，坚持“西方一员”的基本立场。第二，立足于亚太，积极确立日本在亚太的主导作用。第三，以经济实力为后盾，积极扩大在国际社会尤其是在第三世界的影响力。在经济发展战略上变“贸易立国”为“科技立国”。第四，在综合安全保障的原则框架内，适度扩充军事力量，由“专守防卫”转向“攻势防卫”。第五，在外交上，从政治大国目标出发构筑日本对外关系。除了继续同西方国家保持紧密关系以外，对稳定和发展日中关系，以及同东盟国家的关系给予特别关注。日苏关系虽然由于北方领土等问题存在重大争议而处于僵持状态，但日本亦不放弃对话。

冷战结束以后，日本开始全力推进“积极进取”外交。1990年1月，日本首相海部俊树致函美国总统老布什，提出建立世界新秩序蓝图，强调“必须以美、日、欧三极为主导来形成世界新秩序”，进一步明确了日本跻身于世界主导国家行列的目标。自海部俊树到岸田文雄，后冷战时代的日本总共有17人担任首相。不管是自民党主政，还是以非自民党为主的联合政府主政，各届政府提升日本国际政治地位的大目标是一致的，而且对政治大国的保守性界定越来越占上风，突出表现是作为保守势力的自民党经过一系列波折之后仍占据政坛主导地位，两位任职时间最长的日本首相小泉纯一郎（2001年4月—2006年9月）和安倍晋三（2006年9月—2007年9月，2012年12月—2020年9月）的对外政策主张一脉相承，在实行集体自卫权、加强美日同盟、参拜靖国神社等一系列问题上持坚决强硬的保守立场。具体来说，后冷战时代日本外交所采取的重大措施和实现的进展如下：

一是强化了日美安全合作体制。1997年9月，日美两国政府正式批准了经过修改的《日美防卫合作指针》，把原来的防卫指针中“日本有事”的范围扩大到“日本周边有事”，使其涵盖中国台湾，实际上这是两国企图联手主导亚太地区安全格局的标志，并表明日本的安全防务从防卫型变成了攻击型，日本在日美安全体制中的位置从受保护型变成了参与型。1998 年 9 月，日美决定联合开发和部署“战区导弹防御系统”。2014 年 4 月访日期间，在日方诱导和美国鹰派配合下，奥巴马作为美国总统首次表示，钓鱼岛防卫适用于《美日安全保障条约》第 5 条。2015 年 4 月，新版《日美防卫合作指针》出台，日美军事合作的地域限制取消，从“周边”扩展到全球，合作内容实现全覆盖，在平时和战时都实行联合防御，日本武装力量可以对他国发起武装攻击。2021 年拜登上台后，在拜登政府联合盟友推进印太战略的过程中，日本政府积极配合，成为美国的核心帮手。

二是采取多项立法措施，谋求成为以军事大国为核心内涵的“普通国家”。1992 年，日本以参与联合国维持和平行动为名，制定了《国际和平合作法》，从法律上突破了自卫队向海外派兵的禁区。1999 年 5 月，日本国会通过了《周边事态法》，为海外派兵制造新的法律依据，这也是冷战后日本确立“有事法制”进程中具有实际意义的第一步。所谓“有事法制”，即关于日本在受到武力进攻和面临被攻击的危险时能够进行有效应对的各种特别措施的规定。2001 年 10 月，日本国会以反恐为名，通过了《反恐怖特别措施法案》《自卫队法修正案》《海上保安厅法修正案》，突破了其在海外派兵问题上地域的限制、自卫队所用武器的限制以及国会对政府的限制，为日本自卫队舰队给美军实施补给而再次远涉重洋提供了法律依据。2003 年 6 月，日本国会又通过了《武力攻击事态法》《国家安全保障会议设置法修正案》《自卫队法修正案》“有事法制”的三法案，将可以“预测”的武力攻击事态列入应对范围，加强了首相作为战争总指挥的权限，并加入了民间人士必须配合自卫队行动的“国民对政府合作义务”条款，以及自卫队可强制征用土地等加强自卫队权限和行动能力的规定。通过建立应对紧急事态的“有事法制”，日本的军事行动领域和武力使用范围不断扩大，宪法第 9 条对日本防务政策的限制被巧妙地摆脱，初步奠定了日本作为“普通国家”、军事大国的法律基础。同时，“有事法制”也标志着日本安全战略的重大调整：由于日本政府可以单方面做出日本面临攻击危险的“预测”，“有事”范围可能被无限扩大，这意味着日本甚至可以先发制人地使用武力，从而大大超越了长期以来的“专守防卫”原则。2007 年 1 月 9 日，日本防卫厅正式升级成为“防卫省”。2010 年 5 月，日本《国民投票法》开始实施，主要内容为国民投票的对象仅限于修宪；不设最低投票率限制，过半数赞成宪法修正案即正式通过。这就从法律上解决了修改宪法的程序性问题。日本力主修宪的政治力量已在部署修改宪法第 96 条，该条宪法规定，日本国会要向国民提议修改宪法，条件是必须在众参两院各获 2/3 以上议员赞成；提案获准后，须通过国民投票获半数以上赞成方可成立。预计修改该程序性宪法条款的难度较小。2014 年 7 月，日本政府临时内阁会议迫不及待地做出决定，修改宪法解释，解禁集体自卫权，即在日本未受攻击的情况下，日本可以为阻止针对他国的攻击而使用武力。2022 年 12 月，日本发布了新版《国家安全保障战略》等三份有关国家安全的文件，提出日本需保有打击对方导弹发射设施的“反击能力”，这意味着改变战后日本一直坚持的不保持进攻性军力的传统做法，日本将走向攻防能力兼备。

三是重视发展日中关系的同时，防范中国的倾向也在加强。近年来，日中关系中存在一些严重问题，包括日本对侵略战争反省的问题，中国台湾问题，钓鱼岛问题，东海油气田问题以及日方在“民主”、“人权”、军备、环境等问题上屡屡向中国施加压力，鼓吹“中国威胁论”，等等。2022 年 12 月发布的新版日本国家安全政策文件，将对华定位从原先的“担忧”提升为“迄今最大的战略挑战”。在一系列国际场合，日本政要的表态和提议对华敌意明显，调门之高有时甚至超过美国。日本政府积极配合美国构建排除中国的技术联盟和供应链联盟的政策，收紧对华高科技合作，调整所谓过于依赖中国的产业链、供应链。中日关系严重滑坡的大背景是中日实力对比逆转，中美关系恶化，其内部一大动因是政治精英对国际秩序和自身定位认知的变化，认为日本是民主国家优等生，作为“西方一员”要承担起应对中国迅速发展挑战的重任。

四是对俄外交路线从寻求打破僵局到再度紧张。冷战后，日俄领导人通过会晤，决定在政治、经济、金融、军事等领域开展全面合作，日俄双方在经济、安全合作方面取得一定进展，但在南千岛群岛（日称北方四岛）领土问题上立场差距甚大。2014 年，克里米亚问题导致俄罗斯与西方关系严重恶化，但出于解决自身领土问题、签订和平条约的考虑，安倍政府仍同俄罗斯保持了较为密切的往来，强调经济先行，奉行较为温和的对俄政策。不过 2022 年俄乌冲突爆发后，日本全面参与了美国主导下的对俄制裁与外交孤立。2022 年的日本《外交蓝皮书》删除了先前版本中关于俄罗斯为“重要伙伴”的表述，将俄罗斯视为“需要应对的课题”。

五是借争取联合国安理会常任理事国席位的时机提升影响力。2005 年，日本大动作争取入常，为了增加入常机会，不但绑定其他三国（巴西、印度、德国）抛出“四国方案”，还力图说服美国支持其立场，同时以大量经济援助游说非洲国家以获得支持，企图绕过中国，迫使中国同意。但是各国在入常问题上的不同利益冲突，以及日本本身在历史等问题上的错误立场导致其入常失败。

<<<

日本“和平宪法”

日本宪法被称作“和平宪法”，于 1947 年 5 月 3 日起实施。其第 9 条的标题是“放弃战争，战争力量及交战权的否认”，包括两项要点：一是“日本国民衷心谋求基于正义与秩序的国际和平，永远放弃以国权发动的战争、武力威胁或武力行使为解决国际争端的手段”；二是“为达到前项目的，不保持陆海空军及其他战争力量，不承认国家的交战权”。这意味着宪法对日本的防卫政策进行了严格限制，不允许通常意义上的全功能军队的存在；不允许行使通常意义上作为“集体自卫权”的战争权。宪法第 9 条是日本战后和平主义道路的核心标志。但日本政府对宪法第 9 条的种种变通解释以及一系列有关法案、政策的确立和施行，已经使第 9 条的规定越来越“空心化”，而且修改宪法的声音和动作也不断增多。出于让日本分担军事安全责任的考虑，美国不少政界人士支持和鼓励日本修改“和平宪法”。

>>>

随着日本经济实力的壮大，追求相应的国际政治地位成为其自然而然的诉求；就国际环境来看，美国等西方国家的支持，特别是美国对日本加强军备的鼓励和敦促，是促使日本走向政治大国和军事大国重要的外部条件与外部动因；日本国内以民族主义为核心的大国主义（也称“新民族主义”）政治思潮和新保守主义政治势力的崛起，则成为日本政治大国战略的思想和社会基础。尽管日本社会仍存在和平主义思维与和平主义力量，但是已相对边缘化。就政治大国战略的进展来看：第一，在雄厚的经济实力的支撑下，日本的政治大国战略已经取得了很大成效。第二，无论在实力上还是在战略意图上，日本已经成为事实上的军事大国。第三，日本参与国际事务的能力和国际影响力已经大大增强，成为安理会常任理事国之外的世界性大国。例如，特朗普政府退出《跨太平洋伙伴关系协定》（TPP）之后，安倍政府主导推动了《全面与进步跨太平洋伙伴关系协定》（CPTPP）的签署。

（四）发达资本主义国家对外关系与对外政策的基本特征

1. 发达资本主义国家的对外政策具有霸权主义和强权政治的实质

> **霸权**
>
> “霸权”（hegemony）这一术语因意大利共产党人安东尼·葛兰西的阐发和使用而成为一个重要概念，指统治阶级利用社会化力量把其价值观和信仰加诸他人的能力。在国际关系研究中，霸权有两方面的含义：一方面，用以描述国际体系中权力分配极端不平衡、个别国家拥有支配国际体系的垄断权的状况；另一方面，它还含有支配权力与地位得到被支配者接受和同意的意味。后者显然源于葛兰西的论述。这一含义提示我们，霸权并不简单地等同于霸道。

霸权主义，是指少数大国或强国通过各种手段，对其他国家进行干涉和控制，谋求对某一地区、某一领域甚至整个世界实行统治的政策和行为。强权政治，是指少数大国或强国，凭借强大的实力，恃强凌弱、以大欺小、以富压贫的政策与行为。两者在本质上是相同的，都是在国际关系中对权力的滥用，是与主权国家一律平等、禁止干涉内政、禁止侵略和以武力相威胁等国际法准则完全背离的，但霸权主义更侧重于追求权力地位至高无上的绝对性，而强权政治更侧重于对权力的野蛮使用。

霸权主义和强权政治的产生，有着复杂的社会历史原因，推行霸权主义和强权政治的国家也不仅限于发达资本主义国家。然而不容否认的是，当今的发达资本主义国家与霸权主义、强权政治有着最密切的亲缘关系。在近代国际关系史上，最早实现工业化和迈入资本主义发展阶段的西方列强，它们自身发展强大的过程是与其对外侵略扩张相伴随的，特别表现为对当时广大落后国家和民族进行赤裸裸的殖民征服。在现代和当代国际关系史上，尽管它们绝对的强势地位因社会主义国家的出现和大批被压迫民族走向独立而受到极大的削弱，但它们的经济、科技与军事实力依然占有优势，它们依然力图实现对其他国家以及对国际事务的支配和控制，表现为敌视非资本主义国家的社会制度和意识形态，强行兜售西方的经济社会制度和价值观念，借助经济霸权和军事霸权，推行政治霸权和文化霸权，并通过发展西方联盟的内部协调，共谋霸权和实现“合作霸权”。其中，我们至少可以看到以下几个方面因素的作用：一是资本主义生产方式的扩张性与资本主义市场经济的全球竞争性，这成为促使它们推行霸权主义和强权政治的经济制度方面的基础与动因；二是强大的实力地位，提供了推行霸权主义和强权政治的物质基础；三是对社会达尔文主义的“丛林法则”的信奉、对历史上曾经拥有的权力地位的留恋、对强权思想和扩张传统的继承、对自身文明的强烈优越感和对其他文明实际上的排斥与敌视等，这些也是不容忽视的思想因素和政策因素。由于当代世界力量对比发生重大变化，西方国家推行霸权主义和强权政治的形式和手段也发生了很大变化，虽然仍不时诉诸炮舰外交，但总的来说越来越趋向于使用更加多样和隐蔽的方式，如制度霸权、话语霸权、规则霸权、文化霸权等，其中制度霸权不仅是最重要的霸权手段，也突出反映了

<<<

权力与强权政治

权力是指在国际政治互动关系中一个国家影响或改变其他国家行为的能力。权力具有强制性，在正常的权力政治关系中，它体现为包括影响力、吸引力在内的各种非暴力手段和方式；在极端的情形下，表现为使用武力或以武力相威胁。由于权力的滥用不时发生，“权力政治”（power politics）这一术语在通常的用法中常被赋予贬义的内涵。在较为严格的意义上，强权政治是指武力政治（macht-politik），即以武力或武力威胁来处理国际关系，而不考虑公理与正义。

>>>

西方霸权力图实现全球资本主义化和西方化的实质。

制度霸权是实力与强权在国际关系机制化中的反映，是国际机制与制度受挟制于强势权力及其利益而形成的。西方国家的制度霸权主要体现在以下三个方面：

第一，掌握着巨大国际权势的西方发达国家主导着国际机制与制度的建构和运转。尤其是在制度创立期间，国际制度的组织形式受到国际力量对比的深刻影响，国际制度的具体内容仍主要反映了强势国家的意志。弱势国家一般无力挑战现存的国际规则，而是学习、适应和遵守这些规则。

第二，强势的西方发达国家通过国际机制与制度，以较低的成本实现对世界的领导和操控。国际制度也是一种权力资源，在行为体基本实力没有变化的情况下，国际制度可以使其行为能力得到增强或受到约束。冷战后以美国为首的西方国家，经常在各种国际机制的框架内驯服不合欧美标准的“问题国家”，实现对世界的全面整合。例如，通过国际人权机制向有关国家施加压力。在冷战后地区集团化的发展中，西方国家同样利用国际机制这一利器，在整合地区国际关系的过程中谋求实现主导作用。例如，美国推动在东亚和太平洋地区建立地区性多边安全机制，旨在强化美国对其联盟体系之外国家的影响，美国的真正意图是加强美国的领导地位，限制和防止其他国家发挥更大的作用。在欧洲国际关系的机制化进程中，欧盟东扩与北约东扩实质上也是西欧与美国主导欧洲事务的框架。

第三，世界体系的运转被深深打上了资本主义制度的烙印，资本主义世界体系从根本上限制着各问题领域的国际机制的规范性质，并进而形成了国际机制中的资本主义制度霸权。在国际经济机制中，自由市场的基本原则反映着资本主义世界经济运转的根本要求；而国际政治秩序中的国家主权原则、集体干涉的做法以及召开国际会议解决争端的方式，无疑也源自西方国家为处理彼此间关系所制定的国际法与国际规则。这些国际规范与资本主义的基本逻辑相一致，其基本特征是形式上赋予各个主体以平等权利，而其背后的真实本质却是基于实力差别而形成的不平等地位与权益。

两极格局的终结与席卷全球的市场化改革，使西方资本主义的制度霸权进一步得到强化，扩大制度霸权的野心进一步膨胀，实现全球的西方化与资本主义化成为西方国家的共同战略目标。然而无论如何，西方国家由历史上彼此间大动干戈地争夺世界霸权发展到采取共同行动维护资本主义的制度霸权，由长期以来赤裸裸的炮舰外交和武力强权转变为运用“同化性”的“软权力”整合世界和通过建构各种国际机制以低成本和较“文明”的方式控驭世界，甚至希图树立起自己的“国际道义化身”形象。国际制度作为某种霸权的产物和工具，固然使广大发展中国家维护自身主权完整和争取合理权益的努力受到各种限制，但国际制度以对所有国家的约束为形式，对于西方国家的国际行为也构成限制，使它们不能肆意妄为；另外，从长远的发展来看，制度霸权的淡化和最终被打破以及国际机制逐步走向平等化是必然的趋势，随着社会主义国家与发展中国家力量的增长和平等参与意识的增强，质疑西方制度霸权的力度会加大，成效也将提升。美国拒付联合国会费这一事实，就从一个侧面反映了联合国已经从美国手中得力的工具发展为更多地表达广大发展中国家的立场、经常与美国意愿相冲突的战后国际制度的重要载体。

霸权主义和强权政治在不同西方国家的对外政策与对外关系中有着不同的表现。自第二次世界大战以来，美国一直是世界上的头号强国，也是推行霸权主义的头号国家。美国的霸权战略一方面是建立和维护其在西方世界的领导地位；另一方面是在西方联盟的基础上，在盟国的配合支持下，实现美国领导世界的目标。其他西方国家的情况比较复杂。总的来说，它们作为西方联盟的成员，就不同的问题，在不同程度上配合、支持盟主美国的称霸战略和霸权主义政策，特别是在推行西式价值观、维护西方世界利益的战略考虑上，它们与美国高度一致，也乐得由美国充当领头人并承担最大的风险。但是，它们与美国的利益和立场不尽一致，对美国的独断专行、力图独自主宰世界以及其他过分霸道的行为也进行了不同程度的批评、抵制和反对。同时，这些西方国家的情况也不相同，一些国家与美国的战略关系更密切，对美国的追随更紧，如英国、日本；而另一些国家与美国的立场距离相对较大，经常与美国意见相左，如法国。

2. 发达资本主义国家之间协调中有竞争，冷战后西西矛盾有所增加

在历史上，西方发达资本主义国家间相互关系的基本形态是以夺取势力范围的争霸利益为准绳的结盟与对抗，而尤以激烈的争夺和对抗性的矛盾冲突为主旋律。第二次世界大战后，发达资本主义国家间的相互关系转变为以协调合作为基调，不仅确保了相互之间的和平关系，而且形成了以北约、日美同盟、澳新美同盟、欧盟、七国集团等多种组织形式为平台的一种有稳定的合作框架、较为畅通的协调渠道且能进行一定的适应性调整的联盟关系、伙伴关系和共同体关系。战后以来，西西关系的发展也有变动的一面，其走势大致是，美国的领导地位越来越受到其他西方盟国平等与自主要求的挑战，但到目前为止尚未突破美国主导的西西合作的基本特征。西西关系新形态、新特征的形成，受以下几方面因素的影响：

其一，战后国际政治环境特别是国际政治矛盾的发展，是促使西方国家之间结成和保持政治军事联盟的直接动因。冷战的结束与苏联的瓦解，一时间消解了两制斗争的前提和西方政治联盟的基础，然而围绕冷战后国际秩序的构建所出现的新的国际矛盾，使西方国家很快找到了保持联盟关系的新基础。按照西式价值原则管理和改造世界、建立后冷战时代的全球西方化的世界秩序，已经成为西方政治家的基本共识。

其二，伴随着世界经济全球化的发展，发达资本主义国家间的经济相互依赖日益密切，不得不在很大程度上摒弃以往对抗式的利益观，逐渐认可了共同获益的观念，将那种以绝对的自我保护为主导的经济关系转变为相互依存中的竞争和竞争中的相互依存。荣辱与共、利益贯通的经济联系与制度化的国际经济调节机制极大地抑制了西方国家间经济竞争的极端性与无序性，实现了西方国家间更充分、更规范的市场关系。

<<<

法国重返北约军事一体化机构

由于在北约以及核武器的控制权问题上法国与美国之间发生尖锐分歧，1966 年 3 月 10 日，戴高乐正式宣布法国退出北约军事一体化机构。法国一方面脱离了北约军事一体化的三个核心机构（军事、防务计划与核计划三个委员会），经常处于北约重大决策之外；另一方面继续留在北约框架内，积极参与北约其他机构的各项行动，并成为北约第四大出资国。在 2009 年 4 月庆祝北约成立 60 周年的峰会上，法国总统萨科齐宣布法国重新加入北约军事一体化机构。

>>>

其三，美国在西方世界中确立起经济、政治、军事的全面优势，迄今此种力量对比关系仍未发生颠覆性变化，这成为美国主导西方世界的基本物质前提。而美国在握有实力优势的同时，注意以较温和的方式确立并实施对西方世界的领导与霸权，这也是自二战以来西西关系的基本格局得以延续的原因之一。

其四，西方国家之间较为稳定的伙伴关系的形成，与资本主义自身在战后的发展、成熟和自我调整密不可分。战后发达资本主义的自我更新与调整不仅表现在国内经济关系的重大变化上，也旁及国际经济政治关系。国家干预主义急剧扩张，为西方国家关系的调整提供了有利的条件。西方国家之间得以逐渐建立起多个领域、多样类型、多种层次的协调机制，以缓和、化解矛盾并采取共同行动。从局部范围来看，西西关系的这种机制化发展还达到了建立更紧密的复合的相互依赖的共同体并实现一定程度上的超国家管辖的水平，这就是西欧地区的一体化。这些使得当代的西西关系成为机制化程度较高、稳定性较强的一种国际关系，具有缓和与解决矛盾的较强的弹性能力。

冷战后西西关系的现实是，彼此间的矛盾冲突与协调合作都有了进一步的发展。欧、日在战略层面上都无意主动对抗美国和取代美国的领导地位，但要求更大的决定权和反对美国近年来的一些霸道做法则是十分明确的。20 世纪 90 年代美国的实力又有所增强，它已经把继续保持自己的优势地位视为重要的战略目标，针对盟国的单边主义倾向有所发展。同时美国也意识到保持西方联盟的意义，把与西方盟国的团结合作同实现其领导世界的全球战略目标统一起来。应该说，尽管冷战后国际环境有很大变化，但影响西西关系的那些基本因素尚无根本改变，因此西方国家之间的战略联盟关系依然是稳定的。这一方面意味着国家关系的成熟化发展，另一方面也蕴含着西方霸权加强的危险性。

3. 发达资本主义国家同社会主义国家的关系从对抗走向竞争共存①

4. 发达资本主义国家同发展中国家的关系有重点、多层次地发展

冷战时期，广大的发展中国家是美国和苏联争夺的对象，在美苏两国的战略中地位较高。冷战结束后，发达资本主义国家同发展中国家的关系有所调整。

发达资本主义国家注意组建各种包括发展中国家在内的经济联合组织，这对加强南北对话、扩大南北合作、促进发展中国家的经济社会发展起到一定的积极作用。发达资本主义国家与发展中国家关系中消极的一面是，发达资本主义国家将自身的价值标准和制度模式强加给发展中国家，这不仅侵犯了发展中国家的权益，而且其粗暴干涉发展中国家内政的做法还常常使发展中国家内部的一些棘手问题进一步复杂化，甚至恶化。大规模杀伤性武器扩散、恐怖主义、文化冲突、环境保护问题成为发达资本主义国家向发

① 相关内容参见本书第一章对冷战和冷战思维的论述。

展中国家发难的主要问题。对于敢于违抗的国家，西方国家往往联合起来进行制裁，直至使用武力干预。

阅读书目

1. 李琮．当代资本主义阶段性发展与世界巨变．北京：社会科学文献出版社，2013

2. 资中筠．冷眼向洋：百年风云启示录（上、下）．2版．北京：生活·读书·新知三联书店，2001

3. 霍布斯鲍姆．极端的年代（上、下）．南京：江苏人民出版社，1998

4. 丁一凡．美国批判：自由帝国扩张的悖论．北京：北京大学出版社，2006

5. 皮凯蒂．21世纪资本论．北京：中信出版社，2014

思考题

1. 战后发达资本主义国家对经济体制和政策进行了哪些调整？

2. 战后发达资本主义国家经济面临的现实难题和蕴含的深层矛盾是什么？

3. 西方民主制度的基本内容是什么？如何评价？

4. 战后发达资本主义国家政治发生了哪些重大变化？

5. 怎样评价国家垄断资本主义在战后的发展与作用？如何看待国家垄断资本主义与国际垄断资本主义之间的区别与联系？

6. 战后美国全球战略是怎样演变的？其本质特征是什么？

7. 西欧、日本外交主动性加强表现在哪些方面？对世界格局有怎样的影响？

8. 为什么说发达资本主义国家对外政策的实质是霸权主义？

9. 如何看待冷战后西西关系的变化？

第四章

发展中国家的经济与政治

要论提示

● 战后民族解放运动的发展，在经历了亚洲风暴、非洲觉醒之后，在国际舞台上逐步形成了一支新兴的政治力量——第三世界。第三世界在国际舞台上发挥着重要作用。

● 发展中国家获得独立以后，大多数国家选择了资本主义的发展道路，建立了多种多样的政治体制和政党制度，其政治发展艰难曲折，存在一些亟待解决的问题。

● 发展中国家为发展民族经济、以经济独立巩固政治独立，探索和制定了经济发展的战略，取得了一些成就，同时也存在一些阻碍经济发展的困难和问题。20 世纪 80 年代，它们进行了一系列的调整和改革，以求在 21 世纪能够摆脱落后状态，实现经济的持续发展。

● 南北关系既充满对立和斗争，又存在依存与合作，发展中国家只有经过斗争，才能获得与发达国家的合作。南南合作是发展中国家相互关系的主流，但南南矛盾不容忽视。

关键词

第三世界　不结盟运动　七十七国集团　南北关系　国际经济旧秩序　南南合作

发展中国家是指那些在历史上受过殖民统治和剥削，独立后经济落后，在国际政治经济中处于不平等的被动无权、受剥削的地位，在地域上大多数位于南半球的亚非拉国家。这些国家也被称为民族独立国家、第三世界、南方国家。这些概念同时被用于世界政治经济之中，只是其侧重点不同。在 20 世纪，民族独立国家、第三世界偏重政治方面，发展中国家、南方国家则带有经济色彩。而今的国际舞台，经济和政治彼此交融，发展内涵已经扩大，发展中国家概念的使用更为普遍。世界上大部分国家都是发展中国家，第二次世界大战后开始工业化进程的国家中，只有新加坡、韩国等少数国家被国际货币基金组织、联合国认定实现了从发展中国家向发达国家的地位变更。本章从整体上探讨发展中国家在国际舞台上的地位和作用，政治经济发展的共性、特性和多样性，以及南北关系和南南关系。

一、第三世界的崛起及其在国际舞台上的作用

（一）第三世界的崛起

第三世界的崛起是20世纪国际关系史上的重大历史事件。第三世界的崛起促使发展中国家成为改变世界政治经济发展进程的重要角色。

1952年，法国统计学家和经济学家阿尔弗来德·索维在《三个世界，一个星球》的文章中首次提出“第三世界”的概念；1973年，第四次不结盟国家和政府首脑会议正式把“第三世界”的概念写进会议的纲领性文件《政治宣言》中；1974年，毛泽东在会见赞比亚总统卡翁达时提出了“三个世界”的战略思想；同年，邓小平在联合国大会特别会议上做了关于“三个世界”的发言。“第三世界”在冷战时期成为世界各国、各种国际组织、国际会议、新闻媒体以及广大民众普遍使用的名词。

战后民族解放运动的发展，在经历了亚洲风暴、非洲觉醒之后，在国际舞台上逐步形成了一支新兴的政治力量——第三世界。亚非会议的召开、不结盟运动的诞生和七十七国集团的建立是第三世界形成的重要里程碑。

20世纪50年代初，亚非地区的民族独立国家面临着“前门驱虎，后门进狼”的危险，迫切要求联合起来，进行反帝反殖、维护国家主权和独立的斗争。为此，印度、印度尼西亚、缅甸、巴基斯坦和锡兰（今斯里兰卡）五国发起召开亚非会议。亚非会议于1955年4月18—24日在印度尼西亚的万隆举行，因此也称万隆会议。29个亚非国家的政府代表团出席了会议。中国代表团在周恩来的率领下参加了会议。以美国为首的帝国主义集团，进行了各种破坏活动，企图使会议流产。面对这种严峻的局面，周恩来提出了著名的“求同存异”原则，扭转了局面。会议通过了《亚非会议最后公报》，以及经济合作、文化合作、人权和自主权、附属国问题、促进世界和平与合作的宣言等七个方面的决议。会议公报还将中国提出的和平共处五项原则引申、发展为十项原则。亚非会议是第一次没有西方殖民主义者参加的国际会议，是亚非民族独立国家作为一支新兴力量登上国际舞台、联合起来发挥独立作用的起点，是第三世界崛起的一个重要里程碑。

不结盟运动由原南斯拉夫总统铁托、埃及前总统纳赛尔和印度前总理尼赫鲁发起，于1961年9月在南斯拉夫首都贝尔格莱德召开了第一次不结盟国家和政府首脑会议。出席会议的有25个国家的代表。不结盟运动的原则和宗旨是独立自主、不结盟、非集团化。不结盟运动的主要活动方式是召开不结盟国家和政府首脑会议。该会议每三年举行一次。不结盟运动诞生后，在反帝、反殖、反对集团政治、反对霸权主义和强权政治，缓和国际紧张局势，维护世界和平，推动建立国际政治经济新秩序的斗争中发挥着巨大的作用。

七十七国集团成立于1964年。1964年，在日内瓦召开的第一届联合国贸易和发展会议

上，77 个发展中国家和地区的代表发表了《七十七国联合宣言》，七十七国集团因此而得名，并一直沿用至今。七十七国集团的主要活动方式是在每次联合国贸易和发展会议召开之前，举行部长级会议，协调立场，研究对策，为维护发展中国家的利益做准备。七十七国集团在争取建立国际经济新秩序的斗争中发挥了先导作用，在加强南南合作、维护发展中国家的权益上做出了积极的贡献，在推动南北对话、缓和南北关系、建立国际政治经济新秩序中发挥了不可低估的作用。

（二）发展中国家在世界政治经济中的地位和作用

从第三世界崛起到今天，发展中国家在国际舞台上经历了 60 多年的风风雨雨，国际政治经济地位大大提高，在国际事务中的影响力不断增大，在某些国际问题的讨论与决策中也有了发言权。发展中国家在世界政治经济中具有重要的地位和作用。

发展中国家在世界政治经济中的地位是由以下基本因素决定的：其一，历史悠久，许多国家是世界文明的摇篮。尼罗河、幼发拉底河、底格里斯河、恒河、黄河流域是人类古代文明的最早发源地。古埃及、古巴比伦、古印度、中国是世界四大文明古国。在农业、水利、建筑、天文、数学、医学、文学、艺术等各个领域，发展中国家的人民都为人类的进步、经济的发展做出过杰出的贡献。其二，人口众多，具有丰富的人力资源。丰富的人力资源为其经济发展储存了巨大的潜力。这一潜力如果得到充分的发挥，必将大大推动人类社会的前进。虽然一些发展中国家面临着人口爆炸的威胁，并存在着诸多的全球性问题，但是它们正在通过控制人口增长的速度、发挥人力资源的优势来实现经济发展。其三，地域辽阔，具有重要的地缘政治经济地位。发展中国家遍布亚非拉广大地区，其中许多国家的地理位置十分重要，它们控制的一些海峡、河道和港口，具有重要的政治、经济和军事价值。如连接太平洋和印度洋的马六甲海峡，沟通黑海和地中海的博斯普鲁斯海峡和达达尼尔海峡，位于欧洲和非洲之间、沟通大西洋和地中海的直布罗陀海峡，位于拉丁美洲南端、沟通大西洋和太平洋的麦哲伦海峡等的政治经济地位极其重要；苏伊士运河和巴拿马运河的特殊战略价值举世公认；新加坡、亚丁、苏伊士、塞得港、伊士坦布尔等著名港口的经济价值自不待言；东南亚、中东、非洲之角、中美洲等地区的战略地位不容忽视。其四，自然资源丰富。在发展中国家生存的土地上蕴藏着丰富的自然资源。它是世界许多重要经济作物和农业原料的主要产地，具有发展经济的巨大潜力；其辽阔的地域和众多的人口将提供巨大的市场容量和规模，这为世界经济的发展提供了广阔的领域，成为世界经济繁荣的源泉。

发展中国家在世界政治经济中的作用表现在以下方面：

第一，它们曾是两极国际政治格局中的第三种力量，是当前促进世界格局向多极化发展的重要力量。

第三世界崛起的年代，是两个军事政治集团对峙的年代。第三世界成为它们极力争夺的对象。为缓和国际紧张局势，许多第三世界国家选择了和平、中立、不结盟的政策，顽强地与两个超级大国的霸权主义和激烈争夺展开斗争，成为国际舞台上的第三种力量，起到了牵制美苏侵略行为、动摇美苏霸权地位的作用，促进了两极格局的瓦解。冷战结束后，特别是在当今世界百年未有之大变局中，发展中大国和国家集团已经成长为国际舞台上的新兴力量，推动着世界政治和经济秩序的变化和国际政治格局向多极化发展。

第二，它们获得了主权独立的民族国家地位，成为改变联合国面貌的主要力量。

初建时期的联合国是美国控制的工具，美国可以利用联合国，纠集16国军队出兵朝鲜半岛，可以阻止中国在联合国合法席位的恢复。随着战后民族解放运动的发展，发展中国家获得了主权独立的民族国家地位，在联合国及其机构中的成员数量得以增加。对一些重大的国际问题，众多的发展中国家主持公道，伸张正义。它们通过在联合国大会的多数表决票，做出较为符合实际的、反映世界大多数国家和人民愿望的决议。在发展中国家的支持下，联合国在维护世界和平、促进人类发展，以及推动裁军和解决国际争端方面发挥着积极的作用。

1960年，联合国通过了43个亚非国家提出的《给予殖民地国家和人民独立宣言》。这是发展中国家在联合国内取得的第一次辉煌胜利。它加速了殖民体系的崩溃。1971年，第26届联合国大会以压倒性多数的表决票通过了阿尔及利亚等发展中国家提出的恢复中华人民共和国在联合国和安理会合法席位的提案。中华人民共和国成为联合国安理会五个常任理事国之一，大大加强了发展中国家在联合国的地位。1982年，第3届联合国海洋法会议第11次会议通过了《联合国海洋法公约》草案，有力地打击了超级大国继续称霸和垄断海洋的企图。1992年，联合国代表大会第三委员会在讨论人权问题时，通过了由中国等60多个发展中国家提出的关于发展权的决议。1995年3月，联合国接受智利的倡议，召开了联合国社会发展问题世界首脑会议，发展中国家所强调的发展权和生存权，在会议通过的宣言和行动纲领中得到了反映。

第三，它们促进了世界和平力量的发展壮大，成为反对霸权主义、维护世界和平的主力军。

第三世界从崛起之日起就作为霸权主义、强权政治的对立面出现在国际舞台上。霸权主义、强权政治是维护和实现世界和平的主要障碍，而第三世界在反对霸权主义、强权政治中显示了巨大威力。不结盟运动始终把反对霸权主义公开地写在自己的旗帜上，为维护世界和平进行了不懈的斗争。

第四，它们在世界经济中的地位逐渐提高，成为促进世界经济发展、改变不合理的国际经济旧秩序的推动力量。

发展中国家拥有丰富的自然资源，是世界许多重要经济作物和农业原料的主要产地，具有发展经济的巨大潜力；其辽阔的地域和众多的人口提供了巨大的市场容量和规模，成为世界经济繁荣的源泉。发展中国家获得独立后，致力于发展民族经济，取得了令人瞩目的成就。20世纪80年代中期以来，发展中国家普遍进行了经济调整和改革，90年代中期以后至今其经济发展迅速，不仅振兴了民族经济，而且促进了世界经济的发展。然而，不合理的国际经济旧秩序是其经济发展的最大障碍。几十年来，它们与不公正、不合理的国际经济旧秩序进行了持续不断、规模宏大、卓有成效、震撼世界的斗争，促使联合国通过了《建立新的国际经济秩序宣言》和《行动纲领》，使发达国家开始重视改善南北关系，并向南方国家提供了一些援助。进入 21 世纪以后，发展中的大国和国家集团不断深化南南合作，积极参与全球和区域的南北合作，构建有利于发展中国家的区域和跨区域的国际政治经济机制。然而，建立国际经济新秩序仍然是一项长期而艰巨的任务，发展中国家将继续作为一支重要的力量，为建立公正、合理的国际经济新秩序而斗争。

二、政治发展的不同道路与存在的问题

在战后获得独立的民族国家面前，摆着社会主义和资本主义两条发展道路。由于各国不同的历史条件、社会经济状况和阶级力量对比，以及国际环境的影响，发展中国家选择了不同的发展道路。

（一）政治发展的不同道路及其原因

少数发展中国家选择了社会主义的发展道路，建立了社会主义的政治经济制度；绝大多数发展中国家选择了资本主义的发展道路，建立了资本主义的政治经济制度；极少数国家继续保留着前资本主义的政治经济制度，仍在旧的基础上蹒跚而行。

大多数发展中国家走上资本主义的发展道路是由国际环境和其国内条件决定的。

从国际环境看，首先，第二次世界大战削弱了英、法等老牌殖民主义国家的力量，使它们被迫放弃对殖民地的政治统治；同时，它们极力促使新独立的国家继续留在资本主义世界体系内。其次，美国对选择资本主义道路的发展中国家提供了大量经济援助，以维护这些国家资本主义政治制度的经济基础。再次，尽管战后社会主义力量发展壮大，曾对一些发展中国家产生过巨大的吸引力，但后来社会主义发展遭受挫折，原有的社会主义模式的弊端日益显露，社会主义制度的优越性没有得到显示，尤其是苏联推行霸权主义政策，这使得一些发展中国家对社会主义望而却步。最后，20 世纪 70 年代以来，随着科技革命的勃兴，资本主义国家的经济迅速发展，尤其是日本、联邦德国经济发展的示范效应促使绝大多数发展中国家走上了资本主义的发展道路。

从国内条件看，首先，在大多数发展中国家中，民族资产阶级占有优势，无产阶级的力量比较薄弱。在民族解放运动中，领导权大都掌握在民族资产阶级手中。独立后，它们理所当然地处于执政地位，也必然利用手中的权力制定和推行有利于资本主义发展的方针、政策，走上资本主义的发展道路。其次，大多数发展中国家的资产阶级具有反帝、反殖、反封的要求，有强烈的民族主义意识，作为一种新的、先进的生产力的代表，能够致力于发展本国经济，维护政治独立，反映本国人民的一些共同利益，因而能够得到人民群众的拥护。最后，大多数发展中国家原有的生产力水平极为低下，落后的小农经济和封建经济极为普遍，生产关系也处于落后状态。资本主义生产方式对于这些国家原有的生产方式而言，是先进的。

发展中国家的资本主义，虽然也受到资本主义普遍规律的支配，但与西方正统的、原生的资本主义相比，具有如下特点：

第一，资本主义生产关系与前资本主义生产关系相混杂。发展中国家的资本主义是在资本主义经济基础发育不全的基础上产生的，它与封建经济关系、部落经济关系等前资本主义生产关系混杂在一起，社会经济结构极为复杂。

第二，国家的垄断性与官僚性相交织。发展中国家的资本主义从一开始就实行国家垄断，由国家对经济生活进行调节和干预，而没有像西方资本主义那样经历从自由竞争到垄断、从私人垄断到国家垄断的发展过程，走的是一条与西方资本主义逆向发展的道路。其目的是与国际垄断资本抗争，以民族垄断资本反对国际垄断资本，通过国家政权扶植民族私人资本的发展。由于国家的垄断性，发展中国家的资本主义总是与国家政权相结合，具有较强的官僚性。发展中国家的私人垄断组织多与本国当权集团有着密切的联系，依仗权势，发展自己。在一些发展中国家中，由于社会监督机制不健全、法制不完善、人民参政水平低，极易产生腐败、任人唯亲的不良后果。

第三，依附性与民族性共存。发展中国家的依附性根源于历史上帝国主义对发展中国家的殖民统治，根源于不合理的国际分工。独立后，发展中国家依然处在资本主义世界体系的外围，无力摆脱与中心发达国家的依附关系。而且为了加快经济发展，它们不得不与发达国家发展经济关系，吸取它们的资金、技术和管理经验，从而加深了这种依附关系。同时，发展中国家的资本主义是在反帝、反殖的斗争中产生的，一开始就具有民族性。对西方发达国家的依附性与其本身的民族性一直存在矛盾。西方发达国家一方面为它们提供资金、技术，以维护资本主义世界体系的正常秩序的运转；另一方面又害怕发展中国家真正强大，丧失自己的既得利益。发展中国家的资本主义就是在这种控制与反控制、剥削与反剥削、干涉经济自主与争取经济独立的斗争中发展起来的。

由于发展中国家选择了不同的发展道路，其政治制度自然也各不相同，不仅国体不同，政体也各异，且处在不断的发展变化之中。从国体来讲，主要有社会主义制度、资本主义制度和前资本主义制度。除社会主义国家和前资本主义国家外，资本主义国家的政体主要有三种类型，即西方共和制政体、传统君主制政体和军人政权。

西方共和制政体是发展中国家仿效西方资本主义国家而采取的或从西方发达国家移植而来的政体。这类政体又分为议会共和制政体和总统共和制政体。印度、新加坡、以色列等国实行议会共和制政体。菲律宾、斯里兰卡、叙利亚、也门、阿根廷、玻利维亚、巴西、哥伦比亚、墨西哥、委内瑞拉、埃及、突尼斯、塞内加尔、科特迪瓦、喀麦隆、肯尼亚、赞比亚、马拉维等国采用总统共和制政体。

传统君主制政体又称传统集权制政体，是建立在以传统或历史正统性为政治合法性基础之上、以世袭或王室家族为政治权力中心的政治体制。这类政体又分为君主专制政体和君主立宪政体。君主立宪政体又可分为二元君主制政体和议会君主制政体。文莱、沙特阿拉伯、阿曼等国采用的是君主专制政体。约旦、科威特、巴林、卡塔尔、阿拉伯联合酋长国、摩洛哥、斯威士兰、汤加等国实行的是二元君主制政体。泰国、马来西亚、萨摩亚等国实行的是议会君主制政体。

军人政权即军人掌权的军事专制统治。军人政权可分为革命性的军人政权和保守性的军人政权两种。革命性的军人政权是指那些深受民族主义和西方民主思想影响的军人团体，通过发动政变推翻腐朽反动的封建君主或专制政府的统治后，建立起来的军人政权。保守性的军人政权是指在实行西方式政体或实行其他现代政体的国家中，军人团体发动政变，推翻文官政府后建立的军人政权。如2008年8月毛里塔尼亚军事政变后建立的军人政权就属于保守性的军人政权。军人政权是发展中国家社会发展和政治发展不成熟的表现，是与社会进步、政治民主的历史潮流相背离的。因此，军人政权在20世纪80年代末兴起的“民主化”浪潮中几乎全部退出政坛，但军事政变和军人政权在发展中国家仍然时有发生。

此外，还有政教合一的神权政体和部落酋长制政体。

发展中国家的政党制度可分为五种类型。一是一党制，或称“法定一党制”，即在一个国家中，宪法规定执政党是唯一合法政党，其他政党则被禁止存在。在20世纪80年代以前，非洲国家的这种情况比较普遍。二是一党优势制，即在一国国内，存在两个以上的政党，但其中只有一个政党能长期执政，垄断政权，如新加坡的人民行动党。三是两党制，即国内两个政党通过选举轮流执政，其他政党因力量薄弱而无力与之抗衡，如哥伦比亚的自由党和保守党、乌拉圭的红党和白党。四是多党制，在国内众多政党中，没有一个政党能够通过选举单独执政，只能由政党联盟联合执政。实行多党制的国家有土耳其、智利、泰国、阿根廷等。五是无党制，国家在法律上或传统上取缔政党，禁止政党活动，如沙特阿拉伯等。

发展中国家的政治体制和政党制度具有多样性。这种多样性是与其经济发展水平、阶级结构、社会发展状况、历史传统、民族构成、宗教信仰的多样性密切相关的。同时，其政治发展也深受各种政治思潮的影响。影响发展中国家政治发展的思潮主要有民族主义思潮、社会主义思潮和宗教激进主义思潮。进入21世纪后，西方的新自由主义思潮对发展中国家影响很大。

战后70多年来，发展中国家的政治发展取得了一些成效，主要表现在以下方面：第一，发展中国家在政治上摆脱了殖民地半殖民地时期被压迫被奴役的地位，获得了民族的独立和解放，成为国际舞台上主权独立的民族国家。第二，它们在不断探索着与本国国情相适应的发展模式和道路。第三，政治参与的民主化程度不断提高，集权体制逐步向民主体制发展。第四，大多数发展中国家实行了正确的民族政策，正在化解种族、部族、民族矛盾，和平稳定的发展环境正在形成。第五，绝大多数国家政局稳定，保持着良好的政治环境，为发展创造了较好的条件，为世界和平与发展做出了积极的贡献。

但总的来说，发展中国家的政治发展是艰难曲折的。造成其艰难曲折的原因是多方面且错综复杂的，其主要原因来自内外两个方面。

从外部来看，其一是由于殖民地半殖民地的历史，许多国家独立后所采取的国体和政体深受原殖民国家的影响，未必适合本国国情；其二是冷战时期，第三世界是两个超级大国争夺的对象，它们把第三世界国家的政治发展纳入自己的战略轨道，因此制约着第三世界国家的政治发展；其三是苏联解体、东欧剧变，原苏东地区的“民主化”浪潮严重冲击发展中国家特别是非洲国家原有体制，此后至今，西方国家一直兜售自己的民主价值观，极力鼓吹多党民主，这些无疑都对发展中国家的政治发展产生了不良影响。

从发展中国家内部来看，其一是其独立后实行的资本主义政治制度与传统的前资本主义政治势力存在着尖锐的矛盾；其二是多民族国家中民族矛盾复杂，殖民主义统治时期埋下的民族歧视祸根难以根除，而相关政府的民族政策连连失误；其三是一些国家中多种宗教和教派共存，教义、教规乃至教徒的生活方式、社会习俗千差万别，各宗教、教派间的矛盾难免，相关国家的宗教政策不当加深了矛盾，甚至引发了战争。

（二）政治发展存在的问题

当前，发展中国家政治发展存在的主要问题是政局不稳、民族问题和宗教冲突。

> 据统计，1960—1976年，在亚非拉地区约有30个国家发生了40次成功的军事政变。在拉美地区，除墨西哥外，几乎所有的国家都发生过军事政变。而非洲则被认为是创造了各大陆军人治国的世界纪录的地区。在1957—1997年的40年中，由内部冲突导致非洲国家政府"非宪"更迭的共78次，88位国家元首和政府首脑被推翻。

1. 政局不稳

政局不稳是指政权不巩固，政治活动无章无序，政治领导集团互相争斗，政府的路线、方针、政策无法贯彻执行。冷战时期，军事政变频繁是发展中国家政局不稳的主要表现。冷战后，政局不稳则表现为民主化运动中进步与反动、革新与保守两股政治势力的复杂较量所带来的政局动荡。如2006年9月，泰国发生军事政变，总理他信被迫下台，流亡海外。此后三年泰国换了三个总理，政局动荡一直没有平息。2014年，再次发生军事政变建立军人政府。直到2018年12月11日，军政府才宣布解除政治活动禁令，于2019年2月24日举行大选。"阿拉伯之春"后，埃及、利比亚、也门通过民主选举建立了民选政权，但经济滞后、民生凋敝、治安恶化、宗教与族群械斗不时发生，至今社会仍然动荡不安。2019年下半年以来，受第二波"阿拉伯之春"影响，阿尔及利亚、苏丹的稳定政局受到冲击。由于以美国为首的西方国家不断插手中东事务，叙利亚、伊拉克、阿富汗等国一直处在政局动荡和内战中。成千上万的无辜百姓不是在战乱中丧生，就是流离失所，沦为难民。海地、菲律宾、巴拿马、阿根廷等国则是在经历了文官政府与军事政变反复较量的动荡之后才走向稳定的。在非洲，有些国家民主化运动只不过是用新的集权代替了旧的专制，而某些国家因民主化引发的社会骚乱和内战至今仍未平息。

2. 民族问题

民族问题是基于民族差别而产生的民族间的关系问题。其主要表现是民族压迫和民族剥削，以及由此产生的民族间的互不信任、歧视、仇恨、冲突甚至战争。

> 在非洲大陆的绝大多数国家，民族问题表现为极端复杂的民族矛盾和民族冲突。如1991年索马里因民族冲突爆发全面内战，1994年在卢旺达爆发的胡图族和图西族之间的种族大屠杀，在肯尼亚、多哥、刚果（布）、刚果（金）、塞内加尔等国家都曾发生和正在发生的民族之间的对抗与冲突。

第二次世界大战后的民族问题主要从三个层面上表现出来：一是全球性的民族关系问题，表现为西方国家推行新老殖民主义与殖民地半殖民地国家以及后来的民族独立国家民族利益的矛盾，某些国家的霸权主义、强权政治与世界其他国家民族利益的矛盾。二是跨国性的民族问题所产生的泛民族主义，表现为国家间合作与地区扩张的两种截然不同的趋势。三是民族国家内部的民族关系问题，表现为主体民族和少数民族、土著居民和外来移民、大民族和小民族以及各个民族之间的关系问题。这三个层面的民族问题相互渗透、彼此交织和纠缠在一起，使民族问题相当复杂且难以解决。

在冷战时期，影响发展中国家政治经济发展的民族问题主要是第一个层面上的问题。发展中国家独立前开展了卓有成效的民族解放运动，建立了主权独立的现代民族国家；独立后进行了反对新老殖民主义的斗争，捍卫了自身的民族独立和主权完整，推动了国家的政治经济发展，促进了国际社会的多元化。冷战结束后，发展中国家仍然在与霸权主义、强权政治进行着不屈不挠的斗争。同时，被两极格局抑制的第二个、第三个层面上的民族问题凸显出来，发展成民族冲突甚至民族战争，其负面影响尤为突出。在欧亚大陆新月形边缘地带，有整个阿拉伯民族与犹太民族为争夺生存权而进行的斗争，波及土耳其、叙利亚、伊朗、伊拉克等国家的库尔德民族问题，印度和巴基斯坦在克什米尔问题上复杂的民族、国家、宗教和领土的冲突，斯里兰卡泰米尔人为争取独立而进行的武装斗争。2009 年 5 月 19 日，斯里兰卡总统拉贾帕克萨宣布政府军彻底击败了猛虎组织，收复了该组织所占据的“每寸土地”，结束了长达 26 年的内战。但巴以冲突、印巴冲突、库尔德问题至今未能妥善解决。由民族问题而产生和引发的民族冲突、民族战争严重影响了这些国家的政治稳定和经济发展，影响了国家间正常关系的发展乃至世界的和平与安宁。

3. 宗教冲突

宗教冲突是影响发展中国家政治发展的另一主要因素。宗教冲突一般有两种情况，一种是不同宗教之间的冲突，如基督教与伊斯兰教、伊斯兰教与印度教、印度教与锡克教之间的冲突；另一种是同一宗教中不同派别之间的冲突，如伊斯兰教中什叶派与逊尼派之间的冲突、其他宗教中正统派与非正统派之间的冲突。发展中国家的宗教形形色色，许多国家多种宗教并存，教派林立。不同宗教、不同教派的存在，使宗教矛盾难以避免。宗教矛盾一方面表现为各宗教间、各宗教内部的各教派间的矛盾，另一方面表现为宗教与国家间的矛盾。这两种矛盾如果处理不当，就会演变为宗教冲突，影响有关国家政局的稳定和发展。由于发展中国家同时又是多民族国家，宗教冲突与民族冲突常常交织在一起，使其更加复杂，更加难以解决。

> 印度是发展中国家中宗教暴力冲突频繁发生的国家，其中影响最大的是印巴分治中的印度教徒与穆斯林的冲突，突出表现为金庙事件和巴布里清真寺被毁事件。印巴分治的直接后果是 1 400 万人口大迁移和 50 万无辜者的死亡，以及随之而来的 1947 年、1965 年、1971 年的三次印巴战争。1984 年，因印度军队攻占阿姆利则金庙而引发的锡克教与印度教的大冲突、大仇杀，导致英迪拉·甘地总理被其锡克族卫兵刺杀身亡。1992 年，数千名印度教徒摧毁了位于印度北方邦阿约迪亚的巴布里清真寺，导致了一场全国性的暴力冲突，使一度趋于缓和的印度政局又出现动荡。2019 年 12 月 12 日，印度政府颁布的《公民身份修正案》生效，引发了又一次宗教族群矛盾的骚乱，蔓延到印度大部分地区，并导致了印度与邻国关系的紧张。

宗教极端主义是令人关注的世界问题。这股思潮随着 20 世纪 70 年代伊朗的伊斯兰革命的胜利而迅速发展起来。1991 年 4 月，来自 55 个国家的代表在苏丹首都喀土穆聚会，召开“阿拉伯和伊斯兰人民会议”。1993 年 2 月，在伊朗首都举行了宗教极端主义的“统一行动”会议。1995 年 3 月又举行了第三届“阿拉伯和伊斯兰人民会议”。这表明宗教极端主义已出现国际化趋势。

> 所谓宗教极端主义，是指伊斯兰教中要求遵守伊斯兰基本教义，并用它来规范和约束穆斯林社会与生活的思潮。宗教极端主义在政治上主张建立伊斯兰政权，依靠国家政权来实现伊斯兰教的统治；在社会生活方面，主张全盘伊斯兰化，反对世俗化，反对西方。宗教极端主义的斗争手段分为暴力的与和平的两种。前者属于激进的宗教极端主义，也称伊斯兰宗教极端主义，以绑架、暗杀、爆炸等恐怖活动为主；后者则是在法律允许的范围内进行合法斗争，企图通过实行功能与策略的转换，通过合法的渠道进入议会和地方机构，在现行政治体制内实行变革，实现伊斯兰的理想。

国际社会对伊斯兰宗教极端主义国际化趋势忧虑重重，原因在于：

第一，宗教极端主义主张建立政教合一的神权政治国家，违背了历史发展方向。如巴勒斯坦伊斯兰抵抗运动组织（简称哈马斯）与巴勒斯坦解放运动组织（简称法塔赫）的分歧，就集中表现在是建立世俗政权还是施行神权政治、是政教分离还是政教合一的问题上。再如，某些国家的宗教极端主义分子，为建立神权政权，采取非法、地下、暴力的手段组织游行，煽动罢工，破坏公共设施，制造流血事件，以扩大影响，打击世俗政权的政治权威。其行为后果的破坏性，恶化了国家的社会政治环境，给国家的经济建设和发展造成了难以估量的损失。

第二，某些国家的宗教极端主义正通过合法的议会斗争掌握国家政权，使这些国家的政治发展受到了严峻考验。如阿尔及利亚的“伊斯兰拯救阵线”险些执掌政权。土耳其的“伊斯兰繁荣党”在 1995 年 12 月议会选举中获胜，1996 年 6 月，该党主席埃尔巴坎曾一度执掌政权，但在军方的压力下，不得不于 1997 年 6 月 18 日宣布辞职。2006 年 1 月，哈马斯在巴勒斯坦立法议会选举中获胜。2014 年 6 月法塔赫与哈马斯就组建联合政府达成协议。2020 年 8 月哈马斯与以色列达成了谅解协议，但 2021 年 5 月哈马斯向以色列发射火箭弹，谅解协议又成为一纸空文。这使巴勒斯坦临时权力机构和中东和平进程都面临着严峻考验。2012 年 6 月，埃及穆斯林兄弟会下属的自由与正义党候选人穆尔西在大选中当选总统。2013 年 7 月，穆尔西虽在军方的干预下被罢免，但埃及的政治发展仍面临着严峻的挑战。

第三，宗教极端主义分子的恐怖活动，直接威胁着有关国家的政治稳定和人民生命安全。他们反西方不分青红皂白，绑架西方国家工作人员，枪杀西方游客，在世界各地制造恐怖事件，大伤无辜。2001 年 9 月 11 日，恐怖分子劫持飞机撞击美国纽约世界贸易中心和华盛顿五角大楼，造成了巨大的人员伤亡和经济损失。自 2001 年“9·11”事件至 2014 年，世界各国记录在案的与宗教极端主义分子相关的恐怖事件高达 61 000 多起，导致 14 万人丧生。2014 年死于恐怖主义的人数比 2000 年增加了 39 倍。2020 年《全球恐怖主义指数》报告显示，2010—2019 年，全球死于恐怖主义的人数为 18.2 万，是 2000—2009 年 7.2 万的两倍以上。

第四，宗教极端主义组织对地区冲突的介入、渗透和干扰，使地区冲突雪上加霜，整个世界不得安宁。宗教极端主义组织主张用“圣战”将以色列逐出阿拉伯半岛，反对“以土地换和平”解决中东问题的主张。每当中东和谈取得进展时，它们就会制造事端，给步履维艰的中东和平进程增加麻烦，干扰中东和平进程。2011 年，叙利亚内战爆发，本土极端势力迅速发展。2003 年在伊拉克战争中发展起来的“基地”组织分支“伊拉克伊斯兰国”趁机进入叙伊边界，并与叙利亚反对派武装组织“胜利阵线”联合后改名为“伊拉克和大叙利亚伊斯兰国”。其势力不断发展壮大，占领了叙利亚和伊拉克大片土地。2014 年 6 月，它宣布建立“伊斯兰国”，并依靠雄厚的财力和人力，在全球制造了大量的恐怖事件，其手段极其残忍。2015 年 11 月 13 日法国巴黎恐怖事件和 11 月 18 日中国公民樊京辉被绑架杀害均为其所为。目前“基地”组织在全球 17 个国家建立了分支，“伊斯兰国”的分支在非洲、亚洲和中东地区建立了至少 20 个“省”。2023 年 2 月 9 日联合国安理会举办的反恐问题公开会发布的信息表明，“东突厥斯坦伊斯兰党”正在与“伊斯兰国呼罗珊省”合作。这表明“伊斯兰国”等恐怖势力在阿富汗呈卷土重来之势。宗教极端主义、恐怖主义依然是全球安全的最大威胁。

第五，宗教极端主义组织的活动为“西方干涉发展中国家内政”提供了借口，而西方的干涉又激发了宗教极端主义组织更加猖獗的恐怖活动，不利于国家稳定和世界和平。如非洲萨赫勒地带的宗教极端主义组织的恐怖活动破坏了该地区的安宁与稳定，给法国等西方国家的干预提供了借口，而西方国家对该地区的军事干预又激起了该地区恐怖势力的仇恨心理和极端报复行为。2013 年 1 月，法国出兵马里实施“薮猫行动”，引发了阿尔及利亚人质危机、尼日尔军官和学生遭劫持事件以及袭击铀矿事件等恐怖行动。在阿尔及利亚人质危机中，800 多名人质遭劫持，39 人死亡，其中包括多名法、英、美国公民，引起了国际社会的关注和恐慌。此外，宗教极端主义的活动也成为“伊斯兰威胁论”的论据之一，不利于伊斯兰世界与西方国家的合作。

三、经济发展的艰难曲折与调整改革

发展中国家发展经济的条件是不利的。在国内，是殖民主义留下的低级的产业结构、二元制的经济结构、弱小的民族资本和对外依赖严重的畸形的经济形态；在国外，是已经形成的有利于发达国家的极不合理的国际经济旧秩序的世界经济环境。发展中国家就是在这样的不利条件下谋求经济发展的。

战后至今，发展中国家的经济发展经历了发展准备阶段（1945—1955 年）、起飞阶段（1956—1965 年）、高速增长阶段（1966—1973 年）、开展石油斗争和争取建立国际经济新秩序的斗争阶段（1974—1980 年）、20 世纪 80 年代的停滞阶段、20 世纪 90 年代至 2008 年的经济调整和改革阶段、2008 年以来的深化经济改革阶段。在发展准备阶段，发展中国家对内实行了土地改革，对外收回了经济主权，主要采取的是初级产品出口战略。在起飞阶段，大多数国家转向进口替代战略，少数国家开始实行出口导向战略。在高速增长阶段，一些国家陆续从进口替代战略转向出口导向战略，经济增长速度加快。1973 年，石油生产国联合起来以石油为武器，进行了维护资源权益的斗争。同时，发展中国家开始了争取建立国际经济新秩序的斗争。在这一时期，发展中国家之间的经济差距逐渐拉大。进入 80 年代后，除东亚国家外，其他地区的发展中国家的年均经济增长率不尽如人意，被称为“失去的十年”。为了改变这种状况，进入90年代以后，发展中国家开始重新探讨自己的经济发展战略。经过战后几十年的发展，发展中国家的经济发展规模和水平出现了五个不同的层次：第一，新兴工业化国家和地区，如亚洲“四小龙”；第二，中东石油生产和输出国；第三，一些中等偏上收入且在加快发展的国家，如南非、巴西、中国、墨西哥、马来西亚、博茨瓦纳等；第四，中低收入和低收入但在加快发展的国家，如越南、印度、巴基斯坦、摩洛哥等；第五，最不发达国家，截至2022年12月，联合国确定的这类国家有46个，其中亚洲9个、非洲33个、大洋洲3个、中美洲1个。

（一）经济发展的成就

综观发展中国家战后的经济发展，前30年经济发展较快，成绩突出；进入20世纪80年代以后，陷入停滞不前的状态；90年代以后又出现了新的增长势头。2008年，由美国次贷危机引发的全球经济危机使发展中国家特别是新兴经济体的发展趋缓，但它们仍是推动当今世界经济增长的动力。其发展成就不容忽视，主要表现在以下几个方面：

> 根据世界银行的资料，1955—1970年，发展中国家（包括中国，不包括高收入的石油出口国）国民生产总值年平均增长率为5.4%，发达国家为4.7%；20世纪70年代，发展中国家为5.3%，发达国家为3.2%；20世纪80年代，发展中国家为2.8%，低于发达国家2.9%的年平均增长率。但1991—2000年的十年中，发展中国家的经济以平均5%以上的速度向前发展，而同期，发达国家在增长最快的年份也不过是3.9%。2004—2008年，亚非拉地区仍然以每年5%以上的速度实现着经济增长，中国的经济增长速度更快，一直在10%左右。2008—2009年的全球金融危机和2010—2012年的欧洲主权债务危机及2014—2016年全球商品价格调整对发展中国家的经济增长影响很大。2017年以后情况才有所改善。

1. 较快的经济发展速度

发展中国家独立之后，经济增长速度大大高于独立前，甚至创造了比发达国家更快的经济发展速度。尽管发展中国家处在不利的国际经济环境中，但在战后大多数年份中，发展中国家国民生产总值年平均增长率几乎都高于发达国家。

2. 经济结构得到调整

由于畸形的经济结构得到了不同程度的改变，一些发展中国家跃入新兴工业国的行列。尽管目前广大发展中国家的农业仍在其国民经济中占有很大比重，但是工业在国民经济中的比重已明显增加。20世纪60年代以来，出现了一批以亚洲“四小龙”为代表的新兴工业化国家和地区，21世纪又出现了以发展中大国为代表的新兴经济体。这些国家和地区在经济迅速发展的基础上，不断调整经济结构，使工业化和现代化程度不断提高，人民生活水平有了很大改善，成为一支新兴的经济力量。特别是亚洲“四小龙”用了25年左右的时间完成了发达国家过去用100年时间完成的工业化过程。新兴经济体则成为21世纪推动世界经济发展的动力。

3. 民族经济有了较大的发展，经济自主性不断增强

经过几十年的发展，大多数发展中国家的民族经济有了长足的发展。如印度已成为令人瞩目的发展中的科技大国，它在天体物理、空间技术、分子生物学和遗传学、原子能研究和开发、信息技术等方面都有较高水平。它不仅能出口一般的耐用消费品、钢铁产品和有色金属，而且还能出口纺织机械、制糖机械以及钢铁、化肥、采矿、石化和交通等方面的设备。在计算机软件方面，印度位于世界第二，2011 年在全球按客户要求设计的软件开发市场上，印度所占的份额已达 20%。根据国际货币基金组织的测算，2022 年印度在 GDP 总量的排名中位居第 5 位，超过英国。在农业方面，发展中国家也有很大发展。过去的缺粮国，如印度、印度尼西亚、越南、巴基斯坦，现在已能自给有余。不少发展中国家的人民生活水平有了明显的改善。此外，一些发展中国家能够根据自己的民族意愿制定本国的发展战略和政策，选择发展模式，监督和管理外国垄断公司与企业。

4. 在世界经济中的比重增大

战后初期，发展中国家在世界经济中的比重几乎等于零。2021 年，发展中国家在世界经济中所占的比重已达到 41.75%。发展中国家在世界制成品中的份额已从 20 世纪 90 年代初的 23%上升到 21 世纪初的 29%，在全球工业制成品出口总额中的比重也从 20 世纪 80 年代初的 1/4 上升到 21 世纪初的 3/4，2015 年进一步超过 3/4。目前，中国、印度和巴西等发展中国家，已成为名列前茅的世界制成品出口大国。许多发展中国家的工业产品已打入欧美市场，甚至有些高科技产品也进入了过去为西方国家独占的殿堂。在科技方面，发展中国家的科技水平也有了很大提高。中国、印度、巴西等国家已掌握了电子技术、原子技术和航天技术；有的发展中国家已拥有中远程弹道导弹技术；其他一些发展中国家在科技方面也有了长足进步。

（二）经济发展面临的问题

发展中国家的经济发展不是一帆风顺的，影响其发展的问题不仅是多方面的，而且持续影响着这个群体直到今日的发展。从外部来讲，主要是资本主义经济危机对发展中国家的冲击和不合理的国际经济旧秩序的制约。从内部来讲，既有经济方面的问题，也有政治和社会方面的问题。经济方面的问题主要是债务沉重、粮食问题尖锐；政治和社会方面的问题主要是政局动荡对经济发展的影响、人口过分增长对经济发展的制约。

1. 债务危机与发展资金的短缺

发展中国家在实现工业化的过程中，需要大量资金来促进经济发展，然而却苦于资金不足。吸引外资和举借外债是获得资金的必然途径。但是，如果债务过重，本国财力难以承受，以致难以按期还债，就会发生债务危机。许多发展中国家在 20 世纪五六十年代就已有相当数量的外债。到 1980 年，发展中国家的债务从 1970 年的 661.8 亿美元猛增至 4 372.3 亿美元。1982 年，发展中国家的长期债务达 5 624.6 亿美元，加上短期债务，共计 7 522.5 亿美元。就在这一年，墨西哥宣布不能如期还债，发生债务危机。1986 年，发展中国家的债务突破 1 万亿美元，1989 年又猛增至 1.3 万亿多美元，这个数字相当于当年发展中国家全部国民生产总值的一半。2002 年，发展中国家的债务已达 2.2 万亿美元。虽然 2003—2007 年，发展中国家的债务问题得到了明显改善，但由于 2008 年的全球金融危机，2009 年发展中国家的债务迅速增长。2020 年，受新冠疫情的影响，发展中国家的债务问题更是雪上加霜。2010—2021 年间，发展中国家的负债翻了一番，达到 20 年来的最高水平。

债务危机是不少发展中国家的突出问题，最为严重的是撒哈拉以南非洲的穷债务国和拉美的重债务国。2020年，低收入国家债务负担上升12%，达到了创纪录的8 600亿美元。为了偿债，发展中国家需要支付大量资金，因此只能减少投资，压缩进口，从而导致生产停滞，甚至衰退、萎缩，同时财政赤字剧增，居民收入不断下降。这样，发展中国家就陷入了债务危机和经济衰退的恶性循环之中。债务危机已成为困扰发展中国家发展的恶魔。多年来，尽管国际社会为解决债务危机做出了种种努力，也取得了一些进展，但发展中国家的债务仍在不断提高。解决债务问题遥遥无期，且前景暗淡。

2. 粮食危机与生态环境的破坏

发展中国家几乎都是农业国，然而却日益依赖粮食进口。战后以来，亚洲一直是粮食进口地区，且进口数额年年上升，成为世界上进口粮食最多的洲。1980年，拉美也成为粮食不足地区。非洲受自然灾害和创纪录的人口增长的影响，人均产粮量一直下降，不得不依赖粮食进口，而灾荒、战乱更使这个地区的粮食问题雪上加霜。2008年上半年全球粮食价格飙升，使许多发展中国家特别是非洲国家发展严重受损，海地、埃及、孟加拉国、喀麦隆等国甚至发生暴乱，亚非拉35个国家呼吁粮食援助。2009年，虽然世界粮食价格有所回落，但2010—2011年仍在高位运行。2018年以来，世界粮食价格再次上涨，粮食安全状况继续恶化。2022年2月爆发的俄乌冲突则进一步加剧了全球粮食不安全状况。联合国世界粮食计划署发布的《2022年全球粮食危机报告》显示，2021年全球受饥饿影响的人数约8.28亿，面临或正在遭受粮食不安全的人数从2019年的1.3亿增加到3.45亿。粮食危机关系到发展中国家的生存，不仅影响世界贫困人口的日常生活，而且会损害发展中国家的经济发展，还会带来严重的政治和社会安全问题。

目前，发展中国家粮食生产的前景极不乐观，困难重重。其中最重要的是生态环境问题对发展的制约。大量的水土流失使农田不断减少；土壤沙化每年吞噬600多万公顷的良田；草场森林的破坏极大地降低了农业生产的潜力；水资源的浪费使水利灌溉难以维持；过分施用化肥导致地下水污染、地力破坏；大气层中二氧化碳含量明显增加，全球气候变暖导致降雨量减少、干旱，以致河流枯竭，对农业的影响难以估量；臭氧层的破坏，影响植物光合作用的进行；等等。

截至2022年11月15日，全球人口已达到80亿。其中发展中国家的人口约66.497亿（其中亚洲约45.75亿，非洲约14.247亿，拉美约6.48亿），占全球人口的83.12%。全球有7.02亿人每天生活费不足1.25美元，处于“极端贫困”状态，大约9.25亿人营养不良。他们几乎都生活在发展中国家。

3. 人口问题与发展资源失衡

人口问题就其实质来说是人口增长与经济发展是否相适应的问题。作为经济要素的人是生产者和消费者的统一，人口的增长必须与物质资料的增长相适应，这样才能有利于发展。发展中国家的人口问题就是人口增长与物质资料的增长不相适应的问题，其主要表现是人口增长的速度高于经济增长的速度，尤其在最不发达国家，这种情况更为突出。

除此之外，影响经济发展的还有许多政治因素，如政局不稳、地区冲突和局部战争。经济发展与政局稳定是相互联系、互为条件的。政局不稳、社会动荡必将影响一个国家正常的经济建设。在最不发达的国家中，许多国家就是由于政局不稳而错过经济发展良机或陷入经济发展困境的。战后以来，地区冲突和局部战争几乎都发生在发展中国家，这使本来就落后的发展中国家的经济雪上加霜。战争不仅给参战国造成巨大的经济损失，而且使邻国也承受着巨大的难民压力，影响邻国的经济发展。

（三）发展战略的调整和改革

为谋求经济发展，各个国家根据自身的情况采取了不同的发展战略，这些战略的实施促进了独立后发展中国家经济的初步发展。然而，20 世纪 80 年代以来，它们不得不进行发展战略的调整和经济体制的改革。调整和改革的内部原因在于，80 年代初期，大多数发展中国家陷入了前所未有的多种结构性危机，经济增长失去了活力。主要表现在以下几个方面：

第一，经济增长速度大大下降。在 80 年代，除东亚地区经济继续保持较快增长外，其他地区的发展中国家，经济增长速度明显放慢，基本上处于停滞甚至倒退状态。在这十年间，整个发展中国家国民生产总值的年平均增长率只有 2.8%，经济增长率低于人口增长率，人均收入水平连年下降。

第二，通货膨胀率剧升并持续多年。1983 年以后，发展中国家通货膨胀率从 59%剧升到 1989 年最高时的 435%。1983—1992 年，通货膨胀率达三位数字的年份就有 5 年，其中 1985 年拉美地区的玻利维亚、阿根廷和巴西三国陷入恶性通货膨胀的困境，通货膨胀率分别高达 20 000%、1 000%和 250%。严重的通货膨胀使许多国家的财政状况日益恶化。发展中国家财政赤字占国内生产总值的比例从 1981 年的 3.8%上升到 1989 年的 8%。

第三，外债猛增，国际收支严重失衡。1982 年爆发了国际性债务危机后，发展中国家的外债像滚雪球一样膨胀起来。为了偿还债务，发展中国家只能压缩进口，减少投资。1980—1989 年，发展中国家国内投资率由 26.6%持续下降到 22.7%。投资率的下降，不仅使生产停滞不前，经济衰退，而且使出口锐减，国际收支不平衡达到难以忍受的地步。生产停滞、债务危机和通货膨胀相互作用、相互推动，造成恶性循环，更加重了发展中国家的经济危机。

20 世纪 80 年代中期以后出现的世界性改革浪潮是推动发展中国家改革的外部条件。当时，无论是西方发达国家，还是苏联东欧社会主义国家；无论是经济持续发展的国家，还是经济处于困境的国家，都在进行不同程度的调整和改革。这一改革，主要涉及经济体制，特别是所有制以及经济关系的各个方面。改革的目的不仅在于解决各国自身经济发展的问题，而且在于适应经济全球化发展的需要。在这股强大的改革浪潮中，发展中国家面临着严峻的挑战。

在反思独立后的发展历程和总结经济发展经验教训的过程中，发展中国家认识到，导致经济陷入困境的根本原因是没有根据变化了的世界经济形势和自身发展状况，适时调整经济政策和发展战略。同时也认识到，经济调整必须从根本上解决经济内部的种种结构性缺陷和体制上的弊端，必须深化改革。改革经济体制、调整经济发展战略和发展模式，才是摆脱危机的根本出路。由于各国国情不同，发展中国家在进行经济调整和改革的过程中所采取的做法也有差异，但改革的目标都是市场化、自由化、私有化、多样化和外向化。

20世纪80年代以来，发展中国家进行的经济调整和改革，不仅涉及国家宏观经济政策的调整，而且还涉及企业所有制和经营管理体制，以及产业结构、发展战略和发展模式等的调整和改革，主要有以下几个方面：

1. 调整和制定经济发展战略

在经济发展的不同阶段，各国根据各自不同的情况采取了不同的发展战略。在改革之前，各国主要采取进口替代战略和出口导向战略。进口替代战略是一种内向型的发展战略，出口导向战略则是一种外向型的发展战略。这两种发展战略各有利弊。在发展战略的调整中，一些国家注意了取其利而避其弊，特别注意发展速度和发展模式的调整。在发展速度上，从追求高增长转向力求经济增长、资金平衡、货币稳定三者之间的结合；在发展模式上，从内向转向外向或二者相结合的模式。

发展中国家还探索了一些新的发展战略，其中经济社会综合发展战略和可持续发展战略尤其引人注目。

经济社会综合发展战略强调社会、文化、环境等多方面同时发展，特别是社会经济的综合治理和全面发展；强调发展农业，寻求工业和农业的协调发展、城市和乡村的协调发展；重视政府宏观调控与市场调节相结合的经济体制，实行政府经济行为的规范化、法制化，促进市场培育和市场机制的完善，减少和消除商品经济发展的机制障碍；强调人力资源的开发与社会收入的平均分配，提高大多数人的生活水平，减少和消除物质与精神方面的贫困；强调人民参与，实行经济和政治体制改革，以确保大多数人有参与决策的权利，调动他们参与社会经济发展的积极性和创造性。

经济社会综合发展战略改变了过去发展战略中的一些观念，如简单地把发展归结为经济问题，而忽视社会、政治、文化、环境等影响发展的诸种因素；片面强调物质资本而忽视人力资源；片面追求工业发展而忽视农业发展；片面重视城市发展而忽视乡村发展；片面依赖政府干预而忽视市场调节；等等。经济社会综合发展战略的进一步探索与实施对解决发展中国家经济社会发展中存在的共性问题，具有非常重要的指导意义和战略意义。

可持续发展战略重视处理当代人与未来人之间的关系问题，即在保证当代人全面发展的同时，为子孙后代留下较好的生存和发展环境，使当代人的发展得以持续下去。与发达国家强调以持续促发展的观点不同，发展中国家强调以发展促持续。可持续发展战略强调通过控制人口，解决发展中国家人口过度增长造成的对土地、水流、森林资源的破坏，以及其他一系列环境问题；重视农业的发展，以解决农业发展不合理政策所带来的资源退化问题。该战略要求政府制定保护环境的发展计划、法规，提高全民族的环保意识，改善工业污染和能源污染的状况。

2. 调整产业结构

发展中国家在调整产业结构的过程中强调以发展工业为重点转向重视工业和农业相适应的发展，注意发展第三产业（服务业）、第四产业（科技和信息产业），加强国民经济中的薄弱环节，努力实现工业、农业、能源、交通、金融、服务等各部门的均衡发展。其主要变化是在国内，促进产业结构的升级和多样化，降低工业的比重，提高农业和服务业的比重。如亚洲“四小龙”逐步淘汰劳动密集型产业，纠正重工轻农的倾向，发展农业生产，改变粮食完全依赖进口的局面。在对外贸易中，降低初级产品的比重，提高制成品的比重。如东盟国家大力发展适合本地区资源条件的金属、化工等基础工业，提高农矿产品的加工程度，减少对初级产品出口的依赖。

3. 深化经济体制的改革

深化经济体制改革，主要包括两个方面：一是宏观经济政策的调整，二是微观经济基础的改革。在过去的几十年中，多数发展中国家的宏观经济是以国家干预为主的。国家干预有其客观必然性，但随着经济的发展，国家干预过多，管得过死，没有很好地发挥市场调节作用的弊端日益突出，限制和制约了经济的发展。发展中国家在深化经济体制改革的过程中，普遍实行减少国家对经济的直接干预和控制，重视加强经济杠杆的作用，将国家对宏观经济的调控与市场调节结合起来；建立合理的价格调节机制；实施金融自由化政策，完善金融机制；减少财政赤字，增加国家财政收入；改革外贸体制，实施贸易自由化；积极改善投资软环境等措施。在微观经济改革中，主要采取了对国有企业实行大规模的私有化，减少国家对私营企业和外资企业的限制以及对保留的国有企业进行深化改革的措施。

4. 实行对外开放

20 世纪 80 年代以来，许多发展中国家改变过去闭关自守的状况，突破了意识形态和政治关系的限制，在政治经济独立自主的基础上实行了对外开放。在对外开放过程中，它们注重对外经济贸易关系的多元性和多方位，以经济利益为重，发展同世界各国的经贸合作关系，并制定了吸引外资的优惠政策，保障外资利益，改善了投资环境。

上述四方面的调整和改革仍在继续进行。它将伴随着这个群体寻求发展的步伐和世界经济的发展变化而发展变化。

（四）发展模式的理论探讨与争论

学术界对发展中国家的经济体制调整和改革一直在进行理论探讨，先后出现了“华盛顿共识”“后华盛顿共识”“北京共识”等对不同改革模式的政策和经验的总结。

20 世纪 90 年代，拉美国家的经济改革是在“华盛顿共识”的指导下进行的。其基本做法是以私有化为主线，以出售国有企业为主要内容，进行经济结构和产权结构的调整，以市场化和自由化为指导对经济体制进行改革。虽然该“共识”的实践在拉美的一些国家取得了一些成效，但其代价极其高昂。特别是它使这些国家积累了诸多的经济和社会问题，导致 21 世纪初阿根廷和巴西等国家的经济接近崩溃的边缘。“华盛顿共识”实施的结果是在短短十年内摧毁了十多个经济体，使这些国家陷入了长期混乱和停滞。

因此，“华盛顿共识”从问世之日起就受到了各种批评。在西方，挑战“华盛顿共识”的是以美国经济学家、世界银行前副行长兼首席经济学家约瑟芬・斯蒂格利茨为代表的一批西方学者提出的“后华盛顿共识”。“后华盛顿共识”认为“华盛顿共识”不够全面，需要补充政府在经济中的作用和民主的重要性。因此，它并未触动“华盛顿共识”的理论基础。

2004 年 5 月，美国高盛公司政治经济问题资深顾问兼清华大学教授乔舒亚 · 库珀所提出的“北京共识”则是对“华盛顿共识”的最强有力的挑战。

“北京共识”认为，虽然各国的经济发展没有放之四海而皆准的规则可循，但是中国模式具有广泛的借鉴意义。其借鉴意义在于：发展中国家在谋求经济发展时，必须根据本国国情，通过创新和试验找到适合本国发展的道路，在保持国家稳定的基础上，自主地谋求经济、政治和社会的全面且持续的发展，而不能盲从西方的理论、政策和为其设定的发展模式，不惜代价地盲目改革和对外开放。其中最为根本的，就是中国的发展道路是独立自主、以我为主的发展道路，不盲目听信教科书或外国专家的意见，而是针对本国国情摸索创新。

关于发展中国家的发展道路和发展模式这一重大理论和实践问题仍在继续探索之中。

乔舒亚 · 库珀认为，中国发展的主要目标是：在坚持独立的同时寻求增长。“北京共识”的首要原则是创新，第二个原则是稳定，第三个原则是自主。这些原则基本上就是邓小平所提出的中国实现现代化的战略构想。因此，所谓“北京共识”，是指一种社会经济政治的发展道路、一种与西方国家迥异的经济管理和社会管理模式、一种可以在较长时间和较大地域范围内有示范作用的“进步框架”。

资料来源：舒行 .“北京共识”与邓小平的现代化构想 . 中国财经报，2004 - 07 - 29.

四、对外关系的发展变化

发展中国家的对外关系，从总体上讲，涉及南北关系和南南关系两大关系，全球、跨区域、区域、次区域和国家间等多个层次，以及政治、经济、军事、文化、社会等多个领域。

（一）南北关系的发展与变化

发展中国家与发达国家的关系即南北关系。在冷战时期，南北关系的发展大致经历了三个阶段。第一阶段（1945 年至 20 世纪 60 年代初），南方国家进行了反对帝国主义、殖民主义的民族解放运动，建立了民族独立国家。独立后，它们与北方国家进行了争取经济独立、巩固政治独立的斗争。1955 年的亚非会议标志着南方国家作为一支独立的力量登上了国际政治舞台。第二阶段（20 世纪 60 年代初至 70 年代末），南方国家以不结盟运动和七十七国集团为载体，展开了建立国际经济新秩序的斗争。1973 年石油斗争的胜利，1974 年《建立新的国际经济秩序宣言》和《行动纲领》以及《各国经济权利和义务宪章》的通过，迫使北方国家同意在全球范围内开展南北对话。1974 年 12 月，19 个发展中国家和 8 个发达国家举行了首次国际经济合作会议（南北会议），1977 年 5 月又举行了第二次会议。1979 年，第 34 届联合国大会通过了 138 号决议，确定了全球谈判的原则。第三阶段（20 世纪 80 年代），由于北方国家拒绝在贸易、资金、货币等领域做出重大让步，南北对话止步不前。为打破僵局，1981 年 10 月召开了南北坎昆会议，但由于美国的强硬态度，会议未能取得进展。

> 南北对话是发展中国家与发达国家围绕改革不合理的国际经济旧秩序、加强南北经济合作等问题进行谈判和斗争的重要形式。

整个 20 世纪 80 年代，南北关系一直处于僵局状态。尽管如此，南方国家仍然围绕着初级产品价格、债务、资金、技术等问题同北方国家进行了艰难的谈判和斗争。冷战时期，南北关系主要表现为国际经济领域里的对抗与对话，国际政治领域里的控制与反控制、干涉与反干涉的斗争。由于东西关系威胁着世界和平，和平问题成为世界政治的头等大事，南北关系的政治问题处于从属地位。

冷战结束后，南北关系出现了不同于以往的变化，主要表现在以下四个方面：

1. 南北关系中的政治问题日益突出

冷战结束后，从属于东西关系的南北政治关系凸显出来。在西强东弱的形势下，北方国家将人权、民主、安全和军控的重点由苏联和东欧国家转向南方国家，使南北在政治领域的矛盾日益尖锐。

（1）北方国家将人权、民主问题的矛头转向了南方国家，对南方国家发动了咄咄逼人的人权检查、民主选举监督和良好治理督查等一系列攻势，人权、民主、良治问题逐渐成为南北政治关系中的主要问题。具体表现在：

第一，以人权、民主、良治为借口干涉南方国家的内政。美国强调人权、民主是其对外政策的基石，人权外交成为美国对外战略的重要组成部分。欧共体和后来的欧盟则提出促进发展中国家的人权、民主和良治。

第二，把人权、民主、良治作为提供经济援助的条件。美国的条件是受援国要采取稳健的经济政策、良好治理和维护人权的政策。欧盟提出援助应以促进这些国家在人权、民主、良治方面的进展为条件。日本也主张要考虑受援国的民主化、基本人权和市场经济情况。凡达不到这些要求的国家，就会受到停止援助的惩罚，甚至是经济制裁和封锁。

> 美国是当今世界上对别国实施经济制裁最多的国家，它的经济制裁采取了除直接军事行动以外的一切手段，如对古巴进行了长达 61 年的经济封锁，尽管从 1992 年至 2022 年，联合国大会已连续 30 年通过决议要求美国解除对古巴的制裁，但美国一直置若罔闻，其根本原因就是古巴政府至今仍不实行西方的“民主化”“多党制”“市场经济”。美国的封锁政策，已给古巴造成了超过 1 542 亿美元的经济损失。

第三，利用大众传媒和一些基金会宣传西方的人权、民主观念、意识形态，进行文化渗透。美国的美国之音（VOA）、有线电视新闻网（CNN），英国的英国广播公司（BBC），欧洲自由电台（FE）等大众传媒，对南方国家进行广泛的、大量的宣传，力促南方国家的民众接受西方的人权思想、民主价值观念、政治制度和经济制度。近年来，它们通过“推特”（Twitter）、“脸书”（Facebook）等社交媒体干涉南方国家内政，扰乱其政局。以美国为首的北方国家还利用包括学术和文化交流在内的人员往来，培植亲信，进行思想文化渗透。它们利用一些基金会，一方面派遣教授、专家、学者到南方国家讲学，从事研究；另一方面也资助南方国家的学生、学者到北方国家去学习研究，使他们接受西方的自由、民主、人权思想的熏陶。北方国家还通过信息网络对南方国家进行政治宣传、文化渗透和文化侵略，传播西方的人权思想和民主价值观念。

> 据美国官方统计，在克林顿任期的8年间，美国在40多个非洲国家中开展了有关民主的宣传活动。美国政府建立的“民主与人权基金”，专门用于美驻非洲大使馆资助当地的人权等项目。为加强非洲的民主体制，仅2000财政年度的“非洲的民主基金”拨款就高达600万美元。

第四，动用武力直接干涉或借助联合国授权进行“合法”干预。1999年3月24日，以美国为首的北约打着“人权高于主权”“实行人道主义干预”的旗号，对南斯拉夫联盟公然发动空袭，对这个不结盟运动的创始国实行前所未有的狂轰滥炸，侵犯其主权，致使数千名平民百姓在战火中丧生，无数民用设施在空袭中夷为平地，近百万名难民流离失所。更为恶劣的是，它们不顾《联合国宪章》、国际法的基本准则和《维也纳外交关系公约》，悍然用导弹袭击中国驻南联盟大使馆，造成人员的重大伤亡和馆舍的严重毁坏。这一暴行是对中国主权的野蛮侵犯。2003年3月，美国以伊拉克研发、拥有大规模杀伤性武器为由发动了伊拉克战争。伊战结束后至今，该国国内安全状况一直堪忧，百姓的人权难以保障，政治稳定难以为继。在“人道主义干预”声名狼藉之后，西方国家又推出了“保护的责任”的新观念，并促推联合国大多数成员国接受了这一理念。2011年的“阿拉伯之春”引发了叙利亚内战，随后演变为多国参与的战争。美国等西方国家对叙利亚实施了经济制裁，使其民不聊生。2023年2月6日爆发的土耳其、叙利亚大地震，由于缺乏救援设备和物资，使叙利亚很多民众因得不到及时有效的救助而丧生。国际社会呼吁美国停止制裁，以减轻叙利亚人民的苦难，但美国仍然置若罔闻。事实证明，它们所谓的“人权”“人道”“民主”，只不过是其推行霸权主义、强权政治、新干涉主义的一块遮羞布而已。

（2）北方国家把南方国家作为安全和军控政策的重要组成部分。冷战结束后，在安全和军控问题上，以美国为首的北方国家把安全战略的重点转向南方国家。美国在1992年度国防报告中提出以“全球威慑，应急反应”为核心的新防务战略，主张把安全战略的重点从对付苏联、准备打一场世界大战转到对付南方国家和地区的局部战争，并准备打击对美国重大利益进行挑战的国家和力量。西欧在海湾战争以后也认为，今后在军事上具有更大、更直接意义的是南部防务，而不是位于欧洲中心的东部防务。出于构建自身主导或于己有利的地区与国际安全秩序的考虑，北方国家积极介入发展中国家与地区安全事务，并实施了一系列军事干涉，典型事例是2003—2010年伊拉克战争、2001—2021年阿富汗战争、2011年介入利比亚内战。但是这些干预行动的后果却令人失望，招致广泛批评，因为并未带来所承诺的安全与改善，而且加剧了当事国某些方面的困难与乱象。随着大国地缘竞争重新成为北方国家的首要安全关切，一些发展中国家与地区组织因具有可以作为遏制对手工具的潜在战略价值而受到支持、援助和怂恿。南方国家面临着应对拉拢分化，保持自主自立，维护国际合作与和平发展的新抉择。

在军控领域，北方国家认为，核、生、化等大规模杀伤性武器和导弹技术在南方国家的扩散，是对其安全利益的重大威胁。美国已把防止核及其他军事技术的扩散置于其安全和对外政策的优先地位。北方国家特别是美国所推行的军控政策，具有明显的不公正性和双重标准，它们只限制别人，不限制自己；只限制不跟着美国走的国家，不限制随它转的“伙伴”。美国可以做世界上最大的军火商，却指责别国出售武器零件。

随着冷战后南北政治矛盾日益凸显，人权、民主、良治问题已经成为影响南北政治关系的主要问题。南北经济关系与南北政治关系已经相互渗透，相互影响，彼此交融。今后，南北政治经济关系将进一步加强，这不仅由于霸权主义、强权政治仍要施威，而且还在于北方国家的新殖民主义、新干涉主义还会肆虐，它们还将继续利用人权、民主、良治问题向南方国家施压。但随着经济全球化和世界多极化的进一步发展，诸多的全球性问题，如核扩散问题、局部冲突和战争问题、走私贩毒问题，尤其是国际恐怖主义问题等，必须南北合作才能解决。

2. 南北经济矛盾更加尖锐

冷战结束后，南北经济矛盾更加突出。列入美国普通及“超级 301 条款”的 28 个国家和地区，近一半是东亚及拉美新兴工业化国家和地区。欧盟在贸易优惠制度的调整中，把劳工标准和环境问题同贸易挂钩。在 1991—2015 年，南方国家经济的年平均增长率普遍高于北方国家①，一些南方国家在世界贸易中的地位逐步上升，在世界资金市场上也逐渐成长为北方国家的竞争对手。尽管南方国家的发展对北方国家恢复经济增长起了主要带动作用，但是却使北方国家感到自己的经济强权地位受到威胁。中国在加入世贸组织的过程中受阻和至今主要西方国家仍不承认中国的市场经济地位就是例证。南北经济矛盾尖锐，主要表现在以下几个方面：

第一，南北差距继续扩大。冷战结束后 30 年来，由于中国、印度、巴西等发展中大国经济有较大发展，从整体经济规模看，南北差距有所缩小，但并未发生质的变化。如果从科技发展水平来考察南北关系，其差距更大。穷国愈穷、富国愈富的现象仍在继续，世界上“最不发达国家”由 1989 年的 42 个增至 2022 年的 46 个，占发展中国家的近 1/3。虽然世界贫困人口已由 1990 年的 18 亿下降至 2022 年的 7.02 亿，但贫困人口绝大多数都生活在发展中国家，特别是南亚和撒哈拉以南的非洲地区，减贫任务相当艰巨。

第二，南方债务负担有增无减。1988 年南方国家外债总额为13 750 亿美元，2002 年增至 22 000 亿美元。债务问题已成为南北关系中的一个重大问题。南方国家的债务已对国际金融市场产生强烈冲击，严重威胁着债权国——北方国家的经济利益。因此，20 世纪 90 年代以来，北方国家和一些国际金融机构相继采取措施，缓解债务危机。2008 年受全球金融危机的影响，发展中国家的债务大幅度增长。2020 年在新冠疫情的叠加影响下，发展中国家债务存量余额高达 8.69 万亿美元。国际金融机构和巴黎俱乐部为代表的西方国家是发展中国家的主要债权方，是绝大多数最不发达国家最主要的债权方。正是它们利用债务问题左右发展中国家发展模式的选择，威胁着其主权和政

① 世界经济年鉴编辑委员会．世界经济年鉴：1990—2015．北京：经济科学出版社，1990—2015．

权的安全。

第三，北方发展援助远未达标。《联合国第二个十年国际发展战略》规定，到1980年，北方国家对南方国家提供的官方发展援助应占援助国国民生产总值的0.7%。但是，目前除少数国家外，大多数北方国家远未达到它们所承诺的指标，而且出现了下降趋势。2017年，经合组织国家提供的官方发展援助额为1 466亿美元，其平均值仅为0.31%，大大低于0.7%的目标。其中世界第一大经济强国的美国援助额只占其国民生产总值的0.18%。

第四，国际资金供求矛盾日益尖锐。20世纪90年代以来，国际投资总额的80%为北方国家间的相互投资，投入南方的资金不到20%，而且资本流动出现了从南方国家向北方国家回流的情况。国际资金流向受1995年墨西哥金融危机、1997年东南亚金融危机、2008年全球金融危机、外汇市场剧烈动荡以及2020年以来新冠疫情的影响，对南方国家吸收资金、发展经济极为不利。南方国家因援助减少并陷入还债困境，缺少发展资金的状况更为严重。

第五，南北贸易权利极不平等。两极格局终结后，冷战变成了商战。在美欧日等发达国家的“战场”上，商战数额巨大，争斗激烈，但条件比较平等；在南北“战场”，数额较小，条件不等，斗争残酷。占全球人口20%的北方国家拥有全球生产总值的86%和出口市场份额的82%，而占人口75%的南方国家分别仅拥有14%和18%的份额。其中最不发达的46个国家，人口占世界人口的13%，其出口额仅占全世界出口总额的1.1%。此外，它们还遭受到发达国家的种种歧视、排挤和限制。北方国家的反倾销和非关税壁垒措施不断增加，挤压南方国家农产品出口的农产品补贴额越来越多，南方国家的农矿产品与北方国家的高科技产品所形成的价格剪刀差越来越大，南方国家的贸易条件比十年前更加恶化。据统计，由于目前不公平的贸易、劳务和金融体制，南方国家每年蒙受的损失高达5 000亿美元，相当于它们所获得援助的10倍。

目前，北方国家以非关税壁垒作为贸易保护主义的主要手段。同时，以北方国家为主体的跨国公司已成为世界贸易的主要承担者和微观载体，它们的雄厚实力和先进的营销方式主宰着世界贸易，南方国家的公司则处于不利的地位。美国等北方国家借助反倾销保护国内市场，坚持将经贸与人权、民主、劳工条件、环保等问题挂钩；美国还以最惠国待遇为武器，迫使南方国家按照它的意愿行事；特别恶劣的是，美国还以国内法为依据，挥舞所谓“超级301条款”的大棒对南方国家进行威胁和报复，甚至通过《赫尔姆斯-伯顿法案》来制裁他国。

第六，环保问题日益尖锐。1992年6月，联合国环境与发展大会把环境问题作为一个全球性问题列入《21世纪议程》，环保问题成为南北关系中的一个突出的新问题。北方国家强调环境优先，要求在保护环境的前提下发展经济。近年来，它们空前重视环保产业（亦称绿色工业），视其为朝阳工业。与此同时，它们将环境成本转移到南方国家，却并不给南方国家资源消耗以应有的补偿。南方国家认为，北方国家是全球资源消耗和环境退化的主要制造者，南方国家则是主要受害者。南方国家强调发展优先，通过发展提高资源的利用率，同时重视环境保护，以促进环境与发展的和谐，实现全球可持续发展。为此，南方国家要求提高初级产品价格，要求北方国家提供对环境无害的技术转让和环保技术转让。

第七，建立国际经济新秩序更加艰难曲折。20 世纪 90 年代以来，南方国家建立国际经济新秩序的斗争已经从经济领域扩展到国际政治经济领域，斗争的焦点也由要不要建立国际经济新秩序转到建立什么样的国际经济新秩序问题上。在改革国际经济旧秩序方面，自 20 世纪 80 年代南北对话由于美国的阻挠陷入僵局后，实际上，这么多年来进展有限。如今，面对经济全球化的发展，发展中国家正在通过南南合作、集体自力更生以及同北方国家进行对话与合作的途径发展自己。但这些与建立国际经济新秩序的目标相去甚远，而且随着经济全球化的加速发展，全球问题的日益增多，建立国际经济新秩序的斗争更加复杂和艰难。

3. 跨区域南北合作的发展

南北关系既有对立斗争的一面，也有依存合作的一面。南北相互依存是客观存在，南方国家只有经过斗争才能求得与北方国家的合作，南北只有合作才能求得共同发展。由于经济全球化和国际政治多极化的发展，北方国家从自身的利益考虑，开始重视加强南北合作。南北关系冲破了相对单一的经济内容，日益向多层次、多方位和更广泛的领域发展。

在亚太地区，美国提出了“新太平洋共同体”的构想，并于 1993 年倡议召开了西雅图亚太经济合作组织非正式首脑会议，随后形成了一年召开一次会议的固定模式；日本则以亚洲作为战略依托，加紧了对亚洲市场的开发；西欧大国竞相与亚洲国家发展经贸和政治关系，欧盟与亚洲国家从 1996 年开始至 2023 年先后举行了 13 届亚欧首脑会议，共同探讨建立 21 世纪的亚欧全面伙伴关系问题以及双方政治、经贸、社会、文化及其他领域的合作、交流与发展问题。

在中东，美国通过 1991 年的海湾战争，取得了在中东地区的主导权，在中东和平进程中扮演了举足轻重的角色。1993 年签订了《奥斯陆协议》，1994 年建立了巴勒斯坦自治政府，中东和平进程虽然一波三折，但这一进程不可逆转。1995 年 11 月，欧盟提出了建立欧盟-地中海伙伴关系的创意，启动了“巴塞罗那进程”，决定在三个领域（政治与安全、经济与金融、社会与文化）和两个层次（多边和双边）上与地中海东岸和南岸的阿拉伯国家建立伙伴关系，2008 年 7 月举行的领导人峰会正式宣布成立地中海联盟，力图通过发展贸易，提供援助，建立和平、稳定、共享繁荣的环地中海自由贸易区。日本也加强了参与中东事务的力度。

在非洲，1997 年 6 月，美国总统克林顿宣布了一项促进非洲国家对美国出口和促进美国对非洲的私人投资计划，宣布 1 783 种产品可以免税进入美国。1998 年 3—4 月，克林顿出访了非洲六国，其目的是“建立跨世纪的美非新型贸易伙伴关系”。1999 年 2 月，46 个非洲国家的部长与美国签署了长达 13 页的文件，勾画了“21 世纪美非伙伴关系的蓝图”，并决定成立“美国-撒哈拉以南非洲贸易与经济合作论坛”，以保证双方高层领导能每年聚会，商讨经济合作事宜。2000 年 8 月，克林顿再次访问了非洲，创造了在任美国总统两次访非的纪录。同年 5 月，美国国会通过了《非洲经济增长与机会法案》。是年 10 月，该法案生效。该法案是美国针对撒哈拉以南非洲国家颁布的一个单方面的非互惠性法案，旨在通过免关税和免配额的做法，为撒哈拉以南非洲国家商品进入美国市场提供机会。截至2017年底，非洲有39个该法案受惠国。“美国-撒哈拉以南非洲贸易与经济合作论坛”，至2011年7月共召开了10次会议。2014年8月，美国举办了首届美国-非洲首脑峰会。2018年12月，美国特朗普政府公布了“新非洲战略”。时隔8年，2022年12月13—15日，拜登政府举行了第二届美非峰会。法国一直保持着与原非洲殖民地的特殊关系，它同22个非洲国家有军事合作协定。1995年，法国推出了“新非洲政策”。1996年，在第19届法国与非洲国家首脑会议上讨论了非洲良政与发展问题。1998年，在巴黎举行了有49个非洲国家的元首或代表出席的第20届法国与非洲国家首脑会议。1999年12月，在巴黎召开了有52个国家参加的第20届法国与非洲国家首脑会议后续会议。这个创建于1973年的首脑会议，已经形成了每两年一次的定期会议机制。到2021年1月已召开29届会议，成为法国与非洲国家合作的重要平台。2000年4月，首届欧非首脑会议在开罗举行，提出了“建立面向21世纪的平等参与的欧非战略伙伴关系”。截至2022年共举行了6届欧非首脑会议。

在非加太地区，2000年6月23日，15个欧盟成员国与该地区77个国家在贝宁的科托努正式签署了新的贸易和援助协定——《科托努协定》，从而结束了实施25年之久的《洛美协定》。新协定有效期20年。根据协定，欧盟在8年过渡期中将向非加太国家提供135亿欧元的援助，非加太国家97%的产品可以免税进入欧盟市场。该协定的内容还包括双方进行全面政治对话、扩大经贸合作、实行贸易自由化等。

在拉美，1998年4月，美洲34国（除古巴外）在智利首都圣地亚哥举行了第二届首脑会议，宣布正式启动建立美洲自由贸易区的谈判，但该自由贸易区未按承诺在2005年前建成。1999年6月29日，欧盟15国与来自拉美33国的元首、政府首脑或代表，在巴西的里约热内卢隆重举行了首届欧盟-拉美首脑会议。会议强调，欧盟与拉美国家要进一步加强两地区的政治、经济和文化等领域的联系，“建立面向21世纪的战略伙伴关系”。2006年5月，欧盟-拉美国家举行了第四届首脑会议，会议通过了旨在推进双边关系的《维也纳宣言》，并宣布启动欧盟与一些拉美次区域组织的贸易区谈判。2008年5月举行了第五届欧盟-拉美国家首脑会议，与会各国领导人着重讨论贫困、可持续发展、气候变化、环境保护、社会共融、食品安全等问题，并最后签署《利马声明》。此后又分别于2010年5月和2013年1月召开了第六、七届首脑会议，共同探讨两地区经济合作与可持续发展问题。2013年，该峰会更名为拉共体-欧盟首脑峰会。2016年10月在多米尼亚举行了第八届峰会。2000年4月，欧盟与南方共同市场开始了有关自由贸易的谈判，并已成为该地区的主要贸易伙伴、投资者和资金提供者。2007年4月，欧盟和南方共同市场又在欧盟和里约集团的框架内启动了两个集团之间的贸易谈判进程。2010年5月双方重启自贸协定谈判。2015年7月南方共同市场第四十八届首脑会议决定加快推进与欧盟的自贸谈判，2019年6月，谈判取得了一定的突破。2023年1月德国总理舒尔茨呼吁双方重启自由贸易协议谈判。日本也在力图加强与拉美国家的关系。

区域与跨区域南北关系的发展在21世纪初形成了北美自由贸易区、欧盟-地中海自由贸易区、亚太自由贸易区三大经济板块。每一板块中既有北方国家，也有南方国家。南北关系的发展与深化标志着南北关系的发展进入了一个新阶段。

4. 南北关系向多层次、多方位和机制化方向发展

经济全球化的发展使南北关系冲破了相对单一的经济内容，日益向多层次、多方位和更广泛的领域发展。21世纪的南北关系不仅包括双边和多边的关系，而且包括国家、次区域、区域、跨区域、全球等多个层次；不仅包括政治经济关系，而且包括社会文化等多个领域多个方位的关系；不仅有次区域、跨区域的合作机制，而且正在构建新的全球合作机制。具体表现在：

其一，合作领域更加广泛。南北除了上述政治经济领域的合作外，在能源、环境、气候变化、资源、粮食、债务、难民、禁毒、公共卫生、核不扩散、反恐等问题和领域也展开了合作。

其二，构建了国家、区域和跨区域的对话合作机制。在国家层次上，有中美、中欧双边战略对话机制，还有印美双边战略对话机制等；在区域层面上，有东盟“10＋3”机制和东亚峰会机制，还有北美自由贸易区；在跨区域层面上，有亚太经济合作组织峰会的固定模式、亚欧会议、美国-撒哈拉以南非洲贸易与经济合作论坛、欧非首脑会议、欧盟与非加太国家在《科托努协定》框架下的合作、欧盟-地中海联盟等，还有美洲国家首脑会议、援助非洲东京国际会议机制和拉共体-欧盟国家首脑峰会等机制。

其三，八国框架下的南北对话机制的发展变化。21世纪初，南北关系最引人注目的变化是，一年一度的以西方大国协调为特点的八国首脑会议增加了与发展中国家对话的安排。2003年法国埃维昂峰会上，八国首脑不仅邀请了中国、印度等11个发展中国家的领导人与会议事，而且还与其举行了首次南北领导人非正式对话会议。此后，2005—2010年进行了6次南北领导人间的非正式对话。对话的内容包括非洲的发展问题、全球气候变化问题、全球能源问题等。其最重要的成就是八国集团取消了18个重债穷国的400亿美元的债务（2005年），以及表示向非洲提供600亿美元的援助资金（2007年）。随着二十国集团领导人峰会的正式启动，该机制被取代。

其四，二十国集团机制为全球南北关系的发展和国际机制的变革提供了新的平台。2008年的全球金融危机促使了2009年二十国集团第三次首脑峰会的召开，并在峰会发表的《领导人声明》中宣布其为永久性的全球经济主要协调和合作机制。至2023年11月，二十国集团已召开18次峰会。该机制的建立不仅表明发展中国家在世界经济中地位的上升和作用的增强，而且也预示着国际机制将出现新的调整和变革。

南北关系的上述变化深刻地说明，随着国际垄断资本扩张所推动的经济全球化的深入发展，发达国家已经难以在过去的框架中按照旧有的模式来处理当今世界的矛盾和问题。国际金融动荡和危机与世界经济发展的问题必须通过南北协作才能解决。南北之间相互依存加深，对话才有利于缓解日益加重的南北矛盾和全球问题。南北区域一体化的深入和经济全球化的发展必须解决全球性的结构问题。全球治理离不开发展中国家的合作。发达国家必须重视发展中国家为全球经济增长做出的突出贡献，重视它们在世界政治经济中的地位和作用。南北只有对话与合作，才有利于人类命运共同体的建设。

（二）南南关系中的合作与矛盾

发展中国家的相互关系即南南关系。南南关系既有团结合作的一面，又有矛盾和冲突的一面。共同的历史遭遇和发展经济的共同任务是南方国家团结合作的基础，发展中国家团结合作构成了南南关系的主流。南方国家都是主权独立的国家，有着各自不同的国家利益，再加上历史遗留下来的领土边界争端、民族矛盾、宗教纠纷，以及大国的干涉和某些国家追求地区霸权的政策，便导致了南方国家之间的矛盾、冲突和战争。南方国家之间的矛盾是普遍存在的，稍有不慎便会发生冲突或战争，但这不代表南南关系的主流。

南南合作起始于政治领域，发展于经济领域，深化于政治与经济合作的有机结合。1955 年的万隆会议是南南合作的先声，20 世纪 60 年代不结盟运动的兴起和七十七国集团的建立标志着整体性南南合作的开始。此间，非洲统一组织（简称非统，非洲联盟的前身）、石油输出国组织、安第斯条约集团、东盟等经济和政治合作组织建立，促进了区域性南南合作的发展。这时的南南合作维护了民族国家的独立和主权，打击了帝国主义和殖民主义，其成就主要在政治领域。1973 年的石油斗争是南南合作中政治与经济结合的典范，争取建立国际经济新秩序的斗争使南南合作的影响不断扩大。发展中国家首次提出了“集体自力更生”的思想，还在联合国大会上通过了《建立新的国际经济秩序宣言》和《行动纲领》以及《各国经济权利和义务宪章》。这一时期，发展中国家建立了有 100 多个国家参加的 30 多个区域性合作组织和有 90 多个成员国的 27 个原料生产国或输出国组织，促进了发展中国家在贸易、金融、资金、技术、粮农、能源、工业等领域的合作，经济成就尤为显著。20 世纪 80 年代，发展中国家经济面临严重困境，南北对话陷入僵局，南方国家便更加重视发展中国家之间的合作。拉丁美洲一体化协会、海湾合作委员会（简称海合会）、阿拉伯合作委员会和马格里布联盟相继诞生，推动了南方国家区域一体化的发展。到了 90 年代，这种趋势更加明显。

当今的南南合作有如下特点：

1. 区域一体化发展迅速

发展中国家的区域经济一体化在经济全球化进程中迅速发展。在亚洲，虽然没有一个囊括全区域的一体化组织和机制，但在东北亚、东南亚、南亚和中东等次区域都建立了次区域性组织和合作机制。其中东盟和海合会是亚洲发展中国家区域一体化发展最快的最有代表性的区域一体化组织。东盟建立 50 多年来，不断发展壮大，取得了令人瞩目的成果。20 世纪 90 年代，东盟已从 6 国扩大到 10 国，标志着东盟建立面向 21 世纪的“东南亚联盟十国共同体”取得了重大进展。21 世纪以来，东盟各国加强了在经济、政治、安全以及文化等领域的合作，并通过深化内部经济政治改革、扩展区域国际制度等举措，增强整体实力及在国际舞台上的地位和作用。目前，东盟主导着东盟地区论坛、东盟“10+3”（中国、日本、韩国）、东亚峰会等机制，与世界各大国积极对话，建立平衡关系，在区域和跨区域事务中发挥着重要作用。海合会是中东地区一面团结合作的旗帜。自 1981 年 5 月建立以来，海合会每年都召开首脑会议，定期召开外交、国防、石油、财政大臣会议，商讨六国和海湾地区面临的重大问题，协调政治、经济、外交和军事领域的行动，其在经济一体化和军事合作方面均取得了较大的进展。

在非洲，1991 年，非洲 51 国在非洲统一组织第 27 届首脑会议上签署了该组织制定的《建立非洲经济共同体条约》。1995 年，该条约付诸实施，非洲一体化开始起步。为在经济全球化和政治多极化条件下加强非洲国家的政治经济合作，2002 年非洲联盟正式成立。这是新形势下非洲联合自强发展的必然产物。非盟建立后出台了一系列促进非洲发展的举措。2015 年，非盟峰会通过了《非洲 2063 年议程》，全面规划了非洲未来近 50 年地区一体化、和平繁荣新非洲的发展远景。2018 年 3 月，44 个非盟成员国签署了《非洲大陆自由贸易区协定》。2021 年 1 月 1 日，非洲大陆自由贸易区启动，成为非洲区域一体化的重要里程碑。

在拉美，1991 年由阿根廷、巴西、巴拉圭、乌拉圭建立了南方共同市场。1995 年，南方共同市场正式启动，成为第一个由发展中国家组成的共同市场。至 2022 年 7 月，南方共同市场共举行了 60 次首脑会议讨论合作发展的问题。安第斯条约组织于 1991 年决定建立安第斯自由贸易区，并确定了集团对外部的共同关税，形成安第斯关税同盟，进而建立共同市场。2004 年，南方共同市场和安第斯共同体实现联合，组建了南美国家共同体（简称南共体），成为世界排名第三的区域性经济集团。2008 年 5 月，南美 12 国签署了《南美洲国家联盟宪章》，成立南美洲国家联盟。作为拉美地区常设性政治协调机构的里约集团在拉美国家和世界一系列政治问题上达成了共识，这些问题包括海地危机、古巴问题、巩固民主、发展地区经济一体化、美洲国家首脑会议和联合国改革等。这有利于拉美国家在这些问题上的一致行动。因 2011 年 12 月，在拉美和加勒比 33 国峰会上成立了拉美和加勒比国家共同体（简称拉共体），里约集团终止运行。拉共体是西半球最大的区域性政治组织。该组织致力于维护地区和平，保障地区安全，就拉美地区政治、经济、社会文化等重大议题进行磋商，协调立场，深化拉美一体化进程，促进地区团结、独立和发展。

2. 合作内容多样化和合作伙伴多元化

南方国家合作的内容既有经济、政治方面的，也有社会、文化方面的，还有一些全球性的问题。如东南亚的缅甸、泰国和拉美的委内瑞拉、哥伦比亚等国在联合打击走私、贩毒方面，进行了卓有成效的合作。1991 年在北京举行的发展中国家环境与发展部长级会议是南方国家在环境和发展领域加强合作的里程碑。南南合作不仅在区域集团内部进行，而且在区域集团之间进行；不仅在南方国家之间进行，而且也扩展到与发达国家中的区域集团进行合作。如南部非洲发展共同体，不仅在南部非洲国家之间进行经济合作，而且还同印度洋委员会建立了联系，并签署了两个地区经济合作方式的谅解备忘录。该组织还与欧盟、东盟、南方共同市场进行了经济合作和贸易往来。再如中国与非洲国家的多边合作是在中非合作论坛的制度框架下进行的。中非合作论坛自 2000 年 10 月建立后至 2021 年已召开了 8 届会议，讨论中非合作发展事宜。2006 年、2015 年和 2018 年在北京与南非约翰内斯堡分别举行的三次中非合作论坛峰会，把南方国家之间的合作推向了一个新的高度。

3. 不结盟运动和七十七国集团调整了战略，继续在国际舞台上发挥作用

冷战结束后，作为整体南南合作载体的不结盟运动（主要在政治领域）和七十七国集团（主要在经济领域）面临着严峻挑战。此时，不结盟运动被置于历史发展的十字路口，一度队伍思想混乱，拉美大国阿根廷甚至退出了不结盟运动。七十七国集团在维护发展中国家的经济利益方面的作用也有所减弱。无论是不结盟运动还是七十七国集团，在处理重大国际政治和经济问题上都缺乏权威性与主导性。但是，不结盟运动所倡导的基本原则和宗旨，如独立、自主和非集团原则，坚决反对帝国主义、新老殖民主义、种族主义和一切形式的外来统治与霸权主义，支持各国人民维护民族独立、捍卫国家主权以及发展民族经济和民族文化的斗争，主张国家关系民主化和建立国际经济政治新秩序等，合乎时代的潮流，反映发展中国家的利益和主张，仍然具有强大的生命力和重大的现实意义。七十七国集团在联合国协调行动，建立国际经济新秩序的斗争仍然是发展中国家长期而艰巨的任务。

冷战结束后，针对变化了的国际形势，不结盟国家和政府首脑会议在1992年第10次会上反复认真地讨论了不结盟运动的命运，批判了“取消论”“无用论”，达成了不结盟运动不仅仍有存在的必要，而且要在国际事务中发挥更大作用的共识。同时，面对现实对不结盟运动提出的严峻挑战，在坚持不结盟运动的基本原则和宗旨的基础上调整了战略重点，确立了今后前进的方向。首先，将运动的重心转移到经济领域，把“帮助发展中世界摆脱贫困、愚昧和落后”作为今后的主要任务，并提出了一些具体的行动措施。其次，继续坚持不结盟运动的原则和宗旨，反对霸权主义，反对大国干涉内政，为建立和平与发展的国际新秩序而斗争，使不结盟运动成为一支反对战争、维护世界和平的生力军。此后，几次会议都根据不断变化的国际形势确立了自己的对策。2009年7月，第15次不结盟运动首脑会议着重讨论了不结盟运动的发展方向、前景以及包括联合国改革、中东和平、全球金融危机、能源问题、气候变化、食品安全和核问题在内的国际与地区热点问题，发表了最后文件和《沙姆沙伊赫宣言》。至2019年第18届不结盟运动峰会，成员国达到120个，还有17个观察员国和10个观察员组织。

不结盟运动还与七十七国集团共同确立了冷战后的具体目标，即在经济发展问题上，反对将多数发展中国家排斥在世界经济主要决策过程之外，要求实现国际经济关系的民主化；在世界和平与安全问题上，强调通过和平协商形式解决种族、宗教、政治和社会争端，特别是历史性争端；在裁军问题上，主张全面无歧视地实现裁军；在联合国的改革问题上，强调发挥联合国的作用，特别是贸易和发展会议、工业发展组织在推动南方国家经济发展和合作中的作用；在人权问题上，反对将人权作为政治施压的工具，强调各国人民生存权和发展权的重要性；在建立国际新秩序问题上，提出建立以和平、公正、平等、民主和完全尊重国际法准则为基础的，无缺陷、无担忧、能兼容并蓄的世界新秩序。为适应新形势的需要，七十七国集团不仅与不结盟运动共同制定了上述目标，而且还调整了自己的斗争策略。其内容是，把实施同发达国家建立“相互依存”关系的灵活政策，与加快全球化趋势下的南南合作进程结合起来，以促进南北对话取得更有效的成果。2000年4月，在七十七国集团主持下，举行了首次南方首脑会议，就如何应对21世纪经济全球化对南方国家的挑战进行了商讨。2005年6月又举行了第二届南方首脑会议。2018年9月，“77国集团＋中国”第42届部长级会议在纽约联合国总部举行，促进了中国与七十七国集团的发展合作。截至2022年7月，七十七国集团有正式成员国133个。

当前，影响南南合作的主要因素有民族或种族矛盾、宗教矛盾、领土与边界纠纷、地区霸权主义、经济矛盾以及由这些问题引起的内外冲突和战争。领土与边界纠纷是发展中国家之间关系恶性发展的主要原因之一。几乎所有的发展中国家都与其相邻的发展中国家存在此类问题。而且，战后以来发展中国家之间大规模的武装冲突，都与领土边界问题有关，如印巴之间的三次战争、欧加登战争、两伊战争、伊拉克入侵科威特等。领土边界争端多是历史遗留问题，更多的是殖民主义者留下的后患。非洲的边界问题主要是19世纪帝国主义瓜分非洲造成的，印巴、两伊、欧加登问题都与殖民主义有直接的关系。某些发展中国家的统治集团追求地区霸权主义和扩张主义政策，从而恶化了与邻国的关系，如伊拉克侵略科威特。印度为了谋求地区霸权，不顾国际社会多年的核不扩散努力，于1998年5月进行了五次核试验活动，遭到了国际社会的谴责，恶化了与邻国巴基斯坦的关系，迫使巴基斯坦也进行了核试验活动。

发展中国家经济发展的不平衡，导致发展中国家经济上的差异和矛盾。发展中国家经济上的矛盾主要有：大国与小国、贫国与富国、高收入国家与低收入国家之间的矛盾，原料和初级产品出口国与制成品出口国之间的矛盾，产油国与非产油国之间的矛盾，沿海国与内陆国之间的矛盾，自然资源占有与使用之间的矛盾，等等。这些矛盾是市场经济发展的必然产物，同时也与国际经济旧秩序密切相连，因此，解决矛盾的难度很大。特别是在经济全球化的大潮下，南方国家进入世界市场的风险增大，经济领域的竞争加剧，南南合作的外部制约因素也在增大。为了发展中国家的共同利益，发展中国家正在不断加强相互间的协调与合作，化解矛盾，和平解决内部争端，继续为世界和平与发展做出贡献。

阅读书目

1. 刘青建．当代国际关系新论：发展中国家与国际关系．北京：清华大学出版社，2004

2. 畅征，刘青建．发展中国家政治经济概论．北京：中国人民大学出版社，2001

3. 畅征，陈峰君．第三世界的变革．北京：中国人民大学出版社，1997

4. 李琮．第三世界论．北京：世界知识出版社，1993

5. 威亚尔达．新兴国家的政治发展．北京：北京大学出版社，2005

6. 克莱斯勒．结构冲突：第三世界对抗全球自由主义．杭州：浙江人民出版社，2001

思考题

1. 发展中国家政治发展的主要问题是什么？
2. 发展中国家的经济发展取得了哪些成就？面临哪些问题？
3. 20世纪80年代中期以来发展中国家进行了哪些调整和改革？
4. 21世纪南北关系有哪些特点？
5. 为什么说发展中国家是国际舞台上的一支重要力量？

第五章

社会主义国家的经济与政治

要论提示

● 战后一系列社会主义国家的建立和发展对世界政治经济产生了重要影响。

● 苏联社会主义模式是特定历史条件下苏联对社会主义的探索与实践，它既具有历史合理性，又具有局限性。

● 进入 20 世纪 80 年代，以中国为代表的一批社会主义国家开始了改革进程。苏联东欧国家在改革中迷失了方向，放弃了社会主义。中国坚持社会主义方向的改革取得了举世瞩目的成就。

● 社会主义只有在不断改革与创新中才能发展。

关键词

社会主义　苏联模式　改革

从早期空想社会主义提出社会主义的美好理想，到马克思和恩格斯提出科学社会主义理论并亲自参与革命实践，再到列宁领导 1917 年十月革命胜利，建立世界上第一个社会主义国家，以及战后出现一批社会主义国家，社会主义经历了一个漫长的发展过程。

社会主义的兴起是 20 世纪最伟大的事件。1917 年俄国爆发的十月革命开创了人类历史的新纪元。第二次世界大战后，世界上出现了一个社会主义体系。社会主义在多国的胜利，不仅使走上社会主义道路的欧亚国家在短时间内改变了落后面貌，政治经济发生了深刻变化，而且对战后世界政治经济的发展产生了重要的影响。几十年来，社会主义国家在实践中，既取得了伟大的成就，又有着许多曲折和教训。20 世纪 80 年代末 90 年代初，苏联解体、东欧剧变，世界社会主义运动出现了严重挫折。但是，正如邓小平所说："一些国家出现严重曲折，社会主义好像被削弱了，但人民经受锻炼，从中吸收教训，将促使社会主义向着更加健康的方向发展。"[①] 进入 21 世纪的社会主义国家都在走改革之路，探索把马克思主义同本国实际相结合的道路。世界社会主义运动的发展也进入了一个新的阶段。

---

① 邓小平．邓小平文选：第 3 卷．北京：人民出版社，1993：383.

一、战后社会主义国家的发展壮大

第二次世界大战后，社会主义突破了苏联一国的范围，向东欧和东亚扩展。在欧洲，随着苏联红军在第二次世界大战后期向德国推进，东欧大片地区被解放。在这个基础上，波兰、保加利亚、阿尔巴尼亚、罗马尼亚、捷克斯洛伐克、匈牙利、南斯拉夫和民主德国均走上了社会主义道路。其中，南斯拉夫和阿尔巴尼亚分别在本国共产党的领导下，主要依靠本国人民的武装力量打败法西斯，获得解放；波兰、保加利亚、匈牙利、捷克斯洛伐克、罗马尼亚五国主要依靠苏联红军的力量获得解放；民主德国原是德国苏占区，在苏联的帮助和支持下，经过几年民主改革建立起人民民主政权。在亚洲，随着日本法西斯的节节溃败和最后投降，金日成领导下的朝鲜人民军配合苏联红军，在朝鲜北部建立了人民民主政权；胡志明组织和发动的“八月革命”解放了印度支那的大片国土，建立了越南民主共和国；中国共产党领导人民在 1949 年打败国民党，建立了中华人民共和国。在拉丁美洲，1959 年古巴建立了社会主义政权。20 世纪 70 年代中期，老挝和柬埔寨也分别建立了社会主义政权①。这样，加上第二次世界大战之前即已建立的蒙古人民共和国，世界上共有 16 个社会主义国家。

（一）社会主义制度的建立与发展

欧亚一批社会主义国家在革命胜利后，主要面临两大任务，即建立共产党领导的人民民主政权和对所有制进行社会主义改造。首先，欧亚各国在本国共产党的领导和苏联的帮助下，纷纷建立了工人阶级和劳动人民的革命政权。其中南斯拉夫、阿尔巴尼亚、中国等国由于共产党力量强大，且具有较强的群众基础，在解放之后便建立了共产党领导的人民民主政权；而波兰、保加利亚、匈牙利、捷克斯洛伐克、罗马尼亚等国则在解放后一段时间内建立了包括资产阶级在内的多党联合政府。随着冷战的爆发和国内形势的发展，这些国家的共产党动员人民群众，在苏联的支持下，最终将亲西方的党派清除出政府，确立了共产党的主导地位。其次，各国按照苏联模式进行了社会主义改造，在工业上实行国有化政策，在农业上进行土地改革并实行集体化，在较短时间内建立了社会主义公有经济的雄厚基础。随着各国政权的巩固和所有制改造的完成，一个与当代资本主义制度迥然不同的社会主义制度在各国确立。其基本特征是，共产党是政权的领导核心，在意识形态上以马克思列宁主义为指导，实行生产资料公有制、计划经济和按劳分配。社会主义国家普遍实行代表制政治制度，有的国家称其为苏维埃制，有的称其为人民代表大会制，有的又称其为代表团制，其中心内容是一切权力属于人民。国家权力机关和由它产生的国家行政机关、司法机关，为人民服务，对人民负责，代表人民组织管理经济、政治和社会生活。在社会主义国家中，除了苏联只有一个共产党及阿尔巴尼亚只有一个劳动党外，大多数国家都有民主党派和社会团体与共产党同时存在，并建立

① 由于柬埔寨共产党推行了错误的政策，建立的政权很快丧失。

了广泛的统一战线组织。从国家的结构形式上看，除了苏联、南斯拉夫、捷克斯洛伐克实行联邦制外，其他都是单一制国家。

社会主义在多国获得胜利，使社会主义国家的人口总和约占世界人口的1/3、面积总和约占世界陆地面积的1/4，改变了战后国际力量对比，影响了国际政治经济的发展进程，使社会主义从原来的“孤岛”扩展为横跨欧亚大陆的社会主义体系，壮大了人类进步事业的力量。

（二）社会主义国家的成就与贡献

社会主义实践是人类历史上前所未有的伟大实践。社会主义国家在短短的几十年时间里，努力奋斗，积极探索，取得了伟大成就。

1. 保持了较快的经济增长速度

1951—1985年，苏联国民收入增长9.5倍，年平均增长率为6.9%；工业总产值增长13.4倍，年平均增长率为7.9%，超过了除日本之外的所有发达资本主义国家。20世纪50年代初到60年代初，东欧国家的经济增长速度一直保持8%以上的年平均增长率，其中罗马尼亚、民主德国和保加利亚国民收入的年平均增长率分别高达14.2%、13.1%和12.2%。将1982年和1950年相比，国民收入和工业总产值增长倍数分别为：罗马尼亚增长14倍和33倍，保加利亚增长12倍和25倍，民主德国增长5.9倍和9倍，波兰增长4.1倍和12倍，匈牙利增长4倍和7.8倍，捷克斯洛伐克增长3.9倍和7.7倍，南斯拉夫增长3.9倍和11倍。中国从1953年到1989年国民生产总值增长20.5倍，其中工业总产值增长37.9倍，农业总产值增长11.1倍①。

2. 经济实力大为增强

苏联在世界工业产值中所占的比重，1917年不到3%，1937年不到10%，1985年上升为20%；主要由苏联、东欧国家组成的经互会，1985年人口不到世界的9%，工业产值约占世界的1/3。原来经济文化比较落后的国家，如罗马尼亚、南斯拉夫、保加利亚、匈牙利、波兰等国，经过40多年的建设，已发展成为中等发达国家，由落后的农业国变成先进的工业农业国。从20世纪80年代人均国民收入看，阿尔巴尼亚为840美元（1980年），匈牙利为4 500美元（1987年），罗马尼亚为2 598美元（1987年），波兰为3 800美元（1980年），捷克斯洛伐克为5 800美元（1987年），南斯拉夫为3 000美元（1987年），保加利亚为3 000美元（1987年）②。

3. 平稳地实现了向现代国家的过渡

战后大多数社会主义国家在较短的时间内实现了由落后的农业国向现代的工业国或工业农业国的转变。这一转变过程并未像资本主义工业化过程那样伴随着对内残酷剥削、对外掠夺和剧烈的社会冲突与动荡。虽然发生过一些曲折，但总的来说，这一进程是伴随着国家统一，民族团结，人民生活水平不断提高和社会经济、政治、文化、道德的全面进步进行的。

---

① 国家统计局．中国统计年鉴：2000．北京：中国统计出版社，2000.

② 刘祖熙．东欧剧变的根源与教训．北京：东方出版社，1995：551.

4. 改善了人民的物质文化生活

社会主义国家的人民在健康状况、营养水平、平均寿命、成人识字率等衡量生活质量的标准方面，都基本上接近或达到、有的甚至超过了中等收入国家或世界的平均水平；普遍享受着医疗、养老、就业等良好的社会保障。社会主义国家大力发展教育、科技和文化事业，造就了一大批科学技术人才，人民的科学文化水平迅速提高。社会主义国家注重培养良好的社会主义道德，在几代人中进行了共产主义理想、信念和道德教育，使社会道德风尚和人民的精神面貌发生了深刻变化。

20 世纪社会主义的产生和发展对人类进步与世界文明做出了巨大贡献。

第一，开创了新的时代。社会主义国家的建立，结束了社会主义的“孤岛”和资本主义一统天下的局面，开创了社会主义与资本主义国家之间和平共处与竞争的新时代。战前，社会主义国家只有苏联一家，随时有被帝国主义武力扼杀的危险。战后，一系列社会主义国家的诞生及其迅速增强的经济、政治和军事实力，形成了一个强大的政治经济势力，迫使以美国为首的西方国家不得不承认社会主义国家存在的现实，不得不同社会主义国家和平共处与和平竞争。

第二，解放了社会生产力。社会主义制度的建立，开辟了一条落后国家实现现代化的道路，它解放了社会生产力，推动了社会经济的迅速发展，使社会主义国家出现了比资本主义国家更快的发展速度，从而为世界经济的进步和繁荣做出了重要贡献。

第三，创立了新型社会制度。社会主义国家率先进行了消灭资本主义私有制的初步尝试，为人类最终消灭资本主义剥削制度和私有制提供了宝贵的经验。通过社会主义革命建立的社会主义政权，使落后国家的千百万劳动大众的政治经济地位发生了根本性变化，这是对世界民主化进程的突出贡献。

第四，对世界政治产生了重要影响。20 世纪社会主义的胜利对世界政治的发展进程产生了重大影响。战后，一系列社会主义国家的兴起，极大地鼓舞、支持和促进了亚洲、非洲、拉丁美洲民族解放运动的蓬勃发展，先后有 100 多个殖民地国家获得了民族独立，使帝国主义的殖民体系彻底崩溃，这是改变 20 世纪世界面貌的划时代事件。

第五，社会主义是制止战争、维护和平的伟大力量。第二次世界大战中，作为社会主义国家的苏联为打败德、意、日法西斯，付出了巨大的民族代价，做出了重大的贡献。战后，在朝鲜战争和越南战争中，中国人民、朝鲜人民和越南人民粉碎了帝国主义的侵略，维护了亚洲和世界和平。帝国主义是现代战争的根源，社会主义的胜利制止了帝国主义战争，成为维护世界和平的中流砥柱。

二、苏联社会主义模式及其改革

苏联社会主义模式是在特定的历史条件下形成的，是十月革命后苏联在落后的生产力与复杂的国际国内环境下走社会主义道路的探索与实践的结果，具体表现为高度集中的社会主义政治经济体制和相应的意识形态。科学社会主义的奠基人马克思、恩格斯认为，社会主义是建立在生产力高度发达的基础上的。列宁发展了马克思主义，提出社会主义可以在落后国家首先获得胜利的思想。在第一次世界大战中，面对俄国出现的无产阶级革命形势，列宁果断地领导布尔什维克党发动十月革命，推翻了资产阶级政权，建立了苏维埃政权，从此开始了落后国家建设社会主义的实践。经过斯大林领导的工业化和农业集体化，苏联社会主义模式逐步形成，并在此后被固定化和普遍化。但是事实上它只是世界社会主义发展过程中的一个特定历史阶段的产物，是生产力不发达的国家在社会主义革命胜利后进行社会主义建设的一种探索与实践。

（一）苏联社会主义模式

1. 背景

十月革命后，俄国年轻的苏维埃政权面对着的是帝国主义国家的武装颠覆、国内反革命叛乱、百废待兴的国民经济和广泛存在的小生产经济。列宁从俄国的国情出发，积极探索苏维埃社会主义俄国的生存与发展道路，逐渐形成了社会主义需要一个过渡时期的思想。在国内叛乱结束后，列宁放弃了最初实行的“战时共产主义政策”，转而实行“新经济政策”。列宁认为，在小农经济占优势的国家，不能直接搞社会主义公有制，不能一下子消灭私有制，而应该通过合作化途径把农民引上社会主义道路。在当时的苏维埃俄国，不能直接由全体人民管理国家，而只能由无产阶级先锋队代表人民管理国家。同时，列宁强调要警惕官僚主义，要加强党内民主，动员广大人民群众参加管理，对国家机关和干部进行有效监督。

苏联社会主义模式的形成是在斯大林时期。斯大林任苏共总书记后，开始在苏联推进工业化和农业集体化，并于20世纪20年代后期终止执行“新经济政策”。在此过程中，采取了由国家通过行政命令来推进和管理经济的方式，逐渐形成了高度集中的经济管理模式。斯大林为了推行自己的社会主义建设方针，对不同意见者采取了无情斗争，残酷打击，并使政治权力进一步集中到个人手中。1936年，苏联通过新宪法，宣布已经建成社会主义，这标志着苏联社会主义模式正式形成。

苏联社会主义模式在历史上曾经发挥过积极作用，如保证了苏联在20世纪30年代高速发展重工业，奠定了社会主义的物质基础，保证了苏联卫国战争的胜利，对战后苏联社会主义的恢复重建起到了巨大的推动作用。然而，这一体制是苏联在恶劣的国际环境、低下的生产力水平和落后的文化条件下形成的，它既不可能一成不变地适用于苏联社会主义建设的全过程，也不可能完全适用于其他国家的社会主义建设实践。随着社会经济的进一步发展，苏联体制的弊病也日益显露出来。

2. 特征

苏联社会主义模式的特征是：经济上高度集中，政治上过分集权。经济体制方面，实行高度集中的部门管理体制和排斥市场调节的指令性计划经济，以行政手段管理经济；在所有制结构上，实行单一公有制，完全消灭私人经济成分，对个体经济加以限制和排斥；在经济管理上，实行国家高度集中的计划管理体制，排斥市场机制，把行政指令性计划当成社会主义经济的唯一标志；在微观经济活动中，实行国家直接经营企业，中央设许多部，各部实行“部—企业”或“部—托拉斯—企业”的二级或三级管理体制，企业是国家各部门的附属物，没有任何自主权；在分配体制上，全部实行按劳分配，不允许任何其他分配形式存在。政治体制方面，在执政党与国家政权机关的关系上，党政不分。以党代政，权力过分集中于党的机关，而党的机关的权力又过分集中于主要领导者个人，往往造成个人专断，破坏或扭曲了民主集中制，权力集中也使人民大众事实上无法参加国家的管理；在干部政策上，实行自上而下的干部委任制和领导职务终身制，造成公职人员只重视对上级负责，而忽视对人民群众负责，导致干部脱离群众；在制度运行中，民主法制不健全、不完备，监督和制约机制薄弱，特别是缺乏人民群众自下而上的监督。

3. 苏联模式的扩展与问题

战后，欧亚社会主义各国基本上照抄照搬苏联的社会主义模式，仿照苏联体制建立高度集权的社会主义政治经济体制。一方面，苏联是世界上第一个社会主义国家，战后新诞生的一批社会主义国家理所当然地要学习借鉴其社会主义实践中的经验；另一方面，苏联领导人也把苏联的模式和自己制定的具体政策与经验神圣化、普遍化，要求其他国家照抄照搬，并对一些国家积极探索本国社会主义道路的做法打击压制。此外，战后走向社会主义的一些国家是落后的农业国，生产力不发达，经济文化落后，它们看到苏联依靠高度集权的体制，仅用了 12 年时间就初步实现了国家的工业化，于是把苏联在特定历史时期行之有效的发展战略和管理体制误认为是走社会主义工业化道路的普遍性规律，因而自然地倾向于中央集权的计划经济体制。

根据苏联经验建立起来的政治经济体制，可以在短期内集中全国有限的人力、物力和财力，达到特定的目标，如医治战争创伤、恢复国民经济、快速实现社会主义工业化、建立社会主义的经济基础。但是，随着社会主义国家进入正常的经济发展时期，这种体制的弊端就明显暴露出来。在经济领域，国民经济各部门比例失调，生产效率和经济效益低，官僚主义严重，企业和职工的积极性与主动性得不到充分发挥。不少国家在经历了一段较快的经济增长期以后，或多或少地出现发展停滞的现象，国民经济出现了严重困难。在政治和社会生活领域，官僚主义以及由此产生的各种特权和个人专权问题严重地破坏了社会主义民主和法制，引起群众的不满和抗议。1956 年的波兹南事件和匈牙利事件以及 1980 年波兰工人罢工事件，在某种程度上都与盲目照搬苏联政治经济体制所造成的比例失调、物品短缺、物价上涨等有关。尤其是面对发达资本主义国家战后在新科技革命的推动下，通过调整社会经济政策而大大促进生产力的增长这一挑战，社会主义国家对改革传统的苏联社会主义政治经济体制更有了紧迫感。

（二）社会主义国家的改革

社会主义国家的政治经济体制改革是一个曲折的发展过程。最早走上改革道路的是南斯拉夫。由于南斯拉夫坚持独立自主的发展道路，与苏联发生矛盾，遂在 1948 年被欧洲九国共产党工人党情报局开除，从此客观上摆脱了苏联的控制，开始走上探索适合本国国情的社会主义道路。1950 年，南斯拉夫颁布了《工人委员会法》，宣布实行工人自治，开创了社会主义自治的新模式。

20 世纪 50 年代中期以后，随着社会主义建设在各国的全面展开，苏联传统体制的弊端在各国都有所暴露，有的甚至酿成一些社会动乱。苏联和东欧国家先后不同程度地对传统的苏联模式进行了改革。从50年代中期到80年代，社会主义国家先后经历了三次程度不同的改革浪潮。

> 工人自治的特点是分权和自治。在政治生活中，尝试改变中央高度集权的体制，扩大人民民主，实行地方分权和党政分工；在经济生活中，让市场调节在国民经济中起主导作用，国家不直接管理微观经济，企业实行自治，成为独立的商品生产者。南斯拉夫的改革在理论上和实践上对高度集权的苏联体制提出了全面的挑战，是社会主义国家改革的正式开端。

第一次浪潮是50年代中期到60年代初。1953年斯大林逝世后，赫鲁晓夫揭露和批判了斯大林的“个人迷信”和肃反扩大化错误，同时他也对苏联的政治经济体制进行了一些局部性的改革。政治上的改革包括健全法制，整顿国家安全机构，实行干部更新制度；经济上的改革包括对农业政策的调整和经济管理体制的改革，如精简中央机构，改组计划体制，减少中央下达的指令性计划指标，扩大地方和企业在计划、财务和物资分配方面的权限，减少国家对农民的干预和扩大集体农庄的自主权等。改革冲击了苏联以往的一些僵化观念和传统体制，虽然作用有限，但毕竟为以后的改革开拓了道路。在苏联的影响下，东欧各国也先后开始进行调整与改革。如波兰、匈牙利两国，在基本保持原体制的前提下，开始提出计划与市场的结合问题，同时注意扩大企业自主权和吸纳工人参与企业管理。但是总的来说，这一时期的改革成效不大，对苏联传统体制弊病的症结抓得不准，改革措施不力。

第二次浪潮是60年代中期到70年代中期。从60年代中期开始，苏联东欧国家经济增长的势头开始明显减弱，经济增长率呈下降趋势。这种情况表明，已经不能再依靠外延性的扩大再生产来促进经济增长了，社会生产必须由粗放型向集约型转变。但是高度集中的计划经济体制已不能适应集约型经济的发展，这就推动苏联东欧国家提出改革传统体制的问题。

在1956年匈牙利事件后，匈牙利开始悄悄探索建立一种把中央计划控制与市场机制有机结合的新经济体制。经过若干年的调整和局部改革，匈牙利在60年代后半期全面展开对经济体制的改革。改革的目标是在计划经济体制中引入市场机制，用计划指导和市场调节相结合的体制代替苏联传统体制。在改革前期，匈牙利经济发展较快，人民生活有较大改善。到70年代中期，基本上形成了自己独特的社会主义模式——“计划指导下的市场经济”模式。

1968年捷克斯洛伐克的“布拉格之春”是60年代社会主义国家改革中最引人注目的事件。捷克斯洛伐克党制定了《行动纲领》，系统而深刻地阐明了改革方针，提出建立“具有人道面貌的社会主义”“具有充满活力的经济体制的社会主义”。在经济方面，主张实行权力下放，扩大企业自主权；运用市场机制，鼓励竞争；企业实行民主管理，职工自治。在政治方面，改革党的职能和领导方式，消除权力过分集中和党直接管理行政的现象；保障国家行政机构、代议机构和司法机构的独立性；改革选举制度，确保公民的选举权等。这一改革触犯了以勃列日涅夫为首的苏共领导集团，1968年8月20日，苏联领导华约五国悍然入侵捷克斯洛伐克，迫使其放弃改革。

苏联在60年代中期全面推行了新经济体制。其中心内容是引进经济方法管理经济，加强物质刺激，完善计划管理方法。具体措施包括扩大企业自主权，加强经济杠杆的作用，协调国家、企业和职工三者间的利益关系等。改革收到一定成效，企业权力有所扩大，经济核算得到加强，生产积极性有所提高。但改革是在坚持中央集中统一的计划体制前提下进行的，到1975年就停止了。在这一时期，苏联过度集权的政治体制不仅未得到任何改革，个人专断、干部特权等弊端反而更加突出。

苏联东欧改革难以成功的原因在于改革是在苏联模式封闭的框架下进行的，没有触及苏联模式的根本问题——单一所有制形式、排斥市场经济的产品计划经济，以及难以调动广大民众积极性的官僚体制。

第三次浪潮是从70年代末到80年代末。这一时期的改革无论从广度上还是深度上都超过以往。70年代末80年代初，苏联的实际增长率跌到战后最低水平，以国民收入为例，1966—1970年的“八五”计划期间，年平均增长率为7.7%；1971—1975年的“九五”计划期间，年平均增长率为5.7%；1976—1980年的“十五”计划期间，年平均增长率为3.7%；1981年和1982年，年增长率分别仅为3.3%和2.6%[①]。波兰出现负增长，民主德国、保加利亚和罗马尼亚的统计数字虽然不低，但实际情况却已陷入危机，而过去曾率先改革并有所成效的南斯拉夫、匈牙利两国也双双掉进滞胀的泥淖。在大多数国家，消费品供应十分紧张，大批过时的商品仍在制造，至少一半以上东欧国家的人民生活水平处于下降状态。中国在经历了“文化大革命”后，国民经济已经到了崩溃的边缘。各国都意识到改革是社会主义国家生存和向前发展的唯一出路。中国共产党在“文化大革命”之后，拨乱反正，于1978年召开了十一届三中全会，开始了中国特色社会主义的改革探索。苏联从80年代初开始，在党的最高领导权力交替过程中，也逐步加大了改革的力度，在戈尔巴乔夫的主持下，开始了全方位的改革。苏联的全面改革，为东欧国家深入改革提供了良好的外部环境。中国、苏联和东欧各国改革的汇合，掀起了社会主义改革的第三次浪潮。

在这次社会主义国家的改革中，出现了两种不同的改革观，产生了两种截然不同的结果。苏联、东欧国家的改革，在新旧体制转型过程中，由于没有把握好改革的方向，没有坚持社会主义改革的基本原则，试图照搬西方社会民主党的民主政治理论和经济政策、措施来解决新旧交替、矛盾交织的问题，不仅没能推进本国的改革，反而使本国的社会主义改革出现了逆转，丧失了几十年的社会主义革命和建设的成果。而中国的改革则在邓小平理论指引下，取得了举世公认的伟大成就。

（三）苏联解体、东欧剧变的原因与教训

苏联东欧国家在20世纪80年代的改革当中迷失了方向，全盘否定历史，放弃社会主义道路，从而带来了苏联解体、东欧剧变的历史悲剧。

1. 苏联解体与东欧剧变

戈尔巴乔夫执政的六年是苏联改革、演变、解体的六年。执政初期，他在一系列会

① 陈之骅．勃列日涅夫时期的苏联．北京：中国社会科学出版社，1998：34.

议上都强调要在苏共领导下坚持社会主义方向，改进和完善苏联原有的政治经济体制，但是后来却逐渐背离了社会主义方向。1987 年 11 月，戈尔巴乔夫撰写的《改革与新思维》一书出版，这是他放弃社会主义基本原则、背离社会主义方向的开始。此后，他在 1988 年 6 月苏共第 19 次全国代表会议上所做的报告和 1989 年 11 月在《真理报》上发表的理论文章《社会主义思想与革命性改革》中，对苏联的社会主义模式进行了全面的批判，提出要对苏联整个社会进行根本改造，并把“人道的、民主的社会主义”作为苏共的奋斗目标。

在戈尔巴乔夫“新思维”的指导下，苏联的改革逐渐背离了社会主义方向。通过修改宪法，取消苏共的法定领导地位；在政治上改变共产党的性质，取消党的领导，实行议会制、总统制和多党制；在经济上通过全面改革所有制关系，取消了起主导作用的社会主义公有制，实行生产资料非国有化、私有化和自由市场经济；在意识形态上放弃马克思列宁主义的指导地位，实行多元化。从此，苏联的政治经济发生了质变，苏联社会出现了全面危机。政治上，领导集团内部派系斗争激烈，国家政权处于半瘫痪状态。国内党派林立，反共、反社会主义、全面否定苏联社会主义历史成就的舆论甚嚣尘上，示威、游行、罢工接连不断，社会和政局动荡不定。经济上，改革不仅没有取得成果，反而造成社会生产的全面停滞。国民收入出现了负增长，财政赤字激增，通货膨胀不可遏制，市场供应全面短缺，居民生活水平连年下降，整个国民经济处于失控状态。在共产党的领导和中央权威不断削弱的情况下，民族矛盾和民族分离主义倾向日益严重，从波罗的海三国到中亚各加盟共和国纷纷发表独立宣言和主权宣言，联盟的统一和完整面临威胁。

1991 年“8·19”事件后，戈尔巴乔夫宣布辞去苏共中央总书记的职务，要苏共中央自行解散，并下令剥夺苏共财产，自此苏联共产党不复存在。与此同时，联盟迅速走向解体。到 1991 年 12 月，苏联原有的 15 个加盟共和国中，除了俄罗斯外均宣布独立。12 月 8 日，俄罗斯、乌克兰、白俄罗斯三国签署《独立国家联合体协议》，宣布组成独立国家联合体。12 月 21 日，11 个原加盟共和国在哈萨克斯坦首都阿拉木图签署了《阿拉木图宣言》和《关于武装力量的议定书》等文件，宣告成立独立国家联合体及苏联停止存在。戈尔巴乔夫不得不于 12 月 25 日辞去联盟总统职务。至此，1922 年 12 月 30 日成立的苏联不复存在，世界上第一个社会主义国家在 74 年后走到了终点。

东欧国家的改革也步入歧途。20 世纪 80 年代末，一些东欧国家陷入严重困难，国民经济每况愈下，社会政治领域也出现越来越多的不稳定现象。一些东欧国家领导人受到“人道的、民主的社会主义”思想的鼓动，决定以政治多元化和经济市场化为猛药良方，结果导致局面失控。从 1989 年 6 月波兰大选开始，东欧出现了雪崩式的“多米诺效应”。仅 1989 年一年，波兰、匈牙利、民主德国、捷克斯洛伐克、保加利亚、罗马尼亚的政局相继发生了剧变。1990 年又波及南斯拉夫和阿尔巴尼亚。东欧国家的政权发生了全面的转换，其转换方式基本上是和平的。只有罗马尼亚是以激烈的方式实现政权更迭的。在实行多党制和议会民主制之后，大多数国家的共产党或在大选中落马，或因反对派不间断地制造动乱而被迫下台。东欧国家的反对派夺取政权后无一例外地实行了向资本主义制度的转轨，东欧几十年的社会主义成果丧失殆尽。

2. 原因与教训

苏联解体、东欧剧变，是20世纪重大的历史事件。它的发生，既有深刻而复杂的国际背景，又有苏联东欧国家内部深层次的原因；既有历史的原因，又有现实的原因；既有政治的原因，又有经济的原因。总之，它是各种因素错综复杂、互相作用，最后形成一个总的合力的结果。

（1）直接原因。

戈尔巴乔夫执政期间推行“人道的、民主的社会主义”路线是苏联解体、东欧剧变的直接原因。戈尔巴乔夫的错误路线使苏联的改革背离了社会主义方向，最后导致世界上第一个社会主义国家的分崩离析；东欧国家共产党的领导人在戈尔巴乔夫的鼓动下，用民主社会主义取代社会主义的基本原则，最终也使改革走入歧途。

（2）深层次原因。

苏联东欧国家历史上长期积累的问题是导致苏联解体、东欧剧变的深层次原因。这些问题主要有：第一，高度集权的经济体制缺乏内在的动力和活力，束缚了地方、企业和劳动者的生产积极性，阻碍了经济的发展，影响了人民生活水平的提高。经济发展的缓慢和停滞影响了人心的向背。第二，政治上民主制度不健全，法制不完备，缺乏强有力的监督机制。权力高度集中于中央，使立法与决策难以体现人民的意志，广大干部、党员和群众无法真正实现政治参与，积极性、创造性得不到发挥，也无法真正当家作主。第三，党的建设存在严重问题。在思想建设上，执政党没有一个正确、成熟的理论来指导社会主义建设和改革。苏共领导人在几十年的社会主义实践中，没有根据不断变化发展的国内外形势，探求符合苏联国情的社会主义发展的现实道路，而是一味地搬书本、搞教条主义。在苏联的高压下，东欧共产党领导人难以探索适合本国国情的社会主义道路，更缺乏正确理论的指导，其结果不仅导致了政治路线的错误，而且使党逐渐失去人民的信任。在组织建设上，党的干部队伍缺乏有效的制度监督。部分党员干部高高在上，享有种种特权，官僚主义盛行，贪污腐败严重，败坏了党的声誉和形象；加上干部任期的终身制和委任制，使党严重脱离群众，引起人民群众的不满。最后，葬送了党，丢掉了政权。

（3）外部原因。

第二次世界大战以前，西方国家对苏联主要采取的是围攻、压迫，试图迫使苏联就范；第二次世界大战结束后，除了遏制、封锁之外，西方势力更着重推行“和平演变”战略，而后者成为苏联解体、东欧剧变的重要外部因素。从20世纪50年代中期开始，以美国为首的西方国家就对苏联、东欧实行“和平演变”战略。在80年代末90年代初苏联东欧国家演变的过程中，西方国家还通过大力支持政治反对派和直接插手内政来推动这些国家的“和平演变”。它们的“和平演变”战略，对苏联解体、东欧剧变起了催化和促进作用。

苏联解体、东欧剧变的教训是深刻的。一是必须确立和坚持一条正确的思想路线。思想路线问题关系到党和国家的前途与命运。只有坚持解放思想，实事求是，把马克思主义的基本原理同本国的具体实际和时代特征相结合，形成既具有本国特色又适应时代潮流的社会主义理论，社会主义现代化建设才有可能顺利进行。二是要把经济建设当作压倒一切的中心任务。经济建设是关系社会主义国家兴衰存亡的根本问题。在社会主义基本制度建立后，要集中力量发展生产力，不断提高劳动生产率，改善人民群众的物质文化生活条件。只有大力提高社会生产力，社会主义才能最终战胜资本主义。三是在社会主义现代化建设和改革中，必须坚持社会主义道路，坚持共产党的领导，坚持社会主义民主与法治，坚持人民至上，真正实现人民当家作主。

（四）探索适合本国国情的社会主义发展道路

社会主义国家改革的实质是：建立适合本国国情的社会主义发展模式，增强社会主义政治经济体制的活力，解放和发展生产力，巩固和发展社会主义制度。苏联解体、东欧剧变后，以中国为代表的社会主义国家坚定地走社会主义道路，加快改革步伐，努力探索适合本国国情的社会主义发展道路。

中国在改革中，始终坚持社会主义方向，坚持中国共产党的领导，坚持解放思想、实事求是、与时俱进的思想路线，坚持“一个中心，两个基本点”的基本路线。在40多年的改革开放实践中，中国经历了从农村改革到城市改革、从经济体制改革到各方面体制改革、从对内搞活到对外全方位开放的波澜壮阔的历史进程，各项工作取得了巨大成就：国民经济迅速发展，综合国力不断增强，人民生活日益改善，国际地位大大提高，社会主义市场经济体制不断完善，民主法治建设不断向前推进。

越南在1986年越共六大后开始实行革新开放，以市场机制取代计划机制，推行全方位的开放政策。越南共产党将胡志明思想和马克思列宁主义并列为党的指导思想，确认越南正处于向社会主义过渡的初级阶段，越共八大政治报告把“民富国强、社会公平和文明”作为立国目标。在2001年越共九大上将“社会主义定向的市场经济”确定为越南经济体制发展模式，将“民主”确定为越南社会主义的理想目标之一。在越共十大报告中，明确提出改革必须为了人民的利益，依靠人民，发挥人民的创造性和主动性；要提高党的领导能力和战斗力，不断进行政治改革，逐步完善社会主义民主，保证人民应享有的各项权利。2011年1月，越共十一大召开，大会提出了越南革新事业的目标是“民富国强，民主、公平、文明”。2016年初，越共十二大召开。越共十二大报告把“建设纯洁、强大的党”放在首位，特别强调了党建与反腐两个核心任务。越共十二大被视为开启越南的“二次革新”。越共在2017年召开的十二届五中全会上，颁行了有关将私营经济发展成社会主义定向市场经济体制的重要动力的决议。这是革新30年后，私营经济首次被肯定为社会主义定向市场经济体制的重要动力。2021年1月，越共十三大召开。大会重申越南坚持共产党领导和社会主义道路不动摇。大会提出了未来的发展目标：2025年摆脱中等收入国家进入现代工业国家，2030年成为具有现代工业体系的中高收入发展中国家，2045年，即越南建国100周年时建成高收入的发达国家。在“革新”进程中，越共始终强调必须坚持“五项基本原则”，即坚持社会主义目标和思想，坚持马克思列宁主义，坚持无产阶级专政和党的领导，实行有集中的社会主义民主，将爱国主义与无产阶级国际主义相结合、民族力量与时代力量相结合。越南共产党的党员人数已经从2016年的450万发展到2021年的510万。自从1986年实行革新开放以来，越南取得了一系列重要历史性成就。这突出体现在国家经济体量增加和发展水平不断提高，经济年均增速保持在7%～8%，人均国内生产总值较革新前增长8.3倍，人民群众物质生活和精神生活得到显著改善，贫困比例大幅下降。对照联合国的标准，越南1993年贫困人口还占总人口的58%，2020年贫困人口只占总人口的3%。2022年，越南国内生产总值达到4 090亿美元，人均国内生产总值4 110美元，全年经济增速为8.2%。在经济革新开放取得显著成果的同时，越南还积极稳妥地进行了政治体制革新，实行党政分开，废除领导干部终身制，完善选举制度，推进社会、政治生活民主化，健全法制。

老挝自1988年后全面展开经济体制革新，在农村推行家庭承包制，在城市推进国有企业改革，积极扩大对外开放，同时逐步推进政治体制方面的革新，完善干部制度，加强民主法制建设。老挝人民革命党将凯山·丰威汉的思想与马克思列宁主义一道列为党的指导思想，确认老挝正处于为向社会主义过渡准备条件的阶段，并将加速经济发展、解决人民温饱问题、尽快摆脱不发达状态作为今后一个时期的首要任务。老挝人民革命党明确提出革新开放必须坚持“六项原则”，即坚持社会主义，坚持马克思列宁主义是党的思想基础，党的领导是一切胜利的决定因素，坚持在集中原则基础上发扬民主，增强人民民主专政的力量和效力，坚持真正的爱国主义和纯洁的国际主义相结合。在老挝人民革命党领导下，老挝社会经济取得了长足的进步，人民生活日益改善。革新开放30多年来，老挝国内生产总值由1986年的5.7亿美元，增加到2021年的188.27亿美元。人均国内生产总值由1985年的114美元增加到2021年的2 664美元。2021年1月，老挝人民革命党十一大召开。老挝人民革命党党员从2016年党的十大召开时的25万人增加到2021年十一大召开时的35万人。大会提出“九五”计划，确定了今后五年的基本目标：实现国民经济可持续、稳健、高质量的增长；提升人力资源开发质量，不断提高人民物质生活和精神生活水平，保护环境，建设强大的基础设施并实现高效长久使用；积极主导参与地区和国际合作，实现互联互通。

> 1993年，古巴开始逐步推出“特殊阶段”的措施，扩大个体经济，改革农业体制。1994年，推出扩大企业自主权、实行财税改革、开放农贸自由市场和小商品市场等措施。1995年，实行货币改革，实行新的《外国投资法》；根据该法，除国防、医疗卫生和教育领域外，所有的经济部门都向外国资本开放。1997年，古巴共产党第五次全国代表大会首次提出把经济工作放在优先地位。1998年，开始启动国企改革。

古巴在苏联解体、东欧剧变后，面临异常严峻的国际国内形势。1990—1993年，古巴国内生产总值下降35%。以菲德尔·卡斯特罗为核心的古巴共产党坚定地走有古巴特色的社会主义建设道路，实行稳步的改革开放政策。古巴共产党认为，古共的理论基础既包括马克思列宁主义，也包括何塞·马蒂思想。2002年6月，古巴以全民公决方式修改宪法，确认古巴的社会主义制度不可更改。古共在政治上及时总结苏联东欧共产党的教训，完善政治体制，改善党的领导，发扬社会主义民主，惩治腐败分子；经济上坚持以公有制经济为主体，允许非公有制经济合理发展，积极扩大对外开放，吸引外资，引进先进技术，改革外贸体制。2008年2月，劳尔·卡斯特罗当选国务委员会主席后，进一步出台一系列改革措施，包括取消对家用电器、手机销售的限制，允许农民承包闲置土地等。2011年4月，拥有90万党员的古巴共产党六大召开。

大会通过了《经济社会政策方针草案》，其中涉及改革的具体内容包括“削减上百万国有部门岗位，削减补贴，鼓励更多的个体经济，赋予国有企业更多自主权，鼓励更多外国投资和削减国家开支”等。这一文件为未来的经济改革奠定了基础。古巴领导人强调改革进程将是“循序渐进的、缓慢的”；改革将在“社会主义框架内”进行。2012年1月，劳尔·卡斯特罗在古共一次会议上正式宣布批准限制公职人员任期提案。该提案规定，个人担任国家和政党重要职务的最长任期不得超过两届，每届任期五年。2014年3月，古巴人民政权代表大会通过新的《外国投资法》，进一步放宽了外商投资条件。2016年4月，古巴共产党七大召开。古共七大对六大召开以来古巴在全面推进社会主义模式的“更新”、促进经济发展和社会和谐稳定、民生的改善和外交新突破方面所取得的成就进行了总结，强调了古巴模式的“更新”不是5年、10年就能完成的，古巴将沿着改革的道路稳步前进。2019年2月，古巴举行了对新宪法的全民公投，新宪法获得通过。新宪法提出古巴永远不会退回到资本主义这个以对人类的剥削为基础的政治形态，强调古巴共产党对国家与民族的团结和领导是古巴政治、经济和社会秩序的基本支撑和保证。新宪法对古巴领导人的任期、总理和地方干部的任期做了明确规定，正式推行党政分开，厘清了国家和地方权力架构；新宪法明确提出古巴共和国实行以生产资料公有制为基础的社会主义经济制度，同时赋予私营、外资等非公有制经济实体参与经济活动的权利。在外交上，新宪法强调促进国际关系多边主义和多极化，以替代政治、金融和军事统治和霸权，抵抗任何威胁和平、独立和人民主权的行为。2021年2月，古巴宣布放宽非公有经济的经营范围，将私营部门从事的经济活动范围，从原来的127项扩大到2 000多项。2021年4月，古巴共产党八大召开。大会通过了《古巴社会主义经济社会模式的理念》的更新决议，决议指出古巴正处于社会主义建设的历史时期。大会通过了下个五年的经济政策指导方针，强调非国有部门的发展有助于提升国有部门经济效率和生产率，鼓励发挥外资对促进国民经济增长的积极作用。八大还实现了党内权力的交接，顺利完成了新老两届中央领导集体的代际更迭。到目前为止，古巴作为一个社会主义国家，仍然是整个拉美地区唯一一个消灭了饥饿，人均寿命达79.1岁和识字率达99.9%，实行着全民免费医疗和免费教育的国家。据世界银行统计，2021年古巴名义人均GDP为9 485美元。

从20世纪90年代开始，朝鲜经济陷入低迷。面对国内外严峻的形势，朝鲜劳动党坚持走“朝鲜式社会主义”道路，将“主体思想”作为指导本国社会主义建设的基本理论，并把“先军政治”作为治国兴国的最高理念。进入21世纪以来，针对国内经济和粮食供给状况，朝鲜逐步实行了一些改革举措，调整了对内对外的经济政策。如2002年7月颁布的“7·1经济管理改善措施”，其中包括了计划制定权的下放、汇率改革和价格改革等内容。此后，朝鲜接连公布设立新义州、金刚山、开城为经济特区。2012年，朝鲜在部分农场试点“圃田担当制”，以3～5人为分组单位，政府允许农作物按照7∶3的比例分配。7成由国家收购，3成以工分购买方式进行实物分配，允许农民自由出售交易。2015年起，在全国农村以家庭为单位普及实验。在工业领域，朝鲜实施“企业经理负责制”，推动工业的自动化、现代化、科技化，较大幅度地提高了轻工业生产水平。2013年5月，朝鲜出台《经济开发区法》，之后朝鲜党中央全体会议决定，实现对外贸易多元化和多样化。2018年4月，朝鲜劳动党举行了第七届中央委员会第三次全体会议，会议强调全党全国集中一切力量进行社会主义经济建设的战略路线，说明经济建设在朝鲜具有了压倒性意义。2021 年 1 月，朝鲜劳动党八大召开。大会提出了新的五年计划发展目标以及一系列内政外交重要任务，强调要集中力量抓好经济发展的中心环节，搞活整个国民经济，奠定改善人民生活的牢固平台。大会报告指出在实行自力更生、自给自足的基础上，同时推动对外经济活动，以补充和增强自力更生基础上的经济发展，创造人民能够切身感受到的实质性变化和更新。会议闭幕式上，朝鲜最高领导人强调建设社会主义经济是朝鲜今天最重要的革命任务，并提出要把加强国防力量作为一项重要任务，持续加快朝鲜人民军的精锐化、强军化的步伐。

三、对外关系的发展变化

战后社会主义国家为了巩固革命成果，打破帝国主义的包围、封锁，建立了社会主义阵营，采取了一致的对外政策，其基本目标是维护世界和平与发展。社会主义国家在促进和平、反对战争、推动民族解放运动方面发挥了积极作用。20 世纪 60 年代以后，由于中苏关系破裂，原来意义上的社会主义阵营不复存在，社会主义国家对外关系也出现了变化。苏联奉行的大国主义、霸权主义对外政策破坏了社会主义国家之间的关系，美苏争霸导致世界动荡不安。冷战结束后，社会主义国家的对外政策与对外关系具有超越意识形态和全面对外开放的特点。一方面，社会主义国家在国际事务中维护世界和平与稳定，反对霸权主义与强权政治；另一方面，在坚持社会主义道路的原则基础上，各社会主义国家都把对外开放作为促进经济发展的重要战略，与世界各国开展经贸合作，保持友好关系，为经济发展创造良好的国际环境。

（一）社会主义国家与发达资本主义国家的关系

1. 战后初期至 20 世纪 50 年代中期，两大阵营针锋相对

战后初期，社会主义苏联需要恢复国民经济，医治战争创伤；东欧新建立的人民民主国家需要巩固政权，恢复和发展经济。斯大林提出了和平对外战略，希望与战时盟国继续保持良好关系。苏联政府提出了同一切爱好和平的国家和平共处的方针，主动将军队从1 136 万人裁减到 287 万人，并从中国、捷克斯洛伐克、罗马尼亚、南斯拉夫、朝鲜撤军，还在联合国提出各种和平建议。1947 年以后，以美国为首的西方国家公开掀起反苏、反共浪潮，对社会主义国家实行政治上颠覆、经济上包围、军事上封锁的冷战和遏制战略。以苏联为首的社会主义国家随即采取了针锋相对的政策：实行“莫洛托夫计划”，组建欧洲九国共产党工人党情报局，建立经互会，成立华约。为了打破美国的军事优势和其对核武器的垄断，苏联于 1949 年成功研制了第一颗原子弹，打破了美国的核垄断。在朝鲜战争中，苏联、东欧社会主义国家坚定地站在朝鲜、中国人民一边，对抗美斗争给予道义和物质上的支持。

2. 20 世纪 50 年代中期至 60 年代中期，和解与对抗并存

斯大林逝世之后，尤其是从 20 世纪 50 年代中期开始，社会主义国家和资本主义国家的关系出现了解冻。赫鲁晓夫在苏联确立了统治地位后，改变了斯大林时期同美国等西方国家以对抗为主的方针，代之以和解与对抗相结合、以和解合作为主的方针。赫鲁晓夫提出以“和平共处”“和平过渡”“和平竞赛”为主要内容的外交路线，基本目的在于谋求同美国等西方国家和平共处，大力加强自己的经济、军事力量，争取同美国平起平坐，实现苏美合作主宰世界。为此，苏联采取主动和解姿态，于 1955 年 7 月同美英法举行了四国战后第一次首脑会议；同年与联邦德国签订条约，建立外交关系；同美英法三国签订对奥和约，主动从奥地利撤军；苏联还提出诸多裁军建议，并主动裁军。赫鲁晓夫还积极同美国领导人发展个人关系，于 1959 年访问美国，实现苏美首脑战后第一次会晤。

随着苏美关系解冻，东欧国家与西方国家战后以来的紧张关系也有所缓解，东欧多数国家同西方国家的经济贸易关系逐步恢复，外交关系也纷纷升格到大使级。但是，在亚洲，为了解放中国台湾，统一祖国，中国同美国的干涉、反华政策进行了斗争；越南人民在越南共产党领导下同入侵美军和美国扶持的越南傀儡政权进行了不屈不挠的抗美救国斗争。苏联为了获得与美国平起平坐的地位，加紧发展经济和军事实力，提出“火箭核战略”，与美国展开核竞赛，力争在核力量上赶超美国。由于赫鲁晓夫对苏联军事科技力量的盲目乐观，在一些问题上对美国采取冒险行动，造成了第二次“柏林危机”和“古巴危机”，结果遭到失败。总的来看，这一时期苏联的外交路线对缓和战后以来出现的国际紧张局势有积极意义，它改变了苏联对西方的僵化态度，使社会主义国家与资本主义国家的关系从对抗转为既有对抗又有对话。

3. 20 世纪 60 年代中期至 80 年代中期，既缓和又对抗

这一时期，苏联经济、军事实力迅速膨胀，与美国在经济上差距缩小，在军事上逐渐达到力量均衡。苏联领导人勃列日涅夫对以美国为首的资本主义国家采取了既缓和又对抗的方针，目标是在全球范围内同美国争夺世界霸权。苏联利用美国内政外交的困境，第三世界国家的崛起，西欧、日本独立性增强的有利时机，对西方国家展开强大的和平攻势。1969 年 3 月，苏联在华约布达佩斯会议上提出了“欧洲缓和”的主张。同年 6 月，在莫斯科提出建立“亚洲集体安全体系”的建议。次年 8 月，苏联同联邦德国签订了互不使用武力条约。1971 年春，苏共二十四大正式提出以“缓和”为中心的《和平纲领》。1972—1974 年，苏美首脑互访，签订了有关限制战略核武器的一系列条约和协定。苏联还积极倡议召开欧洲安全与合作会议，并在 1975 年签署《欧洲安全与合作会议最后文件》，它使东西方缓和出现高潮。

苏联通过缓和战略，解决了一些战后欧洲遗留问题，使西方对战后东欧现状予以承认，在一定程度上分化了欧美关系，同时获得了西方大量的资金技术。70 年代苏联从西方获得贷款 200 亿美元，与西方贸易额从 1970 年的 52 亿美元增长到 1980 年的 486 亿美元。东欧国家在缓和中加强了与西欧国家的相互交往，不仅贸易关系发展较快，而且在制止军备竞赛、维护欧洲稳定和世界和平等问题上与西欧国家达成一致看法。波兰、匈牙利和罗马尼亚等国与美国等西方国家加强了贸易关系和政治往来。1970—1980 年，匈牙利同西方国家贸易额增长了 5.2 倍，波兰增长了 3.9 倍，保加利亚增长了 2.8 倍，民主德国增长了 2.4 倍，捷克斯洛伐克增长了 2.1 倍。然而，在缓和的背后，苏联同美国在世界范围内展开全面争夺。苏联通过缓和赢得了时间，得以大规模地扩充军备。1965—1981 年，苏联军费开支从 320 亿美元猛增到 1 400 亿美元。在欧洲，苏联从 1977 年开始部署 SS-20 中程导弹；在非洲、中东、南亚地区，苏联大举扩张渗透，企图控制西方的经济生命线，动摇西方世界的基础。苏联在 70 年代对美国的积极进攻战略，加剧了国际紧张局势，消耗了自身力量，但在客观上制约了美国在全球范围的霸权。

4. 1985—1991 年，全面缓和

1985 年戈尔巴乔夫上台时，苏联内外形势极为严峻。苏联调整了 70 年代的对外战略，提出了全球缓和战略，意在缓和国际紧张局势，为苏联国内改革和发展争取良好的外部环境。全球缓和战略的核心是苏美关系的缓和。戈尔巴乔夫力求打破 70 年代末以来苏美关系僵局，以控制和削减核军备为突破口，谋求与美国缓和关系。由于苏联的积极姿态，1985 年 11 月，中断六年之久的美苏首脑会谈在日内瓦举行，苏联最后就削减 50%的战略核武器的原则和有关中程核力量的协议同美国达成谅解。1986 年 1 月，戈尔巴乔夫提出全面裁军建议。1987 年，苏美首脑在华盛顿会晤中签订两国间第一个核裁军协议——《中导条约》。1988 年 5 月，苏美首脑在莫斯科第四次会晤中，交换了销毁中程导弹条约批准书，签订了有关增加信任和双边关系协定。此外，双方在解决尼加拉瓜、纳米比亚、阿富汗、安哥拉、柬埔寨等地区热点问题上也开始合作。苏联在戈尔巴乔夫时期的全面缓和战略，对缓和国际紧张局势具有积极意义。它使苏美双方剑拔弩张的全面对抗转为频繁不断的高层对话，使欧洲、东北亚、东南亚长期存在的紧张局势缓解，在世界范围内结束了战后 40 多年的东西方军事对抗。但是，苏联在实施这一战略中迷失了方向，从最初在保留苏联的超级大国地位的基础上同西方搞缓和，发展到同西方无条件的缓和，甚至不顾苏联的国家利益和尊严，唯西方马首是瞻，向西方靠拢。导致这一变化的原因是苏共领导人指导思想上的错误、苏联改革中的不断失误，以及美国等西方国家对苏联的诱压政策。

（二）社会主义国家同发展中国家的关系

战后初期，社会主义在东欧和亚洲一些国家的胜利和社会主义阵营的形成，对刚刚获得独立的亚非拉国家产生了巨大的吸引力。20 世纪 50 年代中期，亚非拉民族解放运动蓬勃发展，许多国家谋求走社会主义道路。以苏联为首的社会主义国家同被压迫人民和被压迫民族建立了相互支持与合作的关系，并对一些国家提供了经济和军事援助。1955—1956 年，苏联同印度、阿富汗、印度尼西亚、柬埔寨、锡兰（今斯里兰卡）、缅甸、叙利亚、黎巴嫩、伊朗、也门、埃及、几内亚、加纳、阿根廷、乌拉圭等国签订了经济合作协定，对这些国家的经济发展起了良好的作用。1955 年底，苏联领导人对印度、缅甸、阿富汗等国进行了友好访问，标志着苏联同亚洲国家关系的新发展。在访问期间，苏联领导人表示支持亚洲各国人民争取独立的正义斗争，谴责帝国主义和殖民主义国家的侵略行径，保证在经济发展方面给予亚洲国家大力支持。这对亚洲国家无疑是一种有益的支持，对稳定亚洲的局势也起了积极作用。1954 年，苏联向阿富汗提供了 3 500 万美元的经济技术合作贷款；1955 年 9 月，苏联首次向埃及出售 2.5 亿美元军火，此后，还向加纳、阿富汗、几内亚、印度、索马里出售武器。1959 年古巴革命成功后，苏联表示与古巴站在一起，并派高级代表团访问古巴。在赫鲁晓夫执政时期，苏联向 22 个亚非国家提供了 38 亿美元的经济援助，使其在第三世界的影响有所加强。1960 年 9 月，赫鲁晓夫在第 15 届联合国大会上提交了《给予殖民地国家和人民独立宣言》草案，该宣言在联大的通过对于世界反对殖民主义、帝国主义的斗争具有重要意义。

20 世纪 70 年代，伴随着苏联与美国在全球范围内加紧争夺，苏联把对第三世界的政策纳入同美国争霸的轨道，开始在第三世界大举渗透扩张。苏联利用第三世界一些国家独立后在政治、经济方面存在的实际困难，通过经济、军事援助和签订各种条约，积极向第三世界具有重大战略意义的关键地区渗透。1970—1979 年，苏联对第三世界的军事援助达 474 亿美元，经济援助达 116 亿美元，先后同 12 个第三世界国家签订了包含军事合作内容的条约，并且向一些国家派出大批军事顾问和技术人员，建立军事基地，直至武装入侵第三世界国家。在亚洲，苏联向印度提供了大量经济和军事援助，支持印度反华和肢解巴基斯坦；支持越南黎笋集团反华、排华和入侵柬埔寨；加紧控制中东，向该地区一些国家提供经济军事援助。在非洲，苏联采取打代理人战争的办法，出钱、出枪支持古巴军队进入安哥拉，策划雇佣军入侵扎伊尔，支持门格斯图在埃塞俄比亚掌权，插手埃塞俄比亚与索马里之间的冲突，借机在红海沿岸攫取军事基地。在拉丁美洲，苏联通过古巴扩大影响。1979 年 12 月，苏联公然入侵阿富汗，受到世界各国的谴责。苏联的扩张造成第三世界一些国家之间和国家内部矛盾激化，败坏了社会主义的声望，也由此背上沉重的包袱，影响了本国的发展。

20 世纪 80 年代中期以后，戈尔巴乔夫为了推行全球缓和战略，调整了对第三世界的政策，不再把发展中国家看作世界政治中的革命力量和苏联的同盟军，也放弃了第三世界国家最终将选择社会主义的提法。在确保重点战略地区的前提下，在整个第三世界采取收缩政策。在非洲和拉丁美洲撤离一些军事存在，减少或停止对一些国家的经济、军事援助，并从阿富汗撤军。

（三）社会主义国家之间的关系

战后，随着一批社会主义国家的建立，出现了各社会主义国家如何处理好彼此之间关系的新问题，这也是战后国际政治中新的理论和实践问题。战后初期，苏联为了巩固自身的力量，对抗美英“遏制”苏联、“解放”东欧的图谋，十分重视加强同东欧各国的关系。苏联积极帮助东欧各国进行民主改革，向东欧国家提供了大量农产品、石油产品、机器和设备，帮助其渡过战后经济困难时期。苏联还同东欧国家缔结了一系列政治、军事和经济条约，成立情报局、经互会和华约组织，在欧洲形成社会主义阵营。东欧国家也通过宪法把全面发展同苏联的关系作为对外政策的基石。苏联还对越南、朝鲜和中国的革命及人民民主国家的建立和经济恢复给予了很大帮助。然而，这一时期苏联对外政策中的大国主义、大党主义倾向也有所暴露，这突出表现在其与南斯拉夫的关系上。以铁托为首的南斯拉夫共产党坚持在内政外交上独立自主，坚持在社会主义建设中走自己的道路，苏联对此大加干涉，撤走专家，撕毁合同，停止履行各项条约，直至把南斯拉夫开除出情报局，断绝同南斯拉夫的一切关系。在苏共的影响下，东欧各党内部开展了对“民族主义分子”的大清洗运动，一些著名共产党人遭到清洗，或被处死，或被投入监狱。这种违背马克思列宁主义原则的行径给社会主义国家间的关系带来严重的消极影响。斯大林的继任者赫鲁晓夫上台后，苏联虽然调整恢复了与南斯拉夫的关系，但苏共并未从根本上认真吸取社会主义国家关系上的教训。为了实现“苏美合作”，它要求各国党服从苏联对外政策的“和平共处总路线”，放弃应有的斗争；要求别国牺牲自己的主权，服从苏联一国利益，加紧了对社会主义国家的政治、经济、军事上的控制。在控制中国的企图遭到拒绝后，苏联单方面撕毁合同，撤走专家；在中印边界冲突中偏袒印度一方；陈兵中苏、中蒙边界，威胁中国国家安全。这些行为导致了中苏关系的破裂。同时，阿尔巴尼亚由于与苏联的关系破裂，退出了华约和经互会，原来意义上的社会主义阵营也由此解体。

20 世纪 60 年代中期以后到 80 年代初期，勃列日涅夫在处理社会主义国家关系上走得更远。当捷克斯洛伐克要求探索本国社会主义道路时，苏联纠集五个华约成员国，镇压了“布拉格之春”的改革运动。苏联还抛出以“有限主权论”“国际专政论”“社会主义大家庭论”为主要内容的“勃列日涅夫主义”，为干涉社会主义国家内政制造理论依据。苏联加紧从政治上、经济上和军事上对东欧进行控制，进一步伤害了东欧国家的民族感情，使得苏联东欧国家之间的控制与反控制的斗争、推行大国沙文主义与维护国家独立自主的冲突日益尖锐。1969 年 3 月，苏联在中国边界蓄意制造了珍宝岛流血事件，进一步恶化了中苏关系。苏联推行的大国霸权主义外交政策带来了严重后果。经济上，与美国争霸的对外政策吞噬了国家的经济实力，窒息了经济增长，影响了人民生活的提高；政治上，使苏联在国际上的威望一落千丈，使世界社会主义的团结遭到重大破坏。

戈尔巴乔夫上台后，出于国内改革与民主化以及同西方缓和的需要，对东欧实行了不同于前任的政策。他承认国际共产主义运动的多样性，承认社会主义建设存在不同的道路和特点，摈弃了“有限主权论”，纠正了过去不尊重东欧国家主权、指挥操纵一切的做法，放弃了对各国各党的控制，让东欧自己选择其政治制度。苏联还积极同中国改善关系，在 1989 年实现了同中国关系的正常化。

四、社会主义事业的继往开来

苏联解体、东欧剧变后，社会主义国家从原来的 16 个减少到 5 个，世界社会主义事业面临严峻挑战。西方的思想家预言 20 世纪兴起的社会主义将在 20 世纪灭亡。然而，社会主义事业并没有失败，它只是暂时遇到了挫折。社会主义的发展道路是曲折的，但前途是光明的。只要认真总结社会主义建设和改革中的经验教训，将马克思主义与本国具体实际相结合，不断解决前进中遇到的新课题，就能巩固和发展社会主义，使社会主义走出当前的发展低潮，迎来 21 世纪社会主义蓬勃发展的辉煌前景。

（一）正确认识社会主义发展的历史进程

1. 社会主义在曲折中发展

如同任何新生事物一样，世界社会主义的发展也不会一帆风顺。资产阶级战胜封建阶级，资本主义制度取代封建专制制度，尚且用了300年时间；社会主义肩负消灭一切剥削制度的使命，其前进的道路必然会更加曲折，更加漫长。首先，20世纪走向社会主义的国家绝大多数经济文化相对落后，它们是在特殊历史条件下走上社会主义道路的。由于市场经济与资产阶级民主在这些国家的发育先天不足，它们的社会主义建设基础差、起点低，同时还不时受到诸如个人崇拜、集权主义等封建主义传统的影响，这就使社会主义的制度建设和经济发展障碍重重。其次，从国际上看，社会主义的发展注定要同它的对立物和替代物——资本主义长期共存，而资本主义在战后经历了新科技革命和实行社会政策调整后，还具有相当的生命力，处于强势地位，这使社会主义在与资本主义的较量和竞争中面临强大的压力。社会主义需要经历一个相当长时期的发展后才能取代资本主义。最后，社会主义道路究竟怎么走，并没有现成答案。马克思主义经典作家只是为社会主义社会的发展提出了基本原则。社会主义国家必须将马克思主义与本国具体实践相结合，通过不断实践来认识社会主义的发展规律。在社会主义实践中的教条主义和背离马克思主义，都会导致社会主义事业遭受重创。

社会主义是在曲折中前进的。20世纪末期世界社会主义遭受到重大挫折并不能否定20世纪社会主义实践取得的辉煌成就；苏联解体、东欧剧变也并不表明社会主义的失败，它只是证明了跟不上时代发展、固守僵化模式的苏联社会主义模式的失败，说明了苏联推行大国主义、霸权主义外交政策的失败。世界社会主义事业还在向前发展。这是由于社会主义发展道路代表了人类社会的发展趋势，符合广大人民的利益和愿望，得到了人民的拥护；同时，以中国共产党为代表的社会主义执政党能够认真总结历史经验教训，解放思想、实事求是、与时俱进，在实践基础上不断进行理论创新，不断探求符合本国国情的社会主义发展道路。20世纪开始的社会主义伟大实践仍在继续。

2. 社会主义必将取代资本主义

社会主义不是来自某种主观的愿望和想象。从人类历史的发展进程来看，社会主义取代资本主义是不可改变的客观规律。社会主义作为一种社会制度是资本主义发展的产物，是对资本主义的一种超越和替代。资本主义的生产关系必然造成财富的两极分化，造成人与人之间经济上、政治上和社会上的普遍不平等。资本主义的经济基础和上层建筑是以维系这种不平等为其本质特征的，因而资本主义制度最终束缚了生产力的发展。社会主义作为一种崭新的社会形态，就是要消灭剥削，消除两极分化，使广大人民达到共同富裕；它必将解放生产力、发展生产力和创造出比资本主义更高的生产力，建立更和谐的生产关系和更完备的民主。社会主义取代资本主义是历史发展的必然趋势。

在当代全球化进程中，资本主义所固有的各种矛盾并没有消失，只不过表现形式有所变化。资本无限追求利润最大化的内在逻辑使资本主义的基本矛盾在世界范围内发展，财富高度集中在少数人手中，贫富两极分化更加严重，金融风险危及包括发达资本主义国家在内的世界各国，发展中国家在国际贸易、国际分工和资金流动方面处于不平等地位。全球范围内反对资本主义的斗争一天也没有停止，这一切为世界社会主义的发展带来新的契机。

社会主义与资本主义制度将长期共存。社会主义不能简单抛弃资本主义。社会主义大厦不能离开人类世代积累的文化遗产，只有吸纳人类优秀文明成果，社会主义才能巩固和完善。应当善于吸取当代资本主义的现代优秀文明成果，同时坚决抵制其糟粕，防止其“和平演变”图谋。社会主义要在与资本主义的长期的和平共处与斗争、相互协作与竞争中发展壮大。

3. 世界社会主义现状

从总体上看，世界社会主义包括社会主义制度及实行这一制度的国家、争取社会主义的运动以及社会主义意识形态和价值观念等。虽然世界社会主义运动在 20 世纪 90 年代前后，遭受了苏联解体、东欧剧变的沉重打击，但是社会主义并没有灭亡。据统计，目前世界上有 100 多个以共产党命名或宣称信奉马克思主义的政党。在中国等社会主义国家，社会主义的实践仍在继续。这些国家基本上摆脱了传统的社会主义僵化观念和固定模式的束缚，通过体制改革和对外开放走上了适应本国国情的社会主义道路。

苏联解体后建立的一些国家，如俄罗斯、乌克兰、白俄罗斯、摩尔多瓦、塔吉克斯坦、吉尔吉斯斯坦等国的共产党都继续存在，并为巩固扩大队伍、争取执政与扩大影响不断进行政策方针的调整。俄罗斯联邦共产党（简称俄共）目前是俄罗斯国家杜马第二大党。俄共在全俄 85 个联邦主体中都设立了分支机构，共有 14 151 个基层党组织，并且拥有大量拥护者群体。俄共主席久加诺夫强调：“俄共开展日常斗争的意义，就在于使俄罗斯回归到社会主义的发展道路上来。”摩尔多瓦共产党曾分别在 2001 年和 2005 年两度赢得议会大选，连续执政 8 年，成为苏联解体、东欧剧变后在欧洲大陆出现的唯一由共产党执政的国家。

在东欧地区也存在着有组织、有规模、有影响的共产党和社会主义运动。经历了剧变的动荡之后，一些国家如保加利亚、匈牙利、捷克、斯洛伐克、阿尔巴尼亚等国的共产党人重建了自己的组织，只是名称不同、力量不等。其中较有影响的捷克和摩拉维亚共产党在议会中曾经是第三大党，拥有较大的发言权。2018 年，捷克和摩拉维亚共产党参与巴比斯政府的联合组阁，从而在东欧剧变近 30 年后重返政坛。然而在 2021 年捷克举行的议会选举中该党失利。在经济上，该党支持保留关键公有制经济部分，对外关系上反对加入北约和北约的侵略战争，支持欧洲一体化。

第三世界一些国家的共产党，在苏联解体、东欧剧变后不但保持了原有队伍，有的还有所扩大。在印度，各派共产党的党员总数超过了 200 万。印度共产党（马）曾在西孟加拉邦执政长达 34 年之久，与其他左翼政党在另外两个邦联合执政也有多年历史。印共（马）在西孟加拉邦执政期间，维护工农利益，实行一系列有利于农民的政策，照顾弱势群体，赢得了广大农民的支持和拥护。然而，由于种种原因，在 2011 年的邦内议会选举中，印共（马）议席锐减，失去了在该邦的执政地位。这表明了发展中国家的共产党在全球化、现代化进程中，面对诸多新的、复杂的问题，需要不断在指导思想和执政理念上与时俱进，不断加强党的思想建设与组织建设。在尼泊尔，尼共（毛）和尼共（联合马列）是尼泊尔两个最大的共产党组织。尼共（毛）在 1994 年成立之后，坚持在尼泊尔边远山区进行武装斗争。2006 年开始与政府和谈，宣布停止武装斗争，加入临时议会。2008 年，尼共（毛）在制宪会议选举中成为第一大党，党的主席曾当选为尼泊尔联邦民主共和国首任总理，并组建政府（一年后因与总统政见不合而辞职）。在 2015 年的议会选举中，尼共获得大胜，尼泊尔政坛出现了总统和总理由尼共（联合马列）领导人担任，议长和副总统由尼共联（毛）① 担任的局面。在2017年底尼泊尔举行的大选中，尼共（联合马列）和尼共（毛）组成的左翼联盟在选举中取得压倒性胜利。2018年2月15日，尼泊尔总统班达里任命尼泊尔共产党（联合马列）主席奥利为尼第41任总理。2022年11月，尼泊尔举行了联邦议会众议院和省议会选举。尼共（联合马列）获得78席，尼泊尔共产党（毛主义中心）获32席，分别成为议会第二、第三大党。当年12月，二者组成执政联盟，尼共（毛主义中心）主席普拉昌达出任政府总理。在南非，共产党积极参与国家独立后的新政权建设，是南非三方执政联盟中的重要一方。其党员人数不断增长，从2007年5万多党员增至2018年的28.5万党员，成为苏联解体、东欧剧变以后世界上少有的真正大发展的共产党。其他一些发展中国家的共产党，如塞浦路斯劳动进步党、摩洛哥进步与社会主义党、巴西共产党等，也在本国政治生活中发挥着重要作用。

当前，社会主义在世界范围内还面临着严峻挑战。许多发达国家虽仍然存在着共产党，但除了希腊等国共产党的力量小有发展外，多数党仍处于政治迷茫、组织涣散、行为分散、影响乏力的困局。世界社会主义运动无论是在发达资本主义国家还是在第三世界，都还在困难的形势中进行探索，还未形成20世纪曾经有过的那种对资本主义的冲击力和对第三世界的影响力。处于改革中的现实社会主义国家，由于体制的不成熟、经济的不发达以及全球化带来的影响，还需要在改革的道路上不断探索与创新，对它们来说，建设符合本国国情的社会主义实践的探索才刚刚开始。此外，值得注意的是，以生态运动、女权运动、和平运动、反种族主义运动和反对新殖民主义的斗争等形式形成的新社会运动，其斗争矛头指向的是资本主义的弊端和后果，因而成为社会主义运动反抗资本主义的潜在同盟力量。至于自20世纪20年代就从世界社会主义运动中分化出来的另一支力量——社会民主党，则在20世纪90年代提出并推行了所谓的“第三条道路”，以应对经济全球化与“福利病”等对西欧国家的影响，并争取上台执政。20世纪90年代中后期，欧洲曾经出现14个社会党掌控政府的局面。但是，发达国家的社会党也遇到了党员队伍老化、党员人数减少、思想理论陈旧、社会支持率下降等问题。西方国家的社会主义到底向何处去，各种社会主义力量如何发展，仍然需要不断探索，由历史和实践作出回答。

（二）解决新课题，开创新局面

进入21世纪的社会主义国家处于历史发展的关键时期。社会主义国家只有迅速发展生产力，才能壮大社会主义的物质基础；只有处理好改革与发展、稳定的关系，才能保证国家的稳定、民族的团结、党和群众的密切关系；只有坚持马克思主义与本国实际结合，不断探索本国特色的社会主义道路，才能制定出正确的发展战略；只有在新的历史条件下处理好社会主义与资本主义国家及周边国家的关系，才能为社会主义建设赢得良好的国际环境。

① 2009年后，尼共（毛）和另外两个尼共组织合并，组建尼泊尔共产党（毛主义中心），简称尼共联（毛）。

1. 坚持以发展生产力为中心，完整、准确、全面贯彻新发展理念

解放和发展生产力，是社会主义的本质要求。在社会主义革命取得成功后，能否使生产力不断向前发展，是关系社会主义国家兴衰存亡的根本问题。唯有紧紧抓住经济建设这个中心，逐步创造出高于资本主义的劳动生产率，不断缩小同发达国家的经济差距，不断提高人民群众的物质文化水平，社会主义国家才能真正在两种制度的竞赛中站稳脚跟。社会主义国家多年来正反两方面的经验和教训说明，生产力得不到发展，人民生活得不到改善，就会影响社会主义的凝聚力。当前，社会主义国家的生产力水平和生活水平还比较低，同发达国家和发展较快的新兴资本主义国家、地区相比，还有较大差距，因而巩固和发展社会主义制度的关键是发展社会生产力。社会主义国家能不能在不长的时间内，在增强经济实力、提高人民生活水平上做出显著成绩，是能否巩固和加强社会主义制度的关键所在。高质量发展是全面建设社会主义现代化国家的首要任务。理念是行动的先导，一定的发展实践都是由一定的发展理念来引领的。发展理念是否正确，从根本上决定着发展成效乃至成败。2015 年 10 月，习近平总书记在党的十八届五中全会上提出了创新、协调、绿色、开放、共享的新发展理念，回答了关于发展的目的、动力、方式、路径等一系列理论和实践问题，阐明了我们党关于发展的政治立场、价值导向、发展模式、发展道路等重大政治问题。作为发展实践的思想引领，新发展理念是一个系统的理论体系。创新是引领发展的第一动力，注重的是解决发展动力问题；协调是持续健康发展的内在要求，注重的是解决发展不平衡问题；绿色是永续发展的必要条件和人民对美好生活追求的重要体现，注重的是解决人与自然和谐共生问题；开放是国家繁荣发展的必由之路，注重的是解决发展内外联动问题；共享是中国特色社会主义的本质要求，注重的是解决社会公平正义问题。新发展理念的五个方面紧密联系、相互支撑。不仅体现着辩证唯物主义和历史唯物主义的方法论和系统观，而且体现着我们党对当代社会经济发展一般规律的最新科学认识，标志着对中国特色社会主义经济发展规律的认识达到了一个全新的高度和境界。党的十八大以来的实践表明，贯彻新发展理念是关系中国发展全局的一场深刻变革，引导中国经济发展取得了历史性成就，发生了历史性变革。

2. 探寻具有本国特色的社会主义道路

> 一切民族都将走向社会主义，这是不可避免的，但是一切民族的走法却不会完全一样，在民主的这种或那种形式上，在无产阶级专政的这种或那种形态上，在社会生活各方面的社会主义改造的速度上，每个民族都会有自己的特点。
>
> 资料来源：列宁．列宁全集：第 28 卷．2 版．北京：人民出版社，1990：163.

建设社会主义不应有固定的统一模式。社会主义各国都应在正确了解本国国情的基础上，把马克思主义基本原理同本国实际相结合，走具有本国特色的社会主义道路。战后社会主义国家出现种种失误，一个重要原因就是盲目照抄照搬苏联模式，搞教条主义，满足于直接从马克思列宁主义经典作家那里找出指导社会主义建设的现成答案。中国在改革中探索出一条适合本国国情的社会主义道路。十一届三中全会以来，中国共产党坚持以马克思列宁主义、毛泽东思想、邓小平理论、“三个代表”重要思想、科学发展观和习近平新时代中国特色社会主义思想为指导，解放思想，实事求是，不断探索在社会主义初级阶段如何建设社会主义的道路，勇于推进实践基础上的理论创新，取得了伟大的成绩。实践证明，建设本国特色社会主义，必须坚持解放思想、实事求是的思想路线，必须有正确的理论为指导，必须有一个坚强成熟的领导集体来组织和领导，必须与时俱进，开拓创新。

3. 不断加强民主法治建设

人民民主是社会主义的生命。高度民主的政治制度是社会主义的本质特征之一。社会主义社会应该在致力于发展生产力、努力提高人民的物质文化生活水平的同时，不断扩大社会主义民主，保证人民充分有效地行使管理国家的权利和其他实际的民主权利。这是社会主义社会发展的客观要求，也是社会主义的根本目标和任务之一。目前社会主义国家还处于初级阶段，因而既要加快民主法治建设进程，又要从实际出发，不可操之过急。应从加强各种具体民主制度和法律制度的建设入手，进一步完善选举制度，强化政治监督机制，扩大和加强社会监督与舆论监督，积极进行政治改革，逐步提高政治生活的透明度，健全民主程序，完善基层民主制度，提高人民文化政治素养，从而使人民提高参与社会政治管理的积极性和能力。健全社会主义民主和法治，不仅是建设社会主义民主政治的重要内容，也是正确处理和解决社会主义社会诸种社会矛盾的政治保障，还是克服各种腐败行为的有效手段。必须加强法治，依法治党，依法治国，依靠法律促进廉政建设，充分发挥法治在促进经济、政治、文化事业的发展，以及在管理公共事务和调节社会矛盾方面的作用。建设高度的社会主义民主是一个长期的、艰难的历史进程，需要经过几代人不懈的奋斗。社会主义国家的民主和法治越是完善，社会主义社会出现的各种矛盾就越能通过制度本身，运用自身的力量及时妥善地解决。反之，社会主义社会的矛盾就会日积月累，日益加剧，甚至可能导致暂时的局部的危机状态，严重地危害社会主义事业。这是历史经验的总结。

4. 坚持走改革之路

改革是社会主义发展的直接动力。当代社会主义改革，就是要从根本上变革传统的社会主义模式，建立适应时代和国情的生机勃勃的社会主义新模式。社会主义社会基本矛盾运动的现实，决定了改革的必然性。社会主义的基本制度在本质上是同生产力的发展要求相适应的。但是作为一种社会制度，它不可能在创立初期就很完善，需要经过由低级到高级、由不完善到比较完善的发展过程。社会主义社会的生产力同生产关系、经济基础同上层建筑的矛盾可以通过社会主义制度自身的调整和完善来解决。改革就是社会主义制度的自身调整和完善。当前社会主义所面临的种种挑战和机遇决定了改革的紧迫性。社会主义国家必须加快改革，迎接挑战。坚持深化改革开放。深入推进改革创新，坚定不移扩大开放，着力破除深层次体制机制障碍，不断彰显中国特色社会主义制度优势，不断增强社会主义现代化建设的动力和活力，把我国制度优势更好转化为国家治理效能。在改革中，必须坚持社会主义方向不动摇。苏联东欧在改革中偏离社会主义方向，造成改革演变成“改制”的教训必须汲取。改革需要解放思想，大胆探索。只要改革有利于发展社会主义社会的生产力，有利于增强社会主义国家的综合国力，有利于提高人民的生活水平，就要坚定不移地搞下去。改革还必须坚持共产党的领导，加强思想教育，增强社会主义的凝聚力，同时还应该警惕西方的“和平演变”，防止国内两极分化的出现。

20 世纪世界社会主义的发展以推翻资本主义制度、建立社会主义政权为标志，当今时代则把进行改革、完善和发展社会主义的重任赋予了新世纪的社会主义国家。苏联解体、东欧剧变之后，西方出现了“社会主义失败了”的论调，但是社会主义并未丧失生命力。社会主义国家经过这次挫折，吸取了教训，坚定了改革的决心。在社会主义漫长的发展历程中，20 世纪的社会主义实践仅仅是个开始。社会主义的思想与实践运动将随着改革的不断深入而向前发展，作为先进生产方式代表的社会主义终将取代资本主义。

阅读书目

1. 宫达非．苏联剧变新探．北京：世界知识出版社，1998

2. 刘祖熙．东欧剧变的根源与教训．北京：东方出版社，1995

3. 陆南泉，姜长斌，徐葵，等．苏联兴亡史论．北京：人民出版社，2002

4. 张光明．社会主义由西方到东方的演进．昆明：云南人民出版社，2004

5. 高放，李景治，蒲国良．科学社会主义的理论与实践．4 版．北京：中国人民大学出版社，2005

思考题

1. 苏联社会主义模式形成的原因及特点是什么？

2. 苏联解体、东欧剧变的背景、原因和历史教训是什么？

3. 社会主义国家的改革运动经历了哪些阶段？为什么会出现不同的结局？

第六章

转型国家的经济与政治

要论提示

- 改造以公有制为基础的计划经济，建立以私有制为基础的市场经济。
- 建立以多党制、权力分立和自由选举为特征的西方民主政治体制。
- 东欧国家外交力求回归欧洲；俄罗斯外交从向西“一边倒”到灵活务实，力求彰显大国影响，确立大国地位。

关键词

制度转型　休克疗法　私有化　多党制

本章所说的“转型国家”指的是20世纪80年代末90年代初，发生了由社会主义制度到资本主义制度历史性剧变的原苏联东欧社会主义国家。这些转型国家在政治上，从过去的以一党执政和党政融合为特征的传统政治模式向以多党制、权力分立和自由选举为特征的西方民主政治体制过渡；在经济上，从以公有制为基础的高度集中的计划经济向以私有制为基础的资本主义市场经济转型；在对外关系上也进行了全面深刻的政策调整。伴随着社会制度的剧变，一些国家还发生了解体。苏联原15个加盟共和国各自独立成为15个主权国家，其中除波罗的海沿岸三国外的12个国家组织成立了独立国家联合体（格鲁吉亚曾在1993年12月加入独联体，2009年8月18日正式退出）。南斯拉夫分裂为6个国家。捷克斯洛伐克分裂为捷克共和国和斯洛伐克共和国。加上波兰、匈牙利、保加利亚、罗马尼亚和阿尔巴尼亚，这样，本章所涉及的转型国家共有28个。这些国家现已初步建立起资本主义的制度框架。虽然绝大多数国家的政局已渐趋稳定，经济也出现了较快增长，但部分国家的政治制度和经济制度还不完善，各国在未来的发展中仍面临着来自国内外的诸多挑战。

一、经济制度的转型

（一）经济转型方式与内容

经济转型是这些国家社会制度大变迁在经济领域的具体体现。苏联解体、东欧剧变之后，这一地区的国家立即开始实施从原有的以公有制为基础的计划经济向以私有制为基础的市场经济的转型。其经济转型不仅是指由计划经济体制向市场经济体制的过渡，而且包括基本经济制度的改造这一更为重要的内容。匈牙利由于在经济转轨前的宏观经济相对稳定，并已有 20 年市场取向改革的经验和基础，为了避免产生过大的冲击而拒绝采取"休克疗法"（shock therapy），其他绝大多数国家的经济转型都采用了激进的"休克疗法"。

激进的"休克疗法"是东欧中亚最主要、最普遍的经济转型方式。"休克疗法"本来是一个医学术语，是指用药物或电击诱发人体休克以治疗某种精神疾病的方法，20 世纪 80 年代中期以后被用来称谓一整套激进的稳定宏观经济、治理通货膨胀的经济改革方案和试图一步到位的经济转型方式。它是由美国经济学家杰弗里·萨克斯发明的，20 世纪 80 年代中期开始在南美的一些国家施行并获得了巨大成功。苏联解体、东欧剧变后，在西方国际金融组织的举荐下，大多数国家都采取了这种激进方式。其基本内容为经济的自由化、私有化和稳定化，通过这"三化"完成对经济制度的改造。自由化就是废除过去国家对经济的计划管理，使经济市场化。自由化主要包括价格自由化、企业经营自由化、对外经济活动自由化和外汇自由化。私有化就是通过有偿出售或无偿分配国有资产的方式把原有的以公有制为主体的所有制结构改造为以私有制为主体的混合所有制结构。稳定化就是针对当时普遍存在的生产下降、通货膨胀加剧的混乱局面，通过采取严厉的财政金融紧缩政策来维持宏观经济的相对稳定。自由化和私有化是经济转型的核心内容，稳定化是必要条件。"休克疗法"的激进性主要体现为大规模快速的私有化和试图一步到位实现经济的自由化，如一次性放开绝大部分（85%～90%）商品的价格、突然之间废除了几乎全部的对经济的计划管理等，给经济发展和居民生活造成了巨大冲击。

"休克疗法"迅速而彻底地摧毁了原有的社会主义经济制度，使这些国家向资本主义制度的演变难以逆转。实践证明，"休克疗法"作为遏制通货膨胀、稳定宏观经济的一种办法，在具备一定条件的市场经济国家是可以取得成效的，但作为由计划经济向市场经济转型的途径，却是不足取的。

经济转型的基本内容可归纳为三个方面：通过自由化废除计划经济体制，建立市场经济体制，实行经济运行机制的转型；通过私有化改造所有制结构，转换基本经济制度；改变政府调控宏观经济的手段和方法，调整经济政策，通过财政和货币紧缩政策稳定宏观经济。

（二）私有化是经济转型的核心与关键

私有化之所以在原苏联东欧社会主义国家大行其道，主要有以下几个原因：第一，原苏联东欧社会主义国家剧变之前，经济领域普遍存在公有制的范围过宽、规模过大、所有制结构过于单一的问题，客观上存在着对所有制结构进行改革的要求。第二，在西方新自由主义经济理论的影响下，这些国家的当权者普遍笃信西方的自由市场经济理论，以为私有制可以带来公平、自由、高效率和社会稳定，并且认为市场经济只能建立在私有制基础之上，私有化被各国视为由计划经济体制向市场经济体制转轨的前提条件和核心内容。第三，各国实行私有化的前提和背景并不是单纯的经济体制转轨，而是社会制度的大变迁，私有化已经超越经济体制改革的框架和范围。这些国家的当权者认为，为了实现社会制度的根本性转变，必须对原有制度的经济基础，即公有制进行根本的改造，实行私有化，认为只有这样，才能保证“改革”的不可逆转。正如世界银行1996年的发展报告所说，对俄罗斯的改革者们而言，迅速与过去割断联系是最重要的，私有化是必需的，它在短期内未必会改善企业经营，但它会保住早期改革的成果。总之，原苏联东欧社会主义国家经济转轨的方向，决定了它们必然选择私有化的道路。

这些国家的私有化，严格地讲，都是指财产所有权的转变，即把公有财产转变为各种形式的私有财产，其中以股份制为主的法人私有形式居多。其最终目标，是要把以公有制为主体的所有制结构改造成以私有制为主体的所有制结构，使社会制度变迁不可逆转。私有化如果按资产分配方式来说，可分为有偿私有化、无偿私有化和重新私有化（退还原主）三种。由于存在资金短缺和私有化规模庞大的矛盾，为了快速实现私有化，多数国家都或多或少地采用了无偿分配的私有化方式。这种全民平分国有资产的无偿私有化，一般被称为“大众私有化”。在大众私有化方面，捷克斯洛伐克联邦首创的“投资券私有化”（凭证式私有化）不仅成为捷克共和国私有化的主导方法，使其50%的国有资产通过这种方式迅速私有化，而且被原苏联东欧地区其他国家（只有匈牙利、马其顿和乌兹别克三国例外）争相效仿，极大地推动和促进了这些国家私有化的进程。

私有化按私有化对象的规模可划分为“大私有化”和“小私有化”两种。大私有化指大中型企业的私有化，一般通过先对企业进行股份制改造再出售股票的方式实现。小私有化指小企业的私有化，主要涉及零售商业、餐饮服务等行业，一般通过直接出售、拍卖或退归原主等方式来实现。各国私有化的进程均起步于小私有化。经过两三年时间，小私有化基本顺利实现，并取得了较好的社会经济效果。大私有化是各国私有化工作的难点和重点，其进展情况在各国参差不齐。一般来讲，政治局势相对平稳的国家，其私有化工作也相对连续，进展较快；而在那些政局激烈动荡，特别是饱受战乱影响的国家，私有化起步较晚，时断时续，进展缓慢。

俄罗斯的私有化可以分为两大阶段。

第一阶段是证券私有化阶段，从1992年1月至1994年6月30日，以无偿私有化为主。按照总统令的要求，除暂时禁止私有化的企业外，其他国有企业都要在1992年11月1日前改造成开放型的股份公司。从1992年10月1日到1993年1月底，俄罗斯政府向俄罗斯公民每人无偿发放一张面值为1万卢布的“私有化证券”。这种证券属于有价证券，可用来购买国有财产和私有化企业的股票，也可以转让和出售。股票先在本企业内部按照政府规定的几种优惠方案分配和出售，然后再向社会公开出售余下的由国家掌握的股份。俄罗斯证券私有化是“休克疗法”在所有制领域的体现，是快速私有化与国内资金匮乏的矛盾产物。其无偿性有力地推动了私有化的快速进行，从根本上改变了俄罗斯的所有制结构，打破了原有的经济制度基础。到1994年6月底，俄罗斯70%的工业企业已实行了私有化改造，4 000万人成了股东。但是证券私有化既不能给企业带来资金投入和技术进步，也不能从根本上改善企业的经营管理，反而出现了许多问题。证券私有化在形式上把公有财产无偿平分给全民的同时，实际上也给少数人通过各种手段聚敛和侵吞国家财产大开方便之门。俄罗斯并没有因证券私有化而形成广泛的资产者阶层①，而是两极分化日益严重。

① 许新．俄罗斯私有化评析．世界经济，1996（4）．

俄罗斯有学者对证券私有化做了这样的总结：俄罗斯私有化第一阶段的公式是：一张私有化证券＝俄罗斯70年社会资产总量÷全体居民人数＝1万卢布，两年后这个公式变为：一张私有化证券＝面值1万卢布＝7美元＝1千克香肠。

第二阶段是现金私有化阶段，从1994年7月1日开始，私有化从无偿转让为主变为按一定价格出售。为了缓解政府财政危机，1995年俄罗斯通过抵押拍卖的私有化方式出售了一批效益较好的大型骨干企业的控股权。政府通过国有资产委员会向几家大银行拍卖企业控股权，即以这些控股权为抵押获得拍卖中获胜银行的贷款，若一年后政府不能偿还贷款，则企业控股权归银行所有。这种私有化方法被称为俄罗斯私有化史上最重大的一次强权行为，是俄罗斯金融工业集团迅速发展的重要原因之一。俄罗斯金融工业集团是在俄罗斯改变基本政治经济制度并且大规模推行私有化的背景下产生的，通过金融资本与工业资本相互渗透和融合生长而形成的新型经济组织形式。1997年7月，俄罗斯颁布了新的私有化法，禁止了“抵押拍卖”等私有化做法，停止了大规模的私有化，转为有选择地和个别地（个案）进行私有化。法律重新规定了私有化的方式、方法，加强了国家对国有资产的管理和控制权力，使私有化更为法律化和规范化。但是这并不能改变私有化日益成为没有广大普通的劳动群众参加的各大财团之间的利益争夺的事实。

私有化并没有带来预期的成效，却造就了试图操纵政权的经济寡头，并导致国有资产的严重流失。如俄罗斯500家大企业的实际价值超过1万亿美元，却只卖了72亿美元[①]。类似的情况在其他转型国家也普遍存在。此外，在私有化过程中，还有一些重要的战略性企业落入外国资本家和跨国公司手中，这就为西方财团干预这些国家的政治经济政策提供了条件，甚至使西方财团控制了一些国家的经济命脉，这种情况在匈牙利尤为突出。

俄罗斯金融工业集团

俄罗斯政府组建金融工业集团主要是仿效西方跨国公司的经营运作方式，在金融资本和工业资本一体化的基础上，对现有经济进行重新设置和结构改革。金融工业集团在其他经济转型国家并不多见，它不是私有化的一般产物，而是具有俄罗斯特色的私有化产物。

从所有制和经济行为的角度看，俄罗斯金融工业集团具有“官方”或“半官方”性质，许多金融工业集团都是在政府的指令下组建的，许多集团的领导人现在或曾经是政府要人，或者同政府有着政治经济利益联系。金融工业集团组建的过程实际上就是国家垄断资本同私人垄断资本融合的过程。因此，它很大程度上显示出国家垄断资本主义的性质。

俄罗斯金融工业集团在社会政治经济生活中发挥着重要作用。其经济实力不断增强，经济效率普遍较高，对国民经济的影响和控制作用不断扩大，起着一定的推动和示范作用。另外，在吸引国内外投资方面发挥了积极作用，还有利于参与国际竞争。但大型集团也导致地区和部门经济垄断的发展，妨碍竞争和经济效率；金融工业集团还加速了国有资产流失和资金的外流，加剧了社会的两极分化。

强大的金融工业集团还通过直接进入政府担任要职、控制媒体掌握舆论导向、资助政党和政治势力等多种方式干预俄罗斯政治。1996年的总统大选就明显地展示了金融工业集团左右国家政治局势的能力。普京执政以后，金融工业集团的政治影响有所削弱，但仍是俄罗斯政治和经济生活中一支不可小觑的力量。

① 利西奇金．“私有化证券”疗法．论坛报（俄罗斯），1998-10-15.

普京在第二个任期曾经实施“重新国有化”战略，使俄政府几乎在每个重要战略领域都建立了大型国有控股企业，大大强化了国家对经济的控制作用，有效地维护了经济稳定。但这并不意味着方向性的改变，如受2008年全球金融危机影响，俄罗斯经济大幅下滑，为了复苏经济和增加政府收入，俄罗斯又开始了新一轮私有化改革。另外，1993年俄罗斯新宪法明确规定，公民拥有土地所有权，土地私有化也实现突破。可见，俄罗斯已经不再把所有制与意识形态相联系，而是从本国实际需要出发，将“私有化”和“国有化”作为调节和发展经济的手段之一。

（三）经济转型的结果

原苏联东欧社会主义国家的经济转型模式主要是按照美国自由市场经济制度设计的，不符合这些国家的具体国情，从而形成了一种严重扭曲、极其畸形的特有的经济形态，并造成了这些国家的经济混乱和危机。

但是经过多年的调整和制度建设，这些国家的经济转型初步完成，主要表现为：第一，大规模的私有化运动已基本结束，初步形成了以私有制为主体的混合所有制结构。第二，市场经济体系初步建成，已建立起由市场定价的自由价格机制，价格关系已基本理顺，市场竞争也已初步形成；企业的全部经营活动都由市场进行调节，政府不再进行行政干预；财政体制从过去作为直接管理经济的行政工具转变为市场经济的宏观调控手段，已建立起以增值税为主的税收体制，税收已成为体现国家财政政策的重要经济杠杆；在金融领域，建立起以中央银行和商业银行二级银行为主体、多种金融机构并存的多元化金融机构体系，金融市场初步形成，资金市场也从无到有，并取得长足发展；对外经济贸易体制改变了过去的高度集权的国家垄断制，实现了对外贸易的自由化，对外经济关系在“西向化”的同时，面向世界全面开放，日益融入世界经济体系。捷克、斯洛伐克、波兰、斯洛文尼亚、保加利亚、拉脱维亚、罗马尼亚、匈牙利等国都已成为世界贸易组织的成员。世贸组织于2011年12月16日正式同意吸纳俄罗斯“入世”，俄罗斯由此结束长达18年的“入世”马拉松。

各国人民也为经济转型付出了沉重的代价。剧变之初，东欧中亚各国以为私有化和市场经济是万能的，以为通过经济转型就能很快融入西方体系并实现繁荣。但严酷的现实打破了人们的幻想，各国都出现了严重的经济危机，主要表现在以下几个方面：（1）生产大幅下降。俄罗斯从1992年到1996年，国内生产总值5年累计下降56%，工业总产值累计下降61%，农业总产值累计下降38%。下降幅度大大超过苏联卫国战争时期和美国1929—1933年的大危机时期，使俄罗斯经济倒退了将近20年。即使是经济转轨最为顺利的波兰、捷克和匈牙利三国也都出现了生产的严重衰退。波兰在1990—1991年两年的时间里，国内生产总值共下降20%。其他国家的情况更为严重[①]。（2）通货膨胀恶性发展。据统计，1991—1996年俄罗斯的物价上涨了6 188倍[②]。俄罗斯通货膨胀率1992年为2 500%，1993年为1 000%，1996年才降至21.8%。波兰1990年物价上涨586%，匈

① 王正泉．剧变后的原苏联东欧国家（1989—1999）．北京：东方出版社，2001：190－220.

② 徐葵．俄罗斯和东欧中亚国家年鉴：1996. 北京：当代世界出版社，1998：69.

牙利上涨 277%。(3) 居民生活水平下降，失业急剧增加，社会两极分化严重。经济下滑、物价飞涨和失业猛增必然导致居民生活水平的下降、贫困阶层范围的扩大。按收入低于平均工资 45%为贫困线的划分标准来统计，在转轨初期的经济危机中，波兰有 1/3 的人生活在贫困线以下，保加利亚为 62.7%，俄罗斯为 70%。与此同时，转型过程中经济法规的不健全导致贪污腐败盛行，出现许多经济暴发户，社会两极分化严重。(4) 对外贸易恶化，外债负担加重。各国在实现外贸自由化的同时把对外经济联系的重点转向西方，但由于其产品国际竞争力差，很难进入国际市场，造成对外贸易萎缩，外贸逆差扩大，外债大增。俄罗斯贸易自由化还恶化了畸形的经济结构。一方面，俄罗斯实行的单方面贸易自由化，为西方国家的轻工产品迅速涌入并占领国内市场大开方便之门，沉重地打击了缺乏竞争力的民族轻工业。另一方面，贸易自由化促使俄罗斯的优势产业——原材料、燃料产品的开采得到出口的拉动，首先出现快速增长。1995 年，俄罗斯能源占出口的比重达 39.9%，1998 年增加到 75%，而进口商品中食品和轻工产品已占一半以上。外贸自由化的无序和缺少相应的法律制约，不仅导致俄罗斯资金和重要原材料的大量外流，而且使俄罗斯在一定程度上成了发达国家的原材料产地和消费品销售市场。

经济转型之所以付出如此巨大的代价，其主要原因大致有几个方面：一是激进的改革方案不符合国情。“休克疗法”是以自由市场经济理论为基础的改革方案，其措施的实施需要有市场经济机制的运作才能发挥作用，而俄罗斯等国原有的计划经济体制被废除后，新的市场经济体制不可能马上建立健全，因此会出现体制上的真空，造成经济混乱。二是经互会的瓦解和苏联的解体，使各国原有的经济联系遭到破坏。三是各国政治制度转型与经济转型同时进行，政局动荡多变，政策朝令夕改，加大了经济改革的难度。

在经历了长短不一、程度不同的经济转型的危机后，绝大多数国家的经济已走出低谷，出现了经济增长。经济发展较好的波兰、匈牙利、捷克等中东欧国家率先恢复到剧变前的最高水平。但是这些国家要想赶上西方发达国家，还有很长的路要走。欧洲复兴开发银行的专家认为，中东欧国家大约要用 35 年的时间才能赶上欧盟的平均水平。俄罗斯经济从 1999 年开始好转，并出现了较快的增长，国内生产总值曾于 2006 年首次恢复到苏联解体前 1990 年的水平。但是由于这些国家制度尚未健全和完善，经济发展方式并未发生根本变化，经济增长主要是恢复性增长，尚具有脆弱性，抗风险能力差。在 2008 年美国金融危机导致的全球金融危机中，俄罗斯、东欧国家均受到巨大冲击，许多国家出现了较为严重的经济衰退，俄罗斯经济 2009 年下滑了 7.9%。欧债危机爆发后，中东欧国家开始实行“向东看”经济调整目标，如与中国建立了中国中东欧“16+1”合作机制，经济获得了较快增长，发展速度快于欧盟平均水平。

二、政治制度的转轨

(一) 政治体制

转型国家已经初步确立了以多党制、权力分立和自由选举等原则为基础的西方民主政治制度，基本上形成了两种主要的政治体制，一种是总统制，一种是议会制。独联体各国大都选择了总统制，中东欧国家则建立了议会制。

由于社会历史不同，独联体国家的总统制虽以西方民主制度为蓝本，但却不完全等同于西方国家的总统制，其突出特点就是总统权力过大，议会权力很小，权力分立名不副实。

俄罗斯的总统制最初产生于苏联解体前的苏维埃体制。1990 年，苏联设立了总统职位。1991 年 5 月，俄罗斯第四次人民代表大会通过了《俄罗斯联邦总统法》，并于同年 6 月 12 日全民投票直接选举总统，叶利钦当选。但按当时的宪法规定，苏联实行的却仍是苏维埃体制。苏联解体后，俄罗斯联邦中以叶利钦为首的力量力主修改宪法，扩大总统的权力，实行总统制，但遭到了主张实行议会制的俄罗斯最高苏维埃（议会）的坚决反对，并形成以议会为代表的“苏维埃体制”与总统制“双重政权”并存的局面。最后，叶利钦不惜动用军队，炮轰议会所在地，用武力摧毁了经过选举产生的议会。之后，叶利钦提出了确立总统制的宪法草案，并于 1993 年 12 月 12 日经全民公决通过。这部俄联邦宪法赋予总统广泛而强大的权力，它所确立的实际上是“总统集权制”政体，也有人称之为“超级总统制”。总统集内政、外交、立法等大权于一身。

俄罗斯总统制是在激烈的政治斗争和非常的历史条件下产生的，既带有俄罗斯传统中个人专权的特色，反映了俄罗斯集权传统的巨大影响力，又带有社会转型时期的特点，一定程度上反映了社会转型期民众对铁腕领袖人物的现实需要，客观上对稳定俄罗斯转型期的政治形势具有一定的积极作用。但是，俄罗斯总统制也存在一定的弊端。首先，虽然现在俄罗斯的司法权力获得了较大的独立性，但仍不能形成有效的权力制衡。总统权力大，决定内外政策，总统令具有法律效力，全国必须执行；政府缺少独立性，总统可以直接任命和撤换总理及政府组成，政府总理没有组阁权，议会多数派也不一定能参加政府；议会权力过小，总统有权解散议会，议会很难罢免总统，也难以监督政府，即使议会现存立法权也因总统的否决和总统令的法律效力而受到很大限制。其次，由于内外大政方针都系于总统一人，且无法形成制约力量，既不利于社会的长期、稳定、健康的发展，也容易形成个人的专断。最后，由于议会权力过小，政党作用的发挥受到限制，民众的意愿难以通过民选议会这一渠道影响政府政策。梅德韦杰夫执政时期，俄罗斯修改了宪法，但主要是修改完善了选举制度并延长总统任期至六年，并未触动根本。2020 年俄罗斯再次修宪，加强了核心权力机构之间的协调性，优化了中央联邦与地方政府的关系。但无论如何修宪，俄罗斯都仍是强总统国家。

俄罗斯宪法规定：除任命政府总理须经议会批准外，总统有权任免政府副总理和各部部长，有权组成联邦安全会议和总统办公厅，有权任免武装力量最高统帅部等；总统关于政府总理的提名须经议会批准，但当议会连续三次拒绝总统提出的总理人选时，总统有权解散议会而进行新的议会选举；国家杜马（议会下院）有权对政府提出不信任案，但如果国家杜马在三个月内再次提出不信任案，总统就有权解散政府或者解散议会；国家杜马有权弹劾总统，但必须在总统犯有叛国罪或其他重罪，并由不少于 1/3 的代表提议，成立专门委员会做出结论的情况下才能提出弹劾的指控。

独联体中的乌克兰和白俄罗斯等国家也建立了类似于俄罗斯的总统制政体，而中亚五国（哈萨克斯坦、吉尔吉斯斯坦、乌兹别克斯坦、土库曼斯坦和塔吉克斯坦）由于民族、宗教、历史和社会经济多方面的原因，形成了具有中亚特色的总统制政体。中亚式的总统制总统集权程度比俄罗斯还要严重，多党议会制只停留于形式上，政党在国家政治生活中的作用更小，而且政权机关出现了明显的主体民族化倾向，重要的职位均由各国的主体民族占据。

波兰、匈牙利等中东欧国家经过几年的激烈动荡和各派政治力量的反复较量，建立了体现权力分立原则的多党议会制国家政体。其主要特点是：议会权力很大，议会作为至高无上的权力机构，除了立法权之外，一般还拥有选举和罢免总统、宣布战争等权力；政府具有较大的独立性，多数东欧国家的总统无权组织政府，政府由在议会选举中获胜的政党组建，组建原则是，如果第一大党所占议席超过了半数，则可单独组阁执政，否则，应与其他政党联合组阁执政；总统的职权是对国家机构的民主运行实行监督、代表国家签订国际协定、委派和接受大使与公使等。中东欧国家的多党议会制已经平稳运行，政权的交接和平有序地进行，但在实践中也暴露出一些问题，如党派过多，许多国家的议会有七八个政党，一党执政的情况少，执政时间也比较短，常有罢免现象，因而影响到政策的连续性。当然也有例外，欧尔班·维克多领导下的政府自 2010 年至今一直主政匈牙利。2022 年 9 月欧洲议会通过决议，宣布欧尔班领导下的匈牙利不再是“完全民主”政体，而是“选举式威权主义混合政体”，并谴责匈牙利政府“蓄意和系统性地”破坏欧盟价值观。

（二）政党制度与社会思潮

各国的政党制度也发生了根本性变化，即从原来的一党制演变为多党制。剧变初期，各国政党政治发展呈无序混乱状态，骤然涌现出大量政党，但规模和素质参差不齐。多数政党因规模小、质量低而被淘汰。现在大多数国家都制定和颁布了政党法，使政党活动走上了法制化的轨道。

东欧国家的政党政治发展得较为迅速，现在西方式的政党政治模式已经基本确立，多党制在宪法和政党法中得到确认，政党关系较为稳定，各大政党均认同通过自由选举取得国家权力的规则。政党已成为连接公民与国家政权的重要枢纽，发挥着不可或缺的作用。俄罗斯的政党政治发展状况不如东欧国家，但在 2001 年颁布的政党法的推动下，许多政党和组织开始重新组合，使俄罗斯的政党格局发生了重大变化，现在也已经初步形成了以左中右三大派政治力量为主的政党格局。俄宪法、政党法、选举法等法律以及有关政府法令对政党在国家政治生活中的地位、政党活动范围和方式都进行了规定与限制，使党派斗争开始步入法制轨道。中亚各国和外高加索各国的多党制发展情况尚不如俄罗斯，多党制在国家政治生活中的作用和影响有限。

就这一地区的社会政治思潮来看，马克思列宁主义已不再是指导和主导思想，社会思潮呈现了多元化的局面，其中影响较大的有西方自由主义思潮、民族主义思潮和社会民主主义思潮。

西方自由主义思潮以全面接受西方文化历史的价值观、彻底否定社会主义为主要特征，这一思潮在剧变初期曾独领风骚，但随着奉行西方自由主义的民主派激进改革的频频触礁而渐失吸引力。面对西方大国趾高气扬的干涉和援助，相当一部分公众产生了强烈的民族主义和爱国主义思想，民族主义思潮的传播具有了广泛的社会基础，许多政党打出了民族主义的口号吸引选民，极端民族主义也有所发展。社会民主主义思潮在东欧中亚地区的影响有所扩大。它以西方社会党的纲领为蓝本，在接受意识形态多元化、多党制和混合所有制的市场经济的同时，主张保持某些社会主义的价值观，走“第三条道路”。这种思潮是剧变狂热之后人们反思探索适合本国国情发展道路的必然结果。奉行社会民主主义的政党多是由原来的共产党或工人党演变而来的。上述三种社会思潮及其相关的政治力量的消长在很大程度上决定了各国的政治发展。

俄罗斯社会思潮大致经历了抛弃原有的社会主义、引进西方自由主义、自由主义失灵到探求新的“俄罗斯思想”这样一个变化历程。普京执政后，大力弘扬“俄罗斯思想”，以爱国主义为旗帜，动员和团结人民，加强俄罗斯的民族凝聚力。以爱国主义和民族主义为核心的新俄罗斯意识形态正在形成。

近年来，由于社会转型的深化和欧盟难民危机、主权债务危机等多重危机的影响，欧洲怀疑主义、民粹主义等思潮泛起，对中东欧政党政治格局造成一定冲击。宣扬极端民族主义和宗教主义的极右翼政党的势力逐步扩大，加剧了中东欧国家政局的不稳定性和地区安全局势的动荡。中东欧国家的政党政治必将进行新的改革和调整，更加本土化是其发展趋势。

三、外交政策的转变

苏联的解体极大地改变了东欧中亚地区的战略地位和地缘政治特征。同时，随着东欧中亚国家在社会制度和意识形态方面同西方对立的消失，各国的对外关系和外交政策发生了重大的变化。剧变之初，各国都曾一度奉行向西方“一边倒”的外交政策，以获取西方的经济援助和政治支持。但很快，单纯跟随西方的政策被证明是行不通的，各国转而实施各有侧重的务实外交政策。

（一）俄罗斯的外交政策

1. 叶利钦时期由向西“一边倒”调整为全方位外交政策

苏联解体后，俄罗斯作为苏联的继承国，以独立国家身份在国际社会中进行了重新定位。最初俄罗斯为了尽快加入西方大国俱乐部和保持世界大国地位，选择了亲西方“一边倒”的外交政策。但是，西方大国出于传统的戒备心理和战略利益的考虑，并没有把俄罗斯视为可靠的合作伙伴，反而趁机向俄罗斯的传统势力范围大举推进，挤压俄罗斯的国际发展空间，削弱俄罗斯的国际影响。在这种情况下，为了维护民族利益和大国利益，俄罗斯从1993年起摒弃了唯西方马首是瞻的外交路线，代之以东西方兼顾的务实的全方位外交政策。表现为：

第一，重视独联体一体化进程。独联体是在苏联解体的同时，由苏联的 11 个原加盟共和国作为独立国家组成的比较松散的国家联合体。此后格鲁吉亚也加入其中。俄罗斯是独联体的中心和主导力量，但苏联解体初期，俄罗斯对独联体的发展并不十分重视。在亲西方外交政策受挫后，俄罗斯才开始意识到独联体对自身的重要意义。俄罗斯通过推动独联体一体化进程来确保这一传统势力范围，并抵制西方大国对这一地区的渗透及其所造成的离心倾向，从而确立俄罗斯在独联体地区的主导地位，并以独联体为依托增加俄罗斯在国际事务中与西方抗衡的砝码。

第二，着手修复同东欧国家的关系。苏联解体、东欧剧变后，由于种种原因，东欧各国和俄罗斯的关系一度趋于冷淡。多数东欧国家都提出加入北约的申请，俄罗斯反对东欧国家加入北约和北约东扩。但在无力阻止的情况下，俄罗斯通过外交努力缓和了与东欧各国因此而产生的对立情绪，并与它们保持了良好的关系。

第三，进一步发展同亚洲及其他地区国家间的联系。为了保障东部边界的稳定和安全，为经济改革和发展创造有利的外部环境，俄罗斯积极推行新亚太政策，积极谋求发展同亚太大国的关系和加入亚太地区政治经济组织及地区一体化进程。1996 年 4 月，俄总统叶利钦对中国进行国事访问，同中国建立了“战略协作伙伴关系”，中国、俄罗斯、哈萨克斯坦、吉尔吉斯斯坦、塔吉克斯坦五国元首在上海举行首次会晤，从此，“上海五国”会晤机制正式建立（2001 年上海合作组织正式成立）。此外，还进一步发展同日本及亚洲“四小龙”等国家和地区的关系。

在全方位外交当中，西方国家，特别是美国仍然是俄罗斯外交政策的重点。俄罗斯对美国等西方国家的基本政策目标是，政治上建立“平等伙伴关系”，经济上争取援助，军事上谈判削减核武器，从而得到实际利益，保住世界大国的地位。尽管俄罗斯努力避免同美国发生对抗，但由于两国战略利益不同、经济利益不同，在许多重大国际问题上都存在着尖锐对抗。俄罗斯国力的衰弱造成两国实力的不均衡，俄罗斯多是防守和退让，并没有建立起真正的平等伙伴关系，这突出表现在北约东扩、科索沃战争、美国退出《反弹道导弹条约》等一系列重大问题的分歧上。在战略利益存在深刻矛盾的同时，俄美两国也仍有共同利益和相互需要，因此在叶利钦时期两国始终是一种既有斗争又有合作的关系。

2. 普京时期俄罗斯全方位外交政策及其调整

普京执政后第一任期内基本继承了叶利钦后期确立的全方位外交战略，实行以国家利益为基础的外交政策，审时度势，呈现出新的侧重和特点。

第一，突出强国意识和大国地位，把“捍卫大国地位”作为外交的主要方针。普京出任总统后，在约半年的时间里先后批准了《俄罗斯联邦国家安全构想》《俄罗斯联邦军事学说》《俄罗斯联邦外交政策构想》三个纲领性文件，全面阐述了俄罗斯在新的历史环境下国家安全所面临的威胁和挑战，确定了全面均衡的大国外交方针，并重新恢复了核威慑政策，彰显出一副大国和强国的姿态。在对公众讲话中，普京也多次强调俄罗斯必须做自信而强大的国家。2018 年普京再次当选俄联邦总统，其竞选口号就是“强大的总统，强大的俄罗斯!”

第二，突出国家现实的经济利益，实用主义色彩浓重，东西方兼顾，手段灵活。国家利益和实用主义是俄外交政策的出发点。在 2007 年以前，受国力制约，不论是在经济恢复还是在军事安全等方面，俄罗斯都需要与美国合作，因此，俄罗斯借“9·11”事件后美国反恐之机，迅速调整了对外政策，把发展俄美关系提到了优先位置，并推行全方位务实外交。俄罗斯通过大力支持协助美国反恐，迅速改善了同美国的关系，并希望形成俄美主导的国际反恐联盟来提升其国际影响力。而在美国借打击恐怖主义之机，将军事力量进驻中亚地区，使中亚地缘政治和军事安全结构发生变化后，俄罗斯为了维护自身利益，同中亚各国加强了多领域合作，如在吉尔吉斯斯坦建立空军基地等，积极构筑这一地区的新平衡，这在一定程度上抵消了美国的影响力。在与美国修好的同时，俄罗斯继续加固东方战线，同时也不冷落朝鲜、伊朗和伊拉克等被美国斥为“邪恶轴心”的国家。在中东问题上，俄罗斯强力捍卫其国家利益，始终反对美国武力解决伊拉克问题；主动提出帮助伊朗处理浓缩铀以解伊朗核危机；与美欧意见相左，支持和尊重巴勒斯坦大选中获胜的哈马斯；果断出兵介入叙利亚危机，既打击了恐怖主义势力，也扩大和捍卫了俄地缘政治利益和安全利益。凭借一系列外交和军事手段，俄罗斯在中东建立了以叙利亚为支柱、伊朗为主要盟友、埃及和土耳其为伙伴，与其他主要国家关系相协调的基本构架。与欧盟关系则是在争夺地缘政治优势的对抗中寻求建立地缘经济利益的合作。2014年乌克兰危机爆发后，俄欧关系迅速恶化，爆发了冷战结束以来最严重的冲突，中断了原计划建立的“现代化伙伴关系”。但2018年随着欧美分歧加深，俄罗斯与欧盟的关系一度回暖，双方在能源等领域的经济合作得到了推进。乌克兰危机之后，俄罗斯外交更加转向东方，开始全面构建面向东亚的战略布局，力争在亚洲舞台上占据一席之地。俄罗斯外交“向东看”与政治有关，更与经济利益和全球经济形势有关。因为亚太地区比世界其他地区发展都快，从能源领域看，中国、印度等新兴国家的能源需求增长正在获得跨越式发展，俄罗斯抓住这一机遇充分发挥其能源供给优势。俄罗斯拟通过发展西伯利亚与远东经济来实现与亚太经济一体化，同时也借此促进西伯利亚与远东地区的开放开发。振兴西伯利亚和远东已被列为21世纪俄罗斯的优先任务。“转向东方”已成为俄罗斯新时期的重大外交战略。

第三，积极推动多边外交，强调发挥国际组织的作用。在2014年乌克兰危机前，在自身实力不济的情况下，俄罗斯重视发挥国际组织的作用，积极推动大国合作的多边外交。例如，加强与西欧的合作，力争融入欧洲。普京多次谈到，从地理角度上说，俄罗斯是欧亚国家，但从价值观和文明角度来说，俄罗斯是欧洲国家，是欧洲文明的一部分。俄罗斯许多政治精英也认为，应设法让欧洲接纳俄罗斯。但是，由于欧盟担心俄罗斯的加入会使其丧失主导权以及美国等诸多因素的存在，俄罗斯融入欧洲的道路并不顺利。2022年俄乌冲突爆发后，美国联合欧盟支持乌克兰，进一步孤立俄罗斯，这意味着俄罗斯融入欧洲的梦想已破灭。为了维护自身利益，充分利用其联合国安理会常任理事国的地位与有关国家开展经济合作，俄罗斯多次强调应维护和发挥联合国的作用，并借助联合国遏制美国的单边主义的发展。为保持对美国的制衡，俄罗斯加快了与上海合作组织、亚太经合组织的合作。2002年俄罗斯还同北约建立了“北约-俄罗斯理事会”，使其在无力阻止北约东扩的情况下，同北约开展军事合作。而随着金砖国家经济实力和国际影响力的增强，俄罗斯把在金砖国家机制框架下开展合作作为外交政策的关键之一，欲以此提升国际政治经济影响，促进国家振兴。在美国通过“颜色革命”不断压缩俄罗斯势力范围、美国“亚太再平衡”以及因乌克兰危机欧美联合对俄罗斯实行经济制裁的新形势下，俄罗斯更高度重视深化与中国等东方国家的关系，积极支持和参与亚洲基础设施投资银行的建设，支持中国“一带一路”与俄罗斯欧亚经济联盟战略的对接。

第四，恩威并施，多手段维护和促进独联体地区一体化建设，强力抗衡西方对本地区的渗透。

苏联解体后，以美国为首的西方国家一直把遏制俄罗斯崛起作为其战略目标，独联体的一体化面临西方国家的政治经济渗透和拉拢以及欧盟和北约东扩的影响。北约东扩有条不紊，已持续推进到独联体的边界，若继续推进势必打破独联体一体化进程，对俄罗斯安全构成严重威胁。特别是美式民主的强劲渗透，“颜色革命”在独联体国家迅速蔓延，加大了各国的离心倾向，俄罗斯国力的衰弱又降低了它的凝聚力，使独联体的前景岌岌可危。“颜色革命”是指反政府力量在西方的帮助下利用大选，通过街头斗争等方式迫使一些独联体成员国亲俄罗斯政权下台，亲美政治力量掌握政权的现象。2003年，摩尔多瓦与俄罗斯关系恶化，正式提出加入北约，之后格鲁吉亚和乌克兰等国相继爆发“颜色革命”，独联体地区政局动荡。2008年俄罗斯与格鲁吉亚爆发军事冲突，格鲁吉亚决定退出独联体。而2014年俄罗斯接受克里米亚公投加入俄联邦使乌克兰危机升级，致使美国和欧盟联合起来对俄罗斯实行严厉的经济制裁。乌克兰危机实质上是以美国为首的西方社会与俄罗斯之间的较量。而中亚五国更热衷于发展自己的“中亚联盟”，并把发展同西方国家的经济合作放在了首位，其中四国还参加了北约的“和平伙伴关系计划”。

何谓“颜色革命”

“颜色革命”是近几年来国际政治中出现的一个新名词，频见于各种文章中，它专指以某种花卉或物品颜色为标识与象征，亲西方特别是亲美国的政治派别利用大选夺取政权的政权变更行动。

多数国际问题专家给“颜色革命”下的定义是：美欧国家通过慈善机构、基金会等非政府组织，在独联体国家进行渗透，培育“政治精英”、扶持“反对派”、支持民众以“街头革命”等方式夺权，建立亲美疏俄的政权。如：格鲁吉亚反对党的夺权行动被称为“玫瑰革命”，是因为反对党领袖萨卡什维利在冲入议会大厦时，手中高举玫瑰花；乌克兰反对党的行动被称为“橙色革命”，其支持者以橙色为标志；在吉尔吉斯斯坦政局变动中，反对派来自不同城市，却用同一个手势——握拳表达意愿，握拳形似郁金香，因此被称为“郁金香革命”。

资料来源：魏宾．何谓“颜色革命”．北京日报，2006-02-06.

面对这种局面，俄罗斯积极调整对独联体国家的外交政策，明确了美国及北约是俄罗斯的首要战略威胁，把“后苏联空间”的一体化作为对外政策的优先任务，采取能源外交和军事手段等一系列措施，恩威并施，维护其地区利益，遏制来自美国等西方国家的战略挤压，防止“去俄化”趋势加强。具体表现为：其一，武力打击推行“亲美反俄”政策的格鲁吉亚。其二，利用能源和领土问题遏止乌克兰的离心倾向。但乌克兰反俄势力及活动在美国和北约的怂恿支持下仍不断升级损害俄民族利益，威胁其战略安全。在这种情况下，俄罗斯对乌克兰实行军事打击，2022年2月俄乌冲突爆发。其三，推进独联体集体安全条约组织框架下的军事政治一体化。其四，积极推进地区内经济一体化发展，由俄罗斯主导的有哈萨克斯坦、亚美尼亚、白俄罗斯以及吉尔吉斯斯坦等参加的欧亚经济联盟已于2015年1月1日正式启动。普京曾表示，该联盟将成为独联体地区的一个经济引擎，向包括独联体各国在内的东西方所有国家开放。对俄罗斯来说，欧亚经济联盟的重要目的之一是推进地区整合。

普京连出三招　全面封杀“颜色革命”

俄罗斯爆发“颜色革命”的危险很小。这是因为俄罗斯缺乏“颜色革命”三要素：缺乏威信扫地、软弱无力、被国人盼着下台的总统，缺乏受国民欢迎、受西方支持、野心勃勃的自由派政治家，缺乏“革命”情绪。但为确保万无一失，普京自2005年连出三记高招，全面封杀“颜色革命”。

第一招：用“主权民主”抵制“美式民主”

“主权民主”，即根据本国历史、地缘政治、国情和法律，由本国自主确定的民主。普京一向强调俄罗斯已经是民主国家，从不笼统地否定民主，也不把本国民主同他国民主对立。

第二招：成立“社会院”网罗本国精英

克里姆林宫的智囊在总结“颜色革命”的教训后得出共识：要严防政治精英分裂，避免从政权内部产生反对派。俄罗斯于2005年颁布法律，建立由126位名人和社会组织代表组成的“社会院”，促成公民和国家机关互动，构筑社会同国家对话的平台，以便在决策时考虑各社会阶层与集团的利益和意见，实现社会和谐。

第三招：实施四大社会福利工程造福于民

格鲁吉亚、乌克兰等国爆发“颜色革命”，一个重要原因是经济衰退，生活水平下降。痛定思痛，普京决定2006年和2007年各拨60亿～80亿美元，实施四大社会福利工程：

——在保健领域，重点放在基层，要成倍增加基层医师和护士的平均月薪，到2008年，高科技手术和疑难手术的接待能力要扩大3倍。

——在教育领域，到2008年，全国能上网的中小学将增加两倍，大幅提高教师工资，把外流到国外的教师吸引回国。

——在基础设施领域，拨款14亿美元实现农村燃气化。

——在住房领域，国家提供补贴，使居民买得起按揭房，并增加住房建筑量。

普京还宣布，2008年前，居民的平均收入将增长1/2。

这些措施将有助于从基层清除“颜色革命”的温床，反对派也就少了一个兴风作浪的借口，普京的继任者就会有良好的社会基础，俄罗斯的最高权力交替也可以顺利完成。

资料来源：盛世良．普京连出三招　全面封杀“颜色革命”．半月谈，2006-03-01.

第五，积极倡导和推进世界多极化，强调改变美欧主导的不合理的国际秩序，实施“积极参与”的外交政策。进入2007年后，随着国力的增强，俄罗斯外交理论和政策都发生了重大变化。2007年3月，俄罗斯外交部发表《俄罗斯联邦对外政策概论》，认为伊拉克战争使美国再次发动战争的能力受限，美国单极世界梦想已经破灭，世界走向多极。多极世界的物质基础将主要是对能源、自然资源的控制权。那么，作为能源大国的俄罗斯的国际地位和作用必将大大提升，因而俄罗斯确立了更加积极主动、更有竞争力、不受外力钳制且更具独立性的外交新准则。俄罗斯对西方采取了一系列强硬行动，公开指责美国，以强硬姿态宣示俄罗斯的战略利益。2008年全球金融危机使俄罗斯经济遭受重创，国力受损，俄罗斯的外交在2009年适度内敛，更加务实。但俄罗斯没有改变为实现现代化强国战略目标而确立的务实自主、积极主动的外交政策，而是继续推进现代化强国战略，继续坚持谋求世界大国地位、参与世界事务捍卫国家利益。2015年10月，在叙利亚内战持续恶化且境内“伊斯兰国”等极端组织势力增长的情况下，俄罗斯向叙利亚派出空中打击力量，直接参与打击叙利亚境内极端组织，支持叙利亚政府。这是俄罗斯自苏联解体以来首次在境外大规模展开空袭作战行动，表明了俄罗斯维护自身利益、积极参与国际事务的决心。此举大大削弱了美国在该地区的影响力和控制力，提升了俄罗斯的国际影响力。2022年俄乌冲突爆发后，普京多次强调：美国主导的单极世界已经过时，世界正在走向多极化。

俄罗斯外交部发表的《俄罗斯联邦对外政策概论》摘要

全球化进程导致更平均地分配影响力和经济增长的资源，从而为国际关系的多极结构奠定了客观基础。能源因素在国际政治中更加重要，使俄罗斯国际地位大大增强。强大和更加自信的俄罗斯在国际事务中的作用和责任显著加强，俄重新获得外交上的独立性。

多边外交日益深入人心。美国单极世界的神话在伊拉克彻底破灭了。世界越来越需要对国际事务负有特殊责任的主要国家发挥集体领导作用。必须考虑建立新的全球安全结构，这种结构应以各国利益合理地保持平衡为基础。俄罗斯作为一个态度积极的世界大国，必须就各种迫切的国际问题采取主动的政策。

俄罗斯的战略方针包括：在国际关系中加强多边原则，加快与世界经济接轨，为国家的社会和经济振兴以及巩固国家体制和民主制度创造良好的外部条件。俄罗斯参与八国集团是执行上述战略方针的重要方面之一。独联体是俄罗斯对外政策最重要的优先方向，俄罗斯应努力构建经济自由化的后苏联空间。在中亚地区，美国正竭力实施成立新组织的计划，在此情形下，除了加强多方面介入中亚事务外，俄罗斯别无选择。在欧洲方面，要更新思维，以构筑全新的俄欧关系，俄罗斯欧洲政策的支柱是发展与该地区国家之间的双边关系。俄美关系占有优先地位，美国主张单极化，俄罗斯则选择多极化，但这一分歧不应导致新的对抗，俄罗斯努力发展与美国以平等互利原则为基础的伙伴关系。俄罗斯与中国合作的基础是俄罗斯长远的国家利益和两国对国际问题所持的相近观点，俄罗斯应将从俄中关系发展中获取更多的实际收益放在对华政策的首位。联合国仍是拥有唯一合法性的多边外交的主要部分，要加强联合国在各领域中的核心作用，通过最广泛的国际合作实现俄罗斯的国家利益。

当前，俄罗斯外交面临诸多困难，因俄乌冲突和叙利亚等问题与西方国家产生的对抗僵局不断恶化。欧亚经济联盟有所发展，但难以从根本上改变独联体国家的离心倾向。

（二）其他国家的外交政策

中东欧国家介于俄罗斯与西欧之间的夹缝地段，都是中小国家，其中陆地面积最大的波兰也只有约31.2万平方公里，人口为3 700多万。它们的安全保障和经济发展需要依靠外部力量的支撑。而东西方大国也从未放弃对这一地区的争夺，所以它们历来不是依附于这一方，就是依附于那一方。苏联解体后，这一地区在政治、经济和军事上都出现了真空，各国从各自的利益出发，都制定了“回归欧洲”的亲西方政策，把加入北约和欧洲联盟作为其对外政策的目标。在经济上，东欧国家都提出了加入欧盟的申请。波兰、捷克、匈牙利、罗马尼亚、保加利亚、斯洛伐克等一些国家先后成为欧盟的成员国。许多国家与欧盟签订了特别贸易协定。欧盟已成为东欧国家的主要贸易伙伴。军事上，除了原南斯拉夫联盟的部分国家以外，绝大部分东欧国家都提出了加入北约的要求，以寻求安全保障。1999年3月，波兰、捷克和匈牙利三国被正式接纳为北约成员国，其他国家大部分都加入了北约“和平伙伴关系计划”。2002年11月的北约首脑会议决定并于2004年正式吸收爱沙尼亚、拉脱维亚、立陶宛、斯洛伐克、保加利亚、罗马尼亚和斯洛文尼亚七个国家加入北约。之后，阿尔巴尼亚、克罗地亚、黑山共和国、北马其顿和芬兰也先后加入了北约。

北约东扩是东欧中亚国家外交领域的一个焦点问题。北约东扩的意图在于填补冷战结束后东欧地区出现的安全真空，取得对整个欧洲的政治和安全的控制权，把俄罗斯挤出传统势力范围，防范和遏制俄罗斯东山再起。东欧中亚各国在对待北约东扩问题上立场不一。大多数东欧国家对加入北约非常积极，白俄罗斯和俄罗斯对北约东扩坚决反对，却无力阻止。从战略上看，巴尔干地区的安全在北约的控制之下，俄罗斯的影响有限，但是，北约不断东扩也酿成欧洲新的安全危机，是俄乌爆发严重的军事冲突的重要外因。

中东欧国家在经历了一段和俄罗斯关系的相互疏远后重新认识到，它们和俄罗斯在政治、经济和军事安全等领域仍密切相关，因此在回归欧洲的同时也同俄罗斯发展和保持良好的关系。2022年俄乌冲突爆发后，中东欧国家与俄罗斯关系普遍陷入低潮，只有匈牙利反对制裁俄罗斯。东欧各国也十分注意加强同周边国家的关系，加强和不断深化区域内的合作。它们与世界其他国家和地区也建立与开展了良好的务实外交关系。

中亚国家心态：鱼和熊掌都想要

曾有资深学者分析说：吉尔吉斯斯坦没有强大的经济基础和生产基地，没有能够支持国家发展的大量容易开采的自然资源，现实能够凭借的就是地处欧亚大陆中心这个有利的地缘政治环境，吉尔吉斯斯坦应当充分利用这个因素谋取最大利益。有观察家表示，美军基地的存在意味着，未来美俄在中亚的势力影响总体上仍将保持平衡。吉尔吉斯斯坦国小力弱，对大国势力影响反应敏感，称得上是中亚外交导向的风向标。

斯拉夫大学阿马洛夫教授认为：在可预见的未来，俄罗斯将是中亚国家首要的战略伙伴。近几年美国先后在独联体各国发动“颜色革命”，屡屡得手，导致一些国家政局出现危机，经济生产能力下降，这令中亚各国政权心生警惕和反感。2005年以来，俄罗斯借此时机对中亚各国加大工作力度，有效发挥其在政治、军事和经济等方面的传统影响力，使中亚各国的外交取向重新向俄罗斯回摆。其中乌兹别克斯坦轰走美国大兵，与俄建立联盟关系，尤其引人注目。

中亚各国政权虽然在外交上对俄罗斯更加重视，视俄罗斯为首要的战略伙伴，但这并不意味着中亚各国唯俄罗斯马首是瞻，中亚各国更希望实行大国平衡的外交战略。正因为如此，哈萨克斯坦一边加强与俄罗斯的政治和经济关系，一边与美国达成协议，同意给美国主导修建的巴库—杰伊汉石油管线输油。而在吉尔吉斯斯坦，美国军事基地和俄罗斯军事基地相距不过30千米，俄罗斯设立的斯拉夫大学和美国人开办的美国中亚大学同时存在……

鱼和熊掌，中亚国家都想尝尝。

资料来源：孙长栋．中亚国家心态：鱼和熊掌都想要．文汇报，2006-01-26.

地处亚洲腹地的中亚国家（哈萨克斯坦、吉尔吉斯斯坦、塔吉克斯坦、土库曼斯坦和乌兹别克斯坦）因其重要的地理位置和丰富的资源，地缘政治经济地位凸显，成为大国利益争夺的新焦点。中亚一直被看作俄罗斯的势力范围，但2001年美国借阿富汗战争之机，对中亚实现了“军事进入”的历史性突破，发展成为中亚国家第一大投资国，还提供了数亿美元的援助经费，并把经济援助与这些国家的民主化进程挂钩。除了美国和俄罗斯之外，其他大国也十分重视在中亚的利益，加强了与中亚国家的政治经济往来。在这种情况下，中亚各国都摆脱意识形态的干扰，根据各自不同的国情，充分利用有利的地缘政治环境，不断调整对外政策，希望通过大国平衡外交来谋取最大的国家利益。

四、俄罗斯的政治经济形势

2000年3月，普京首次当选俄罗斯总统，这标志着俄罗斯进入了一个新的历史时期。普京以强力稳健的姿态登上俄罗斯最高政坛后的一段时期，治国有方，高效务实，深得民心。2004年3月14日，普京以71.3%的高得票率蝉联俄联邦总统。2008年5月7日，梅德韦杰夫正式就任俄联邦总统。普京任新政府总理，俄罗斯开启“梅普组合”时期。2012年3月，普京再次当选俄联邦总统，任期6年，并于2018年获得连任。

（一）政治形势

在政治上，普京政府一再强调要建立一个强有力的国家政权体系。对此，普京政府采取了一系列有力措施强化国家权威，很快稳定了政治局势，中央集权化趋势也不断加强；同时，大力推进行政改革和司法改革，把两者作为加快政治经济体制建立和发展的关键。苏联解体后的一段时间里，俄罗斯的地方主义恶性膨胀，极端民族主义大肆泛滥，对国家的统一和领土的完整构成一定威胁。普京执政后通过整顿地方立法、把全俄划分为七大联邦区、任命可靠的人为联邦区长官等措施，强化了中央集权，加强了中央对地方事务的控制能力，制止了国家分裂的趋势。2001年6月，颁布政党法，规范政党制度，促使许多政党和组织开始进行联合重组，许多社会团体向政党转化，使政党格局发生重大变化，初步形成了左中右三派政治力量基本平衡的局面。效忠普京的“统一俄罗斯”成为俄议会中的第一大党，从而改变了过去立法机关掣肘政府决策的局面。通过经济上惩罚、政治上打压和舆论上封杀等措施遏制寡头势力，铲除了寡头干政的积弊，在反贪污腐败方面也取得了一定成绩。此外，俄罗斯还通过制定和不断完善对非政府组织管理的立法，整肃境内对政治局势发挥影响的各类组织和社团，打击了“外国代理人”在俄罗斯的非法活动，强化了内政的稳定和对西方干扰的抵制。

梅德韦杰夫上台后提出了建立在民主价值和机制基础上的全面现代化的发展目标，对宪法做了一些修改，以扩大宪政民主和政党权力，完善了选举手续，延长了总统任期等。“梅普组合”治理下的俄罗斯政局相对稳定。2012年普京再次入主克里姆林宫后，推行稳健的政治体制改革，打造强有力的国家政权，以治理行政效率低下、腐败严重、政体僵化、政商关系扭曲等严重问题。俄罗斯政局总体平稳，突出体现为面对西方经济制裁和国内经济的不景气，俄罗斯民众爱国主义和民族主义高涨，2014年普京的支持率明显上升。2022年初，俄乌冲突爆发后，普京的支持率更是突破了80%。但俄罗斯政局也具有一些潜在的不稳定因素：反政府组织仍在活动；恐怖主义的威胁在增长，俄罗斯已经成为恐怖主义威胁最严重的国家之一；网络安全问题；来自美国及其盟友的全面极限打压和干扰的外部影响；经济衰退的负面影响；等等。

（二）经济形势

在经济上，普京政府确立了振兴俄罗斯经济的基本构想，在保证经济市场化改革方向的条件下，不断强化国家对经济的调控，着手解决困扰经济发展的一些长期性问题。在国内，通过改革税制、降低税率、打击金融寡头、增加投资、扩大内需等措施来促进经济增长。在国际上，加大经济开放力度，积极吸收外国投资，推动独联体经济一体化，力促经济上融入欧洲，积极加入世贸组织。

俄罗斯经济在1997年结束了制度剧变导致的危机和长期衰退，并出现回升，国际经济地位也随之回升。国内生产总值于2000年上升到世界第十九位，之后曾进入前十之列。俄罗斯经济出现全面好转是多方面因素综合作用的结果。从内部原因看，第一，政府积极有效的治理工作对经济的恢复具有一定的促进作用。1998年金融危机后，俄罗斯政府痛定思痛，针对一系列紧迫的现实问题提出了有力的具体整改措施，在许多领域纠正了过去的错误做法，有效地推动了经济回升。普京主政后更是提出强国战略，认为必须根据俄罗斯的具体国情探索自己的发展道路，把经济发展问题列为俄罗斯当前最大的政治。为此，在他主持下先后出台了《俄罗斯联邦政府长期社会经济政策基本方针》《俄罗斯联邦2010年前发展战略》等一系列重要文件。2005年，俄罗斯还专门成立了国家优先发展计划委员会，政府通过制定各种经济发展纲要来指导经济的发展。第二，随着市场经济体制框架的建成及经济法规的不断完善，社会经济关系逐步理顺和规范化。第三，激进转轨措施的负面影响已基本释放，经济进入了恢复性增长阶段。第四，卢布贬值的短期作用。1998年的金融危机使卢布贬值了70%，一方面促进了出口，拉动了经济增长；另一方面，抑制了消费品的大量进口，增加了国内企业的竞争力，促进了工农业的生产。这一货币贬值功效到2002年基本释放完毕，这是俄罗斯经济从2001年下半年增速放慢的原因之一。从外部因素看，国际市场石油价格和工业原材料价格回升并居高不下是俄罗斯经济增长的重要因素。2005年，石油出口对俄经济增长的贡献率高达50%以上①。

但由于市场经济体制尚不健全完善等原因，俄罗斯经济增长具有脆弱性，极易受外部因素的影响。表现为1998年俄罗斯受东南亚金融危机的影响也发生了金融危机，经济出现大幅衰退，2000年起经济出现好转，并多年保持增长势头，宏观经济趋向稳定，财政上也摆脱了多年的赤字，人民生活水平也得到提高。在经济形势一派大好之时，俄罗斯出台了一系列旨在以创新驱动经济现代化的发展纲要。但又受2008年美国金融危机的影响，计划被打断，2009年俄罗斯经济下跌了7.9%，衰退幅度居G20之首。2010年之后俄罗斯经济企稳回升，但由于出口、消费和投资需求均无改善，固有

① 于宏建．俄罗斯经济持续走好（新闻脉络）．人民日报，2006-02-07.

的畸形经济结构难变，石油价格低，再加上美欧的经济制裁，导致俄罗斯经济连续两年负增长。2017 年俄罗斯经济才企稳，开始恢复性增长，新冠疫情又中断了俄经济复苏和增长势头。

俄罗斯经济虽在普京执政前期获得了快速的增长，但是在很大程度上还是恢复性增长和得益于石油价格的上涨。俄罗斯经济发展潜力虽然巨大，但要实现稳定持久的快速发展还有一些深层次问题需要解决，还面临着一些内忧外患。第一，应该看到，普京的能源兴国战略使俄罗斯经济结构的畸形化程度有增无减，经济增长严重依赖原料工业。经济结构原料工业化趋势进一步加重，并在短期内难以扭转。第二，投资严重不足在一定时期内仍然是经济发展的制约因素。俄罗斯经济投资多年连续萎缩，投资下降幅度已累计达到 70%。近几年虽出现增长，但投资规模仍然偏小。资金匮乏使得俄罗斯技术设备严重老化和生产工艺不断落后的问题难以很快得到解决。第三，由于人口数量下降，老龄化程度进一步加深和贫困人口偏多，居民购买力低，所以内需的增长达不到预期的刺激国内生产的速度。第四，俄罗斯经济现在已形成了严重的原材料出口依赖性，国际能源价格的波动是影响和牵制俄罗斯经济稳定增长的一个外部隐患。第五，虽然近年来俄罗斯高度重视发展数字经济，并出台了数字经济国家规划，但是由于短期内无力向新兴产业和高科技领域投入更多的资金，以及结构性问题的存在，俄罗斯短期内难以形成创新机制，难以实现创新驱动的经济现代化发展。第六，2022 年俄乌冲突中美国及其北约盟友大力援助乌克兰以使战争长期化来消耗俄罗斯，并在贸易和金融等领域进一步极限施压，对俄罗斯进行大范围制裁，这必然会影响俄罗斯的经济发展。

2018 年普京第四任期伊始即宣布了增加人口数量，改善民生，加快经济发展速度，使之达到世界前五位，发展教育，增强科技创新能力和改善出口结构的战略目标，但要实现目标还面临多方面挑战，绝非易事。

阅读书目

1. 陆南泉．俄罗斯转型与国家现代化问题研究．北京：中国社会科学出版社，2017

2. 庞大鹏，柳丰华，徐坡岭．俄罗斯政治经济外交（2000—2020）．北京：中国社会科学出版社，2021

3. 冯绍雷，相蓝欣．转型理论与俄罗斯政治改革．上海：上海人民出版社，2005

4. 许新．转型经济的产权改革：俄罗斯东欧中亚国家的私有化．北京：社会科学文献出版社，2003

5. 孔田平．东欧经济改革之路：经济转轨与制度变迁．广州：广东人民出版社，2003

6. 陆南泉，左凤荣，潘德礼，等．苏东剧变之后：对 119 个问题的思考（上、中、下）．北京：新华出版社，2012

思考题

1. 东欧中亚经济转型的主要方式和基本内容是什么？
2. 简述俄罗斯政治体制的特点。
3. 俄罗斯及东欧国家外交政策的特点有哪些？

第七章

当代国际舞台上的中国

要论提示

● 新中国外交是新中国发展进程的重要组成部分，助推了中华民族前途命运的历史性转折，实现了中国同世界关系的历史性变化。

● 党的十八大以来，中国特色大国外交全面推进，中国的国际影响力、感召力、塑造力显著提升。

● 习近平外交思想为新时代中国外交提供根本遵循和行动指南。

关键词

中国外交　习近平外交思想　和平共处五项原则　构建人类命运共同体

新中国成立后，中国与世界的关系发生了历史性的巨大变化。中国外交在 70 多年的辉煌历程中，始终坚持独立自主的和平外交政策，坚持和平共处五项原则，坚定维护国家主权、独立、尊严，旗帜鲜明地反对霸权主义和强权政治，坚定维护发展中国家利益。党的十八大以来，中国特色社会主义进入新时代，中国前所未有地走近世界舞台的中央。面对世界百年未有之大变局，以习近平同志为核心的党中央深刻把握新时代中国和世界发展大势，在对外工作上进行了一系列重大理论和实践创新，形成了习近平外交思想。中国外交为民族复兴尽责，为人类进步担当，开启了新时代中国特色大国外交的新征程。

一、社会主义革命和建设时期的外交政策与外交关系

（一）新中国成立初期的外交政策与外交关系

1. 新中国成立初期实行“一边倒”的外交政策

新中国成立初期，毛泽东、周恩来等根据当时中国的实际状况和国际形势，提出了以“一边倒”为核心的三大外交政策。1949 年 6 月，毛泽东在《论人民民主专政》中明确宣布，新政府的外交政策“必须一边倒”，倒向以苏联为首的社会主义国家一边。他深刻指出：“一边倒，是孙中山的四十年经验和共产党的二十八年经验教给我们的，深知欲

达到胜利和巩固胜利，必须一边倒。积四十年和二十八年的经验，中国人不是倒向帝国主义一边，就是倒向社会主义一边，绝无例外。骑墙是不行的，第三条道路是没有的。”① 1949 年春，毛泽东提出了“另起炉灶”这一重要的外交方针，也就是不承认国民党政府同各国建立的旧的外交关系，而是在新的基础上同各国建立新的外交关系。同时，毛泽东还提出了“打扫干净屋子再请客”的重要外交方针，即彻底肃清帝国主义在华特权。1949 年 9 月，中国人民政治协商会议第一届全体会议通过《中国人民政治协商会议共同纲领》，将毛泽东提出的外交方针以法律的形式固定下来，成为新中国的外交政策。新中国成立初期的三大外交政策是在当时两大阵营尖锐对立局面下的唯一选择。依据外交政策，中央人民政府坚决废除了一切不平等条约，取消了帝国主义在华的一切特权，使中国人民真正站起来了。

2. 新中国成立初期的外交关系

新中国成立初期，中国对外关系发展很快。第一，积极争取得到国际社会的承认。首先是争取得到社会主义国家的承认，并与之建立正式的外交关系。1949 年 10 月 3 日，中国同苏联建立了正式的外交关系，苏联是新中国成立后第一个同中国建交的国家。接着，保加利亚、罗马尼亚、匈牙利、捷克斯洛伐克、朝鲜、波兰、蒙古、民主德国、阿尔巴尼亚、越南同中国建交。在新中国成立后的 3 个半月内，除南斯拉夫之外的其他社会主义国家都同新中国建立了正式的外交关系，出现了新中国外交史上的第一次建交高潮。其次是印度、缅甸、印度尼西亚、巴基斯坦、阿富汗、尼泊尔等一些民族主义国家同中国建立了正式的外交关系。中国的周边国家同中国建立外交关系，既与中国新生政权对这些国家产生的重要影响有关，同时也与这些国家和中国的传统友谊有着密切的联系。最后是西北欧的瑞典、丹麦、瑞士、芬兰、挪威、列支敦士登、英国、荷兰 8 个国家同中国建立了外交关系，其中英国、荷兰为代办级外交关系，其他国家均为正式外交关系。中国同西北欧国家建立外交关系，在帝国主义封锁和包围中国的情况下有着特殊的意义。中国同这些国家建交，坚持先谈判后建交的原则。在谈判中，新中国坚持的建交原则是：承认中华人民共和国中央人民政府是唯一合法的政府，同国民党政府断绝外交关系；支持恢复中华人民共和国在联合国的合法席位，驱逐国民党集团；交还属于中华人民共和国的财产。

第二，积极发展同社会主义国家的关系。为进一步巩固同社会主义国家的关系，毛泽东于 1949 年 12 月 16 日至 1950 年 2 月 17 日访问了苏联。1950 年 2 月 14 日，中苏在克里姆林宫签订了《中苏友好同盟互助条约》《中苏关于中国长春铁路、旅顺口及大连的协定》《中苏关于贷款给中华人民共和国的协定》等文件。中苏签订的一系列条约与协定不仅对中国的政治和经济起了重要的作用，而且在国际上也产生了重大影响，打破了以美国为首的帝国主义的封锁和禁运。《中苏友好同盟互助条约》签订后，两国在政治、经济、军事等方面进行了全面的合作。苏联对中国第一个五年计划提供了 141 个项目的经济援助和技术援助，后又增加了 15 项。1954 年 10 月，中苏两国签订了科学技术合作协定。新中国成立初期，苏联是中国最大的贸易伙伴。中苏两国不仅在国内建设方面相互

① 中华人民共和国外交部，中共中央文献研究室．毛泽东外交文选．北京：中央文献出版社，1994：93.

支持，彼此援助，而且在国际问题上也相互支持，密切合作。苏联大力支持中国为恢复在联合国合法席位的斗争。朝鲜战争爆发之后，中苏两国积极谋求朝鲜问题的和平解决。当中国政府派出志愿军入朝作战时，苏联向中国提供了部分武器装备。中苏在 1954 年举行的日内瓦会议上，密切配合，达成了实现印度支那和平的决议。中苏两国作为盟国，其友好合作关系全面发展；但是两国两党间仍存在矛盾和问题，特别是苏联的民族利己主义以及苏共的大党主义，给两国两党关系蒙上了阴影，为以后两国关系的发展埋下了分裂的种子。此间，新中国从维护社会主义阵营的团结出发，也不断加强和发展同其他社会主义国家的友好合作关系。

新中国在开展双边关系的同时，还参加了一些多边外交活动。中国曾在 1949 年举办过亚洲妇女代表会议和亚洲、澳洲工会代表会议，以及参加了国际条约和国际组织。这个时期最为重要的多边外交活动是中国出席了日内瓦会议和万隆会议。1954 年召开的日内瓦会议是新中国成立后出席的第一次重要的国际会议。中国作为会议五大国之一的地位，使新中国的外交形象得到了充分的展示，同时，中国的提案得到了与会者的赞扬。1955 年的万隆会议，使与会的亚非国家进一步认识和了解了中国，周恩来提出的求同存异原则成为中国外交的重要原则。

从新中国成立到 20 世纪 50 年代中期，先后有 20 多个国家同中国建立了外交关系。中国争取到国际社会的承认，在国际舞台上站稳了脚跟，积极参与国际事务，并取得了一些重大的外交成就。

（二）20 世纪 60 年代联合广大的亚非拉国家反对“帝修反”

1. 联合亚非拉国家反对“帝修反”的外交政策

20 世纪 50 年代中期以后，国际形势出现了一些新的情况。中苏两党在意识形态方面发生了越来越大的分歧，并引起国际共产主义运动大论战，使统一的社会主义阵营解体。中国认为苏联出现了修正主义和资本主义复辟，并实行霸权主义政策。广大亚非拉国家的民族解放运动出现空前的高潮。特别是 20 世纪 60 年代初，非洲的民族独立运动风起云涌，形成了一股新的力量，冲击着新老殖民主义。中国领导人根据自己的力量和新的形势，调整了外交政策，放弃了“一边倒”的外交政策，提出了依靠广大亚非拉国家，反对帝国主义、修正主义和各国反动派，即反对“帝修反”的政策。

2. 以发展亚非拉国家关系为重点的外交关系

第一，加强同亚非拉国家的关系。

新中国是一个从半殖民地半封建社会实现民族独立的国家。新中国一成立就十分重视同广大亚非拉国家的关系。到 20 世纪 60 年代末，同中国建交的国家有 50 多个，绝大多数是亚非拉民族独立国家。特别是 60 年代初，同中国建立外交关系的亚非拉国家就有 20 多个，形成了新中国外交史上的第二次建交高潮。由于遭受殖民统治和争取民族独立的共同经历，以及巩固国家主权独立和发展民族经济的共同愿望，中国采取积极姿态，争取建立和发展与亚非拉国家的友好关系。1956 年 5 月，中国与埃及建交，开启了中国与阿拉伯世界和非洲国家建立外交关系的进程。1960 年，中国同古巴建立外交关系，打破了拉丁美洲地区同中国没有建交国的历史。

为加强同亚非拉国家的关系，从 20 世纪 50 年代中期开始，中国组成高级代表团进行了三次大范围的出访。1956 年年底至 1957 年年初，以周恩来为团长的中国代表团应邀出访了越南、柬埔寨、印度、缅甸、巴基斯坦、苏联、波兰、匈牙利、阿尔巴尼亚、尼泊尔、锡兰（今斯里兰卡）共 11 个国家。这次访问是在波匈事件、苏伊士运河事件发生后不久，中国人民抱着寻求友谊、寻求和平和寻求知识的目的出访这些国家。中国领导人同这些国家的领导人进行了亲切、诚挚和友好的会谈，并发表了联合公报。这次访问，对于缓和国际紧张局势、增进双方的了解和信任都起了积极的作用。1960 年春天，以周恩来为团长的中国政府代表团先后出访了缅甸、印度尼西亚、尼泊尔、柬埔寨、越南、蒙古六国。这次访问表明中国奉行睦邻友好政策，发展同周边国家的关系。1963 年 12 月 13 日至 1964 年 2 月 5 日，周恩来率团访问了阿拉伯联合酋长国、阿尔及利亚、摩洛哥、突尼斯、加纳、马里、几内亚、苏丹、索马里等国家。1964 年 2 月 14—29 日，周恩来又访问了缅甸、巴基斯坦、锡兰（今斯里兰卡）①。这是中国同亚非拉国家发展友好关系的又一个重要的里程碑。在访问中，周恩来提出了处理同阿拉伯国家和非洲国家关系的五项原则和对外经济技术援助的八项原则，这些原则受到亚非拉国家的赞赏。与此同时，中国对亚非拉国家实施了大面积的援助，如坦赞铁路等大型援助项目。中国实施的国际主义援助，对这些国家的经济发展起了一定的作用。

第二，反对苏联霸权主义。

中苏两国是世界社会主义阵营中的主体力量，两国关系的发展对整个社会主义阵营具有极其重要的影响。但自从赫鲁晓夫上台后，苏联大国主义和民族利己主义日益膨胀，试图迫使中国将自己的外交政策纳入苏联全球战略的轨道，开始不断对中国施加政治、经济、军事等各方面压力。1958 年，苏联提出要在中国领土和领海上建立中苏共有共管的长波电台和共同舰队的有损于中国主权的无理要求；1959 年 6 月，苏联单方面取消向中国提供原子弹样品和技术资料的协议；同年 8 月，苏联在中印边界冲突中公开偏袒印度；1960 年 7 月，苏联撕毁了中苏之间的多项合同和协议，并撤走了全部在华专家，同时苏联在中苏边境地区集结重兵，挑起边界事端，制造流血事件；1969 年 3 月发生的“珍宝岛事件”及随后接连发生的武装侵犯中国新疆和黑龙江边境事件，使得中苏边境形势十分紧张，两国关系严重恶化。面对苏联对中国安全的严重威胁，中国展开了反对苏联霸权主义的斗争。

中国同东欧各社会主义国家之间的关系在很大程度上受制于中苏之间的关系。在中苏关系恶化后，中国同大多数东欧国家的关系随之疏远，政治关系处于低水平状态，经济交往减少，人员往来几乎中断。只有阿尔巴尼亚站在了中国的一边，两国关系曾有一段不同寻常的发展。

第三，反对美帝国主义和各国反动派。

这一时期，美国仍然执行反华政策，继续包围和封锁中国，在台湾海峡地区唆使蒋介石集团进行挑衅活动，叫嚣“反攻大陆”。在中印边界冲突中，美国也公开支持印度同

---

① 周恩来总理对亚非国家的三次出访，参见：韩念龙．当代中国外交．北京：中国社会科学出版社，1988：138－140.

中国作战。1965 年，美军在越南南方登陆，同时空袭北方，美国军用飞机多次入侵中国边疆上空。中国政府发表严正声明，中国人民将坚定不移地支持越南人民，把反对美国侵略者的斗争进行到底。由于越南坚持抗美救国的斗争和中国支持越南的坚定立场，美国扩大越南战争的图谋受到了一定制约。1970 年 4 月末，美国向越南战场的侧翼柬埔寨发动军事入侵，毛泽东于 5 月 20 日发表声明，号召全世界人民团结起来，打败美国侵略者及其一切走狗。除了在重大国际问题上的尖锐斗争之外，冷战时期意识形态上的差异也是中美双方斗争的主要内容。中美分歧是根本性的分歧，双方的敌对关系在 20 世纪 60 年代初期，不可能因为中苏的分歧而改善。

第四，与西欧国家的关系有了突破性的发展。

1964 年 1 月 27 日，中法两国政府发表了联合公报，宣布建立正式外交关系。法国是西方大国中第一个同中国建立大使级外交关系的国家。这是中国同西欧国家关系的重大突破，也是对美国孤立中国政策的沉重打击。中法外交关系的建立既是双方奉行独立自主的外交政策的需要，也是中法双方共同利益的需要，同时也与法国采取了与美国不同的对华政策和毛泽东采取了区别对待资本主义国家的政策有关。它的意义不仅在于外交关系的突破，更重要的是两国建交打开了通向建立超越对抗、发展合作的国际秩序的道路。

这个时期，中国同日本等国的民间外交也有了重大的发展，经过谈判解决了同中国接壤的部分国家的边界问题，解决了同一些国家存在的华侨双重国籍问题。中国外交在不断发展。

20 世纪 60 年代，中国外交的特点被概括为“两个拳头打人”，既反美又反苏。中国顶住了来自苏美两个大国的压力，联合广大亚非拉国家在维护自己的主权和利益、维护世界和平方面做出了重大贡献。

（三）20 世纪 70 年代 “联美抗苏” 基本实现与西方国家关系正常化

1. 外交政策的调整

20 世纪 60 年代中期到 70 年代末，是中国内外政策发生重大变化的时期。“文化大革命”使各项工作受到严重干扰，然而，70 年代初在对外关系方面，中国从实际出发，提出了“联美抗苏”的外交政策，改善了与西方国家的关系，中国外交取得了重大的成就。20 世纪 70 年代，毛泽东提出了“一条线”和“一大片”的外交政策，即按照大致的纬度划一条线，连接从美国到日本、中国、巴基斯坦、伊朗、土耳其和欧洲的战略线，并团结这条战略线以外的国家（“一大片”），以抗衡霸权主义和侵略野心最大的苏联。毛泽东这一战略思想的要旨是要建立一条包括美国在内的国际上一切可以团结的力量的统一战线，共同反对苏联的霸权主义。

2. 外交关系的突破性进展

第一，调整中美关系，两国实现建交。

在这一时期，中国所处的国际环境发生了重大变化，出现了美苏两个超级大国激烈争夺霸权地位和其他多种力量日益增长的局面。美国先是深陷于越南战争，后又为战争后遗症所困扰，国内经济危机和社会危机不断发生，大大牵制了美国在国际范围内的活动能力。而苏联在不断缩小与美国经济实力差距的同时，军事力量有所增强，在争霸中出现了苏攻美守的局面。当时的美国为了对付苏联的争夺，不得不调整外交政策，其主要内容之一就是谋求对华关系的改善，联合中国，共同对付苏联。与此同时，苏联的霸权主义则构成了对中国安全的严重威胁；苏联不但在中苏、中蒙边境地区加强军事部署，而且支持越南侵柬反华，并出兵阿富汗，从北、西、南三方向构成了对中国安全的威胁。针对这种局势，中国政府及时调整了自己的对外政策，联合国际上一切可以联合的力量，在世界范围内建立反对霸权主义的国际统一战线。为此，中国在坚持根本原则的前提下，重点改善了与美国、日本、西欧等西方国家的关系，基本完成了同西方国家的建交过程，迎来了中国的第三次建交高潮。

1969 年 1 月，尼克松入主白宫后，一再表示要同中国交好，宣布放宽对中美之间的人员往来和贸易交流的限制，并主动寻找渠道向中国传递信息，愿到中国访问。1969 年 3 月的中苏“珍宝岛事件”发生后，尼克松认为改善美中关系的时机已经成熟，加快了改善两国关系的步伐。1971 年 4 月，周恩来开展了著名的“乒乓外交”，使小球带动了大球。同年 7 月 9 日，基辛格秘密来华，就双方关系和尼克松访华等问题进行了商谈。7 月 15 日，双方同时公布基辛格访华公告，震撼了世界。1972 年 2 月，尼克松总统访问中国，中美双方在上海发表了《中美联合公报》，这标志着两国敌对关系的结束。

从尼克松访华到中美外交关系正式建立，中美关系的核心问题是台湾问题。经过艰苦的谈判，中美双方于 1978 年 12 月 16 日发表了建交公报。美国承认中华人民共和国政府是中国的唯一合法政府，接受了中国提出的建交三原则——废约、撤军、断交。中美宣布从 1979 年 1 月 1 日起建立正式的外交关系，并于同年 3 月互派大使。

第二，实现中日邦交正常化。

日本曾长期追随美国采取敌视中国的政策。尼克松访华的消息对日本形成了巨大的冲击，引起了朝野强烈反响。1972 年 7 月田中角荣担任首相后，宣布把实现中日邦交正常化作为首要任务。同年 9 月 25 日，日本首相田中角荣访华。田中首相在访华期间与中国领导人举行多次友好的会谈，接受了中国政府的三项原则，即中华人民共和国政府是中国的唯一合法政府；台湾是中华人民共和国领土不可分割的一部分；“日台条约”是非法的、无效的，应予废除。中日两国政府签订《中日联合声明》，宣布结束两国关系的不正常状态，建立正式外交关系。在声明中，两国宣布：结束战争状态，中日邦交正常化；两国于 1972 年 9 月 29 日建立外交关系；中华人民共和国政府是中国的唯一合法政府，台湾是中华人民共和国领土不可分割的一部分；中国宣布，为了中日人民的友好，放弃对日本国的战争赔偿要求；两国在和平共处五项原则的基础上，建立持久的和平友好关系；两国同意进行以缔结和平友好条约为目的的谈判。1973 年初，两国互设大使馆。依据建交公报，中日两国进行了和平友好条约的谈判，并于 1978 年 8 月 12 日缔结了《中日和平友好条约》。中日建交后，两国在政治、经济、人员往来等方面取得了明显的发展。

第三，改善中国与西方国家的关系。

随着中美关系的改善和中国在联合国合法席位的恢复，20 世纪 70 年代出现了西欧国家同中国建交的高潮。1970—1973 年，意大利、奥地利、比利时、冰岛、马耳他、希腊、联邦德国、卢森堡和西班牙同中国建立了外交关系，英国和荷兰与中国的代办级外交关系升格为大使级外交关系。1979 年，葡萄牙和爱尔兰同中国建立外交关系。1975 年，中国同欧共体建立了正式外交关系。此外，同期中国还同加拿大、澳大利亚、新西兰建立了外交关系。总之，20 世纪 70 年代经过重大调整，中国的对外关系克服了国内"文化大革命"的不利影响，取得了很大的发展。1970—1980 年的十年间，同中国建交的国家达 75 个。在此基础上，中国同这些国家在经济、贸易、科技、文化、民航等方面签订了许多合作协定，双边的经济文化合作关系得到了可观的发展。从此，中国开始全面参与国际事务。

截至 1979 年，同中国建交的国家已达 121 个。中国同这些国家在和平共处五项原则的基础上，开展了多个领域的合作。中国在国际舞台上发挥着日益重要的作用。

第四，恢复中国在联合国的合法席位。

中国是联合国创始会员国之一。新中国成立后，联合国的合法席位一直被台湾当局非法占据，加之美国政府的阻挠，中国在联合国的合法权利迟迟得不到恢复。随着 20 世纪 60 年代民族解放运动的蓬勃发展，诸多新独立国家不断加入联合国，使美国在联合国称王称霸的局面发生了动摇。1971 年 10 月 25 日，第 26 届联合国大会以压倒性多数通过由阿尔及利亚、阿尔巴尼亚等 23 个国家提出的 2758 号决议，恢复中国在联合国的一切合法权利，并立即把蒋介石集团的"代表"从联合国及其所属一切机构中驱逐出去。这是中国外交上的重大胜利，也是这一时期中国外交事业的突出成就。

二、改革开放和社会主义现代化建设时期的外交政策与外交关系

（一）改革开放之初中国外交的调整

1978 年中共十一届三中全会决定把全党工作重点转移到社会主义现代化建设上来之后，邓小平及时地根据国际形势的新变化和国内任务的需要，对中国外交进行了重大的调整，从而发展和完善了独立自主的和平外交政策，全面开创了新的外交局面，将 20 世纪 80 年代的中国外交推入一个新的发展时期并逐步形成邓小平国际战略思想。

1. 独立自主和平外交政策的确立

20 世纪 70 年代末 80 年代初，国际形势发生了巨大的变化。虽然国际格局的基本特点仍表现为美苏两个超级大国继续争霸世界，双方由于实力变化出现了互有攻守的战略态势，但与此同时，国际舞台上的其他力量，如日本、西欧和第三世界也迅速崛起，其作用表现得日益突出。在国际形势变化的同时，中国的国内形势也发生了巨大变化，以中共十一届三中全会为标志，中国进入了集中力量进行经济建设的崭新时期。在此背景下，中国的对外政策以邓小平国际战略思想为指导进行了重大调整，主要表现在以下方面：

第一，科学判断战争与和平形势。

在过去相当长的一段时间内，中国曾注重强调战争的危险性，认为世界大战不可避

免，甚至迫在眉睫。改革开放后，中国政府经过冷静观察和客观分析，改变了战争不可避免的估计，认为世界和平因素的增长超过了战争因素的增长，在短期内有可能制止战争。随着时间的推移，和平力量继续发展壮大，有可能争取在相当长的时间内，至少在20 世纪内，世界大战打不起来。如果 20 世纪内战争打不起来，和平力量就会有更大的发展，21 世纪谁要发动战争就会更加困难，我们就更有可能避免战争。

第二，不同任何大国结盟或建立战略关系。

新中国成立后，曾先后实行对苏“一边倒”和“联美抗苏”的政策，这些政策虽产生了一定的积极作用，但总体上是迫于当时的形势，受到美苏两极格局的束缚而出台的。进入 20 世纪 80 年代，美苏争霸转入僵持阶段，既争夺又对话。中国在总结过去 30 年外交经验和教训的基础上，结合变化了的国际形势，适时地调整了外交政策，提出不同任何大国建立战略关系，在大国关系中坚持不结盟，争取更大的外交主动性。中国坚持在和平共处五项原则的基础上，发展同任何国家的关系。

第三，不以社会制度和意识形态的异同论亲疏。

过去，中国在实行“一边倒”、“一条线”和“一大片”战略过程中，曾出现过“以美划线”和“以苏划线”的倾向，影响了中国同部分第三世界国家的关系。进入 20 世纪80 年代后，中国吸取了按社会制度和意识形态划分阵线、决定亲疏的教训，认识到只有超越社会制度和意识形态的异同，普遍实行和平共处五项原则，才能发展正常的国家关系，增进国际合作，维护世界和平。对于对苏友好、对美友好的国家，中国尊重各国自己的选择，体谅它们的处境，尊重它们的政策与做法。

第四，制定了全面对外开放的基本国策。

新中国自诞生之日起就决定在平等互利的基础上发展对外贸易和经济合作，但长期以来中国的对外经济联系受到严重限制。中共十一届三中全会后，中国政府根据国际形势的变化和国内建设的需要，提出了对外开放的政策，并且将其确定为一项长期不变的基本国策。中国的对外开放是全面的，既对资本主义国家开放，也对社会主义国家开放；既对发达国家开放，也对发展中国家开放；既在物质文明建设方面开放，也在精神文明建设方面吸取人类文明的优秀成果。实行全面对外开放的政策，势必会使中国的外交工作发生新的变化，出现新的特点：外交要面向全世界，呈现出“无敌国外交”的特点；外交内容更加丰富，经济外交占据重要地位；外交手段趋于和缓，和平外交色彩渐浓；外交形式灵活多样，民间外交极为活跃。

2. 全方位外交关系的开启

20 世纪 80 年代以来，中国的独立自主和平外交政策得到确定，中国外交开启了全方位的崭新局面，对外关系取得巨大发展。

第一，同发达国家的关系得到稳定发展。

实行改革开放后，中国同发达国家的关系进入了全面发展时期。中美于 1979 年正式建交，为两国关系的发展开辟了广阔的前景。建交之初，因美国国会通过“与台湾关系法”，中美关系一度出现波折，但双方在经济、贸易、科技和文化等各个领域的交流与合作都得到了大大的加强，双方领导人多次互访，经常保持着高层接触和对话。1982 年 8 月 17 日，中美双方发表《中美联合公报》（八 · 一七公报），美国承诺：它向中国台湾地区出售的武器，在性能和数量上将不超过中美建交后近几年供应的水平，并准备逐步减少它对中国台湾地区的武器出售，以经过一段时间导致这一问题的最终解决。此后，两国关系得到了比较稳定的发展。

中英关系在此期间曾围绕香港主权回归中国的问题进行了复杂的谈判和斗争，中国坚持“主权问题是不容谈判的”的原则立场。1984 年 9 月，中英达成香港回归中国的协议。中葡双方也于 1987 年 4 月达成中国恢复对澳门行使主权的协议。中德、中法、中意及中国与其他欧洲、大洋洲国家的经济、政治合作关系也取得了重大发展。随着中国的发展和欧共体一体化的进展，中国与欧共体的关系也得到了稳定、健康的发展。

中日关系在 1978 年 10 月邓小平应邀访日之后，也进入了一个新阶段。20 世纪 80 年代初，中国提出“和平友好，平等互利，长期稳定”三原则，得到日本政府的积极响应。后来，日方提出增加“互相信赖”的内容，中日领导人在频繁互访中确定了两国多层次的交往机制。

第二，同苏联改善关系并实现关系正常化。

随着 20 世纪 80 年代美苏全球争霸态势的变化，中国政府进行了战略调整，在对美国拉开距离的同时，也不再把反对苏联作为中国对外关系中的主要矛盾。1982 年 10 月，中苏围绕改善关系进行第一轮磋商。中国提出：苏联支持越南入侵柬埔寨、在中苏中蒙边境驻扎重兵、武装占领阿富汗，是实现两国关系正常化的三大障碍。1985 年戈尔巴乔夫上台后，对改善两国关系表现了比以前更积极的态度。1987 年 2 月，中苏边界谈判得以恢复。1988 年 2 月，钱其琛外长访问苏联，实现了 1957 年后中国外长对苏联的首次访问。1989 年 5 月，戈尔巴乔夫访华，双方发表《中苏联合公报》，这标志着两国结束了长达近 30 年的敌对关系，实现了关系正常化。

第三，同第三世界国家的团结与合作不断加强。

中国一贯十分重视同第三世界国家的团结与合作。1982 年 9 月中共十二大报告更加明确地强调，把加强同第三世界国家的团结与合作作为中国对外工作的基本立足点。这期间，中国不仅改善和发展了与周边发展中国家的关系，而且同其他地区发展中国家的关系也有不同程度的改善和发展。

中国同朝鲜、巴基斯坦等邻国的传统友谊，经历了时间的考验，在新的国际形势下，中国和这些国家的友好合作关系进入了一个新的阶段。中国与蒙古的关系得到了改善。在东南亚，中国继续支持柬埔寨人民反对越南侵略的斗争。在西北边陲，中国继续支持阿富汗人民反对苏联的入侵。中国与印度从 1981 年开始就边界问题举行副部级官员会谈。1987 年印度军队挑起边界纠纷。1988 年 12 月，印度总理拉吉夫·甘地访华，双方同意建立联合工作小组，商讨边界问题的解决办法，这标志着中印关系走出低谷。

中国重视同广大非洲国家和拉丁美洲国家的关系，这一时期通过增加高层互访、拓宽合作领域，取得显著成效。对非洲国家，中国提出开展经济技术合作的四项原则，即平等互利、讲求实效、形式多样、共同发展。对拉丁美洲国家，中国提出和平友好、互信支持、平等互利、共同发展的原则。

第四，全面参与国际事务。

随着对外开放政策的实行，中国在广泛参与联合国及其所属机构的活动的同时，逐步与世界银行、国际货币基金组织、关税及贸易总协定等国际经济机制建立起不同程度的关系，在多边外交领域的活动从政治与安全逐步扩大到了经济、裁军与军控、人权、环境、社会发展等各个方面。自1980年起，中国参与日内瓦裁军谈判会议及其下属各种特委会和工作组的活动，以实际行动推动国际裁军进程。1984年中国成为国际原子能机构成员国。1985年中国宣布裁军100万。1988年，中国正式加入联合国维持和平行动特别委员会，开始参加联合国对维和行动的审议工作。

（二）冷战结束后中国外交的新发展

1. 外交政策的调整

20世纪80年代末90年代初，国际格局发生巨变，中国外交根据邓小平提出的“韬光养晦、有所作为”方针，打破了以美国为首的西方制裁。冷战的终结，使国际关系摆脱了两极格局的束缚。以江泽民同志为核心的党中央，坚持和平与发展是时代主题的判断，提出了推动国际关系民主化、促进世界走向多极化、建立公正合理的国际新秩序、建立多种伙伴关系等具有创新意义的对外战略和政策。

第一，推动国际关系民主化。世界上所有的国家，无论大小、贫富、强弱，都是国际社会中平等的一员，都有参与和处理国际事务的权利。国际事务由世界各国共同参与，在平等基础上协商解决，反对少数大国操纵和垄断，尤其是要确保广大发展中国家平等参与国际事务的权利，充分发挥它们在国际舞台上的积极作用。任何国家都没有凌驾于他国和国际社会之上的特权。

第二，促进世界走向多极化。多极化是不可阻挡的历史潮流，是维护世界和平、促进世界发展的重要基础。世界格局的发展变化取决于国际舞台上各种力量对比的变化。冷战结束后，美国成为唯一的超级大国，大肆奉行单边主义，但是，随着国际关系相互依存的日益深化，美国的相对优势无法提供建立单极霸权的基础，单极格局的图谋必然受到各种力量的挑战，多极格局将是历史发展的必然。

第三，建立公正合理的国际新秩序。随着世界多极化趋势的发展，国际秩序也得以重构，同时，实现国际关系民主化必须要有相应的国际新秩序作为保障。国际旧秩序是强权政治盛行、南北矛盾加剧的重要根源，也是国际关系民主化进程步履维艰的原因。改变不公正、不合理的国际政治经济旧秩序，建立适应各国发展水平和要求的国际政治经济新秩序，是推动国际关系民主化的重要途径。

第四，建立多种伙伴关系，构筑新型的对外关系框架。中国坚持独立自主的不结盟外交，坚持以相互尊重、求同存异的精神处理国际事务，积极开展与不同国家的伙伴关系。这是一种新的国家关系模式，体现了冷战结束后中国以不结盟、不对抗、不针对第三国为指导原则的新外交风格。

2. 外交关系新格局

第一，积极推动大国关系的发展。中美两国政治关系波折不断，但总体上保持发展态势。1995年5月，克林顿政府批准台湾地区领导人李登辉以私人的名义访美。1996年春，中国人民解放军在东海、南海进行军事演习。中美关系跌入低谷。此后，美国政府采取了一些改善中美关系的措施。1997年10月26日至11月3日，江泽民主席访美，这是 12 年来中国国家元首首次访美。1998 年 6 月 25 日至 7 月 3 日，美国总统克林顿对中国进行了国事访问，进一步促进两国关系改善。然而，1999 年 5 月，以美国为首的北约轰炸了中国驻南斯拉夫大使馆，造成 3 名中国记者死亡，20 多名中国外交人员受伤，馆舍严重毁坏。中国政府做出强烈反应，推迟双方各领域交往和对话，两国关系再度跌入低谷。2001 年 4 月 1 日发生的中美军机碰撞事件，进一步推高两国关系的紧张程度。“9·11”事件发生后，小布什政府调整强硬的对华政策，在全球范围的反恐战略中寻求与中国的合作。与跌宕起伏的政治关系不同，这一时期的中美经贸关系快速发展，成为双边关系的稳定器。1999 年 11 月，中美签署关于中国加入世贸组织的协议。2000 年，美国通过永久给予中国正常贸易待遇的法案，消除了长期影响中美关系的一大障碍。

苏联解体后，中俄关系得到平稳发展，两国高层互访不断并逐渐机制化。1992 年 12 月，俄罗斯总统叶利钦访问中国，两国领导人签署了《关于中俄相互关系基础的联合声明》。1994 年 9 月，江泽民主席访问俄罗斯，两国就中俄建立面向 21 世纪长期稳定的睦邻友好新型国家关系达成共识。1996 年 4 月，叶利钦总统访华期间，宣布中俄建立和发展平等信任的、面向 21 世纪的战略协作伙伴关系。1997 年 4 月，江泽民主席访问俄罗斯，两国元首签署了《中俄关于世界多极化和建立国际新秩序的联合声明》。在此期间，两国基本解决历史遗留的边界问题，并就边界管理达成协议，两国的经贸、科技、文化等领域合作全面开展，双方在国际事务中的磋商与协作富有成效。

中日关系总体上保持了稳定发展的态势。1992 年是中日邦交正常化 20 周年。当年 4 月，江泽民主席访问日本。同年 10 月，日本明仁天皇偕皇后对中国进行正式友好访问，这是中日 2000 年交流史上日本天皇首次访问中国。1998 年 11 月，江泽民主席对日本进行国事访问，双方发表《中日关于建立致力于和平与发展的友好合作伙伴关系的联合宣言》，对两国关系做出了跨世纪的定位。这一时期，中日经贸及各领域合作向着多渠道、多层次、多元化的方向发展。但是，历史问题、台湾问题和钓鱼岛问题等不时对两国关系造成消极影响。

中国与欧洲国家关系得到改善和加强。中法关系在 1992 年受法国向我国台湾地区出售幻影战斗机等武器的影响而陷入低潮，直至 1994 年双方发表《联合公报》，确认两国恢复友好合作关系。法国承认台湾是中国不可分割的一部分，承诺今后不批准法国企业参与武装台湾，中法关系重新获得发展。1997 年 5 月，法国总统希拉克访华，双方决定建立面向 21 世纪的全面伙伴关系。中德关系得到积极推进。德国是中国在欧洲最大的经贸和技术合作伙伴。中英关系保持持续发展势头。1997 年 7 月 1 日，中国恢复对香港行使主权，为中英关系翻开崭新一页。1999 年 10 月，江泽民主席对英国进行国事访问，为两国关系在新世纪的发展奠定了重要基础。

第二，深化睦邻友好关系。随着冷战的结束和国际格局的变化，中国在周边地区积极开展睦邻友好外交，并取得显著进展。中国同东南亚地区所有国家恢复和建立了外交关系。1990 年 8 月 8 日，中国与印度尼西亚恢复外交关系。1990 年 10 月 3 日，中国与新加坡正式建交。1991 年 9 月 30 日，中国与文莱建交。1991 年 11 月，中越关系实现正常化。尽管南海问题在这一阶段成为影响地区稳定的主要因素，但中国与东南亚国家在政治、经济、安全等领域的关系都有长足发展。

在东北亚，中国与蒙古于1994年签订了《中蒙友好合作关系条约》，为两国关系健康、稳定发展奠定了政治、法律基础。中国与朝鲜的传统友谊和友好合作得到巩固，2000年5月，朝鲜劳动党总书记、国防委员会委员长金正日对中国进行了非正式访问。2001年9月，江泽民主席对朝鲜进行非正式访问。中国与韩国于1992年8月正式建交，双边关系迅速升温。2000年，两国宣布将中韩友好合作关系推向全面发展的新阶段。

在南亚，1991年12月，李鹏总理访问印度，1993年9月，印度总理拉奥访问中国，两国签署《关于在中印边境实际控制线地区保持和平和安宁的协定》。1996年12月，江泽民主席访问印度。中国与巴基斯坦继续保持传统睦邻合作，政治互信不断提高。

在中亚，苏联解体后，中亚出现了五个新独立国家，中国与哈萨克斯坦、吉尔吉斯斯坦、塔吉克斯坦接壤。建立和发展同中亚五国的睦邻友好与互利合作关系，是这一时期中国外交的重点方向。

第三，加强与发展中国家团结合作。这一时期，中国同发展中国家的关系进一步巩固和加强，同广大发展中国家在政治、经济、安全、文化等领域的合作取得明显进展。1990年7月，中国与沙特阿拉伯建交。1992年1月，中国与以色列建交。至此，中国与所有中东地区国家都建立了外交关系。中国与非洲国家的政治关系从传统的反帝、反殖和反对种族主义，转变为反对霸权主义和外来干涉，双边的经贸、文教、卫生等领域多层次、多渠道的合作得到加强。1998年1月1日，中国与南非正式建交。中国与拉丁美洲国家的相互了解与信任在这一时期得到提高。1990年，国家主席杨尚昆访问墨西哥、巴西、乌拉圭、阿根廷、智利等国，这是中国国家元首首次对拉美国家的国事访问。

第四，注重融入国际社会，树立负责任大国形象。这一时期，中国在国际事务中更加注重融入国际社会，支持联合国并负责地参加联合国在维和、裁军、人权、发展等各个领域的工作。1991年11月，中国加入亚太经合组织。2001年6月，中国倡导创建的上海合作组织正式成立，这是第一个总部设在中国的区域性国际组织。与此同时，中国积极谋求加入世界贸易组织。2001年11月，在多哈召开的第四届世界贸易组织部长级会议上，中国正式加入世界贸易组织，意味着中国更广、更深融入国际社会。

（三）21世纪初中国外交的新局面

1. 外交政策的调整

进入21世纪，国际形势发生了重大而深刻的变化，世界多极化和经济全球化加速演进。以胡锦涛同志为总书记的党中央紧紧抓住重要的战略机遇期，经受住了国际风云变幻特别是全球金融危机的考验，坚定不移走和平发展道路，倡导建设持久和平、共同繁荣的和谐世界。

第一，深化对战略机遇期的认识。2002年中共十六大报告指出，21世纪的头20年，对中国来说，是一个必须紧紧抓住并且可以大有作为的“重要战略机遇期”。机遇，是指有利的时间和空间。一个国家的战略机遇，就是那些能够对国家的整体及长远发展产生积极影响的、具有战略意义的时机、条件和因素。在抓住战略机遇期以加快发展的思想指导下，中国取得了举世瞩目的巨大成就。对战略机遇期的判断，为这一阶段的中国外交工作提供了根本依据。

第二，坚持走和平发展道路的根本方略。中国实力的迅速增长，引发国际社会对中国走上“国强必霸”老路的担心和疑虑。2004 年，中国政府明确提出将致力于走“和平发展道路”，其核心是充分利用世界和平的大好时机，努力发展和壮大自己，同时又以自己的发展，维护世界和平，反映了中国在国家实力不断增长过程中的自我定位。2005 年 12 月，《中国的和平发展道路》白皮书发布，详细阐述中国走和平发展道路的立场和决心。中国始终不渝走和平发展道路已经上升为国家意志，体现在中国发展进程广泛的社会实践和对外关系实践中。

第三，倡导建设持久和平、共同繁荣的和谐世界。2005 年 9 月，胡锦涛主席在联合国成立 60 周年的首脑会议上，全面阐述和谐世界的内涵，指出：“应该尊重各国自主选择社会制度和发展道路的权利，相互借鉴而不是刻意排斥，取长补短而不是定于一尊，推动各国根据本国国情实现振兴和发展；应该加强不同文明的对话和交流，在竞争比较中取长补短，在求同存异中共同发展，努力消除相互的疑虑和隔阂，使人类更加和睦，让世界更加丰富多彩；应该以平等开放的精神，维护文明的多样性，促进国际关系民主化，协力构建各种文明兼容并蓄的和谐世界。”和谐世界理念创新性地整合了实现世界和平、促进世界发展的指导原则和方法，全面反映了中国的世界秩序观。它的提出，表明中国不仅关注物质力量的发展和强大，而且努力推动国际社会普遍认同的公平、民主、秩序等价值观念的传播和实现。

2. 外交关系的演变

这一时期，中国外交遵循“大国是关键、周边是首要、发展中国家是基础、多边是重要舞台”的总体布局，开创了对外关系新局面。

第一，积极运筹大国关系。

构建中美互利共赢关系。中美关系是中国对外关系的重中之重。美国是影响中国安全、牵制中国发展的最大外部因素。推动中美关系稳定发展，处理好各种问题和摩擦，事关中国总体外部环境和重要战略机遇期的延续。这一时期中美关系总体上保持稳定和发展，双方各层次对话和交往密切，增进了相互理解和信任。2005 年 11 月，小布什总统访问中国，两国领导人一致同意全面推进 21 世纪中美建设性合作关系。2006 年 4 月，胡锦涛主席对美国进行国事访问，双方就两国关系定位达成共识：中美不仅是利益攸关方，而且是建设性合作者。2009 年 11 月，奥巴马总统访问中国，双方一致同意从战略高度和长远角度出发，共同努力建设 21 世纪积极合作全面的中美关系。2011 年 1 月，胡锦涛主席对美国进行国事访问，双方就致力于共同努力建设相互尊重、互利共赢的合作伙伴关系达成共识。

充实中俄战略协作伙伴关系。2000 年普京就任俄罗斯总统后，继承了叶利钦时期的对华政策，继续推进中俄战略协作伙伴关系向前发展。2004 年 10 月，《中俄国界东段补充协定》签署，同 1991 年签署的《中苏国界东段协定》和 1994 年签署的《中俄国界西段协定》一起，将长达 4 300 千米的中俄边界线全部划定。2005 年 7 月 1 日，胡锦涛主席和普京总统在莫斯科签署《中俄关于 21 世纪国际秩序的联合声明》，表明两国携手共创国际政治经济新秩序的意愿。2009 年 10 月，《中俄关于相互通报发射弹道导弹和航天运载火箭的协定》签署，两国政治互信和战略合作水平达到了新的高度。

推动中日关系在曲折中前进。进入21世纪，日本首相小泉纯一郎顽固坚持参拜靖国神社，并且在台湾问题、钓鱼岛问题上挑战中方底线，严重损害中日关系的政治基础，中日关系陷入困境。2006年10月，日本首相安倍晋三访华，此行被称为“破冰之旅”。2007年4月，温家宝总理对日本进行了“融冰之旅”访问。2008年5月，胡锦涛主席对日本进行国事访问，中日双方签署了《中日关于全面推进战略互惠关系的联合声明》，提出正视历史、面向未来，不断开创中日战略互惠关系新局面。2010年9月，日本海上保安厅巡逻船对钓鱼岛附近海域的中国渔船进行骚扰并发生碰撞，中日关系再度冷却。2012年9月，日本启动所谓钓鱼岛“国有化”程序。2012年9月开始，中国公务船只巡航钓鱼岛及其附属岛屿海域常态化。

拓展中欧全面战略伙伴关系。2001年中国与欧盟决定建立全面伙伴关系，2003年双方决定将这一关系升格为全面战略伙伴关系。2004年，欧盟成为中国第一大贸易伙伴，中国则成为欧盟第二大贸易伙伴和增长最快的出口市场。随着中国的持续高速发展，欧盟开始担心中国经济竞争力带来的改变和挑战，在意识形态、环境保护、技术转让等领域加大对中国的制衡，影响了中欧关系的顺利发展。

第二，夯实稳定的周边关系。2002年中共十六大明确提出：“我们将继续加强睦邻友好，坚持与邻为善、以邻为伴，加强区域合作，把同周边国家的交流和合作推向新水平。”2003年中国进一步出台“睦邻、安邻、富邻”的周边外交新主张。“睦邻”就是继承和发扬中华民族亲邻善邻、以和为贵的传统，在与周边国家和睦相处的原则下，共筑本地区稳定、和谐的国家关系结构；“安邻”就是积极维护本地区的和平与稳定，坚持通过对话合作增进互信，通过和平谈判解决分歧，为亚洲的发展营造和平安定的地区环境；“富邻”就是加强与邻国的互利合作，深化区域和次区域合作，积极推进地区经济一体化，与亚洲各国实现共同发展。这一时期，中国成为众多周边国家的最大贸易伙伴、投资来源地和游客来源地，营造出和平稳定、平等互利、合作共赢的周边氛围。

第三，深化同发展中国家的团结合作。进入21世纪，发展中国家群体性崛起成为引人瞩目的现象，中国与发展中国家的关系出现新变化。一方面，中国一如既往加强同发展中国家的合作，支持扩大发展中国家在国际事务中的发言权；另一方面，针对发展中国家内部的差异和分化，中国因地制宜采取了不同的政策，双边与多边并重，合作方式日益制度化、规范化。2000年，中非合作论坛起步，推动中非关系步入全面、快速发展的新阶段。2004年，中国-阿拉伯国家合作论坛（中阿合作论坛）正式启动，成为中国与阿拉伯国家关系的重要纽带和推动中阿关系全面深入发展的有效平台。2006年1月，中国发布《中国对非洲政策文件》，倡导与非洲国家建立和发展政治上平等互信、经济上合作共赢、文化上交流互鉴的新型战略伙伴关系。2008年11月，中国发布《中国对拉丁美洲和加勒比政策文件》，强调从战略高度看待中拉关系，建立和发展平等互利、共同发展的全面合作伙伴关系。

第四，积极拓展多边外交。这一时期，面对日益严峻的全球性问题，中国倡导和坚持多边主义，积极参与全球治理和地区合作，在全球和地区多边外交舞台上展示了负责任、有担当的大国形象。中国尊重联合国在多边外交中的主导作用，深入参与联合国事务。在2008年全球金融危机后，中国积极参与二十国集团的全球治理行动，推动金砖国家机制的创新性发展。在亚太地区，中国通过参加东盟-中国（10＋1）、东盟与中日韩（10＋3）、东亚峰会、大湄公河次区域经济合作等多边机制推动区域合作。

三、中国特色社会主义新时代的中国外交

（一）中国特色大国外交的确立

中共十九大指出："经过长期努力，中国特色社会主义进入了新时代，这是我国发展新的历史方位。"① 新的时代呼唤新的理论，以习近平同志为核心的党中央，围绕新时代坚持和发展什么样的中国特色社会主义、怎样坚持和发展中国特色社会主义这个重大时代课题，提出了一系列治国理政新理念新思想新战略，创立了习近平新时代中国特色社会主义思想。作为马克思主义中国化的最新成果，习近平新时代中国特色社会主义思想涵盖经济、政治、法治、科技、文化、社会、生态文明、国防、外交等各个领域，成为实现中华民族伟大复兴的行动指南。

"中国特色社会主义进入新时代，意味着近代以来久经磨难的中华民族迎来了从站起来、富起来到强起来的伟大飞跃，迎来了实现中华民族伟大复兴的光明前景；意味着科学社会主义在二十一世纪的中国焕发出强大生机活力，在世界上高高举起了中国特色社会主义伟大旗帜；意味着中国特色社会主义道路、理论、制度、文化不断发展，拓展了发展中国家走向现代化的途径，给世界上那些既希望加快发展又希望保持自身独立性的国家和民族提供了全新选择，为解决人类问题贡献了中国智慧和中国方案。"② 中国特色社会主义进入新时代，开启了中国社会主义现代化建设的新征程，中国的外交工作也进入了蓬勃发展的新时代。当今世界正在经历百年未有之大变局，世界多极化、经济全球化、社会信息化、文化多样化深入发展，和平、发展、合作、共赢成为时代潮流。同时，世界面临的不稳定性、不确定性突出，各种传统和非传统安全威胁持续蔓延，强权政治仍然存在，逆全球化思潮不断涌现。中国与世界的关系也正在发生前所未有的变化，中国的发展越来越离不开世界，世界的发展也越来越离不开中国。

正是在这样的背景下，2014 年，习近平总书记在中央外事工作会议上首次提出："中国必须有自己特色的大国外交。我们要在总结实践经验的基础上，丰富和发展对外工作理念，使我国对外工作有鲜明的中国特色、中国风格、中国气派。"③ 2017 年，习近平总书记在党的十九大报告中明确提出"全面推进中国特色大国外交"，并将其纳入新时代坚持和发展中国特色社会主义的指导思想和战略部署。2018 年，习近平总书记在中央外事工作会议上强调，中国的对外工作要牢牢把握服务民族复兴、促进人类进步这条主线，推动构建人类命运共同体，努力开创中国特色大国外交新局面。中共二十大报告进一步指出：应对世界百年未有之变局，需要推进中国特色大国外交。

①② 习近平．决胜全面建成小康社会　夺取新时代中国特色社会主义伟大胜利：在中国共产党第十九次全国代表大会上的报告．北京：人民出版社，2017：10.

③ 习近平．习近平谈治国理政：第 2 卷．北京：外文出版社，2017：443.

“大国外交”是中国以大国身份开展的外交，在对外交往中要突出大国作用和担当。作为世界上最大的发展中国家，中国以自身的成功实践为广大发展中国家走向现代化提供了一种非西方的全新选择；作为世界上最大的社会主义国家，中国的强盛激励了世界范围内的社会主义信念；作为处于日益走近世界舞台中央进程中的大国，中国亟须以世界大国的身份来重构对外目标及手段。“中国特色”源自中国独特的文化特性、制度属性和历史印记，源自中国在建设中国特色社会主义的实践中走出了一条与历史上传统大国不同的强国之路。中国有着五千年文明的传承，孕育了自己的独特文化。中华优秀传统文化的丰富哲学思想、人文精神、教化思想、道德理念等，蕴藏着解决当代人类面临的难题的重要启示，能够为国际社会应对各种问题与挑战奉献中国智慧。中国共产党对外交工作的领导，集中体现了中国特色社会主义制度的优越性，使中国外交具备非凡的统揽全局的能力。新时代中国特色大国外交的开展，是中国国家实力发展的必然结果，是谋求中华民族伟大复兴的现实需要，也是当今世界时代潮流和人类进步的客观要求。

1. 党的领导是新时代中国特色大国外交的根本保障

中国是中国共产党领导下的社会主义国家。始终坚持党的领导和中国特色社会主义，是新时代中国外交的根基所在。“外交是国家意志的集中体现，必须坚持外交大权在党中央。”[①] 新中国成立以来，党的领导始终是中国外交攻坚克难、砥砺前行的基石。党的初心使命和国际主义情怀，塑造了中国外交坚持独立自主、弘扬公平正义、倡导互利共赢的面貌，从根本上改变了中国在国际舞台上的地位，取得了举世瞩目的伟大成就。进入新时代，中国外交经历了许多事关国家主权、领土完整和海洋权益的严峻挑战，党中央成立中央外事工作委员会，召开中央外事工作会议和周边外交工作座谈会，强化对各领域各部门各地方外事工作的统筹协调。党对对外工作的集中统一领导更加坚强有力，对外工作体制机制更加完善，对外工作大协同更加顺畅。只有坚持党对外交工作的集中统一领导，才能始终保持中国外交的政治本色，保持中国外交不同于其他国家的最大政治优势。只有加强党对外交工作的领导，才能始终在国际风云变幻中增强定力，充分调动各方面力量与资源，发挥总揽全局的外交能力。以习近平同志为核心的党中央在世界形势深刻变化的历史进程中始终走在时代前列，在应对外部风险挑战的历史进程中始终正确举旗定向，为中国特色大国外交不断走向胜利提供了根本保证。

2. 中国特色大国外交将实现中华民族伟大复兴的历史使命与推动构建人类命运共同体的宗旨目标紧密联系起来

一个国家的外交使命和外交目标，是由该国当时所处的历史方位决定的。进入新时代，中国实现了历史性变革，经济社会持续快速发展，综合国力和国际影响力迅速提升，日益走近世界舞台的中央。中国特色大国外交的使命更加重大，目标更加高远，在为实现中华民族伟大复兴中国梦提供有力保障的同时，也要为人类和平与发展的崇高事业做出更大贡献。在为自身发展营造更好的外部环境的同时，放眼全球、胸怀世界，把构建新型国际关系、构建人类命运共同体作为中国外交的总目标。

中共十八大以来，实现中华民族伟大复兴中国梦，作为中国国家发展战略的核心理

---

① 习近平．习近平谈治国理政：第3卷．北京：外文出版社，2020：429.

念，将“国家富强、民族振兴、人民幸福”融为一体，为中国的内政外交提供了强大的理论指引。新时代中国外交必然肩负起从国际关系层面推动实现中国梦的重任，不仅要为国家富强营造有利的国际环境，而且要为中华民族跻身世界前列创造条件；不仅要服务于提高物质现代化水平，而且要服务于提升民族尊严和国家形象；不仅要为中国人民的幸福开辟道路，而且要为人类的进步发展做出贡献。中国梦包含着广泛的世界意义，既造福中国人民，也造福世界人民。中华民族伟大复兴不是狭隘民族主义，中国外交是着眼于中国长远发展和全人类进步的崇高事业。正因如此，推动构建人类命运共同体成为中国特色大国外交的总目标以及新时代坚持和发展中国特色社会主义的基本方略之一，体现了中国将自身发展与世界发展相统一的全球视野、世界胸怀和大国担当。中共二十大报告指出，“中国始终坚持维护世界和平、促进共同发展的外交政策宗旨，致力于推动构建人类命运共同体”①，并将推动构建人类命运共同体明确为“中国式现代化的本质要求”，进一步阐明了新形势下构建人类命运共同体的时代意义、精神实质和实现路径。中国是世界的中国，中国发展离不开世界，世界发展也需要中国，中国同世界是休戚与共的命运共同体。中国愿同世界各国一道，推动建设相互尊重、公平正义、合作共赢的新型国际关系，推动建设持久和平、普遍安全、共同繁荣、开放包容、清洁美丽的世界。

3. 中国特色大国外交坚持走和平发展道路，同时坚决维护国家主权、安全、发展利益

和平发展道路是一条和平与发展相互依存、内政与外交有机统一、本国利益与人类共同利益密切结合的新型发展道路。坚持走和平发展道路是中国实现现代化、为世界文明进步做出更大贡献的战略抉择，已经载入宪法和《中国共产党章程》，上升为国家意志，转化为国家发展规划和大政方针，落实在中国发展进程的广泛实践中。习近平总书记多次就中国走和平发展道路这一重大问题做出全面、深刻而又精辟的论述，指出：“中国早就向世界郑重宣示：中国坚定不移走和平发展道路，既通过维护世界和平发展自己，又通过自身发展维护世界和平。走和平发展道路，是中国对国际社会关注中国发展走向的回应，更是中国人民对实现自身发展目标的自信和自觉。”② 面对风云变幻的国际形势，面对“修昔底德陷阱”“国强必霸”等质疑，中国始终坚定不移走和平发展道路，通过争取和平国际环境发展自己，又以自身发展维护和促进世界和平。坚持走和平发展道路是实现中华民族伟大复兴中国梦的道路选择。世界各国国情千差万别，不存在一成不变的发展模式，只有最适合本国国情的发展道路。中国特色社会主义道路不仅意味着中国走出了一条通向现代化的成功之路，而且也意味着中国通过和平发展打破了国强必霸的大国崛起传统模式。

同时，中国走和平发展道路是有原则、有底线的。“我们要坚持走和平发展道路，但决不能放弃我们的正当权益，决不能牺牲国家核心利益。任何外国不要指望我们会拿自己的核心利益做交易，不要指望我们会吞下损害我国主权、安全、发展利益的苦果。中

① 习近平．高举中国特色社会主义伟大旗帜 为全面建设社会主义现代化国家而团结奋斗：在中国共产党第二十次全国代表大会上的报告．北京：人民出版社，2022：60.

② 习近平．习近平谈治国理政．北京：外文出版社，2014：265.

国走和平发展道路，其他国家也都要走和平发展道路，只有各国都走和平发展道路，各国才能共同发展，国与国才能和平相处。”① 当中国的主权、安全、发展利益受到威胁时，中国会坚决运用一切手段捍卫国家核心利益，这与走和平发展道路并不矛盾，而是内在统一的。和平发展是时代潮流，走和平发展道路是世界各国的共同责任，只有更多国家走上和平发展道路，才能实现长期的和平发展。

4. 中国特色大国外交坚持以人民为中心，践行外交为民

以人民为中心是中国特色大国外交的本质特征和根本导向。中国外交始终保持人民外交本色，坚持做大国、做好事、做长久之计，让中国外交更好地服务于人民。随着中国日益融入国际社会，走出国门的中国公民持续增加。数百万中国公民在全球各个地方工作、生活、学习，数万家中国企业遍布世界各地。保护好海外人员和资产安全，维护好海外中国公民和法人正当权益，是中国外交的职责和重任。面对国际和地区安全形势复杂化，非传统安全威胁因素增加，中国公民和中资机构在海外遇到不测的可能性明显上升，领事保护案件频发。中国全力守护海外中国公民生命安全，在全球范围开展风险评估预警服务，协助赴海外企业人员提升安防能力，及时撤离高危地区侨民，妥善处理重大恐袭事件，全力营救被绑架人员。在新冠疫情席卷全球的背景下，中国推进“春苗行动”，协助海外同胞接种疫苗，加快推进“互联网＋领事服务”，推进云端办照、视频公证、移动支付等便民措施。

“国之交在于民相亲，民相亲在于心相通。”中国特色大国外交不仅注重“国与国”的交往，更注重“人与人”的交往。民心相通是“一带一路”建设的社会根基，通过开展教育、科学、文化、体育、旅游、卫生、考古等各领域人文合作，加强政党、社会组织往来，密切妇女、青年、残疾人等群体交流，形成多元互动的人文交流格局，架设不同文明互学互鉴的桥梁，为“一带一路”建设铸造坚实的民意基础。民心相通弘扬“和平合作、开放包容、互学互鉴、互利共赢”的丝路精神，继承了一切以人民群众的根本利益为主旨的中国特色社会主义核心思想，把“外交为民”的理念和宗旨进一步发扬光大。

综上，面对百年未有之大变局，新时代中国特色大国外交为民族复兴尽责，为人类进步担当，将马克思主义中国化时代化最新成果与当今中国外交实际结合，塑造了中国外交独特风范，展现了鲜明的中国特色、中国风格、中国气派。

（二）中国特色大国外交全面推进

1. 元首外交和主场外交引领世界发展方向

习近平总书记是中国特色大国外交的总设计师。中共十八大以来，习近平总书记的足迹遍布世界各大洲，与世界各国和国际组织的领导人展开频繁而深入的会晤，以深邃的战略视野、宽广的大国胸怀、深厚的传统底蕴、恢宏的全局谋划和高超的外交艺术，引领中国特色大国外交不断前行。首脑层次的交流沟通，对加强国家间的相互了解、促进战略互信、提升国家形象起到了独特而巨大的作用。首脑之间面对面的对话是化解分

① 习近平．习近平谈治国理政．北京：外文出版社，2014：249.

歧、达成共识的最佳手段，也是推进一国对外战略的最有效途径。元首外交对于凝聚构建人类命运共同体的共识发挥着独特作用，成为推进中国特色大国外交的核心动力。

主场外交是在中国境内举办的由中国政府主导的多边外交活动。中共十八大以来，作为轮值国，中国成功举办了中非合作论坛北京峰会、亚信峰会、金砖国家峰会、上合组织峰会、二十国集团领导人峰会、亚太经合组织领导人峰会、夏季达沃斯论坛等多场次活动，并利用主场优势，主导议程设置，引领全球治理体系改革。作为主办国，中国成功举办了北京冬奥会、冬残奥会，展现了一个更加自信、自强、开放、包容的中国。更重要的是，由中国创建并在中国境内举办的博鳌亚洲论坛、世界互联网大会、"一带一路"国际合作高峰论坛、上海进博会等主场外交活动进一步制度化，国际影响力有了重大突破。频繁的主场外交活动实践，使中国拥有更多的国际平台来表达中国理念、传递中国声音、提供中国方案，体现出中国日益强大的国家实力和守正创新的大国气派。

2. 维护大国关系稳定

大国是影响世界和平与发展的重要力量，大国关系在很大程度上决定着国际关系的基本面貌和走向。大国之间，尤其是新兴大国与既有大国之间由竞争走向对抗甚至冲突，陷入"修昔底德陷阱"，是西方国际关系理论的固有逻辑。作为日益走近世界舞台中央的发展中大国，中国并不认同这个所谓的历史宿命，而是提出了构建新型大国关系的新理念，旨在打破崛起国与守成国必然冲突的所谓大国关系定律，开创新时代大国关系的新模式。

中俄关系是新型大国关系的典范。一个高水平、强有力的中俄关系，不仅符合中俄双方利益，也是维护国际战略平衡和世界和平稳定的重要保障。中俄双方都把对方作为本国外交优先方向，和睦相处、平等相待，在涉及彼此核心利益问题上相互坚定支持，相互尊重并坚定支持对方走符合本国国情的发展道路，建立起高度政治互信；双方都把对方发展视为本国发展的机遇，相互坚定支持对方办好自己的事，相互坚定支持对方发展强大，相互给力借力，致力于共同发展，实现共同繁荣；双方建立起完备的高层交往机制，及时就彼此关切的重大问题密切沟通、深入磋商、坦诚交流，化解合作中出现的困难和问题，确保双边关系高水平运行；双方基于共赢原则开展互利互惠经济合作，合作领域从单纯贸易扩展到投资、融资、能源、航空航天、高技术、高铁、农业等各个领域，合作方式从单纯买卖关系扩展到联合研发、联合生产，合作层次从边境贸易发展到战略性大项目，经济利益深度交融；双方人文交流蓬勃发展，两国民众相互好感增多，传统友谊日益巩固。面对个别国家重拾冷战思维，建立在不结盟、不对抗、不针对第三方基础上的中俄关系坚如磐石。中俄同各国一道，在联合国、上海合作组织、金砖国家机制、二十国集团等国际和地区组织中相互支持协作，共同推动国际和地区热点问题政治解决进程，坚定不移反对霸权、抵制新冷战。

中美关系是当今世界最复杂的双边关系，也是中国构建新型大国关系的重点和难点。作为世界上最大的发展中国家和最大的发达国家，中美合作前景广阔。无论是各自国家经济发展，还是促进全球经济稳定复苏，无论是处理国际和地区热点问题，还是应对各种全球性挑战，两国都有着巨大的共同利益和坚实的合作基础。中美构建新型大国关系，实现双方不冲突不对抗、相互尊重、合作共赢，是两国人民和国际社会的普遍愿望，是符合时代潮流的正确选择。但另一方面，中美两国国情各异，历史文化、发展道路、社会制度、民众诉求不尽相同，两国之间结构性矛盾突出，分歧和竞争难以避免。中国的迅速发展撼动了美国主导的国际体制，美国政府将中国视为战略对手和潜在威胁，日益加大在经济上和地缘上对中国的遏制力度，给双边关系乃至国际关系的走向蒙上阴影。尤其是 2018 年以来，美国试图采取极限施压的方法对中国进行经济恫吓，中美经贸摩擦持续升级，使中美经贸关系受到极大损害，也使多边贸易体制和自由贸易原则遭受严重威胁。面对美方执意把中国作为最主要竞争对手，大肆围堵打压挑衅，致使中美关系陷入严重困难，中方采取坚决行动，反制强权霸凌，要求美方不得挑战中国的道路和制度，不得阻挠中国的发展进程，不得侵犯中国的主权和领土完整。

中欧合作在挑战中取得新进展。2013 年 11 月，中国与欧盟制定了《中欧合作 2020 战略规划》，确定了中欧在和平与安全、繁荣、可持续发展、人文交流等领域加强合作的共同目标，双方商定以年度领导人会晤为战略引领，以高级别战略对话、经贸高层对话、高级别人文交流对话机制等中欧合作三大支柱为依托，通过定期会晤和各领域广泛对话，全面落实这一规划。2014 年习近平主席访问欧洲期间提出，共同努力建造和平、增长、改革、文明四座桥梁，建设更具全球影响力的中欧全面战略伙伴关系。中国始终从战略高度和长远角度看待和发展中欧关系，支持欧洲加强战略自主，期望欧盟在国际事务中发挥更大作用。面对近年全球范围内的逆全球化潮流，中欧之间从反对贸易保护主义，到共同维护多边主义，再到携手推进“一带一路”建设，共识和共同利益越来越多，共同致力于打造亚欧大陆稳定锚。

3. 建设稳定繁荣亚洲

周边是中国外交的优先方向，巩固、拓展周边睦邻友好关系是中国走和平发展道路的立足点，也是构建人类命运共同体的示范区。中国的周边环境总体上是稳定的，睦邻友好、互利合作是周边国家与中国关系的主流。但是，周边国家在历史文化、民族宗教、政治制度、发展水平等各方面都存在很大差异。近年来，随着中国与周边国家联系更加紧密、利益更加融合，周边环境发生了很大变化，周边的一些领土主权问题和海洋权益争端开始凸显，周边外交出现了一些新情况，客观上要求周边外交工作必须与时俱进、更加主动。

2013 年 4 月，在博鳌亚洲论坛年会上，习近平主席明确表示：“中国将坚持与邻为善、以邻为伴，巩固睦邻友好，深化互利合作，努力使自身发展更好惠及周边国家。”① 2013 年 10 月，在新中国成立以来首次召开的周边外交工作座谈会上，习近平总书记发表了重要讲话，明确了新形势下中国周边外交的战略目标、基本方针和总体布局，指出：“周边外交的战略目标，就是服从和服务于实现‘两个一百年’奋斗目标、实现中华民族伟大复兴，全面发展同周边国家的关系，巩固睦邻友好，深化互利合作，维护和用好我国发展的重要战略机遇期，维护国家主权、安全、发展利益，努力使周边同我国政治关系更加友好、经济纽带更加牢固、安全合作更加深化、人文联系更加紧密。”② 周边外交

---

① 习近平．习近平谈治国理政．北京：外文出版社，2014：332.

② 同①297.

在中国外交全局中的重要性明显加强。习近平总书记强调：“我国周边外交的基本方针，就是坚持与邻为善、以邻为伴，坚持睦邻、安邻、富邻，突出体现亲、诚、惠、容的理念。”① 亲是指巩固地缘相近、人缘相亲的友好情谊，从情感上增强亲近感和认同感。诚是指坚持以诚待人、以信取人的相处之道，言行一致，争取国家间的信任。惠是指履行惠及周边、互利共赢的合作理念，让周边国家感受到中国发展带来的机遇和好处，和中国一道实现合作共赢、共同发展。容是指展示开放包容、求同存异的大国胸怀，尊重和理解周边国家根据本国国情所制定的政策以及所选择的发展道路，尊重彼此的文化和历史。只有在尊重和理解的基础上彼此包容，才能化解矛盾，消除分歧，实现共赢。亲、诚、惠、容相互联系、相互交织，表达了中国与周边邻国增进感情、坦诚相待、互惠互利、包容发展的愿望。

东南亚是中国周边外交的优先方向。中国坚定发展同东盟的友好合作，坚定支持东盟发展壮大，坚定支持东盟共同体建设，坚定支持东盟在东亚区域合作中发挥主导作用。2013 年 10 月，习近平主席倡议建设更为紧密的“中国-东盟命运共同体”，中国东盟关系发展进入新时代。2020 年东盟首次成为中国最大的贸易伙伴。2021 年 11 月，时值中国-东盟建立对话关系 30 周年，双方宣布建立中国东盟全面战略伙伴关系。

中国与中亚国家关系继续稳定发展，双方高层交往频繁，安全合作更趋紧密，人文合作不断推进，睦邻友好深入人心，在“一带一路”倡议框架下，中国与中亚经贸关系取得突破性进展。2022 年 1 月，中国同中亚五国隆重庆祝建交 30 周年，一致同意建立元首集体会晤机制，构建更加紧密的中国-中亚命运共同体。

在东北亚，中国坚定推进朝鲜半岛无核化，坚定维护自身正当利益和战略安全环境，坚持通过对话谈判解决核问题以维护半岛和平稳定。中国高度重视中朝友好合作关系，维护好、巩固好、发展好中朝关系始终是中国党和政府坚定不移的方针。中蒙是山水相依的近邻，中国坚持互信、合作、共赢原则，丰富中蒙全面战略伙伴关系内涵。中日关系近年受历史问题、领土问题和战略互信不足的影响而出现困难，中国主张以史为鉴、以诚相待、以信相交，从战略高度把握好两国关系的大方向。中韩关系得到全面发展但也出现了波折，2017 年因部署萨德系统出现了波折，2023 年又因尹锡悦政府奉行亲美抑华政策而出现倒退。只有尊重彼此核心利益和重大关切，双边关系才能沿着正确方向前进。

在南亚，中国与巴基斯坦关系提升为全天候战略伙伴关系，成为地区稳定的基石。中国与印度之间建立了涉及多个领域的合作与对话机制，保持外交军事渠道沟通，致力于维护两国边境局势平稳。中国愿意与印度相向而行，推动中印关系得到稳定健康发展。

面对个别国家试图将集团对抗引入亚洲，搅乱地区和平稳定，中国坚定支持地区国家远离地缘政治陷阱，积极推动周边各种合作机制的建设，扩大和深化中国与周边国家在各领域的交流合作。上海合作组织作为中国打造的首个地区性国际组织，不仅在安全、经济、人文等合作领域取得丰硕成果，而且在机制建设方面也迈出了历史性步伐。中国还大力推动亚太经合组织的运行，倡导建立亚太自贸区，积极参与亚信峰会、东亚峰会

① 习近平．习近平谈治国理政．北京：外文出版社，2014：297.

等周边对话机制，倡导成立亚洲基础设施投资银行，建设孟中印缅经济走廊、中巴经济走廊、中蒙俄经济走廊，推进区域全面经济伙伴关系和中日韩两大自贸区谈判，启动澜沧江-湄公河次区域合作机制等，为深化区域合作、促进互联互通做出了重大贡献。2015年12月，亚洲基础设施投资银行正式成立。2022年1月1日，《区域全面经济伙伴关系协定》正式生效。中国与周边国家和地区之间日益形成一个多层次的命运共同体。

4. 汇聚发展中国家合力

中共十八大以来，在以习近平同志为核心的党中央领导下，中国外交践行正确义利观，坚持与发展中国家真诚友好、平等相待，进一步密切双方高层往来，加强不同层次的对话和磋商，不断巩固、深化中国与发展中国家的关系，同非洲、拉美、中东及太平洋等地区的广大发展中国家全面提升了友好合作关系。

中非关系进入了全面发展的快车道。2013年习近平主席提出了“真、实、亲、诚”的对非政策方针，指出对待非洲朋友讲一个“真”字，开展对非合作讲一个“实”字，加强中非友好讲一个“亲”字，解决合作中的问题讲一个“诚”字，并由此阐明了正确义利观的内涵与价值所在。2014年埃博拉疫情肆虐，中国坚定站在帮助利比里亚、几内亚、塞拉利昂等西非国家抗击疫情的最前列，给予了大量的人员和物质支持，真诚兑现了中非命运共同体的承诺。2015年底，在中非合作论坛约翰内斯堡峰会上，习近平主席宣布将中非新型战略伙伴关系提升为全面战略合作伙伴关系，并为此做强、夯实“五大支柱”：政治上平等互信、经济上合作共赢、文明上交流互鉴、安全上守望相助、国际事务中团结协作。2018年9月，在中非合作论坛北京峰会上，习近平主席提出以打造新时代更加紧密的中非命运共同体为指引，在推进中非十大合作计划基础上，重点实施八大行动，即：产业促进行动、设施联通行动、贸易便利行动、绿色发展行动、能力建设行动、健康卫生行动、人文交流行动、和平安全行动。2022年，中国提出“非洲之角和平发展构想”，旨在支持地区国家实现团结自强和繁荣稳定，并且率先公开支持非盟加入二十国集团，鼓励非洲在国际上发挥更大作用。中非关系正处在历史上最好时期，携手打造新时代中非命运共同体。

中国与拉美和加勒比国家友好关系得到进一步拓展。2014年7月，习近平主席访问巴西、阿根廷、委内瑞拉、古巴等拉美国家，在与拉美领导人会晤时宣布与拉美国家建立平等互利、共同发展的中拉全面合作伙伴关系，努力构建政治上真诚互信、经贸上合作共赢、人文上互学互鉴、国际事务中密切协作、整体合作和双边关系相互促进的中拉关系五位一体新格局，努力共同打造中拉命运共同体。这些新理念、新倡议为中拉关系指明了方向，确定了奋斗的目标。访问期间，中国-拉共体合作论坛（简称中拉论坛）宣告成立，中拉合作由双边合作为主的单一型合作晋升为双边与多边齐头并进的复合型合作，标志着由中国倡导成立、主要面向发展中国家的地区多边合作架构实现了全球覆盖，完善了中国对发展中国家的外交布局。2022年2月，阿根廷总统费尔南德斯出席北京冬奥会开幕式并访华，双方一致同意在庆祝中阿建交50周年框架下，不断增进互信，加强交流合作，深化中阿全面战略伙伴关系。2022年11月，古共中央第一书记、古巴国家主席贝穆德斯对中国进行国事访问，双方一致同意将继续加强对两党两国关系的政治引领，加强高层互访和政治对话，持续深化新时代中古特殊友好关系，携手共建中古命运共同体。

中国与阿拉伯国家关系迈出历史性步伐。阿拉伯国家位于“一带一路”建设的西端交汇地带，不仅是实现亚、非、欧三大洲互联互通的枢纽区域，也是中国践行正确义利观，拓展同发展中国家传统友谊与合作基础的天然伙伴。古老的丝绸之路很早就把中国与阿拉伯国家联系在一起，中阿彼此是相互尊重、相互认同、相互信赖的好朋友、好兄弟、好伙伴。2016 年 6 月，习近平主席在中阿合作论坛第六届部长级会议上提出，中阿共建“一带一路”，打造中阿利益共同体和命运共同体，构建以能源合作为主轴，以基础设施建设、贸易和投资便利化为两翼，以核能、航天卫星、新能源三大高新领域为突破口的“1＋2＋3”合作格局。2018 年 7 月，在中阿合作论坛第八届部长级会议开幕式上，中阿双方一致同意建立全面合作、共同发展、面向未来的中阿战略伙伴关系。这是中阿友好合作新的历史起点。2022 年，习近平主席出席首届中国-阿拉伯国家峰会、首届中国-海湾阿拉伯国家合作委员会峰会并对沙特进行国事访问，同近 20 位阿拉伯国家领导人举行双边会见。这是新中国成立以来中国对阿拉伯世界规模最大、规格最高的一次外交行动，就构建更加紧密的中阿命运共同体达成一致。中东地区热点众多，矛盾复杂。中国珍视同阿拉伯国家的关系，始终从战略高度和长远角度推动中阿关系发展，愿意以建设性姿态推动对话解决地区热点问题，主持公道，伸张正义。

太平洋岛国是发展中国家的重要组成部分，也是亚太地区大家庭的重要成员，在地理、经济、政治上具有独特的重要性。尽管相距遥远，但中国人民和太平洋岛国人民很早就开始了友好交流，有着天然的亲近感。2014 年 11 月，习近平主席在访问斐济期间，同斐济、密克罗尼西亚、萨摩亚、巴布亚新几内亚、瓦努阿图等太平洋岛国领导人举行了集体会晤，与会各方一致同意建立相互尊重、共同发展的战略伙伴关系。中国真诚欢迎太平洋岛国搭乘中国发展快车，分享发展经验和成果，加强各领域交流合作，加深友谊，在实现各自美好梦想的征程中携手前行。2021 年和 2022 年连续举办中国-太平洋岛国外长会，为太平洋岛国量身打造应对气候变化、减贫、农业、防灾、菌草技术、应急物资等六大合作平台。

5. 推进“一带一路”建设

丝绸之路经济带和 21 世纪海上丝绸之路（简称“一带一路”）是中国根据古丝绸之路留下的宝贵启示，着眼于世界各国人民追求和平与发展的共同梦想，为世界提供的一项充满东方智慧的共同繁荣发展的方案。

2013 年 9 月 7 日，习近平主席访问哈萨克斯坦期间发表题为《弘扬人民友谊 共创美好未来》的重要演讲，首次向世人展露了寻求共建“丝绸之路经济带”的宏伟愿景和友好心声。“为了使我们欧亚各国经济联系更加紧密、相互合作更加深入、发展空间更加广阔，我们可以用创新的合作模式，共同建设‘丝绸之路经济带’。……以点带面，从线到片，逐步形成区域大合作。”① 对此，要加强政策沟通、道路联通、贸易畅通、货币流通和民心相通。2013 年 10 月 3 日，习近平主席访问印度尼西亚时发表题为《携手建设中国-东盟命运共同体》的讲话，阐发了推进“丝路精神”由陆至海的雄心壮志。“东南亚地区自古以来就是‘海上丝绸之路’的重要枢纽，中国愿同东盟国家加强海上合作，使

---

① 习近平．习近平谈治国理政．北京：外文出版社，2014：289.

用好中国政府设立的中国—东盟海上合作基金，发展好海洋合作伙伴关系，共同建设21世纪‘海上丝绸之路’。”① “一带一路”建设的框架基本形成。2015年3月，中国国家发展改革委、外交部、商务部联合发布《推动共建丝绸之路经济带和21世纪海上丝绸之路的愿景与行动》，表明“一带一路”建设已经由倡议阶段进入了实施阶段。中共十九大提出：“积极促进‘一带一路’国际合作，努力实现政策沟通、设施联通、贸易畅通、资金融通、民心相通，打造国际合作新平台，增添共同发展新动力。”② 中共二十大进一步强调指出：推动共建“一带一路”高质量发展。

“一带一路”建设被誉为“世界上跨度最大和最具潜力的经济合作带”。亚欧大陆是共建“一带一路”的主要地区，这一建设贯穿亚欧非大陆，一头是活跃的东亚经济圈，一头是发达的欧洲经济圈，中间广大腹地国家经济发展潜力巨大。丝绸之路经济带分为三条：中国西向经中亚、俄罗斯至欧洲（波罗的海），中国西南向经中亚、西亚至波斯湾、地中海，中国南向至东南亚、南亚、印度洋。21世纪海上丝绸之路分为两条：从中国沿海港口过南海到印度洋，延伸至欧洲；从中国沿海港口过南海到南太平洋。其特点是以东盟和东南亚地区为重点，带动南亚地区，并辐射至中东、东非和欧洲。陆路和海路两线彼此对接、浑然一体，囊括了新亚欧大陆桥、中蒙俄、中国-中亚-西亚、中国-中南半岛、中巴、孟中印缅等国际经济合作走廊。非洲是共建“一带一路”的关键伙伴，与亚欧大陆紧紧联系在一起，携手发展。大洋洲是21世纪海上丝绸之路的南向延伸地区。作为一个开放的平台，“一带一路”建设同样欢迎拉美及加勒比地区参与建设，欢迎感兴趣的国家和国际组织以不同方式参与合作。中国也愿意与有关发达国家一道，发挥技术、资金、产能、市场等互补优势，在“一带一路”沿线国家开展第三方合作，促进互利共赢。

推进“一带一路”建设的总体思路，是“秉持和平合作、开放包容、互学互鉴、互利共赢的理念，全方位推进务实合作，打造政治互信、经济融合、文化包容的利益共同体、命运共同体和责任共同体”③。政策沟通、设施联通、贸易畅通、资金融通、民心相通是“一带一路”建设的核心内容。“一带一路”建设倡议一经问世，就受到世界各国、各国际组织的关注、响应、认可甚至创造性扩充。迄今已有150多个国家和30多个国际组织同中国签署共建“一带一路”合作文件，创造了国际经济合作新高度，打造了促进各国发展新引擎。十年来，一大批“一带一路”标志性项目全面开花，东盟第一条高速铁路试验运行，柬埔寨第一条高速公路正式通车，马尔代夫有了第一座跨海大桥，哈萨克斯坦第一次有了自己的出海通道，中老铁路开通使老挝从“陆锁国”变成“陆联国”，匈塞铁路、克罗地亚跨海大桥有效改善了当地交通，中欧班列开行数量不断创新高。

作为一个包容性的巨大发展平台，“一带一路”建设恪守联合国宪章的宗旨和原则，坚持开放合作、和谐包容、市场运作、互利共赢的共建原则，彻底摒弃了西方国家发展进程中长期奉行的零和观念和霸权意识，凝聚了中国特色大国外交的创新性思维。中国

① 习近平．习近平谈治国理政．北京：外文出版社，2014：293.

② 习近平．决胜全面建成小康社会　夺取新时代中国特色社会主义伟大胜利：在中国共产党第十九次全国代表大会上的报告．北京：人民出版社，2017：60.

③ 推动共建丝绸之路经济带和21世纪海上丝绸之路的愿景与行动．北京：人民出版社，2015：5－6.

的发展得益于国际社会，愿意以自己的发展为国际发展做出贡献，中国同世界的互动因而越来越紧密，机遇共享、命运与共的关系日益凸显。越来越多的国家参与“一带一路”建设，共商合作大计、共建合作平台、共享合作成果。

6. 推动全球治理体系改革

近年来，国际社会对全球治理的需求进一步增强。与此同时，国际政治经济形势持续动荡，全球治理久治不愈，全球治理的实践从军备控制、地区热点、发展援助、气候变化扩展到国际反恐怖主义、国际公共卫生、国际金融秩序等议题。2015 年 10 月，中共中央政治局第二十七次集体学习时，习近平总书记明确提出中国倡导的全球治理理念的核心——共商共建共享。共商就是在全球治理的进程中集思广益，强调世界各国的共同参与，倡导国际关系民主化。共建就是在全球治理的进程中通力合作、各尽其能，强调世界各国发挥各自优势。共享就是共同享受全球治理的成果，让全球治理的成果更公平地惠及世界各国和人民。共商共建共享的全球治理理念，意味着全球治理由世界各国和人民一起商量着办，更加完善的全球治理体制由世界各国和人民一起建设，成果也将由世界各国和人民一起分享。

中国坚定维护以联合国为核心的国际体系，坚定维护以《联合国宪章》宗旨和原则为基石的国际关系基本准则，坚定维护联合国权威和地位，坚定维护联合国在国际事务中的核心作用。中国认为，当今世界发生的各种对抗和不公，不是因为《联合国宪章》的宗旨和原则过时了，而恰恰是由于这些宗旨和原则未能得到有效履行。为此，联合国必须推进体制改革，以适应国际力量对比变化和全球治理的需求。中国是联合国中最大的发展中国家，也是安理会常任理事国；是安理会常任理事国中派出维和人员最多的国家，也是联合国经常性费用和维和行动摊款的第二大出资国，为推动阿富汗重建、叙利亚内战、伊朗核危机等热点问题的政治解决做出了贡献，为维护世界和平与安全发挥着重要作用。2015 年 9 月，习近平主席出席了联合国成立 70 周年的系列峰会，提出了一系列务实合作的措施，包括：设立为期 10 年、总额 10 亿美元的中国-联合国和平与发展基金，用于支持联合国工作；加入新的联合国维和能力待命机制，率先组建常备成建制维和警队，建设 8 000 人规模的维和待命部队；等等。在联合国的发展体系中，中国已经从曾经的受援国转变为新兴的援助大国，有责任也有能力在落实可持续发展目标的进程中发挥引领作用，实践中国推动全球治理体制变革的蓝图。2016 年 9 月，中国率先发布了《中国落实 2030 年可持续发展议程国别方案》，为其他国家尤其是发展中国家推进落实工作提供借鉴和参考。

中国一直建设性推动建立一个公平合理、合作共赢的全球气候治理体系。习近平主席在 2015 年的气候变化巴黎大会上，系统提出应对全球气候变化的中国主张，呼吁各国达成一个全面、均衡、有力度、有约束力的气候变化协议，为《巴黎协定》的达成、签署、生效、实施做出了历史性、基础性的重要贡献。2020 年 9 月，习近平主席在第 75 届联合国大会一般性辩论上宣布，中国二氧化碳排放力争于 2030 年前达到峰值，努力争取 2060 年前实现碳中和。2020 年 12 月，习近平主席在联合国气候雄心峰会上宣布了中国自主贡献的新举措，为全球气候行动注入了强大动力，为全球绿色低碳转型做出了重要示范。

中国支持并积极推动以国际货币基金组织、世界贸易组织为核心的全球性国际经济组织的改革。中国支持国际货币基金组织在重构国际金融制度中的主导地位，主张建立公平、公正、包容、有序的国际金融体系。随着国际货币基金组织批准人民币加入特别提款权货币篮子以及份额改革方案的生效，人民币成为全球五大储备货币之一，中国在国际货币基金组织中持有的份额升至第三位，在国际货币金融权力结构中的地位进一步得到提升。作为世界第一大出口国和第二大进口国，中国在世界贸易组织改革进程中的作用同样举足轻重，一直坚定维护世界贸易组织在全球贸易投资中的主渠道地位，支持世界贸易组织决策机制朝着更加有效、透明的方向发展。尽管当前全球贸易治理的创新更多体现在各种区域贸易协定的谈判与实施中，但长远而言，区域贸易协定无法取代世界贸易组织，利益最大化的全球贸易自由化才是世界各国共同追求的目标。

面对多边外交形态更加多样化的趋势，中国积极参与、倡议创立各种新型的制度化合作机制，以更加建设性的态度面对多种新型多边合作机制的日趋活跃，进一步主动探索构建多边合作的制度化模式。为加强全球经济治理体制变革，中国将二十国集团定位为全球经济治理的主要平台，并采取积极措施将二十国集团打造成为“世界经济的稳定器、全球增长的催化器、全球经济治理的推进器”①。在2016年9月的二十国集团领导人杭州峰会上，中国“首次全面阐释我国的全球经济治理观，首次把创新作为核心成果，首次把发展议题置于全球宏观政策协调的突出位置，首次形成全球多边投资规则框架，首次发布气候变化问题主席声明，首次把绿色金融列入二十国集团议程，在二十国集团发展史上留下了深刻的中国印记”②。与此同时，中国积极推进金砖国家机制建设，丰富新兴大国之间的合作内涵，为发展中国家创造更加广阔的发展空间；发起成立亚投行，弥补亚洲地区基础设施建设的资金缺口，完善现行国际发展融资体系；继续深化中非合作论坛、中阿合作论坛、中国-拉共体论坛、博鳌亚洲论坛的职能，主动顺应了多边外交模式日益灵活、多样的趋向，拓宽了中国参与多边外交活动的能力。

在新兴的全球性议题领域，中国未雨绸缪，积极寻求应对全球性挑战的治理模式，提出“要加大对网络、极地、深海、外空等新兴领域规则制定的参与，加大对教育交流、文明对话、生态建设等领域的合作机制和项目支持力度”③。科技的日新月异和全球化的迅猛发展，给人类社会带来越来越多、越来越复杂的全球性问题。中国主张从构建人类命运共同体的高度，坚持以人类共同福祉为根本，对新兴领域进行前瞻性的探索。自2014年起，中国发起并每年举办世界互联网大会，搭建起中国与世界互联互通、国际互联网共享共治的平台，这是新兴领域治理路径的一次成功尝试。习近平主席提出了全球互联网治理的中国方案，坚持尊重网络主权、维护和平安全、促进开放合作、构建良好秩序等四项原则，以及加快全球网络基础设施建设、打造网上文化交流共享平台、推动网络经济创新发展、保障网络安全、构建互联网治理体系等五点主张④，为国际社会建立

① 习近平．推动创新发展 实现联动增长：在二十国集团领导人第九次峰会第一阶段会议上的发言（2014年11月15日 布里斯班会展中心）．人民日报，2014-11-16.

② 习近平．习近平谈治国理政：第2卷．北京：外文出版社，2017：449.

③ 同②450.

④ 同②532-536.

多边、民主、透明的全球互联网治理体系打下基础。

当前，中国秉持的共商共建共享的全球治理观正在被国际社会广泛接受，中国在推进全球治理体制变革中的引领作用得到了越来越多国家和国际组织的认可，当中国进一步走近世界舞台中央，中国的全球治理观将在更大程度上重塑全球治理体制，为促进人类和平与发展的崇高事业做出更大贡献。

四、中国外交的基本原则与行动指南

（一）中国外交政策的基本原则

新中国成立以来，中国对外政策随着国际和国内形势的变化而调整，经历了不同的发展阶段，但体现中国社会主义制度本质的对外政策基本原则却是一贯的，并在延续中不断得到丰富和完善。

1. 坚持独立自主

中国一贯奉行独立自主的和平外交政策。独立自主、爱好和平始终是中国外交的两大本质特征，也构成了中国对外政策的基石。独立自主的和平外交政策既是独立自主的，又是以和平为宗旨的，体现出中国外交捍卫国家主权、独立的坚定意志和维护世界和平的担当。中共十九大指出："中国坚定奉行独立自主的和平外交政策，始终根据事情本身的是非曲直决定自己的立场和政策，维护国际关系基本准则，维护国际公平正义。"①

独立自主的和平外交政策是在中国外交长期的实践中逐步形成并得到确立的。独立自主，就是国家主权独立，在对内对外事务中不屈服于任何外来的干涉和指挥，坚持中国的事情按照中国的情况来办、依靠中国人民自己的力量来办，对一切国际事务都要坚持从中国人民的根本利益和各国人民的共同利益出发，根据事情本身的是非曲直确定我们的立场和政策。"独立自主是中华民族的优良传统，是中国共产党、中华人民共和国立党立国的重要原则。在中国这样一个人口众多和经济文化落后的东方大国进行革命和建设的国情和使命，决定了我们只能走自己的路。"② 无论是新中国成立初期的"一边倒"政策，还是20世纪70年代的"一条线""一大片"政策，中国都没有放弃独立自主原则，都不允许任何国家染指中国的主权，插手中国的内政。邓小平曾指出："独立自主，自力更生，无论过去、现在和将来，都是我们的立足点。"③ 改革开放以来，独立自主被注入了新的内容，即不结盟。中国不同任何一个大国结盟，不参加任何对立的国家集团或军事集团，在大国关系中不支持任何一方反对另一方，对一切国际事务、国际争端和国际问题，都从世界人民和中国人民的根本利益出发，根据事情本身的是非曲直，独立自主地决定自己的态度和政策，不受任何超级大国和外部势力的影响和支配。

---

① 习近平．高举中国特色社会主义伟大旗帜　为全面建设社会主义现代化国家而团结奋斗：在中国共产党第二十次全国代表大会上的报告．北京：人民出版社，2022：60.

② 习近平．习近平谈治国理政．北京：外文出版社，2014：29.

③ 邓小平．邓小平文选：第3卷．北京：人民出版社，1993：3.

独立自主的原则与反对霸权主义、维护世界和平的原则紧密结合。中国认为霸权主义和强权政治是危及世界和平与稳定的根源，坚决反对任何形式的霸权主义和强权政治。在国际事务中，中国坚决反对以大欺小、恃强凌弱、以富压贫的不义之举，坚决反对任何国家以任何借口侵犯别国主权、干涉别国内政。在处理国家关系时，中国主张从国家利益出发，超越社会制度和意识形态的差异，按照和平共处五项原则发展同所有国家的友好合作关系，不分大小、强弱、贫富、远近都同样对待，共同为维护世界和平、促进共同发展而努力。

坚持独立自主的和平外交政策，是中国国家利益的根本要求，只有坚持这一原则，才能在国际交往中维护和实现中国的国家利益；坚持独立自主的和平外交政策，是中国国家主权的要求，中国在国际政治中的独立权和平等权，必然要求对外独立自主地处理一切国际事务，只有独立自主地处理一切国际事务，才能维护和实现国家主权；坚持独立自主的和平外交政策，是世界和平发展的要求，只有独立自主处理一切国际事务，同时尊重其他国家独立自主处理一切国际事务的权利，才能实现和平发展。当然，独立自主不是闭关自守，自力更生不是盲目排外，而是坚持从实际出发，坚定不移走自己的路，把国内发展与对外开放统一起来，把中国发展与世界发展联系起来。

2. 坚持和平共处五项原则

互相尊重主权和领土完整、互不侵犯、互不干涉内政、平等互利、和平共处五项原则是20世纪50年代由中国首先提出，并和印度、缅甸共同倡导的国际关系基本准则。作为中国等发展中国家对现代国际法和国际政治理论的创造性贡献，和平共处五项原则准确体现了第二次世界大战后国际关系的本质特征，符合《联合国宪章》的宗旨和原则，符合世界各国及人民的共同利益，为促进国际关系的健康发展做出了卓越的贡献。作为中国外交长期恪守的指导原则，和平共处五项原则从未因为各种新问题、新矛盾的涌现而过时，反而在实践中不断得到丰富，其适应性和影响力与时俱进，始终具有强大的生命力。

五项原则相互联系、相辅相成，构成一个有机整体。互相尊重主权和领土完整，是最根本的国际政治准则，因为主权独立和领土完整既是一个国家存在的首要前提，也是一个国家自立于国际政治舞台、开展对外交往的基础。互不侵犯，是从国家主权原则直接引申出来的，也是国家主权原则的重要保证，要求禁止使用武力侵犯他国的主权独立和领土完整。互不干涉内政，是由不干涉内政这一久经公认的国际法基本原则引申而来的，要求禁止任何国家以任何借口干涉他国内政，破坏他国主权的至上性和领土的完整性。平等互利，是以传统的主权平等原则为核心基础发展起来的一项新原则，主权平等如果没有经济上的互利作为基础就无法得到保障。中国将平等与互利紧密联系在一起，更加强调平等的经济意义。真正的平等应该是与互利相联系的，法律形式上的平等不一定是互利的，而只有互利的平等才是真正的平等。和平共处，是指世界各国无论社会制度、意识形态和价值观念、经济发展水平如何，都应该和平地并存、友好地往来、善意地合作，并应该用和平方法妥善解决彼此间的争端和问题。

自《联合国宪章》之后，有关国际关系基本准则的国际文献非常多，和平共处五项原则中的内容大多数早已存在，但把它们作为一套完整的国际关系行为规范提出来，在国际关系中还是第一次，这无疑是一个创造性的发展。和平共处五项原则在坚持国家权利与义务相统一的前提下，通过五项原则的有机结合，不是简单地重复已有原则，而是赋予已有原则新的精神，防止对已有原则的片面理解和运用，使国家间关系的发展真正建立在主权平等的基础上。当今世界，主权国家仍然是国际关系的基本主体，和平共处五项原则能够被社会制度、文化传统、经济发展水平不同的国家所接受，对于处理国际关系具有很强的普适性。尤其是对发展中国家来说，和平共处五项原则所体现的主权平等理念，是处于弱势地位的发展中国家反对霸权主义的思想武器。因此，和平共处五项原则自提出以来，一直受到发展中国家的积极拥护和认同。对此，习近平总书记指出："和平共处五项原则精辟体现了新型国际关系的本质特征，是一个相互联系、相辅相成、不可分割的统一体，适用于各种社会制度、发展水平、体量规模国家之间的关系。"①

中国不仅是和平共处五项原则的倡导者，也是忠实的维护者和执行者。和平共处五项原则已载入宪法，成为中国独立自主和平外交政策的基石。正是在和平共处五项原则的指导下，中国同 182 个国家建立了外交关系，积极开展全方位的交流与合作；中国同周边邻国妥善地解决了历史遗留下来的复杂问题，建立起睦邻友好关系；中国在国际事务中主持公道，伸张正义，为和平解决国际争端、推动国际合作、维护地区和世界和平做出了应有的贡献。在 2017 年"一带一路"国际合作高峰论坛上，习近平主席强调："中国愿在和平共处五项原则基础上，发展同所有'一带一路'建设参与国的友好合作。"② 在中国特色大国外交的新时代，和平共处五项原则仍然展现出旺盛的生机和活力。

3. 加强同发展中国家的团结与合作

广大的亚洲、非洲、拉丁美洲及其他地区的发展中国家，长期受殖民主义、霸权主义的侵略和压迫，许多国家在历史上曾沦为殖民地或附属国。第二次世界大战后，民族解放运动蓬勃发展，广大发展中国家冲破殖民主义枷锁，获得了民族独立，形成了一支新兴力量，改变了战后世界的政治格局。冷战结束后，发展中国家的整体性有所下降，但仍然是国际舞台上一支不可低估的重要力量。中国是发展中的社会主义国家，同其他发展中国家有着相似的历史遭遇和苦难历程，都长期遭受过奴役和掠夺，都曾为民族的独立和解放进行过长期英勇的斗争，中国的命运同广大发展中国家的命运紧密联系在一起。中国与发展中国家的关系经历了美苏冷战以及冷战结束后国际格局重大变化等各种局势的严峻考验，一直稳定地向前推进。当前，发展经济是中国与发展中国家共同面临的头等任务，中国始终如一地坚持和强调自己的发展中国家身份，支持发展中国家的经济建设，积极开辟南南合作的新途径，努力实现各国共同发展。

中国一贯支持发展中国家争取和维护独立与主权的正义斗争。第二次世界大战后，发展中国家人民积极争取和维护独立与主权，同殖民主义、霸权主义、种族主义进行英勇的斗争。中国自始至终支持发展中国家，从政治上、道义上和物质上给予大力支持和援助。在国际事务中，中国主张世界各国不论大小、贫富、强弱，都应一律平等，反对

---

① 习近平．弘扬和平共处五项原则　建设合作共赢美好世界：在和平共处五项原则发表 60 周年纪念大会上的讲话（2014 年 6 月 28 日）．人民日报，2014-06-29.

② 习近平．习近平谈治国理政：第 2 卷．北京：外文出版社，2017：514.

以大欺小、以富压贫、以强凌弱等侵犯发展中国家主权的强权政治行为。

中国一贯支持发展中国家反对国际经济旧秩序、振兴民族经济的努力。发展中国家作为一支新兴力量登上国际舞台后，提出了发展民族经济、改善南北关系、加强南南合作和改革国际经济旧秩序等要求，得到了中国的积极响应和大力支持。中国在许多国际场合提出了捍卫发展中国家利益的建议和原则，积极维护发展中国家的正当权益，推动了国际经济新秩序的建立。不仅如此，中国改革开放40多年取得的成就和经验为发展中国家走向现代化提供了参考和借鉴，同时中国用实际行动支持帮助发展中国家的经济建设和可持续发展，努力解决发展不平衡带来的问题，促进共同繁荣。现阶段全面推进的"一带一路"建设，正是中国为国际社会提供的最重要公共产品，为实现共同发展提供了全新的平台，为发展中国家走出一条公平、开放、全面、创新的发展之路注入了强劲的动力。

中国一贯尊重发展中国家的独立和主权，支持和促进发展中国家内部的团结与合作。中国在与发展中国家交往的过程中，平等相待，不以大国自居，不干涉别国的内政。由于领土、民族、宗教等原因，发展中国家之间存在着不少矛盾和纷争。对于这些国家，中国一贯主张要以大局为重，以团结为重，以共同利益为重，采取克制态度，本着互谅互让、求同存异的原则，通过和平谈判解决问题和分歧，并为此做了许多工作，促进了发展中国家的团结与合作。

4. 坚持走和平发展道路

中国始终不渝走和平发展道路，在坚持自己和平发展的同时，致力于维护世界和平，积极促进各国共同发展繁荣。2011年，中国发布《中国的和平发展》白皮书，郑重宣告：和平发展是中国实现现代化和富民强国、为世界文明进步做出更大贡献的战略抉择。中国将坚定不移沿着和平发展道路走下去。

中国和平发展的不懈追求是，对内求发展、求和谐，对外求合作、求和平。具体而言，就是通过中国人民的艰苦奋斗和改革创新，通过同世界各国长期友好相处、平等互利合作，让中国人民过上更好的日子，并为全人类发展进步做出应有贡献。这已经上升为中国的国家意志，转化为国家发展规划和大政方针，落实在中国发展进程的广泛实践中。

中国坚持走和平发展道路，具有深刻的历史必然性和现实必要性。走和平发展道路，是中华民族优秀文化传统的传承和发展，也是中国人民从近代苦难遭遇中得出的必然结论。在近代历史上，中国屡遭外来势力入侵，中国人民深知和平弥足珍贵。新中国成立以来，社会主义制度的性质和价值取向决定了中国决不会以损害别国利益来实现自己的发展，而是以和平方式自立于世界民族之林。改革开放40多年来的经验证明，坚定不移地走和平发展道路，符合中国人民的根本意愿，符合世界各国人民的共同利益。随着中国的快速发展，国际社会出现了形形色色的"中国威胁论"的论调，认定中国难以摆脱历史上西方大国靠侵略扩张崛起的老路。中国明确提出走和平发展道路，就是要走出一条以和平方式实现国家发展和民族复兴的新路。和平与发展是当今时代的两大主题，和平、发展、合作、共赢是不可阻挡的时代潮流。尽管中国比历史上任何时候都更接近、更有信心和能力实现中华民族伟大复兴的目标，但中国仍然是世界上最大的发展中国家，发展不平衡、不协调的现象仍将持续相当长的时间，需要继续坚定不移地走和平发展道路，推动中国的和平发展进入一个新的历史阶段，才能实现自己的目标。因此，“任何人、任何事、任何理由都不能动摇中国走和平发展道路的决心和意志”①。

走和平发展道路必须牢牢掌握斗争主动权，在涉及中国核心利益的问题上，中国敢于亮剑，勇于斗争。中国绝不走国强必霸的道路，但也再不会重复近代被列强奴役压迫的历史悲剧。和平发展是世界各国共同的责任。中国走和平发展道路不会以损害自己的国家利益为代价，坚持走和平发展道路不是绝对的、无条件的。和平不是自发的，而是需要争取、维护和斗争才能实现的。

中国深刻认识到走和平发展道路的重要性和长期性，认识到国内外环境变化的深刻性和复杂性，将坚持不忘初心、继续前进，始终不渝走和平发展道路。同时，中国将广泛深入宣传坚持走和平发展道路的思想，推动国际社会正确认识和对待中国的发展，为和平发展道路和中国特色大国外交开辟更为广阔的前景。

（二）习近平外交思想是中国外交的根本遵循和行动指南

1. 习近平外交思想的主要内容

中共十八大以来，中国特色社会主义迈进新时代，实现中华民族伟大复兴进入不可逆转的历史进程，中国前所未有地走近世界舞台的中央。以习近平同志为核心的党中央，准确把握时代潮流和世界大势，带领全国人民为实现“两个一百年”奋斗目标和中华民族伟大复兴中国梦而努力开拓。外交是国家意志的集中体现。习近平总书记作为中国特色大国外交的总设计师，亲自运筹外交工作的顶层设计和战略谋划，提出了一系列原创性外交战略策略和重大理念倡议，创立了习近平外交思想。

习近平外交思想是习近平新时代中国特色社会主义思想的重要组成部分。在 2018 年 6 月召开的中央外事工作会议上，习近平外交思想的主要内容被概括为 10 个方面：“坚持以维护党中央权威为统领加强党对对外工作的集中统一领导，坚持以实现中华民族伟大复兴为使命推进中国特色大国外交，坚持以维护世界和平、促进共同发展为宗旨推动构建人类命运共同体，坚持以中国特色社会主义为根本增强战略自信，坚持以共商共建共享为原则推动‘一带一路’建设，坚持以相互尊重、合作共赢为基础走和平发展道路，坚持以深化外交布局为依托打造全球伙伴关系，坚持以公平正义为理念引领全球治理体系改革，坚持以国家核心利益为底线维护国家主权、安全、发展利益，坚持以对外工作优良传统和时代特征相结合为方向塑造中国外交独特风范。”② 这 10 个方面相互联系、相辅相成，形成了内涵丰富、博大精深的理论体系，立足中国所处历史方位，着眼实现中华民族伟大复兴中国梦，就新形势下外交工作的指导思想、基本原则、主要任务、战略策略、机制保障等做出重要论断和重大部署，科学回答了中国作为国际社会重要一员期待建设什么样的世界、构建什么样的国际关系，以及新形势下中国需要什么样的外交、怎样办外交等重大问题，是一个内涵丰富、思想深邃的科学理论。

---

① 中共中央党史和文献研究院．习近平关于中国特色大国外交论述摘编．北京：中央文献出版社，2020：134.

② 习近平．习近平谈治国理政：第 3 卷．北京：外文出版社，2020：427.

习近平外交思想坚持辩证唯物主义和历史唯物主义，运用正确的历史观、大局观、角色观，在国际风云变幻中揭示了人类社会发展的内在规律。习近平总书记洞察世界之变、时代之变、历史之变，做出世界正在经历百年未有之大变局、进入新的动荡变革期等重大论断。当前，世界面临的不稳定、不确定因素显著增多。经济全球化遭遇逆流，民粹主义、排外主义抬头，单边主义、保护主义、霸权主义对世界和平与发展构成威胁。中国走和平发展道路需要应对的风险挑战、需要解决的矛盾和问题比以往更加错综复杂。习近平总书记明确指出中国仍然处于重要战略机遇期，同时又指出机遇和挑战都有新的发展变化，机遇更具战略性、可塑性，挑战更具复杂性、全局性。“一个大国的崛起，绝不可能是轻轻松松、一帆风顺的，必然要经历一番艰苦的磨炼和斗争。全党必须清醒认识前进道路上进行伟大斗争的长期性、复杂性、艰巨性，坚持底线思维，增强忧患意识，发扬斗争精神，提高斗争本领。既要敢于斗争，勇于碰硬，又要善于斗争，讲究斗争艺术和策略。”① 习近平外交思想在民族复兴的历史征程中应运而生，指引中国外交在世界大变局中开创新局，在一个更加不稳定不确定的世界中谋求发展，为新时代中国外交提供了根本遵循和行动指南。

2. 习近平外交思想的划时代意义

习近平外交思想是中国特色社会主义进入新时代的产物，对中国与世界发展都具有划时代意义。

习近平外交思想是马克思主义中国化时代化的重大成果。马克思主义是认识世界、改造世界的科学真理，是始终站在时代前沿、不断发展的理论。世界正处在加速演变的历史进程之中，亟须立足实践、不断推进马克思主义的中国化时代化，更好实现马克思主义基本原理同当代中国具体实际相结合。“习近平新时代中国特色社会主义思想是当代中国马克思主义、二十一世纪马克思主义，是中华文化和中国精神的时代精华，实现了马克思主义中国化新的飞跃。”② 构建人类命运共同体是习近平外交思想的核心理念之一，发展了马克思主义关于人类发展进程的理论，充分展现了中国特色社会主义的生机与活力。习近平总书记从中国与世界共同利益、全人类前途命运出发，倡导各国携手建设持久和平、普遍安全、共同繁荣、开放包容、清洁美丽的世界，为动荡不安的世界注入了信心和希望，为世界各国破解当下诸多全球性危机提供中国方案。

习近平外交思想是对中华优秀传统文化的创造性转化和创新性发展。中国五千多年连绵不断的文化传承造就了中华民族的精神追求，凝聚了丰富的政治哲学和处世之道，赋予中华民族生生不息的、强大的生命力。构建人类命运共同体的理念，是中国传统“天下为公”政治理想在国际关系中的发扬光大。对发展中国家践行正确义利观和真实亲诚理念，对周边国家和地区坚持亲诚惠容理念、打造周边命运共同体，是对“以义为利”“以德化人”“人无信不立”“天下归仁”等中国传统道德规范的延续与弘扬。从坚定不移走和平发展道路到积极发展全球伙伴关系，是对“和”文化的继承和发展。习近平外交思想充分汲取中华优秀传统文化的思想精华，着力将优秀传统文化的价值观优势转变为

① 习近平．新发展阶段贯彻新发展理念必然要求构建新发展格局．求实，2022（17）．

② 中共中央关于党的百年奋斗重大成就和历史经验的决议．北京：人民出版社，2021：26.

国际话语权的优势，使传统文化的影响力、凝聚力、感召力在中国对外政策和对外关系中更加充分地得以体现。

习近平外交思想是对新中国外交理论的继承和超越。新中国外交走过70多年不平凡的历程，形成了具有鲜明特色的中国外交理论。习近平外交思想将继承与发展辩证统一起来，极大地拓展了中国外交理论体系。其中，推动构建新型国际关系、推动构建人类命运共同体、弘扬全人类共同价值等核心理念，“赋予独立自主的和平外交方针、和平共处五项原则、推动建立国际政治经济新秩序、推动建设和谐世界等对外方针政策新的时代内涵，使新中国外交优良传统焕发出新的光彩，实现了中国外交理论的重大飞跃”[①]。习近平总书记倡导新型的安全观、可持续的发展观、包容互鉴的文明观等重要理念，体现出中国外交理论一脉相承的责任意识。在台湾、南海等涉及中国重大核心利益的问题上，习近平总书记提出坚持底线思维，发扬敢于斗争、善于斗争的精神品质，传承中国外交捍卫国家主权的坚强意志。

习近平外交思想是对西方国际关系理论的扬弃和超越。西方国际关系理论以1648年威斯特伐利亚体系的建立为起点，以西方文化为内核，以欧美国家间关系的演变为历史依据，不可避免地导致研究内容与方法的狭隘与片面。长期以来，西方国际关系理论占据国际社会话语优势，却难以有效解决各种和平赤字、信任赤字、治理赤字和发展赤字问题，无法为日益复杂的世界提供令人信服的解释。习近平外交思想打破了西方国际关系理论中集团对抗、国强必霸的强权逻辑，为解决国际关系中的矛盾分歧开辟了新思路，实现了当今世界国际关系理论的重大创新，必将对国际关系和世界发展的未来产生深远影响。

新时代的中国正日益走近世界舞台中央。习近平外交思想赋予中国特色大国外交源源不断的动力，彰显中国在国际事务中奋发有为、维护正义、不畏强权的大国形象，取得了开创性、历史性的重大成就，既为实现中华民族伟大复兴创造良好外部环境，也与世界各国共享和平、共同发展，坚持不懈地推动构建人类命运共同体的伟大进程。

阅读书目

1. 中华人民共和国外交部，中共中央文献研究室．毛泽东外交文选．北京：中央文献出版社，1994

2. 中华人民共和国外交部，中共中央文献研究室．周恩来外交文选．北京：中央文献出版社，1990

3. 邓小平．邓小平文选：第3卷．北京：人民出版社，1993

4. 习近平．习近平谈治国理政．北京：外文出版社，2014

5. 习近平．习近平谈治国理政：第2卷．北京：外文出版社，2017

6. 习近平．习近平谈治国理政：第3卷．北京：外文出版社，2020

7. 习近平．习近平谈治国理政：第4卷．北京：外文出版社，2022

---

① 中共中央宣传部，中华人民共和国外交部．习近平外交思想学习纲要．北京：人民出版社，2021：7.

8.《当代中国》丛书编辑部．当代中国外交．北京：中国社会科学出版社，1998
9. 张清敏，李秀铎．改革开放40年中国外交（1978—2018）．北京：世界知识出版社，2019

思考题

1. 如何认识新中国成立以来中国外交政策经历的调整与变化？
2. 新时代中国特色大国外交有哪些理论和实践创新？
3. 论述中国外交的基本原则。
4. 如何理解习近平外交思想的内涵及其对中国外交的指导意义？

第八章

当今时代主题与建立国际新秩序

要论提示

● 第二次世界大战后，冷战持续了近半个世纪，然而世界发展的基本趋势却在多方面力量的推动下从“战争与革命”逐步转向“和平与发展”这两大主题。

● 和平与发展两大主题的提出具有深远的意义。维护和平是当今世界的根本问题，促进共同发展是当今世界的核心问题。在和平中求发展，以发展促和平，这是两者之间相互联系、相互作用的辩证关系。

● 一定的国际秩序对各国的国际行为和全球体系的发展起着重要的作用。建立何种国际秩序以及怎样建立国际新秩序是当今国际社会面临的共同问题，也是国际斗争的焦点。

● 中国将继续高举和平、发展、合作、共赢的旗帜，坚定不移致力于维护世界和平、促进共同发展。

关键词

战争与革命　和平与发展　国际旧秩序　国际新秩序

世界在20世纪里经历了人类历史上最为剧烈同时也是最为曲折的动荡与变革，总结世界整体发展的规律，确定新的发展方向，对中国和国际社会迈向未来都有极为重要的意义。邓小平作为一位具有宏大眼光的政治家、战略家，在20世纪80年代初明确地提出：“现在世界上真正大的问题，带全球性的战略问题，一个是和平问题，一个是经济问题或者说发展问题。”① 这一论断是对20世纪历史变革规律和马克思主义国际观的高度概括，也指明了当代各国共同的利益所在和应当追求的基本目标。维护世界和平与推动各国共同发展，不仅需要各个国家自身的努力，还必须建构与之相适应的国际机制，形成广泛的国际共识。如何解决这一重大议题一直伴随着错综复杂的国际斗争，在21世纪里仍是国际社会面临的一项紧迫而艰巨的任务。中共二十大报告指出：“当前，世界之变、时代之变、历史之变正以前所未有的方式展开。一方面，和平、发展、合作、共赢的历

① 邓小平．邓小平文选：第3卷．北京：人民出版社，1993：105.

史潮流不可阻挡，人心所向、大势所趋决定了人类前途终归光明。另一方面，恃强凌弱、巧取豪夺、零和博弈等霸权霸道霸凌行径危害深重，和平赤字、发展赤字、安全赤字、治理赤字加重，人类社会面临前所未有的挑战。世界又一次站在历史的十字路口，何去何从取决于各国人民的抉择。”[①]

一、当今世界的时代主题

在历史长河中，一定的时期会有其特殊的面貌和特征，构成不同的历史阶段，但是划分阶段的标准以及为一定的阶段冠名往往有不同的视角。以世界政治而论，它在空间上包容了全球性国际和跨国体系意义上的相互联系、相互作用的“系统”，在时间上则有“时代”之分，即一个有本身比较独特的基本技术和文化环境、基本构造、基本方向的较长的历史时期。世界基本格局和基本发展潮流是考察时代转换的两个重要参照点[②]。

（一）20 世纪以来时代主题的演变

1. 20 世纪是大变革的时代

理解时代主题的转换，首先需要把 20 世纪作为一个整体阶段来对待。“短促的 20 世纪时期，即从第一次世界大战爆发起，至苏联解体为止，如今回头看来，应该属于一段具有前后一贯性的历史时期。”[③]

> 短促的 20 世纪仿佛一张三联画，或者说，像一个历史的三明治。从 1914 年起到二战结束，是大灾难的年代（age of catastrophe)。紧接着，是一段经济成长异常繁荣、社会进行重大变迁的 25～30 年期；这短短数十年光阴对人类社会造成的改变，恐怕远胜任何长度相当的历史时期。如今回溯起来，它确可以视为某种黄金年代（golden age)；事实上，当这段时期于 70 年代初期结束之后，便立即被人这般看待。而 20 世纪的最后一部分，则是一个解体分散、彷徨不定、危机重重的年代。其实对世界的极大部分来说，如非洲、苏联以及欧洲前社会主义地区，根本就是又一灾难时期。
>
> 资料来源：霍布斯鲍姆．极端的年代：上．南京：江苏人民出版社，1998：8－9.

19 世纪末 20 世纪初，有识之士敏锐地注意到一些意义深远的事件正在发生：19 世纪 70 年代以后第二次工业革命迅猛发展，世界经济格局随之进入新一轮调整；在地缘政治方面，德国、意大利统一改变了维也纳体系基础上的欧陆均势，美国崛起为世界强国并开始对外扩张，日本加入了列强在东亚地区的权势角逐；世纪之交的国际关系呈现出异常的紧张趋势，美西、英布、日俄三次战争预示着新老帝国主义国家争夺世界市场和殖民地的矛盾正在激化；殖民地半殖民地人民对宗主国的“造反”此起彼伏；意识形态的国际传播进一步刺

① 习近平．高举中国特色社会主义伟大旗帜 为全面建设社会主义现代化国家而团结奋斗：在中国共产党第二十次全国代表大会上的报告．北京：人民出版社，2022：60.

② 时殷弘．现当代国际关系史（从 16 世纪到 20 世纪末）．北京：中国人民大学出版社，2006：372-373.

③ 霍布斯鲍姆．极端的年代：上．南京：江苏人民出版社，1998：8.

激大众政治勃兴；等等。17 世纪以后形成的以西欧为中心的国际体系在上述因素的“合力”冲击下濒临解体。

> 当代史的一个显著的事实是，它是世界史，而不是某些地区的历史。……正是由于美洲、非洲、中国、印度和其他欧洲之外地区的历史从另一个角度改变了以往的格局，所以它们超越了传统的线性历史发展过程；面对这一历史事实，再用传统的历史发展模式来解释显然已不合时宜，因此有必要提出新的整体历史格局来取而代之。
>
> 资料来源：巴勒克拉夫．当代史导论．上海：上海社会科学院出版社，1996：2.

有的学者指出，第二次工业革命不仅影响了社会生产力、社会结构的变化，还造成国际权势发生急剧调整，整个世界进入新一轮结构性变革阶段，开始向所谓的“当代史”阶段过渡①。

这些变化无疑从不同侧面显示出一个新时代的到来。然而，在当时的众多理论中，能够系统地阐释新的时代主题，而且对世界政治产生了异常深远影响的首推列宁的时代理论。

列宁继承和发扬了马克思主义的历史唯物主义理论和方法论。经典马克思主义以社会形态变革为依据将人类社会发展划分为若干大的阶段。资本主义生产方式在西欧诞生以后，马克思、恩格斯认为，资本的扩张将是经济领域里的一场世界性革命，它将扫荡一切传统的、旧有的生产组织方式，同时，由于资本主义生产方式无法克服其内在矛盾，更高的社会形态即社会主义和共产主义将取而代之，这种变革也必将是世界性的，是全世界无产者的共同任务。列宁的贡献则在于依据经典马克思主义理论，深刻地揭示出资本主义发展的新阶段，即从自由资本主义发展到了垄断资本主义。垄断资本主义的发展和列强的帝国主义政策结合在一起，表现为疯狂地瓜分世界，尤其是抢夺具有重要战略意义的要地，并且严重地依赖武力来维护自己的殖民地或势力范围。列宁还依据马克思主义的阶级分析方法，阐释了垄断、经济发展不平衡规律、帝国主义的腐朽和反动性使得世界范围内三对主要矛盾（无产阶级与垄断资产阶级之间的矛盾、殖民地半殖民地人民与帝国主义国家之间的矛盾、帝国主义国家之间的矛盾）激化，这些矛盾不可调和的结果将会导致帝国主义战争。在第一次世界大战爆发以后，列宁又在瞬息万变的复杂局势下抓住了革命形势到来的机遇，利用帝国主义战争造成的俄国政治危机，迅速发动了无产阶级革命，并进一步提出在无产阶级政党领导下，即使是像俄国这样的落后国家，也可能率先进行社会主义革命和社会主义建设。列宁的思想后来被苏联理论界概括为“帝国主义与无产阶级革命时代”理论，成为指导国际无产阶级斗争的主

> 经济和政治发展的不平衡是资本主义的绝对规律。由此就应得出结论：社会主义可能首先在少数甚至在单独一个资本主义国家内获得胜利。这个国家的获得胜利的无产阶级既然剥夺了资本家并在本国组织了社会主义生产，就会奋起同其余的资本主义世界**抗衡**，把其他国家的被压迫阶级吸引到自己方面来，在这些国家中发动反对资本家的起义，必要时甚至用武力去反对各剥削阶级及其国家。
>
> 资料来源：列宁．列宁选集：第 2 卷．3 版．北京：人民出版社，1995：554.

① 巴勒克拉夫．当代史导论．上海：上海社会科学院出版社，1996：2.

要理论。

20 世纪上半期的历史印证了列宁对时代分析的正确性。战争与革命深刻地影响了世界以及各国的发展进程：战争、民族危机加速了各国的社会变革，一个又一个旧王冠落地；社会主义从一国发展到十几个国家；殖民地和半殖民地纷纷摆脱殖民体系，世界出现 100 多个新兴的主权国家。长达三个世纪之久的欧洲中心体系被两次世界大战颠覆，美国和苏联成为世界强国，但是由于社会制度和意识形态完全不同，这两国在反法西斯战争中结成的盟友关系于 1947 年以后彻底破裂，也把整个世界带入东西方两大阵营全面对峙的两极格局。

两极格局的基本特征是美苏两个超级大国进行了长达近半个世纪的冷战，除了军事和地缘政治较量以外，还带有浓重的意识形态色彩，以至于其意义远远超出了军事竞争而延伸到综合国力竞争，美苏各自的同盟者也无不受其影响。与此同时，国际环境中一系列新的变革因素也在生长、发展，逐渐突破了超级大国冷战的布局。大体而言，20 世纪下半叶的国际局势在紧张与缓和的交替中发展，不过，没再发生世界性战争，维持了总体和平的局面。

2. "和平与发展"取代"战争与革命"成为时代主题

面对世界的变化，邓小平作为一位饱经革命风霜又具有宏大眼光的领袖，在 20 世纪 80 年代初期，把他关于时代的思考提炼成一个结论：和平与发展是当代的世界主题。所谓世界主题，是具有全局性、战略性的问题，是各种国际矛盾汇集的焦点，同时也反映着矛盾运动的性质和方向。尽管这些问题并没有得到解决，但是，它的提出表明当代国际矛盾的内容、重点和解决矛盾的途径正在发生变化。这一论断有着坚实的客观基础和科学的理论依据。

（1）总体而言，第二次世界大战后和平因素的增长超过了战争因素的增长。

和平因素是指有利于实现和平的条件集合，是一个含义丰富的概念。第二次世界大战后，世界的总体和平是与国际基本格局的变化、联合国等国际机制的建立、国际新规范等因素联系在一起的。

第一，两极均势格局客观上起到了抑制大规模战争的作用。美国和苏联两个超级大国进行战争准备的重点是军事威慑，因而竞相发展战略性武器，其结果是核武器领域形成"恐怖平衡"，双方都不具备在军事上单方面摧毁对方的能力，这严重地增加了大规模战争的风险、成本，迫使战争决策趋向审慎。

第二，世界政治多极化有助于牵制、削弱霸权国家的冒险行动。20 世纪 60 年代以后，世界多极化趋势逐渐加强。表现在战争问题上，就是大多数国际力量反对战争，要求维护世界和平。和平力量首先是第三世界。中国是社会主义国家，同时也是最大的发展中国家，又担任联合国安理会常任理事国，在制止战争、维护和平方面发挥了独特的作用。此外，西欧国家在饱经战争苦难之后和平意愿

> 苏美两家还在进行军备竞赛，世界战争的危险还是存在的，但是世界和平力量的增长超过战争力量的增长。这个和平力量，首先是第三世界，我们中国也属于第三世界。第三世界的人口占世界人口的四分之三，是不希望战争的。
>
> 资料来源：邓小平．邓小平文选：第 3 卷．北京：人民出版社，1993：127.

空前强烈，选择了一体化方式来避免战争。第二次世界大战中的法西斯国家在战后都进行了政治民主化改造，并且被置于联合国的监督之下。大量非国家行为主体活跃在各个国际领域，推动了国际合作的发展。在这种背景下，霸权国、强国想完全独断专行也很难。

第三，以联合国为代表的国际机制的建立减少了国际无政府状态下的混乱。《联合国宪章》和准则为战后国际行为规范奠定了基础，同时，联合国自身的壮大使它成为世界上最有代表性、最具权威性的国际组织，对推动和平与发展有着不可替代的作用。其他领域或地区性的国际组织也提供了各种多边合作框架和准则，国际无政府状态无论在安全还是经济等领域都有所缓和。

第四，主权原则的普遍化和公众对战争的态度有助于约束战争决策者。第二次世界大战后，民族解放运动胜利的结果是现代民族国家这一政治组织形式被广泛采用，主权平等、不干涉内政、反对武力威胁等原则成为基本国际准则，而且深入人心。这使得几个世纪以来西方列强得以行使赤裸裸的强权政治的基本环境有重大变化，直接的侵略、征服和掠夺失去了道义合法性。

第五，经济增长和发展的新方式促进了相互依赖的加深。第二次世界大战后，“世界新科技革命蓬勃发展，经济、科技在世界竞争中的地位日益突出，这种形势，无论美国、苏联、其他发达国家和发展中国家都不能不认真对待”①。生产力的发展越来越取决于科技和知识创新，同时，社会化程度不断提高，经济协调、经济一体化也在扩展，全球经济相互依赖不断加深。国际经济资源的配置更多地通过市场、科技创新、国际分工、经济全球化等因素来调节，战争手段在控制国际财富中的作用下降。

（2）发展是各类国家的共同利益所在。

第二次世界大战后，发展在现实和理论两个方面都成为一个重要的概念。多种学科都为丰富发展理论做出了贡献，形成了发展经济学、政治发展理论、发展社会学等分支。在国际关系中，发展问题集中体现在南北关系上。

发展首先是指发展中国家的经济发展。在政治独立的任务基本完成以后，发展经济就成为这些新兴国家首要的历史性任务。然而，发展理论指出，业已形成的世界经济分工体系严重地制约着广大发展中国家，国际竞争中的不利因素不仅不可能很快消除，还导致不少国家陷入恶性循环的贫困圈。改变不发展或低度发展是所有发展中国家解决一系列国内外矛盾的中心环节，舍此别无他途。

其次，发达国家也面临再发展的问题。战后，发达国家普遍建立的社会保障体制需要经济的不断增长来维持，经济繁荣的意义不单纯是增加财富，还具有了通过再分配来维护整个社会稳定发展的政治功能。然而，殖民体系下形成的掠夺式增长的根基已被铲除，这使得发达国家的经济增长不得不更多地依赖于市场的拓展，依赖于南北关系的改善，发达国家逐渐意识到互利才真正有助于自身的稳定和进一步发展。

最后，可持续发展是全人类面临的共同问题。20 世纪 60 年代以后，地球生态问题引起人们的注意，到 90 年代，可持续发展已经成为全球化中的最主要问题之一。气候变

① 邓小平．邓小平文选：第 3 卷．北京：人民出版社，1993：127.

化、水资源消耗和能源危机等问题对人类生存的威胁日益增大，其影响远远超越了个别国家的边界，成为全球公共问题，给各种类型的国家以及国际社会提出了新的合作要求与任务。

“和平与发展”取代“战争与革命”成为当今时代的主题有一个历史发展过程。不少学者认为，大体到20世纪70年代，时代主题发生转化的趋势日益明朗，在维护世界总体和平的前提下促进共同发展，已经成为广大国家的共识。

（二）和平与发展两大主题提出的深远意义

1. 理论意义

（1）和平与发展主题的提出是对马克思主义国际理论的重大发展。

如前所述，20世纪以来，世界的变革不但是巨大的、激烈的，而且速度也在加快，对待新的问题，不能照搬马克思主义经典作家的现成答案，也不能要求马克思、列宁去回答他们那个时代从未遇到的问题。

> 不以新的思想、观点去继承、发展马克思主义，不是真正的马克思主义者。
>
> 列宁之所以是一个真正的伟大的马克思主义者，就在于他不是从书本里，而是从实际、逻辑、哲学思想、共产主义理想上找到革命道路，在一个落后的国家干成了十月社会主义革命。中国伟大的马克思列宁主义者毛泽东，并不是在马克思、列宁的书本里寻求在落后的中国夺取新民主主义革命胜利的途径。马克思能预料到在一个落后的俄国会实现十月革命吗？列宁能预料到中国会用农村包围城市夺取胜利吗？
>
> 资料来源：邓小平．邓小平文选：第3卷．北京：人民出版社，1993：292.

和平与发展主题的提出反映了马克思主义实事求是、与时俱进的思想精神，秉承了宏观的整体分析方法，同时把人类社会对共同利益的追求和国际现实矛盾结合起来，抽象出最本质的问题，因而这一论断有着极为丰富的理论内容。例如，它涉及对历史发展动因和阶段的更为复杂的理解，对资本主义生命力的重新认识，对如何处理意识形态与国家利益之间关系的探索，对经济与政治复杂互动的深入思考等。可以肯定，关于和平与发展的理论随着实践的进展还将进一步充实和丰富。

（2）和平与发展时代观是对传统国际政治理论的挑战。

以传统现实主义为代表的国际政治理论认为，国家就像人一样，有着自私和追逐利益的本性，而国际社会与国家不同，缺乏像政府那样的权威，国际无政府状态往往造成逐利各方陷入零和冲突局面，或者形成安全困境，使得冲突、战争难以避免。这种观点虽然遭到了来自新自由主义、建构主义、批判理论等流派的诘问，但是仍然有很大影响。和平与发展的时代观与这种悲观的、僵硬的理论立场不同，在承认国际矛盾与冲突存在的同时，从人类社会的基本利益来分析世界发展趋势，得出了争取实现世界和平与共同发展尽管面临各种困难、障碍，但它符合历史发展潮流，有着坚实的社会基础，因而并不是一种乌托邦式的空想。近年来，我们看到，在这一宗旨的引导下，多边国际合作正在不断扩展、深化，有力地改变着国际关系理论中的一些陈旧结论。

2. 现实意义

（1）为端正中国外交思想、制定国家大战略提供了指导。

自 20 世纪 50 年代中期始，国际社会就出现了一些讨论世界新变化的理论和思想，如关于核时代、欧洲一体化进程等新因素的思考。不过，中国由于所处的国际环境十分恶劣，面对多方面的敌对压力，一直把战争作为一个重要的国际因素来考虑，立足于“备战”。在对外关系上，由于把革命的国际主义作为主要原则，中国的对外援助甚至一度脱离了国家经济建设的实际水平。对战争和革命的这种认识使得宝贵的经济资源被大量消耗，而且贻误了自己的发展时机，中国同发达国家，甚至同一批新兴工业化国家和地区之间的差距都被进一步拉大。和平与发展两大主题的确立使中国外交工作明确了根本方向，致力于为国家的发展营造一个良好的国际环境，不仅中国内政外交之间的关系被理顺，而且也有利于提高国家整体形象，使中国在国际上赢得了更多的朋友。

（2）和平与发展两大问题一个也没有解决，需要国际社会做出更大的努力。

和平包括世界总体和平与局部和平。当代的和平问题，首先是指维护世界和平，防止世界大战和核战争的爆发。其次，还包括反对和制止局部战争与常规战争，针对军备竞赛，尤其是核军备竞赛而进行全面、彻底的裁军活动。发展首先是指发展中国家的发展，也关系到发达国家的持久发展；既包括经济发展，也包括政治发展和社会发展。发展在实质上关系着全世界各个国家的共同发展，是对人类社会整体进步的一种描述。和平与发展符合全人类的共同利益，但冷战结束 30 多年了，这两大问题一个都没有得到根本性解决。

第一，和平仍然面临威胁。

冷战遗留下来的核大国的矛盾尚未完全消除，当今又出现大规模杀伤性武器扩散的问题。大规模杀伤性武器主要指核武器、生物武器和化学武器及这些武器的运载系统。这方面的形势之所以严峻，一是跨入核门槛的国家数量增加，据统计，目前世界上拥核国家已有 9 个，现役的核武器有 3 844 件，加上被封存和储备的核武器，全球共有12 512 件[①]。二是上述武器技术的转移越来越难以控制，而且趋向于小型化、实战化。

军控和裁军在取得一定进展后出现逆向反弹。瑞典斯德哥尔摩国际和平研究所近年的报告称，1998 年，全球军费开支降到了冷战后的最低点，但从 1999 年到 2011 年持续 13 年增长，2012 年到 2014 年保持相对不变态势[②]。2015—2022 年全球军费开支又连续 8 年增长，2022 年估计达到 22 400 亿美元，创有史以来最高水平。这一开支占全球国内生产总值（GDP）的比例仍保持在 2.2%，因为 2022 年全球经济也在增长，按全球人均计算为 282 美元[③]。

局部战争不断。第二次世界大战后，局部战争取代世界大战而成为战争的基本样式。据有关部门统计，从第二次世界大战结束到 1986 年底，世界发生了 182 场局部战争，共计造成了 2 000 多万人死亡，相当于第一次世界大战死亡人数的两倍[④]。世界局势总体缓

---

① https://www.sipri.org/sites/default/files/y132023%2007%20 WNF.pdf.

② http://www.sipri.org/yearbook/2018/04.

③ https://www.sipri.org/sites/default/files/2023-06/y023_summary_en_1.

④ 潘振强，夏立平．世界军事大趋势．北京：国防大学出版社，1994：105.

和的态势并不能掩盖不同地区之间的重要差异。非洲因战乱丧生的人数超过了世界上其他所有地区的总和。大中东地区安全威胁尤为严重，战乱不断。受内战、冲突和暴力迫害的影响，难民问题成为当前国际社会面临的最重大问题之一。联合国难民署的报告显示，截至2019年年底，全球范围内共有7 950万人被迫流离失所，对世界稳定造成冲击①。当前，世界正在经历百年未有之大变局，加之新冠疫情和2022年2月以来俄乌冲突的影响，世界不稳定性明显增强。

传统安全威胁与非传统安全威胁相互交织，问题趋于复杂。“所谓非传统威胁，主要是指跨国性质的威胁，它们由无论何种层次（跨国、国际或国内层次）上都不易由传统的民族国家控制的力量所生成，产生民族国家同样不易控制的跨国破坏性影响。”② 当前，非传统安全威胁最尖锐的问题包括国际恐怖主义、国际有组织犯罪、公共疾病的扩散、能源以及环境危机、金融危机等，它们对以主权原则为基础的国际关系构成最直接的挑战。

新型安全威胁也在逼近。太空和网络被看作继陆、海、空之外的第四、第五空间，这两大领域内的竞争日趋激烈，对全球安全构成了新的挑战。全球性网络安全威胁主要表现为全球性勒索软件肆虐，各类关键基础设施受网络攻击，大规模数据泄露事件频发，而且影响范围不断扩大，对社会稳定带来极大冲击③。

第二，发展的进展很不均衡。

全球贫富差距继续扩大。首先，从财富的占有看，世界银行《2022年贫困与共同繁荣》报告指出：新冠疫情给全球减贫造成几十年来最大的挫折，使全球极端贫困率从2019年的8.4%上升到2020年的约9.3%，到2020年年底全球极端贫困人口已达7.19亿，而且越来越集中在撒哈拉以南非洲地区。不仅如此，最贫穷国家收入下降幅度远远超过富裕国家，其收入损失是富裕人口的两倍，全球不平等现象进一步加剧④。其次，从科技差距看，西方发达国家仍处在领先地位，在尖端工业如航空、航天、发动机、医疗、药品、新材料、自动化、智能化和专利数量等方面表现得更为明显，南北双方在国际市场上获得生产要素的能力严重不相等。最后，发达国家控制着国际制度的制定权。除这些不利因素以外，信息化时代又带来数字鸿沟。所谓数字鸿沟，是指在信息时代对数字化技术掌握和运用的差异而导致不同群体在发展中出现的差距现象。2022年，发展中地区使用互联网的人数的比例有所上升，但仍远远低于发达国家。中非地区在2022年1月只有稍多于24%的居民上网，而欧洲国家这一比例达98%。高新科技对国民教育、人力资源质量、基础设施等提出了更高的要求，进一步加剧了南北贫富分化。

2000年9月，全球各国首脑表决通过了联合国《千年宣言》，并制定了八项千年发展目标，包括到2015年极端贫困人口减少一半、降低儿童死亡率、普及初等教育、控制

---

① 联合国难民署高专菲利普·格兰迪在世界难民日发表致辞．https://www.un.org/2h/global-issues/refugees.

② 时殷弘．新趋势·新格局·新规范．北京：法律出版社，2000：433.

③ 中国现代国际关系研究院．国际战略与安全形势评估（2017/2018）．北京：时事出版社，2018：145-146.

④ http://www.shihang.org/zh/news/press-release/2022/10/05/global-progress-in-reducing-extreme-poverty-grinds-to-a-halt.

传染疾病的威胁、促进两性平等等。然而，2015 年联合国《千年发展目标差距工作队报告》总结说，尽管这一努力取得了显著的进步，但很不均衡。在实现全球援助、贸易、债务免除、新技术的享用和支付得起基本医疗服务等方面，仍然存在巨大的差距。

正是在这种形势下，2015 年 9 月，全球各国首脑通过了联合国最新制定的《变革我们的世界：2030 年可持续发展议程》，设定了 17 项可持续发展目标和 169 个具体目标，涵盖了经济、社会和环境三大方面，旨在实现消除贫困，保护地球，确保繁荣和创建一个和平、公正、宽容的社会。然而，在新冠疫情、俄乌冲突、粮食和能源价格上涨的影响下，经济迅速复苏受到阻碍，全球减贫速度放缓，很可能偏离到 2030 年将极端贫困人口控制在 3%的全球目标。

（三）和平与发展两大主题之间的相互关系

和平与发展两大主题在性质、内涵、成因等方面都不同，但是，对人类社会犹如平稳推进的两翼，缺一不可。两者相互依存，互为因果。维护世界和平是促进共同发展的前提条件，而各国的共同发展又是保持世界和平的重要基础；在世界和平中求共同发展，以共同发展促进世界和平，这是两者之间的辩证关系。

1. 经济的发展离不开和平的环境

正反两方面的事实都证明了这一规律。联合国人类发展指数排位提供了一个观察暴力冲突与发展的相关性的工具，32 个居于指数表低位的国家里，22 个自 1990 年以来经历了暴力冲突，其中 5 个国家出现排位倒退，排位最低的 10 个国家里更是有 9 个自 1990 年以来经历了暴力冲突。中国的经验则提供了一个和平国际环境与经济发展之间形成良好互动的范例。改革开放以后，中国主动调整外交路线，全力维护周边的和平环境，坚持以经济建设为中心的发展方针，取得了辉煌成就。

2. 各国的共同发展是维护世界和平的重要基础

没有世界和平就没有共同发展，而没有共同发展也不可能有真正的世界和平。霸权主义、强权政治说到底是建立在世界经济发展严重不平衡的基础上的。世界和平的维护必须有一定的物质基础。发展中国家首先要使自己强大起来，才能有效地维护自身安全，进而改变北强南弱的局面，真正改善南北关系，实现和平与发展。

3. 和平与发展的核心问题是南北问题

这一论断基于以下原因：首先是矛盾的普遍性。南北问题产生于发达国家和发展中国家之间，本来基于经济矛盾，但近年来向社会、文化等其他领域扩散，所涉及的问题更加复杂多变。其次是矛盾的尖锐性。当今发达国家之间发生战争的可能性大大降低，原来紧张对抗的东西方矛盾也逐渐缓和，只有南北问题的严重性呈上升趋势。近年来，美国和西方一些国家以打击国际恐怖主义为名，频频对一些国家使用战争手段，南北关系更加动荡不已。最后是矛盾的综合性。南北问题的形成由来已久，既有历史成因，又有现实冲突；利益分歧广泛存在，头绪繁多，其根源都指向不公正、不合理的国际旧秩序，需要标本兼治才能奏效。南北问题得不到解决，和平与发展也就缺乏真正的依托。

二、建构国际新秩序

（一）国际秩序的演进及特征

根据《辞海》的解释，秩序是指次序，或者是指人或事物所在的位置，含有整齐守规则之意。国际秩序是与国际无政府状态的混乱相对的，它指追求国家社会或国际社会的基本或主要目标的行为格局①。它以一定的世界格局为基础，但着重于一套指导国际行为的规范、运行程序和相应的保障机制。这套机制如果运行良好，世界便能够维持基本稳定，呈现有序的状态；反之，国际行为就会出现混乱、无序状态。通常那些具有重大影响力的国际行为主体在国际秩序的建构中起着主导作用，多数国家往往不得不遵循这些规范而行事。一般来讲，只要世界格局发生重大变化，国际秩序迟早也会改变，新的国际行为准则及其保护机制将逐渐取代旧的一套。但是，两者变化的速度、节奏却不一定是同步的。

国际秩序包括国际政治秩序和国际经济秩序。其中，国际经济秩序是国际政治秩序的基础，但是，后者并不只是被动地适应前者，而是有巨大的能动作用。在一个国际系统里，两者实际是不可分离、相辅相成的关系。

判断一种国际秩序的性质，主要是看这种国际秩序赖以形成的利益基础是什么，这一秩序的存在是否有利于世界和平与发展。凡是建立在国际社会大多数国家的共同利益的基础上，能够促进共同发展的国际秩序，就是公正、合理的；反之，就是不公正、不合理的。

1. 不公正、不合理的国际旧秩序

纵观国际关系史，国际体系经历了若干次大变革，出现了17—18世纪以西欧民族国家体系为基础的威斯特伐利亚体系、19世纪初期以经典均势为特征的维也纳体系、19世纪后期德国统一后的俾斯麦外交体系、20世纪初期的凡尔赛-华盛顿体系和冷战时期的两极格局体系。每一次国际体系的变革都离不开一定国际秩序的破坏和再建构，包括基本原则的确立和相应机制的建立。不过，迄今为止，西方主导和不平等性仍然是国际秩序的两个基本特征。

第二次世界大战后，在美国的影响之下，国际经济秩序主要以多边自由主义为原则，但是在貌似统一、自由的原则下却存在着深刻的不合理、不公正，具体体现在以下四个方面：

第一，以不合理的国际分工为基础的国际生产体系。殖民主义时期，帝国主义国家垄断工业制成品生产，而殖民地国家主要作为宗主国的原料供应地，产品单一化，生产结构严重畸形。这种不合理的生产结构一直制约着发展中国家的进步，使它们在资金、技术、工业生产方面严重依赖发达国家。随着科技在生产力发展中的重要性不断提高，

---

① 布尔．无政府社会：世界政治秩序研究（第二版）．北京：世界知识出版社，2003：6.

发达国家在技术转让方面严格控制，有意识地保持与发展中国家的距离，不少国家在国际分工中的依附关系在资金、科技、人力资源等领域不仅没有减弱，反而有加深的趋势。

第二，以不等价交换为特征的国际贸易体系。发达资本主义国家通过压低原料、初级产品价格，提高工业品价格来盘剥、压榨广大经济落后国家。当代国际贸易的规模不断扩大，其增长速度超过了世界工业生产的增长速度。近年来，新兴市场与发展中经济体的进出口增长迅速，但是，发达国家中贸易保护主义显著抬头，尤其是美国与其他主要经济体的经贸摩擦不断升级。在现存国际贸易框架下，基于比较优势的国际分工合作仍然没有改变发达国家主导的局面。

第三，以国际垄断资本占支配地位的国际货币、金融体系。国际货币、金融体系主要是被发达资本主义国家和跨国资本操纵、控制。第二次世界大战后，美元替代黄金作为国际货币，对维护美国霸权起到了至关重要的作用，同时，这种机制也将美国一国的金融风险转嫁给整个世界，而发展中国家对抗金融风险的能力明显落后于发达国家，有时甚至要以损害主权为代价。

第四，以发达资本主义国家为主导的国际协调机制。第二次世界大战前，帝国主义国家可以直接对其殖民地、附属国进行统治和剥削，在这种做法逐渐行不通以后，以美国为首的西方国家转而通过垄断国际规则的制定权来维护自己的利益。

国际政治旧秩序的主要特点是霸权政治和强权政治，以大欺小、以强凌弱，表现形式包括动辄使用武力威胁、以牺牲他国利益为代价来划分势力范围、肆意践踏国际法和国际行为准则、粗暴干涉他国内政等。

2. 争取建立国际新秩序的提出

针对国际旧秩序所带来的恶果，第三世界国家在 20 世纪五六十年代就开始了争取建立国际新秩序的斗争。1955 年 4 月，在亚非会议上，与会国家提出了加强新兴国家之间的团结、建立和平合作的国际关系的十项原则。60 年代，不结盟运动和七十七国集团都提出要建立一种新的、公正的经济秩序的问题。1974 年 4 月，联合国大会第六届特别会议通过了《建立新的国际经济秩序宣言》和《行动纲领》两个重要文件，其总目标是，破除历史延续至今的控制与反控制、剥削与被剥削的旧秩序，建立一种公正、合理、平等的新秩序。同年 11 月，第 29 届联合国大会通过了《各国经济权利和义务宪章》，为改变现存的不公正、不合理的国际经济旧秩序确定了原则和方向。这表明争取建立国际新秩序的斗争提上了世界日程。

> 世界上现在有两件事情要同时做，一个是建立国际政治新秩序，一个是建立国际经济新秩序。……至于国际政治新秩序，我认为，中印两国共同倡导的和平共处五项原则是最经得住考验的。这些原则的创造者是周恩来总理和尼赫鲁总理。这五项原则非常明确，干净利落，清清楚楚。我们应当用和平共处五项原则作为指导国际关系的准则。
>
> 资料来源：邓小平．邓小平文选：第 3 卷．北京：人民出版社，1993：282－283.

80 年代中期以后，发展中国家经济发展出现困难，争取建立国际新秩序变得更加迫切。同时，中国在改革开放中也遇到了国际旧秩序的问题。究竟怎样解决这个问题，邓小平一方面主张中国要融入国际体系，另一方面提出在建立国际新秩序方面要有所作为。此后，中国一直在探索如何实现这一目标，并创新性地提出了很多具体设想。

（二）当今建构国际新秩序的斗争

两极格局瓦解至今已有30多年，人们普遍承认，全球化是影响世界的主要潮流，而世界正在经历百年未有之大变局。关于世界向何处去、应当建立怎样一个世界，国际社会众说纷纭，思考和斗争一直不断，大体说来，在这个问题上出现过若干次高潮。

1. 20世纪90年代关于国际新秩序的构想和斗争

（1）西方主要国家的新秩序观。

苏联解体后，美国成为世界上唯一的超级大国，其领导世界、实现“美国世纪”的欲望随之膨胀，试图建立所谓“世界新秩序”就是一个突出的表现。与欧洲相比较，美国在20世纪70年代以后对改变战后国际秩序的热情并不高，直到两极格局即将瓦解，美国才积极行动起来。1990年9月1日，老布什总统就海湾危机对美国国会联席会议发表讲话时正式提出建立“世界新秩序”的主张。1991年《美国国家安全战略报告》通篇谈的是如何建立一个“世界新秩序”，其实质是加强西方联盟，有限地提高联合国在美国战略中的地位，调整美国全球军事部署，防范地区大国对美国的挑战，防止大规模杀伤性武器扩散，这表明美国已经把这个问题提到了国家战略的高度。这之后，克林顿政府秉承“民主和平论”的思想，试图通过输出西方模式来扩大美国的影响。尽管克林顿政府较为重视大国合作，但是，其后期却走向“萌动的单边主义”①，尤其是1999年春，北大西洋公约组织悍然发动对南联盟的军事打击，留下了“新干涉主义”的恶劣先例。

> 柏林墙早在1989年倒塌之前就被电视和电影凿得千疮百孔。如果不是多年来西方文化形象在柏林墙倒塌前就对其进行了渗透和破坏，锤子和压路机也不会管用。
>
> 资料来源：奈．软力量：世界政坛成功之道．北京：东方出版社，2005：51.

冷战结束冲击波对西欧的影响最大、最直接。在新旧格局交替之际，西欧积极行动起来，力图形成一个对自己有利的态势，其主要举措是立足欧洲一体化，发挥经济贸易影响力，以及加强欧洲自身的安全防务能力。在国际关系中，欧洲更倾向于多边合作的原则，主张维护联合国的作用，通过对话来缓解南北矛盾。除了英国一向把英美“特殊关系”放在首位以外，多数西欧国家明确反对美国独霸的“单极世界”，要求在“国际新秩序”中分享领导权，对美国推行单极主义表示不满。

日本作为第二次世界大战的战败国，长期以来的外交基调都是顺应现存国际秩序，谋求经济发展。然而，随着日本经济大国地位的确立和巩固，它越来越要求实现政治大国的目标。旧格局瓦解之际，日本急欲抓住这一有利时机，建立一个有利于日本的“新秩序”，以便加速实现其政治大国的目标。1991年2月，海部俊树首相在日本国会发表的施政演说中一改传统的外交基调，强调日本要“积极参与建立世界新秩序的国际努力”，并将其作为执政的首要目标。不过，日本的抱负很快受到泡沫经济崩溃和国内政治不稳定的拖累，外交姿态又有所降低。日本的目标与美欧并无二致，也是要在全世界实现“自由民主”和“市场经济”。在具体做法上则根据日本的特点，重点放在加强与美国

① 琼斯，帕斯夸尔，斯特德曼．权力与责任．北京：世界知识出版社，2009：6－7.

的安全同盟关系上，力图在东亚地区安全方面发挥更大的影响；争取成为联合国安理会常任理事国；利用时机“借船出海”，积极参与联合国维和和美国主导的海外军事行动；把政府开发援助作为一个重要手段来提高国际影响。日本积极推进大国主义路线，一方面在历史罪责问题上不顾周边国家的感受，我行我素，通过这种强硬的外交姿态来获取国内的政治支持；另一方面紧随美国，视中国为战略竞争者，试图以牵制中国来争取地区秩序建设中的主动权。

总体而言，西方国家在维护和传播西方价值观念、社会制度等问题上有广泛的共识，并以此作为建构“世界新秩序”的基础，而分歧主要集中于实现这一目标的手段和途径。

（2）中国的新秩序观。

中国是一个发展中的社会主义国家，同其他广大发展中国家一样，长期以来遭受着国际政治经济旧秩序的不公正待遇，因此，一贯主张改变这一状况。早在 1974 年，邓小平在出席联合国大会时就代表中国政府阐述了关于建立国际经济新秩序的主张。80 年代，他又进一步提出，国际新秩序包含政治、经济两个方面。经过不断实践，中国的新秩序观不断充实，概括起来主要包含以下几个方面：

第一，国际政治经济新秩序的目标是维持世界和平，促进共同发展，保证各个国家在经济全球化过程中共同受益。

第二，建立国际政治经济新秩序的基础是和平共处五项原则。

第三，国际政治经济新秩序的基本内容包括：政治上，各国应相互尊重、共同协商，而不应把自己的意志强加于人。推动国际关系民主化，世界各国尽管有强弱、大小和贫富之分，但都应享有平等的权利参与国际事务；维护世界多样性，国家无论大小都应自主选择国家的信仰、制度和模式，任何国家尤其是大国不得干涉别国内政；国家间应互相尊重主权和领土完整，任何国家都不得以任何借口侵犯或吞并他国领土，国际争端应当通过和平谈判合理解决，反对诉诸武力或以武力相威胁，反对以战争手段解决国际争端。经济上，各国应相互促进，共同发展，而不应造成贫富悬殊。发达国家和发展中国家应该实现共同的可持续发展。必须改革现有的国际经济和金融体制，使发展中国家有权平等地参与世界经济的决策和有关规则的制定。在环境、人口、债务和解决贫困等全球性问题上，发达国家应在技术和资金方面向发展中国家提供援助。文化上，各国应相互借鉴，共同繁荣，而不应排斥其他民族的文化。健康的文化秩序是多元的、多样的，坚持包容理解，促进和谐共处，在求同存异中共同发展。安全上，各国应相互信任，树立互信、互利、平等、协作的新安全观。互信是指国家间应超越意识形态和社会制度进行合作，互不敌视，开展安全对话；互利即本国利益和他国利益兼顾，本国安全与他国安全并重；平等是指各国平等相待，互相尊重和互不干涉内政；协作即国家间和平解决争端，积极开展安全对话。

第四，在建立国际新秩序的过程中，应该充分发挥联合国的重大作用，使联合国在建立国际新秩序的安全保障机制、协调国家利益与国际社会整体利益的冲突方面处于中心地位。

2. 小布什政府时期各方围绕建立国际秩序的斗争

小布什政府执政的八年，关于需要怎样的国际秩序以及如何维护国际秩序的争论出现尖锐化的趋势，焦点在于美国的单边主义对外政策及其所造成的一系列国际动荡和问题。美国在应对安全威胁、气候变化等一系列问题上抛弃国际合作，尤其是在2003年悍然发动伊拉克战争，许多人认为，“美国对外政策把世界变成了一个更加危险的地方”[①]。而且，美国一向以保护人权和法治自诩，却在关塔那摩等集中营发生严重的虐待关押人员事件，导致美国的信誉扫地，并激发全球各地的厌美、反美浪潮，甚至法国、德国等西方盟友也开始公开批评美国的这种“新帝国”倾向。

与此同时，全球化带来的新挑战不断出现，表现为金融危机频繁发作、国际恐怖主义猖獗、重大疾病的蔓延等。

面对这些新情况，国际社会普遍认为，维护世界的稳定，应当维护联合国的权威，反对武力干涉，加强国际协商和合作。由于在全球层面推进既有机制改革步履维艰，不少国家开始积极推进区域合作，把区域一体化作为重要的目标，建立了多种形式的区域合作或跨区域合作机制，以此应对全球化带来的压力。东亚、非洲和拉美的地区合作都取得了多方面进展。例如，中国针对朝鲜半岛核危机，倡导建立了六方会谈机制；东盟与中、日、韩等地区大国相继建立了并准备建立的“10＋1”和“10＋3”模式；中国提出的新安全观也在上海合作组织中得到鲜明的体现。这些动向表明，建立国际新秩序的斗争正在向纵深发展。

3. 2008年全球金融危机之后关于国际秩序改革的呼声

2008年，一场被视为1929—1931年世界经济大萧条以来最严重的金融危机席卷全球。以这场危机为契机，国际社会在一些重大问题上迅速达成新的国际共识，并加快了国际机制改革和创新的步伐。

首先，人们空前深刻而迫切地认识到，二战以后形成的以美元为中心的国际金融体系存在严重的弊端，而现有的国际经济组织全然难以治理大规模自由化带来的国际金融危机。《纽约时报》2009年4月1日发表评论文章称，未来的历史学家可能把苏联的解体作为20世纪的结束，把当前的金融危机作为21世纪的开始……二战后建立起来的全球框架被证明是失败的。国际社会目前可以做的并且必须做的是表现出彻底重建的意愿。

其次，国际金融危机屡屡发生，气候变化，战略性资源争夺加剧，公共卫生安全问题此起彼伏，这些现象一再警示人们，基于信息革命的全球化是一个机遇与挑战并存，而且本身渗透着巨大的不确定性的进程。如果对这样一个进程再不采取积极的治理，而是消极地放任它发展，将给人类带来更多的难以想象的灾难。

最后，发展中国家，尤其是中国、印度、巴西等新兴大国的影响力在迅速上升，国际权力格局多极化趋势不可阻挡。有人预测，到2050年，“金砖四国”的经济总量预计会占到世界产出的40％，是美国的两倍，等于原来七国集团的总和[②]。制定新的国际规则必须反映格局的变化，提高发展中国家的代表性和发言权。美国国内的有识之士也清楚地看到，美国的力量已经不再强大到依靠自己就能重建国际秩序了。在全球相互依存不断加深的趋势下，美国必须选择与其他大国一道建立制度化的合作。对美国实力和模

① 琼斯，帕斯夸尔，斯特德曼．权力与责任．北京：世界知识出版社，2009：5.

② 同①21.

式的傲慢自大、非黑即白的简单思维方式会把美国带进死胡同，正像小布什政府抛弃国际合作的外交政策在很多方面碰得头破血流一样。

中国领导人在2008年全球金融危机之后多次提出，国际形势发生了自冷战结束以来最为深刻复杂的变化，世界加速进入经济大动荡、体系大变革、格局大调整的新阶段，出现了一系列新特点、新趋势①。建立国际新秩序也必须顺应这些重大的变化，抓住机遇推进国际机制改革。

4. 应对百年未有之大变局

自2017年特朗普上台中美关系恶化以来，“基于规则的国际秩序”（rule-based international order）这一说法开始越来越频繁地使用，成为言说国际矛盾特别是“中国威胁”性质的典型西方用语。随着2022年俄乌冲突爆发，俄罗斯与美欧矛盾激化，中国与俄罗斯还被刻意捆绑，并被界定为“规则的破坏者”、“秩序的颠覆者”、民主与“专制”（autocracy）对抗中的对立面。围绕世界秩序的斗争有了新的焦点，即以中国为代表的非西方模式的新兴市场国家崛起与继续发展的正当性与合法性问题，美西方的焦虑、傲慢与霸道进一步升级。

2017年12月，习近平接见2017年度驻外使节，在谈到国际形势的深刻变动时提出：“我们面对的是百年未有之大变局。”这是站在人类历史演进的高度，把握时代风云所得出的一个重要论断。在历史变革的关键时刻，以习近平同志为核心的党中央高瞻远瞩地提出把合作共赢理念体现到政治、经济、安全、文化等对外合作的方方面面，并将这一理念付诸实施，为建立国际新秩序提供了全新的思路。2021年9月，习近平主席出席第76届联合国大会一般性辩论并发表重要讲话，提出“全球发展倡议”，强调发展是实现人民幸福的关键，一是坚持发展优先，二是坚持以人民为中心，三是坚持普惠包容，四是坚持创新驱动，五是坚持人与自然和谐共生，六是坚持行动导向。2022年4月，习近平主席在博鳌亚洲论坛开幕式上提出“全球安全倡议”，从人类命运共同体出发，为应对国际安全挑战提出“六个坚持”，即坚持共同、综合、合作、可持续的安全观，坚持尊重各国主权、领土完整，坚持遵守联合国宪章和原则，坚持重视各国合理安全关切，坚持通过对话协商以和平方式解决国家间的分歧和争端，坚持统筹维护传统领域和非传统领域安全。2023年3月，习近平总书记在中国共产党与世界政党高层对话会上，提出“全球文明倡议”，倡导尊重世界文明多样性，弘扬全人类共同价值，重视文明传承和创新，加强国际人文交流合作。三大全球倡议立足百年未有之大变局的现实，顺应时代演进的潮流，凝聚新时代中国鲜明的全球治理观，必将对国际秩序的构建产生持久深远的影响。

（三）建立国际政治经济新秩序的有利因素和途径

经过多年来的曲折发展，尽管争取建立国际政治经济新秩序的努力仍然面临难以消除的困难和阻力，但是，有利因素在不断增加。

1. 有利因素

第一，全球相互依赖不断加深。全球化使得世界成为一个由各种联系构成的相互依

---

① 杨洁篪．大变革 大调整 大发展：2009年的国际形势和中国外交．求是，2010（1）．

赖的网络体，包含经济、军事、环境、社会和文化、政治等多种维度。围绕气候变化、能源资源安全、核安全等全球性问题的国际合作与竞争有了新发展，牵动国际关系的调整演变和国际力量的重新分化组合。在这个各国利益交融、休戚与共的时代，人为脱钩断链，与世界隔绝不可能实现真正的发展与繁荣，独善其身不可能实现持久的和平与稳定。同舟共济、互利共赢，应成为各国的共同选择。

第二，推动国际合作的主体迅速增加。20 世纪 90 年代以来，与冷战时期相比，国际组织、跨国机构和国际非政府组织像雨后春笋般蓬勃发展，有力地推动了各个领域的多边合作。以联合国为代表，尽管少数西方大国在冷战结束后屡屡置联合国的权威于不顾，甚至悍然践踏《联合国宪章》的基本原则，然而，联合国仍然被绝大多数国家和人民看作在和平与安全、经济和社会发展等领域中具有无法替代的国际权威性的世界组织。跨国机构则在经济全球化方面起到最为重要的推动作用，在贸易、资本流动和技术传播等方面，世界的一体化程度越来越高。国际非政府组织的发展更为惊人，根据《国际组织年鉴》的统计，其数量在 20 世纪 90 年代的 10 年中增长了 4 倍多。有的学者称其为“全球结社革命”，并认为它的意义不亚于民族国家的兴起①。

第三，主权国家对多边外交空前重视。迄今为止，主权国家仍然是最重要的国际行为体，国际合作的主要基础首先取决于各国政府的政策。近年来，在跨国问题迅速增加的背景下，主权国家发展的模式、国际合作的理念也在不断调整，一个明显的变化就是多边外交在各国对外政策中的战略地位显著提升。仅从国际经济领域来看，1948—1994 年的 46 年中，新增区域贸易协定数量为 125 个；而 1995—2001 年，仅 7 年的时间新增区域贸易协定数量就达到 125 个②。而且，除发达国家以外，绝大多数发展中国家也在积极参与区域经济一体化组织。根据世界银行统计，平均每个发展中国家参与了 5 个自由贸易区组织，其中每个拉美国家参与了 7 个，每个非洲国家参与了 4 个③。东亚各国则后来居上，在 1997 年东南亚金融危机之后加快了区域自由贸易协定的步伐，绝大部分多边和双边自由贸易协定是在 2000 年以后签订的。此外，东亚、美洲、非洲都提出了建设地区共同体的更高目标，跨地区和次地区合作也不断增多。在气候变化、重大疾病控制等方面，多边合作也取得了重要的进展。即使在最敏感的安全领域，各种层次的国际维和、多边会谈等国际合作形式也在增加。只有维护多边机制、坚持以规则为基础的多边主义、维护以联合国为核心的国际体系，反对拉帮结派、搞“小圈子”和集团政治的伪多边主义，才能为解决当前的复杂多变的国际难题开辟通途。

2. 原则和途径

建立国际政治经济新秩序，要把明确的目标、普遍的原则和切实可行的路径结合起来，并以有效的国际机制为载体。

根据国际社会发展的现实，中国坚持强调国际政治经济新秩序应该建立在和平共处五项原则的基础之上。这是因为：第一，一种公正、合理的国际新秩序应当能够维护世

① 奈，唐纳胡．全球化世界的治理．北京：世界知识出版社，2003：229.

② 黄卫平，等．中国加入区域经济一体化研究．北京：经济科学出版社，2009：170.

③ 同②28.

界和平和促进人类发展，而这样一种国际新秩序的主要内容和行为准则同和平共处五项原则是一致的。第二，多极化的趋势和多样化的世界决定了国际新秩序只能建立在和平共处五项原则的基础上。在未来的世界里，任何一个大国想要主宰世界都是不可能的。尽管美国想要建立一个由它领导的国际秩序，但是美国的这种领导欲同它自身实力相比存在着很大的差距，依靠武力、恃强凌弱的政策是不得人心的。第三，国际关系的历史和现实证明了建立在和平共处五项原则基础上的国际新秩序完全是切实可行的。和平共处五项原则以公认的国际法原则为基础，也符合《联合国宪章》的宗旨和原则，是对几个世纪以来以霸权主义、强权政治为基本特征的国际旧秩序的彻底否定，反映了新型国际关系的本质特征，而且是一个既简明又比较完整的体系，有很强的科学性。当代国际关系中经常提到的一些原则，如反对霸权主义、强权政治，反对种族隔离制度和领土扩张主义，反对革命输出，各国人民有权选择自己的社会制度、政治形式和发展道路，以和平方式解决国际争端，彻底裁军，尤其核大国率先裁减核军备，各国合作解决全球性问题等，都与和平共处五项原则所倡导的精神是一致的。和平共处五项原则具有强大的生命力，其精髓就是国家主权平等。和平共处五项原则在中国与其他国家签订的一系列双边或多边公报、条约、宣言、声明中均得到确认，这说明它已经得到广泛的认可。正如邓小平所说，和平共处五项原则是最经得起考验的，它能够为不同社会制度的国家服务，能够为发达程度不同的国家服务，能够为左邻右舍服务。

在途径方面，各国已经普遍意识到加强国际合作和改革国际机制的重要性。国际格局的一个重要变化是新兴大国继续保持崛起势头，在全球经济中成为重要引擎，这使得联合国、国际货币基金组织、世界银行等既有国际组织越来越重视体现新兴大国的作用；像二十国集团首脑峰会这样的新形式走向机制化，进一步加强了发达国家与发展中国家的合作；新兴大国联合自强的意识也不断增强，金砖国家等合作机制进入新的发展阶段。这种趋势无疑有利于国际秩序向更加公平、合理、互利的方向转化。

至于国际机制的具体调整和改革的力度仍然存在不同设想，甚至发生激烈的斗争。中国等新兴大国一直强调，当前最严重的矛盾是国际发展失衡，在经济、政治、社会发展、文化等领域都要考虑如何提升发展中国家的地位。但是，因为一些大国之间利益不同，很多具体的改革设想难以推进。例如，联合国改革的目标早已提出，但是具体方案提出后却屡屡难产；世界贸易组织多哈回合谈判也是因为各种矛盾而难有实质性进展；气候变化领域内，发展中国家和发达国家的矛盾也很尖锐。面对一些新兴大国的崛起，西方国家一方面承认现实，另一方面则试图以各种方式加以控制和限制。显然，国际体系和国际秩序变革是大势所趋，而变革的进程将是长期和复杂的。这是因为：

第一，国际旧秩序是长期形成的，要想缩短发展中国家与发达国家之间的差距，需要多方面条件的配合。国际旧秩序有着一套复杂的保障机制，发达国家在联合国、国际货币基金组织、世界贸易组织、世界银行等重要的国际政治经济组织里仍然占据主导地位，在资金、科技、管理、教育等方面也有较大的优势。在国际交往中，发达国家与发展中国家所处的地位是不平等的。相比之下，发展中国家虽然也在努力形成规模经济，组建了许多区域性政治经济组织，但是实力仍然不够，国际竞争的难度加大。虽然两极政治格局已经瓦解，但是改变旧的国际秩序却不可能在朝夕之间完成。第二，各主要力量之间着眼于未来的竞争较量将更加激烈，目标是谋求在综合国力竞争中占据长期性的主动地位。目前的中美战略竞争就是一个突出的事例。

建立国际新秩序是一项长期的、艰巨的任务，但是，没有理由认为国际政治经济的运行只能在旧秩序中自我循环而无法找到新的出路。建立国际新秩序意味着国家个体利益与国际社会整体利益、民族利益与全人类利益相互协调。从长远来看，这是符合绝大多数国家的利益的，是顺应历史发展趋势的。中国作为一个社会主义大国，又是最大的发展中国家，完全应当而且有可能在建立国际新秩序方面做出重大的贡献。

阅读书目

1. 邓小平．邓小平文选：第3卷．北京：人民出版社，1993

2. 习近平．习近平谈治国理政．北京：外文出版社，2014

3. 中国现代国际关系研究院．国际战略与安全形势评估（2022/2023）．北京：时事出版社，2022

思考题

1. 怎样理解和平与发展两大主题的提出具有坚实的科学依据？
2. 和平与发展两大主题提出的重大意义表现在哪些方面？
3. 为什么说维护和平是当代世界的根本问题，促进发展是当代世界的核心问题？
4. 和平与发展的相互关系是怎样的？
5. 国际新秩序的作用是什么？
6. 国际旧秩序有哪些特征？
7. 主要国际力量的国际新秩序观有何不同？
8. 为什么说国际新秩序必须建立在和平共处五项原则的基础上？
9. 怎样理解“合作共赢新型国际关系”的内涵和意义？

后　　记

本教材是在1999年版《当代世界经济与政治》、2003年版《当代世界经济与政治》、2004年第2版、2007年第3版、2010年第4版、2013年第5版、2016年第6版、2019年第7版的基础上修订而成的。在几次修订过程中，我们都严格根据教育部社会科学研究与思想政治工作司2003年2月正式公布的《普通高等学校“两课”教学基本要求·当代世界经济与政治》的相关要求，认真贯彻落实中央文件精神，根据国际形势的发展变化和我国对外战略的调整，对疏漏不妥之处进行修订，并补充了大量新的观点、材料和内容，使之更加符合教学基本要求，更加适用于教学实际。在修订过程中，全体编者进行了认真讨论，集思广益，群策群力。因此，本教材是集体智慧的结晶。

2023年3月，第8版修订工作启动。我们根据党的二十大精神和习近平新时代中国特色社会主义思想对全书内容进行了补充、修改，同时吸收了近年来的最新研究成果，以尽量反映国际形势的新发展、新变化。

2023年第8版修订编写的具体分工如下：绪论，李景治、蒲俜；第一章，李景治；第二章，蒲俜；第三章，罗天虹；第四章，刘青建；第五章，刘丽云；第六章，曹玉霞；第七章，李宝俊、蒲俜；第八章，林甦、闫瑾。李景治、刘丽云具体组织这次修订工作，各位主编、副主编负责统修、定稿。

李景治

2023年9月于中国人民大学

图书在版编目（CIP）数据

当代世界经济与政治：数字教材版/李景治，罗天虹主编；刘丽云，蒲傅副主编．--8版．--北京：中国人民大学出版社，2024.1
高校思想政治理论课重点教材
ISBN 978-7-300-32420-3

Ⅰ．①当… Ⅱ．①李… ②罗… ③刘… ④蒲… Ⅲ．①世界经济-高等学校-教材②国际政治-高等学校-教材 Ⅳ．①F112②D50

中国国家版本馆 CIP 数据核字（2023）第 244415 号

高校思想政治理论课重点教材
当代世界经济与政治（第 8 版・数字教材版）
主　编　李景治　罗天虹
副主编　刘丽云　蒲　傅
Dangdai Shijie Jingji yu Zhengzhi

出版发行	中国人民大学出版社		
社　　址	北京中关村大街 31 号	**邮政编码**	100080
电　　话	010－62511242（总编室）		010－62511770（质管部）
	010－82501766（邮购部）		010－62514148（门市部）
	010－62515195（发行公司）		010－62515275（盗版举报）
网　　址	http://www.crup.com.cn		
经　　销	新华书店		
印　　刷	北京昌联印刷有限公司	**版　　次**	2003 年 7 月第 1 版
开　　本	787 mm×1092 mm　1/16		2024 年 1 月第 8 版
印　　张	14.5 插页 1	**印　　次**	2025 年 3 月第 5 次印刷
字　　数	332 000	**定　　价**	45.00 元